LES 33

La fureur de survivre

DU MÊME AUTEUR

Jaguar, Belfond, 2014
Printemps barbare, Belfond, 2012 ; 10/18, 2014

HÉCTOR TOBAR

LES 33

La fureur de survivre

Traduit de l'américain
par Anne-Sylvie Homassel

ÉDITIONS DE NOYELLES

Titre original :
DEEP DOWN DARK
The Untold Stories of 33 Men Buried in a Chilean Mine, and the Miracle that Set Them Free
Publié par Farrar, Straus and Giroux, New York

Éditions de Noyelles
123, boulevard de Grenelle, Paris
www.france-loisirs.com
Une édition du Club France Loisirs, Paris
Réalisée avec l'autorisation des Editions Belfond

ISBN : 978-2-298-09375-9

Au peuple du Chili

Je suis peut-être enfoui au sein des montagnes
solitaire comme une veine de métal pur ;
je suis perdu dans un abîme illimité,
dans une nuit profonde et sans horizon.
Tout vient à moi, m'enserre et se fait pierre.

Je ne sais pas encore souffrir comme il faudrait,
et cette grande nuit me fait peur ;
mais si c'est là ta nuit, qu'elle me soit pesante,
qu'elle m'écrase,
que toute ta main soit sur moi,
et que je me perde en toi dans un cri.

Rainer Maria Rilke
Le Livre de la pauvreté et de la mort
Traduit par Arthur Adamov,

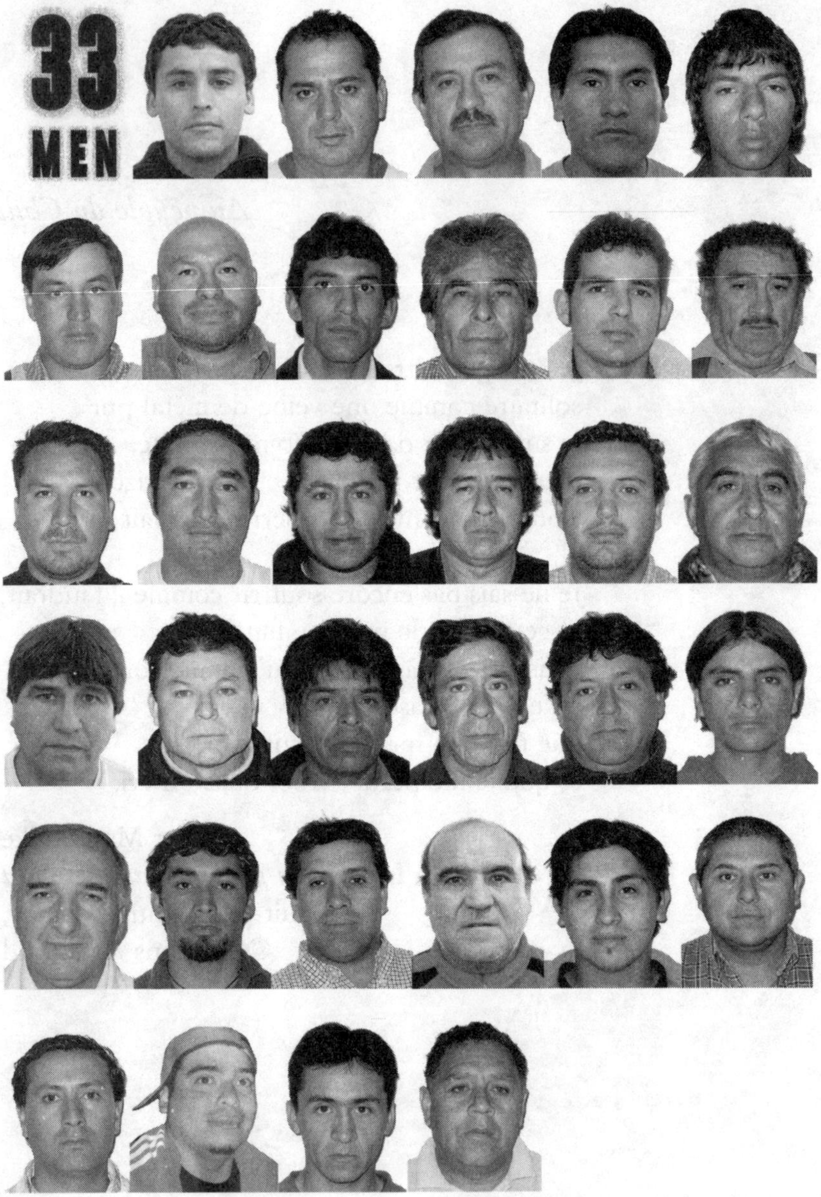

1re ligne, de gauche à droite : Florencio Avalos, Mario Sepúlveda, Juan Illanes, Carlos Mamani, Jimmy Sánchez ; *2e ligne* : Osman Araya, José Ojeda, Claudio Yáñez, Mario Gómez, Alex Vega, Jorge Galleguillos ; *3e ligne* : Edison Peña, Carlos Barrios, Víctor Zamora, Víctor Segovia, Daniel Herrera, Omar Reygadas ; *4e ligne* : Esteban Rojas, Pablo Rojas, Darío Segovia, Yonni Barrios, Samuel Avalos, Carlos Bugueño ; *5e ligne* : José Henríquez, Renán Avalos, Claudio Acuña, Franklin Lobos, Richard Villarroel, Juan Carlos Aguilar ; *6e ligne* : Raúl Bustos, Pedro Cortez, Ariel Ticona, Luis Urzúa

PROLOGUE

Villes du désert

La mine de San José se trouve à l'intérieur d'une montagne du désert de l'Atacama, au Chili – masse bossue de pierre morte. Le vent en ronge lentement la surface, produisant une poudre ténue, orange grisâtre, qui s'écoule au pied des pentes où elle s'accumule en mares et en dunes. Au-dessus de la mine, le ciel est vide, azuréen : pas un obstacle ne s'élève devant le soleil qui cuit le sol, siphonnant la moindre goutte d'eau. Tous les dix ans environ, un ouragan digne de ce nom traverse le désert pour faire pleuvoir des trombes d'eau sur le domaine de San José. La poussière devient alors une boue aussi épaisse que le ciment au sortir de la bétonnière.

Cette zone de l'Atacama n'attire pas vraiment les touristes, bien que Charles Darwin y ait passé quelques jours lors de son périple autour du monde, à bord d'un navire scientifique de la Royal Navy, dans les années 1830. Les autochtones lui racontèrent des histoires scientifiquement improbables sur le rapport que ces pluies pouvaient avoir avec les tremblements de terre. Darwin fut étonné par l'immensité de l'Atacama et l'absence de vie animale ; dans son journal, il décrivit ainsi le désert : « Un obstacle plus infranchissable que le plus mouvementé des océans. » Les ornithologues qui, de nos jours, s'aventurent dans cette région du Chili remarquent que les oiseaux y sont rares, sinon inexistants. Au plus profond du désert, la seule présence un peu visible est celle des mineurs – des hommes, principalement, et quelques femmes – se rendant en minibus ou en camion vers les montagnes où l'on trouve de l'or, du cuivre et du fer.

Ces minerais enfouis dans les collines nues attirent les travailleurs – de la ville toute proche de Copiapó, mais aussi des endroits les plus reculés du pays. C'est Juan Carlos Aguilar qui effectue le voyage le plus long pour atteindre San José : plus de 1 500 kilomètres. Sur la carte, le Chili ressemble à un serpent ; le voyage d'Aguilar lui fait parcourir une bonne moitié de ce corps reptilien. Il est responsable à la mine d'une équipe de trois hommes ayant pour tâche d'entretenir les chargeurs sur pneus et ces véhicules trapus aux longs bras, semblables à de gros insectes, que l'on appelle « jumbos ». Sa semaine de travail commence le jeudi matin et dure sept jours pleins, mais il lui faut quitter la ville de Los Lagos, où il habite, trente-six heures plus tôt, le mardi soir. Aucune entreprise locale ne pourrait lui permettre de mieux gagner sa vie que cette mine dans le désert – raison pour laquelle il traîne sa carcasse lasse d'homme déjà mûr dans un bus Pullman, en regardant passer par la fenêtre les ombres fugitives que forment les forêts de hêtres, les plantations d'eucalyptus et les torrents de montagne. Le ciel est gris ; la pluie tambourine sur les vitres, comme souvent lorsqu'il part dans le désert. Dans sa région du Chili, au 40e parallèle de l'hémisphère Sud, il tombe en moyenne 2 590 millimètres de pluie par an.

Le chemin de la mine est plus court pour l'un de ses trois mécaniciens. Rául Bustos vit à Talcahuano, ville portuaire située près du 37e parallèle. Cinq mois plus tôt, Talcahuano a été frappée par le tsunami qu'a provoqué un tremblement de terre d'une magnitude de 8,8. Plus de 500 personnes ont péri dans la catastrophe ; la ville était parsemée d'immenses mares d'eau salée où des milliers de poissons se débattaient, et la base navale dans laquelle travaillait Rául a été détruite.

Rául Bustos est un homme pointilleux ; mari dévoué, il a deux enfants. Son bus, dans sa course vers le nord, longe un paysage sans relief où se succèdent serres, tracteurs, jachères et champs cultivés – c'est la région agricole du Chili. Le bus passe à Chillán, d'où un autre membre de l'équipe d'Aguilar démarre son propre périple vers l'Atacama, puis Talca – c'est en effet là qu'embarque un des conducteurs de jumbo, un grand gaillard qui est aussi un fervent chrétien. Les mineurs de San José sont répartis en deux équipes, la A et la B, qui travaillent, chacune son tour, sept jours d'affilée. Aguilar et ses hommes appartiennent à l'équipe A, dont les sept jours de travail sont eux-mêmes subdivisés en laborieuses périodes de douze heures, de 8 heures du matin jusqu'à 8 heures du soir, de 8 heures du soir jusqu'à 8 heures du matin. De cette façon, la mine fonctionne nuit et jour, sans interruption.

Bientôt les mineurs en transit de l'équipe A entrent dans Santiago, avec ses autoroutes surélevées et ses gratte-ciel en construction. Le matin vient juste de commencer pour ces hommes du Sud tandis qu'ils parcourent la capitale d'Amérique latine en pleine croissance, dont le trait le plus reconnaissable – la cordillère des Andes toute proche, immense, écrasante – est souvent noyé dans le smog, lequel est, hélas, aussi une caractéristique de cette ville.

De la gare routière du centre de Santiago, non loin du palais présidentiel, d'autres mineurs, plus nombreux, s'apprêtent à rejoindre San José. Parmi eux, Mario Sepúlveda, un grand nerveux connu de ses collègues pour la brutalité avcc laquelle il manie son chargeur sur pneus, ce qui oblige les mécaniciens à d'incessantes réparations. De surcroît, il parle trop, et toujours trop fort ; c'est un cyclothymique, un imprévisible. En ce mercredi après-midi, il quitte Santiago plus tard qu'il ne le devrait. De Santiago à San José, il faut compter plus de 750 kilomètres : il sera très probablement en retard. À la mine, on l'appelle « Perri » – un diminutif de « Perrito », lui-même diminutif de *perro*, le chien. Si vous lui demandez pourquoi ce surnom, Mario vous répondra que c'est parce qu'il aime les chiens (il en a deux chez lui, des animaux errants qu'il a recueillis) – et « parce que j'ai un cœur de chien ». Mario a la loyauté du chien ; mais si vous lui faites du mal, « je vous mords ». Sa femme Elvira et lui ont deux enfants. Le premier a été conçu lors d'une folle étreinte – « debout, contre un poteau ». Elvira et Mario vivent désormais dans une maison des lointains faubourgs de Santiago ; Mario y a installé une chambre froide dont il est particulièrement fier. Il n'aime rien tant que s'asseoir devant la petite table carrée de son salon. Avant de partir vers la mine, il y partage en vitesse, mais non sans plaisir, un repas en famille – avec Elvira, Scarlette, leur adolescente de fille, et le petit Francisco.

Au sortir de Santiago, après avoir traversé les banlieues ouvrières du nord de la ville, les divers bus à bord desquels voyagent les hommes de l'équipe A s'engouffrent dans des vallées de vignes et de vergers ; à leur droite, les sommets des Andes, couverts de neige – on est en août, c'est l'hiver austral. Le climat est méditerranéen ; mais, à mesure que passent les heures et les latitudes – 33e, 32e, 31e –, le paysage perd en verdure. Bientôt, les voici dans cette région aride qu'on appelle le Norte Chico, ou « Presque Nord ».

Cette route, elle a été fréquentée par bien des mineurs et autres aventuriers, depuis les premiers temps de l'histoire du Chili. Le Nord est la frontière désertique du pays, son Far West. C'est là que le dictateur Augusto Pinochet aimait à emprisonner ses adversaires – il avait rassemblé plus d'un millier de dissidents dans les dortoirs d'une mine de salpêtre abandonnée. Ils passaient leur temps à étudier l'astronomie, sous l'étincelante voûte céleste du désert. Les syndicats chiliens sont nés dans le Nord, sous l'impulsion, au début du XXe siècle, de mineurs de nitrate, plus tard massacrés dans la ville d'Iquique. Dans le Chili d'aujourd'hui, qui a renoué avec la démocratie, une bonne partie des électeurs du Nord votent encore à gauche. Les victimes de Pinochet, hommes et femmes, étaient enterrés dans des tombes peu profondes, en plein désert, dans le Norte Grande, ou Extrême Nord. Quarante ans plus tard, il n'est pas rare que des familles parties à la recherche de leurs « disparus » retrouvent là-haut leurs ossements.

Lorsque les hommes de l'équipe A atteignent Coquimbo, à 320 kilomètres de la mine de San José, ils suivent le chemin qu'emprunta Charles Darwin en 1835. Le Chili était alors un tout jeune pays, d'à peine 25 ans. Darwin descendit de son navire, le *HMS Beagle*, afin d'observer la géologie, la faune et la flore du pays, en compagnie de quelques hommes, de quatre chevaux et de deux mules. La route de Coquimbo à Copiapó traverse la région minière la plus ancienne du Chili, si bien que, lors de sa lente progression, Darwin rencontra nombre de mineurs.

C'est à Los Hornos que les hommes de l'équipe A aperçoivent l'océan Pacifique ; là, en effet, la route 5 – connue également sous le nom d'autoroute panaméricaine – longe un moment la plage. Il y a, dans cette dernière apparition de la mer et de l'horizon, de ces flots immenses caressés par les chauds rayons du soleil en fin d'après-midi, quelque chose de cruel. Au cours des sept journées qui vont suivre, les mineurs passeront l'essentiel de leur temps à 700 mètres sous terre, dans des tunnels juste assez larges pour que leurs véhicules puissent s'y frayer un chemin. Durant ces semaines à la mine, en plein hiver austral, ils ne verront le soleil que pendant de courts instants : quelques minutes le matin, avant de commencer leur travail, et à l'heure du déjeuner. Darwin avait longé, non loin de Los Hornos, une colline livrée à l'exploitation minière « et percée de trous, comme une immense fourmilière ». Les mineurs du cru, apprit-il, gagnaient parfois des sommes considérables ; alors, « tels des marins qui ont touché leur prime », ils trouvaient toujours le moyen de « dilapider » cette manne. Les mineurs que Darwin croisa buvaient et dépensaient à l'excès ; il ne leur fallait que quelques jours pour revenir « sans le sou » à leur misérable poste, où ils travaillaient « plus dur encore que des bêtes de somme ».

C'est un sort qui ne guette pas les hommes de l'équipe A, de fait mieux payés que la plupart des ouvriers chiliens en ce début de XXIe siècle. Les rémunérations les plus basses dépassent les 1 200 dollars mensuels (soit le triple du salaire minimum au Chili) et nombre de mineurs touchent des bonus plus ou moins officiels. Ce ne sont pas des paniers percés : ils investissent ces rémunérations dans un style de vie qui louche sur celui de la classe moyenne – y compris les crédits à la consommation, les emprunts immobiliers et prêts à la création d'entreprise, les pensions alimentaires à leurs ex-compagnes et les dépenses liées aux études universitaires de leurs enfants. Dans les rangs de l'équipe A, quelques mineurs, protestants de diverses obédiences, ne boivent pas d'alcool ; l'imprévisible Mario Sepúlveda, témoin de Jéhovah, est également abstinent. Mais la plupart de ses collègues ne refusent pas un petit verre ou deux après leur journée de travail. Whisky, bière et vin rouge, voilà leurs breuvages d'élection. Quelques-uns parfois dépassent la mesure. À Copiapó, dernier arrêt du long voyage en bus de ces nomades venus du Sud, un de leurs compagnons du Nord est en train de se soûler avec tant de méthode qu'il ne sera peut-être pas à même de travailler demain.

Au Chili, le travail de la mine met encore les organismes à rude épreuve ; les hommes peuvent se sentir exploités, comme les « bêtes de somme » dont parlait Darwin ; la mort n'a jamais cessé de rôder dans les galeries. En remontant vers le nord, Darwin vit passer le cortège funéraire d'un mineur, que quatre de ses collègues portaient en terre. Ces porteurs de cercueil étaient vêtus d'étranges « costumes » : longues tuniques de laine sombre, tabliers de cuir et ceintures de couleurs vives. Une tenue que les mineurs ne revêtent plus, même si, ces dernières années, les hommes de San José ont dû assister à plus d'un enterrement de collègue. D'autres ont été, sous leurs yeux, mutilés par l'explosion de pans rocheux qui semblaient pourtant solides – en matière d'exploitation minière souterraine, c'est l'une des causes d'accident les plus imprévisibles. Rául Bustos, le mécanicien de Talcahuano, n'est pas encore un vétéran de la mine, mais il a déjà vu l'autel que les mineurs ont érigé en hommage aux victimes de la San José. Lorsqu'il est monté dans le bus, tout à l'heure, il avait son rosaire ; il ne l'oubliera pas en descendant à la mine.

À la toute fin du voyage, le bus s'engage dans la bordure sud de l'Atacama, vaste plaine où Darwin eut du mal à trouver du fourrage pour ses animaux. Dans l'Atacama, peut-être le plus ancien désert de la planète – mais aussi le plus sec –, certaines stations météorologiques n'ont jamais reçu une goutte de pluie. Vu du bus, le paysage semble avoir été dépouillé de tous ses arbres par la main de Dieu. Puis de ses arbustes et buissons, pour ne laisser que quelques plantes rustiques – taches olive sur le brun livide de la plaine. Mais les bords de route retrouvent quelques couleurs lorsque les bus entrent dans la vallée de la Copiapó, irriguée, mouchetée de vert vif. C'est de cette région du Chili que viennent les faux poivriers, si nombreux dans les villes des déserts américains : ils apparaissent en nombre croissant au bord de la route, parsemant l'asphalte de leurs longues et minces feuilles lorsque les bus entrent dans Copiapó. Les 500 derniers mètres du voyage font longer aux voyageurs le vieux cimetière de la ville, où reposent des générations entières de mineurs – dont le père d'un des hommes de l'équipe A, un mineur à la retraite que la boisson a fini par tuer quelques jours plus tôt. Au-delà du cimetière, le bus traverse en brinquebalant un bidonville de maisons en bois et en tôle ondulée – l'un des quartiers les plus pauvres –, puis le petit pont qui enjambe le lit du Copiapó.

C'est de Copiapó même, la cité la plus proche de la mine, que viennent la plupart des ouvriers de la San José. Nombre d'entre eux sont mineurs depuis des années ; quarantenaires, cinquantenaires, voire jeunes sexagénaires, ils ont du fleuve des souvenirs agréables. Lorsqu'ils étaient gamins, le Copiapó était bien vif ; ils couraient dans ses flots rafraîchissants, de l'eau jusqu'aux chevilles. À l'endroit où la route 5 traverse le cours d'eau, le trèfle poussait en abondance ; Darwin déjà en avait remarqué, dans son journal, le délicieux parfum. Le fleuve est entré en agonie voici une génération : aujourd'hui, ce n'est plus qu'une étendue d'un vert brunâtre jonchée d'ordures et de broussailles épineuses. À Copiapó, il tombe à peine 10 millimètres d'eau par an. L'eau n'a pas coulé dans le lit du fleuve depuis la dernière grande tempête, qui date déjà de treize ans.

Quand le bus s'arrête enfin à la gare routière, les voyageurs de l'équipe A descendent sur les voies d'arrêt des bus et récupèrent leurs bagages. Ils retraversent la ville en taxi, avec pour destination l'un des deux garnis dans lesquels ils passeront les sept nuits qui vont suivre. Au cours des quelques heures qui les séparent du début de leur journée de travail, le 5 août, tous les hommes de l'équipe A sauf un sont déjà dans Copiapó ou dans l'une de ses banlieues ouvrières.

Lorsque Darwin visita le Chili, en 1835, la géologie était une science toute nouvelle. À bord du navire qui le menait en Amérique du Sud, il avait lu l'un des textes fondateurs de cette nouvelle discipline, les *Principes de la géologie* de Charles Lyell. À son arrivée, Darwin fut témoin d'une éruption volcanique dans les Andes chiliennes ; il découvrit par ailleurs la présence de coquillages fossiles à quelques centaines de mètres au-dessus du niveau de la mer. Tandis qu'il se reposait dans une forêt, près du port de Valdivia, il survécut à un tremblement de terre qui dura plus de deux minutes. Ces expériences et constatations lui donnèrent à penser, plus d'un siècle avant que soit formulée la théorie des plaques tectoniques, que le sol sur lequel il se tenait subissait une pression ascendante sous l'effet de forces également à l'œuvre dans les éruptions volcaniques. « Nous pouvons, sans risque de nous tromper, en conclure que les mouvements qui, lentement, par à-coups, soulèvent les continents sont aussi ceux qui provoquent à intervalles l'expulsion de matières volcaniques par des cratères ouverts », écrivit-il. Pour les géologues du XXe siècle, le Chili est installé sur la « Ceinture de feu », cette colossale blessure de la planète où se touchent des plaques de croûte terrestre, à l'échelle des continents. La plaque de la Nazca s'enfonce sous celle de l'Amérique du Sud. Comme un enfant qui s'introduit sous ses couvertures bien lisses pour les froisser, la Nazca a soulevé l'Amérique du Sud, créant les sommets des Andes, dont certains culminent à 7 000 mètres. C'est ce que les géologues appellent l'orogenèse.

La roche qui constitue les montagnes, au nord de Copiapó, est née du magma, au fin fond des entrailles de la Terre ; elle est striée d'immenses filets de dépôts tachetés, chargés de minéraux. Des veines apparues il y a plus de cent quarante millions d'années, à l'époque des grands reptiles – près de vingt millions d'années après l'apparition des plantes à fleurs mais bien avant celle des abeilles. Et quarante millions d'années avant celle du plus grand des dinosaures, l'*Argentinosaurus*. Un bouillon chargé en minéraux remonta de la croûte terrestre, par les fissures de la grande faille de l'Atacama, pendant plus de cent millions d'années, de la fin du jurassique jusqu'au début du paléogène. Ce « potage » finit par se solidifier, donnant naissance à ces cylindres de 200 mètres de haut, riches en minéraux, que les géologues appellent « cheminées bréchiques » mais aussi au « stockwerk », constitué de petits filons résiduels. Ces couches souterraines de quartz, de chalcopyrite et autres minéraux parcourent les montagnes du sud-ouest au nord-est, dessinant sur les cartes des chercheurs de métaux divers des lignes qui sont le lointain reflet des gigantesques plaques continentales, à des centaines de kilomètres de là.

À Copiapó, deux minibus de la mine, surnommés les *liebres* (les lièvres), vont chercher les hommes de l'équipe A dans les quartiers ouvriers, à la porte de leur garni ou de leur maison. Les *liebres* ne sont pas les seuls à accomplir cette tâche ; et si tel est le cas, c'est parce que la ville est de nouveau en plein essor, dernier boom en date après la succession de temps prospères et de temps difficiles qui a marqué ces trois derniers siècles. Une ruée vers l'or (suivie d'une dépression) avait déjà animé Copiapó dans les années 1700 ; trois ans avant le voyage de Darwin, il y avait eu une ruée vers l'argent. À la fin du XIXe siècle, les filons étaient épuisés ; mais, avec l'invention des explosifs nitratés, l'exploitation des gisements de salpêtre, au nord de l'Atacama, devint hautement profitable. Les mineurs chiliens fournissaient à l'Europe l'ingrédient principal pour ses guerres meurtrières. Cette manne incita le Chili à envahir les terres riches en nitrates de ses voisins bolivien et péruvien. Copiapó servait de base arrière à ces opérations militaires ; cependant, après que le Chili eut remporté cette guerre du Pacifique, la prospérité de la cité déclina de nouveau. Les investisseurs délaissaient cette région au profit des nouveaux territoires du Chili. Avec l'augmentation de la demande en cuivre, toutefois, une nouvelle période faste commença ; en 1951, la ville se dota d'une fonderie de cuivre. Les « miracles » économiques de l'Asie, à la fin du XXe siècle, relancèrent la demande en minéraux chiliens, en particulier après l'ouverture à Candelaria d'une mine de cuivre à ciel ouvert, en 1994. Ce fut ce dernier boom qui provoqua l'assèchement et la mort du Copiapó – dont les eaux étaient requises tant par le développement urbain que par les nouvelles méthodes d'exploitation minière.

Les premières années du XXIe siècle ont vu le prix de l'or augmenter de 300 % (l'once vaut à présent 1 200 dollars) et celui du cuivre monter en flèche ; on creuse de plus en plus profond pour continuer à faire des bénéfices, tant à San José que dans les autres mines de la vallée du Copiapó. La ville elle-même atteint désormais les 150 000 habitants et se hérisse d'immeubles de plus en plus hauts – le plus élevé étant un condominium de luxe de 14 étages, sur Atacama Street ; il côtoie le premier lieu de villégiature de la cité, l'hôtel-casino Antay, dont l'architecture ne dédaigne pas la modernité – la bâtisse est coiffée d'une coupole rouge sombre, en forme de fez. L'augmentation du prix des minerais a également enrichi les mineurs qui s'échinent dans les boyaux de la San José ; ces dernières années, les hommes de l'équipe A ont fêté cette manne en agrandissant leurs maisons et en organisant de grandes fêtes – bien souvent pour leurs enfants et leurs petits-enfants. Ces réunions de famille ont parfois lieu au parc d'El Pretil, sur ses pelouses soigneusement entretenues, plantées de faux poivriers et d'eucalyptus ; on y trouve aussi un petit zoo qui héberge quelques lamas, des hiboux, et deux lions hirsutes dans une cage mauve.

À la fin de leur précédente semaine de travail, une trentaine d'hommes de l'équipe A se sont retrouvés pour une grande fête chez Victor Segovia. Ce conducteur de jumbo a une faiblesse pour l'alcool et la musique. Il a préparé un *cocimiento* (c'est le nom local) pour ses invités : un ragoût de bœuf, de poulet, de porc et de poisson qui est, en lui-même, une sorte d'hommage à l'abondance. Le cousin de Victor, Darío Segovia, s'apprêtait à donner une autre fête pour l'anniversaire de sa petite fille, le 5 août, lorsqu'il a appris qu'on avait besoin de lui, ce jour-là, en heures supplémentaires. Rémunération pour la journée : 90 000 pesos chiliens, soit 180 dollars. La somme était trop élevée pour que Darío refuse. Il a donc prévenu sa compagne Jessica Chilla, la mère de sa fille, qu'il leur faudrait remettre la fête à plus tard. Jessica, furieuse, a refusé de lui parler et de lui préparer à dîner la veille de ce fameux 5 août.

Au petit matin de ce jour, cependant, Jessica et Darío sont réconciliés. Vers 6 h 30, il embrasse sa compagne, puis descend l'escalier qui mène de son salon à la porte d'entrée ; mais, là, il s'immobilise, rebrousse chemin et étreint, pendant quelques secondes, la femme qu'il aime. Cette manifestation de tendresse et de désir est peut-être sa manière de se faire pardonner la nouvelle de la veille, mais ce rude gaillard de 48 ans n'est guère coutumier du fait. Aussi, Darío parti, Jessica se sent-elle inquiète.

Luis Urzúa habite un quartier aisé de Copiapó. Il dirige l'équipe A. Un poste qui pourrait lui permettre, comme pour d'autres, de se rendre à la mine avec son véhicule personnel. Il préfère cependant voyager avec les mineurs qu'il encadre. Il monte dans le bus à quelques dizaines de mètres d'un autre arrêt où il a, vingt ans plus tôt, rencontré sa femme, Carmen Berrios. Urzúa est né dans une famille de mineurs ; il est descendu dès son adolescence dans les galeries de la San José ; à l'époque de sa rencontre avec Carmen, toutefois, il avait déjà décroché un emploi à la surface, chose enviable ; il devait obtenir quelques années plus tard son diplôme de topographe. Carmen est une femme intelligente à l'esprit romanesque ; elle écrit de la poésie, au gré de ses envies. Luis Urzúa, ce bourreau de travail, est devenu au fil du temps le projet personnel de son épouse. Cette dernière tient notamment à ce qu'il apprenne à s'exprimer plus distinctement – la plupart du temps, il mange ses mots, comme un mineur sans le sou. Quand il aura fini sa journée de travail, à 8 heures, il rentrera ; le dîner sera prêt, et le couple se mettra à table avec ses grands enfants, tous deux étudiants à l'université.

Un brouillard matinal compact a envahi les rues sombres de Copiapó. Dans cette cité où il ne pleut pratiquement jamais, l'atmosphère est imprégnée d'humidité ; la brume flotte sous les lampadaires et remonte les ravines qui sillonnent la ville. Il n'est presque pas de journées ici où le brouillard ne se montre pas ; il a donc un nom, *camanchaca*. Il est parfois si épais que la nationale conduisant à la mine de San José est impraticable. L'heure de l'embauche est alors retardée jusqu'à ce que la *camanchaca* se dissipe. Ce n'est pourtant pas ce qui va se produire aujourd'hui. Dans tout Copiapó, les hommes, l'oreille tendue, attendent de voir les « bus lièvres » surgir du brouillard.

Tous les hommes de l'équipe A qui se préparent ce matin à partir pour la mine le font pour la ou les femmes de leur vie : leur épouse, leur compagne, leur mère, leur fille. L'amie de Jimmy Sánchez attend un bébé. C'est pourquoi la famille du garçon veut le faire embaucher par la direction de la mine. Mais Jimmy n'a que 18 ans, il ne peut donc légalement travailler à la mine – il faut avoir plus de 21 ans. Dans le quartier Arturo Prat – un héros de la guerre du Pacifique –, Alex Vega, 1,67 mètre, joli garçon, vient de prendre congé de sa femme, une autre Jessica. Elle a refusé de l'embrasser comme elle le fait pourtant toujours lorsqu'il part travailler ; elle lui en veut, pour une raison qu'elle oubliera bientôt. À 700 et quelques mètres de là, dans un autre quartier qui porte le nom de Jean-Paul II (Juan Pablo II), Yonni Barrios sort de chez sa petite amie. Il est chargé, avec d'autres techniciens, de la consolidation des galeries. Ce Roméo bedonnant, à la voix douce et aux joues grêlées, vit pour l'heure chez sa maîtresse du moment ; s'ils se fâchent, il reviendra chez sa femme. Les deux femmes habitent à quelques dizaines de mètres l'une de l'autre, ce qui est bien commode. Barrios passe devant l'immeuble de son épouse légitime en allant prendre le bus. Il a contracté un emprunt pour lui offrir la petite épicerie qu'elle tient en bas de chez elle ; c'est pour rembourser ce prêt (et aider sa petite amie à payer sa propre maison) qu'il s'est levé à l'aube, ce matin, et qu'il attend le bus qui doit l'emmener à San José.

Les superstitions abondent sur les femmes et les mines : elles témoignent de la relation ambiguë que cette culture très masculine entretient tout à la fois avec les femmes et avec le travail sous terre. La montagne, prétend une légende, est une femme ; « chaque fois qu'on y entre, on la viole », d'une certaine manière. Raison pour laquelle la montagne s'en prend souvent à la vie des hommes qui creusent des galeries dans son corps de pierre. Autre légende, celle qui dit qu'une femme sous terre porte malchance (la sœur d'un des mineurs exploite pourtant elle-même, depuis des dizaines d'années, sa propre petite mine) – de sorte que l'on ne voit pratiquement jamais de visage féminin dans les galeries de la San José. La séparation entre le monde de la maison et de la ville, centré sur la femme, et celui de la mine et du désert, presque entièrement masculin, est si grande que la plupart des épouses et compagnes des hommes de l'équipe A n'ont jamais mis les pieds à la San José et ne savent pas exactement où se trouve la mine.

Lorsque les bus arrivent enfin, ces hommes mal réveillés montent dedans. Les véhicules traversent sans hâte la ville embrumée, longeant les bâtiments jaune moutarde de l'université d'Atacama, dans les faubourgs nord : c'est là qu'étudie la fille d'un de ces travailleurs – section génie civil. Ils atteignent la branche nord de la panaméricaine, qui conduit de Copiapó au désert intérieur de l'Atacama, à ses vieilles mines de salpêtre et aux ossements des disparus. La mine de San José se trouve à une cinquantaine de kilomètres de Copiapó. La dernière curiosité un tant soit peu remarquable avant l'arrivée à la mine est un pic rocheux qui s'élève aux limites mêmes de la ville, Cerro Bramador – la « montagne des grondements ». Darwin l'avait vue, lui aussi, et il avait décrit le curieux bruit qu'elle émet. De nos jours, la comparaison qui vient le plus souvent à l'esprit est celle du bâton de pluie, instrument typique de l'Amérique latine. D'après une légende du cru, c'est un lion, gardien d'un trésor en or, qui rugit ainsi, mais on parle aussi d'une rivière souterraine. Autre explication, quasi scientifique : la montagne étant riche en magnétite, elle attire et repousse des grains de sable, lesquels vibrent dans le vent.

Darwin suivit la route longeant la montagne qui gronde jusqu'à un port tout proche. L'y attendait le *HMS Beagle*, lequel l'emmena aux Galapagos – c'est en étudiant les oiseaux de l'archipel qu'il conçut la théorie de la sélection naturelle. Les hommes de l'équipe A, eux, quittent la panaméricaine juste après Cerro Bramador ; après un virage sur la droite, les bus s'engagent sur une route à l'asphalte couturé qui les conduit vers le nord, à l'intérieur des terres. Sur ses premiers kilomètres, cette route traverse, rectiligne, une plaine ingrate de sable gris-brun, jonchée de morceaux de pierre et de plantes courbées par le vent. Les bus franchissent un raccourci vers Cerro Imán, la « montagne aimantée », qui recèle une mine de fer. Puis la route retrouve des courbes en pénétrant dans une étroite vallée cernée de collines arides, rocheuses. Dans cette mer de sable, elles s'élèvent comme des îles rougeâtres. Sur les bas-côtés poussent des broussailles, semblables en taille et en forme à des oursins. Celui qui, de nos jours, visite cette contrée voit ce que vit Darwin : l'impitoyable désolation de l'Atacama. Pas d'animaux, rôdant ou détalant ; pas davantage de stations-service, de magasins de bord de route, ni quelque signe que ce soit d'habitations humaines. Les montagnes virent au brun, à l'orange ; on se croirait sur Mars. Enfin, les bus s'engagent dans une autre vallée. Là, un panneau indique la direction des trois mines : la San Esteban et ses deux sœurs, la San Antonio et la San José. Déjà les passagers reconnaissent les bâtisses de bois, de tôle et d'acier des installations minières, à flanc de colline, si familières mais rongées par les assauts du vent. Les bus s'engagent sur une pente douce, en direction des bungalows des services administratifs, des vestiaires et des cafétérias qui, dans ce paysage extraterrestre, prennent un aspect tragique et solitaire. Cependant, la mine est une ville-iceberg, les hommes le savent bien : ces bâtisses plantées sur le sol rouge ne représentent qu'une infime partie du domaine de San José. Sous la surface de la terre, la mine forme des voies immenses qui mènent à de vastes cavernes créées à coups d'explosifs et de machines, préludes à des galeries et à des canyons creusés par les mineurs. Cette ville souterraine a sa météorologie propre, avec des températures variables et des vents qui changent au fil de la journée. Ses voies sont dotées de panneaux de signalisation et de règles de circulation, pour éviter que le chaos s'installe ; des générations d'arpenteurs ont planifié et formalisé leur développement vers les profondeurs. La route principale qui relie tous ces passages à la surface se nomme *la Rampa*, la Rampe. La mine de San José s'enfonce dans la terre si profondément qu'on pourrait presque y loger le gratte-ciel le plus haut du monde : de la surface au fond de la mine, la Rampe plonge en vrille sur près de 7,5 kilomètres.

La San José, exploitée depuis 1889, repose sur un gisement de minerais divers constitué de deux bandes parallèles de roche tendre enchâssées à 60 degrés dans une pierre beaucoup plus dure, sorte de granite gris que les géologues appellent diorite. Une vieille baraque de bois, à flanc de montagne, indique l'endroit où ce minerai affleure. Autrefois, il y avait là un treuil qui servait à extraire les hommes et les roches de la mine ; mais l'équipement ne sert plus depuis des dizaines d'années et la cabane ressemble maintenant à un décor de vieux western. Cent vingt et un ans après l'ouverture de la San José et 600 mètres sous cette relique, l'équipe de nuit est en train de finir ses douze heures de travail. Des mineurs en nage, couverts de suie grisâtre, commencent à se rassembler dans l'une des grottes ; l'endroit a tout d'un arrêt de bus souterrain. Ils attendent le camion qui les remontera en trois quarts d'heure à la lumière du jour. Pendant leurs douze heures de travail, ces hommes ont entendu une sorte de gémissement retentir dans le lointain. Au cœur de la montagne, dans des cavités oubliées, des pierres ne cessent de tomber – des tonnes de pierres. Les sons et les vibrations causés par ces avalanches se propagent dans la structure rocheuse, comme les déflagrations des orages – éclairs, tonnerre – voyagent dans le sol et l'air. *La mine pleure beaucoup*, se disent les hommes. *La mina está llorando mucho.* Si ce grondement plaintif n'est pas inhabituel, sa fréquence, elle, est remarquable. Des galeries, les hommes ont le sentiment d'écouter une tempête qui croît en intensité. Fort heureusement, leur tâche est terminée ; mais quelques-uns d'entre eux le répéteront aux mineurs qui vont leur succéder, ceux de l'équipe A : « *La mina está llorando mucho.* » Il est toutefois peu probable que les administrateurs de la San José décident de fermer pour la journée. Ceux qui travaillent dans les profondeurs de la mine ont déjà entendu ces bruits d'orage. Le tonnerre finit toujours par s'apaiser, et la montagne par revenir au calme.

Avant de franchir le seuil de la Rampe, les hommes de l'équipe A passent devant une guérite. La Rampe a été creusée dans la diorite il y a plus de dix ans, à coups d'explosifs. L'entrée de la mine fait 5 mètres de large sur 5 mètres de haut ; vue de l'extérieur, elle ressemble à une énorme bouche pourvue de dents de pierre. À présent, elle se met à cracher des camions chargés de mineurs et de caillasse : l'équipe de nuit vient de finir ses heures. Elle a collecté quelques centaines de tonnes de roche riche en minerais : sulfure de cuivre en pépites de la taille d'un ongle, qui luisent des teintes pastel d'un tableau art nouveau (rouge foncé, vert forêt, marron) ; cristaux tétragonaux, jaune cuivré, de la chalcopyrite, une autre forme du minerai de cuivre. Une fois traitée, chaque tonne cube de roche peut produire jusqu'à 40 livres de cuivre (d'une valeur de 150 dollars), mais moins d'une once d'or (laquelle, elle, se négocie à plusieurs centaines de dollars). L'or ne se voit pas, même si nombre de vétérans de l'équipe A ont entendu dans leur enfance leurs pères dire qu'il donnait un goût à la pierre.

Les hommes se changent dans des vestiaires aussi moisis et exigus que ceux d'un navire. Ils enfilent des salopettes, attachent des batteries chargées à bloc à leur ceinture et des lampes à leur casque – bleu, jaune ou rouge. Celui de Luis Urzúa est blanc, symbole de sa fonction de superviseur. Ce chef d'équipe plutôt facile à vivre fixe également à sa ceinture de cuir une petite bouteille d'oxygène de première urgence, de la taille d'une grenade. Urzúa ne travaille pas depuis très longtemps à San José ; il ne connaît pas ses hommes aussi bien qu'il le souhaiterait – la composition de l'équipe ne cesse de changer d'un jour à l'autre. Ce jour-là, l'un des mineurs effectuera sa première descente. En entrant dans la mine, Urzúa remarque qu'un homme manque à l'appel.

Après le long voyage de Santiago, Mario Sepúlveda est en effet arrivé trop tard pour pouvoir attraper l'un des minibus de la mine. Planté sur un trottoir de la ville, il se dit que ce n'est pas une mauvaise chose. Lors de son dernier passage à Copiapó, il a discuté avec un ami qui dirige une petite exploitation minière. Cet ami connaît la situation de la San José, qui vit dans une incertitude financière et structurelle permanente. Il a proposé à Mario de l'embaucher. Il est 9 heures du matin, l'équipe A est au travail depuis une heure. Sepúlveda espère qu'avec un peu de chance, il va se faire renvoyer pour absence non signalée – ce qui facilitera son changement de cap. Ces pensées lui trottent dans la tête lorsque l'un des minibus passe dans la rue, et que son chauffeur le reconnaît.

— Hé, Perri ! lui lance-t-il, l'appelant par son surnom. Tu as raté ton bus ? Je vais à la mine. Allez, je t'emmène. Monte !

L'homme au cœur de chien arrive de ce fait à la mine de San José à 9 h 30, avec plus de quatre-vingt-dix minutes de retard. Mais le soleil a dissipé les brumes, aussi Sepúlveda reste-t-il encore un moment dans la lumière du désert, avant de descendre dans la mine pour y prendre son poste.

PREMIÈRE PARTIE

Sous la montagne du tonnerre et du chagrin

1

La voix de ses maîtres

S'il est un repère qui compte à la mine de San José, c'est celui du niveau de la mer. Le tunnel de 5 mètres sur 5 qui constitue la Rampe débute au Niveau 720 (soit à 720 mètres sous le niveau de la mer) avant de s'enfoncer dans la montagne en virages en épingle à cheveux, puis de se transformer en une spirale qui vrille les profondeurs de la terre. Les tombereaux, les chargeurs sur pneus, les pick-up et autres véhicules s'engagent au-delà du Niveau 200, là où la montagne recèle encore des minéraux accessibles ; ils s'éparpillent ensuite dans les galeries qui conduisent de la Rampe aux veines exploitables. Au matin du 5 août, les hommes de l'équipe A sont descendus jusqu'au Niveau 40, à presque 700 mètres de la surface. Ils chargent dans un camion des fragments de minerais qu'ils viennent tout juste de faire exploser. Au Niveau 60, un autre groupe consolide une galerie dans laquelle un homme a été gravement accidenté un mois plus tôt – il a perdu une jambe. Au Niveau 90, d'autres mineurs se sont rassemblés pour un bref instant de répit ou d'oisiveté au *Refugio*, le Refuge, soit dans ce local lui-même, soit à proximité. Le Refuge, grand comme une salle de classe, est creusé dans le rocher. Comme son nom l'indique, il sert d'abri en cas d'incident, mais aussi de salle de repos ; l'air, régulièrement renouvelé (par un apport de surface) n'y est ni aussi chaud (jusqu'à 40 °C) ni aussi humide que dans cette zone de la mine (98 % d'humidité). « Un enfer », disent les mineurs de la San José – une description qui a quelque vérité scientifique, car c'est la chaleur géothermique sécrétée par les entrailles de la planète qui explique l'accroissement de la température dans les parties basses de l'exploitation.

Les mécaniciens dirigés par Juan Carlos Aguilar échappent à la chaleur dans leur atelier du Niveau 150, situé dans une galerie proche d'une immense caverne intérieure appelée *El Rajo*, le Gouffre. L'air circule, à l'intérieur de ce Gouffre ; l'atelier de fortune est rafraîchi par la brise pourtant infiniment ténue qui émane de cet obscur abîme. Les mécaniciens ont décidé de commencer la semaine de travail par une démonstration. Ils veulent savoir comment Mario Sepúlveda manie son chargeur sur pneus. Sous leur regard attentif, Sepúlveda pousse le levier de vitesses pour immobiliser le véhicule, passant de la marche avant à la marche arrière sans effectuer une pause sur arrêt.

— Où est-ce que tu as appris ce truc ? demandent les mécaniciens. C'est n'importe quoi ! Ce n'est pas comme ça qu'il faut faire.

C'est en usant de cette technique bien particulière que Sepúlveda a usé le différentiel et massacré la direction.

— Personne ne m'a rien appris, réplique-t-il. J'ai regardé comment faisaient les autres, c'est tout.

Les mécaniciens sont employés par une entreprise qui a conclu un contrat de maintenance avec la mine ; qu'un ouvrier de la San José puisse se servir d'un équipement coûteux sans formation réelle ne les étonne guère. La San José est une petite exploitation, un peu vieillotte, et ses dirigeants ont la réputation de rogner sur les dépenses et d'imposer à leurs mineurs des conditions de travail primitives, sans parler de l'hygiène et de la sécurité, très approximatives. Entre autres problèmes, la mine ne dispose que de tunnels d'évacuation verticaux, impraticables en cas d'accident car dépourvus d'échelles.

Après avoir appris comment se servir de son levier de vitesses, Sepúlveda quitte les mécaniciens pour aller travailler au Niveau 90.

Pendant toute la matinée, la montagne n'a cessé de faire entendre son gémissement de tonnerre – ce fracas d'explosion lointaine suivi d'une longue plainte. Carlos Pinilla, le directeur général de la Compagnie minière de la San Esteban, les a perçus, ces grondements, alors qu'il parcourait les différents niveaux de la San José à bord d'un pick-up. Pinilla a un bureau à l'extérieur de la mine. Mais, en cette matinée du 5 août, il est descendu dans les galeries pour imposer quelque discipline à des équipes dont le fonctionnement lui semble beaucoup trop laxiste.

— J'ai dû engueuler tout le monde, du responsable d'équipe jusqu'au mineur de base, racontera-t-il. Attention, ce ne sont pas des agneaux, hein ! Ce n'était pas pour leur faire peur. Mais quand je les trouvais, assis à six, en train de bavarder, je voulais qu'ils se lèvent en voyant le patron, tout de même. Sinon, tout part en eau de boudin…

Pinilla est un homme au visage massif, dans la cinquantaine ; il a grimpé tous les échelons, du modeste emploi de bureau dans diverses compagnies minières au poste de directeur général des deux mines gérées par la Compagnie minière de la San Esteban. Ses inférieurs le décrivent comme un homme autoritaire. Il aboie ses ordres et traite les mineurs comme s'il était révulsé par leur présence, casque et sueur combinés. Le Chili est un pays où les différences entre les classes sociales, encore très marquées, sont sources d'humiliation. Les classes moyennes traitent souvent les ouvriers avec une franche condescendance. Mais même au vu de ce contexte, les mineurs trouvent le « casque blanc » Pinilla particulièrement tyrannique, surtout lorsqu'ils le comparent au titulaire de l'échelon inférieur dans la hiérarchie minière, le chef d'équipe Urzúa aux si douces manières. Ces derniers temps, un membre de l'équipe A, Daniel Herrera, a demandé à plusieurs reprises à Pinilla de faire changer les filtres à air des masques des mineurs. Si l'on en croit Herrera, Pinilla a fini par se fendre d'une réponse sarcastique :

— Mais oui, et je t'en enverrai un plein camion, de tes filtres à la con.

Pinilla, selon le mineur Jorge Galleguillos, est « *el amo de la mina* », le seigneur et maître de la mine. Galleguillos a 56 ans : à son âge, on craint forcément le directeur général, puisqu'il peut renvoyer son personnel à tout moment. La perspective de devoir chercher du travail dans un secteur où la jeunesse et la vigueur sont particulièrement prisées n'est pas des plus riantes pour un mineur en fin de carrière. Et pourtant : seuls les mineurs les plus âgés, les plus expérimentés, ont osé par le passé tirer le signal d'alarme. La San José souffre de graves insuffisances et les preuves de son délabrement s'accumulent.

La montagne est exploitée depuis cent vingt et un ans ; les hommes et les machines l'ont creusée, vidée. La mine ne tient encore debout que grâce à la roche dont la montagne est constituée en très grande partie, cette diorite dure et grise. Dans le jargon des mineurs, la diorite est une « bonne » pierre : elle ne s'effrite pas lorsqu'on la fore. Si les veines riches en divers minerais ont la consistance du crumble et se désagrègent dès qu'on les attaque, la diorite, elle, est comparable à un flan rigide. Elle fournit aux galeries une structure stable, solide, nécessitant un minimum d'étais. La Rampe, qui est la seule vraie voie d'accès à la mine – et la seule possibilité d'évacuation – a été creusée dans cette fameuse diorite. Et personne à la San José n'a jamais imaginé qu'elle pouvait s'effondrer. Jusqu'à ce qu'une fissure ait été découverte quelques mois plus tôt dans la paroi de la Rampe, au Niveau 540.

Dès qu'il l'a remarquée, Mario Gómez a montré la fissure à son chef d'équipe. Gómez, 63 ans, conduit un camion 30 tonnes dans les galeries de la mine.

— Et je vais vous dire : je sors tout de suite, camion compris, a-t-il alors martelé. Ne comptez pas sur moi pour que je redescende – moi ou les autres, d'ailleurs – tant que le directeur de la mine et les ingénieurs de Copiapó n'auront pas analysé la chose.

Le directeur et l'un des ingénieurs n'ont pas tardé. Quelques heures plus tard, ils étaient dans la galerie. Ils ont inséré des miroirs dans la fissure d'un centimètre et demi. Si la montagne bougeait encore, agrandissant la fissure, les miroirs se briseraient. Au 5 août, ils sont intacts.

— Les gars, la chose la plus solide dans cette mine, c'est la Rampe, a assuré le patron aux mineurs. Toutes ces fissures, c'est du Gouffre qu'elles viennent. Là-dedans, les murs peuvent bien s'affaisser de 5 mètres – un maximum, c'est sûr –, la Rampe ne bronchera pas.

On a glissé d'autres miroirs dans la fissure lorsque l'eau a commencé à suinter de ses parois ; les semaines et les mois qui ont suivi, ils n'ont pas bougé d'un millimètre. Mais, chaque fois qu'il passe devant un de ces miroirs, Galleguillos l'examine. Et note d'autres faits troublants dans son carnet. « Il y a des chutes de pierres au Niveau 540, on les sent… Au niveau 540, des murs du tunnel se détachent… » Il a forcé la main au directeur de la mine pour que celui-ci signe une copie de ces constatations ; puis il est revenu mettre le directeur devant ses responsabilités.

— Si ça se trouve, vous changez les miroirs quand personne ne vous regarde, a-t-il avancé.

— Tu t'es entendu ? a répliqué le directeur. Tu as la trouille, avoue.

Ce matin, au volant de son pick-up pour patrouiller dans les galeries de la San José, Pinilla rencontre les mineurs à plusieurs reprises. Vers 10 heures, Yonni Barrios et ses consolidateurs le voient passer au Niveau 60. La montagne émet des bruits qu'on ne devrait pas entendre à cette profondeur, lui disent-ils.

— Pas d'inquiétude, réplique-t-il. La montagne retrouve ses marques, c'est tout (*El cerro se está acomodando*).

Un peu plus haut, au Niveau 105, c'est une conversation similaire qui anime un autre groupe de mineurs. Dans le moindre recoin de la San José, on entend ce tonnerre lointain – et l'inquiétude se répand dans les galeries. Mais aussi le déni. Le travail de la mine est dangereux par essence ; ceux qui le pratiquent de longue date ont quelque fierté à en affronter les périls. Les hommes de l'équipe A ont coutume maintenant de se plaindre de la San José à leurs femmes ou à leurs petites amies ; mais, pour décrire les conditions de travail, ils ont recours à un euphémisme : elles sont « compliquées ». Et lorsqu'on leur demande d'entrer dans les détails, ils évacuent la question – et le danger.

Luis Urzúa lui-même a confié à sa femme que la San José était « compliquée » ; lorsqu'il est devenu superviseur, quelques mois plus tôt, il était parfaitement au courant des incidents les plus récents. Ce matin, ses hommes ne cessent de lui parler du tonnerre ; certains même demandent une évacuation de toutes les équipes. « Attendons », répond Urzúa. À 44 ans, et en dépit de son tout nouveau diplôme de topographe minier, il reconnaît volontiers que les « huiles » l'intimident. Il pourrait aller voir Pinilla, son patron, et lui demander d'évacuer les lieux pour la journée. Mais si quelques mineurs de l'équipe A commencent à se dire que sa réticence à affronter Pinilla sur ce point est un aveu de faiblesse, aucun d'eux ne hausse le ton. Personne ne déclare son intention d'arrêter de travailler et de sortir de la mine, contrairement à ce qui s'est vu en d'autres circonstances.

Mario Gómez, le plus âgé de l'équipe A, a perdu deux doigts à la main gauche dans un accident qui lui rappelle ce que la mine peut réserver à tout instant à ses travailleurs. Vers midi, lui aussi reçoit un avertissement de la catastrophe à venir. Il y a un dégagement de fumée au Niveau 190, lui confie le camionneur Rául Villegas quand les véhicules des deux hommes se croisent sur la Rampe. Gómez écoute la grosse voix rude qui retentit dans sa tête : *il faut être prudent, pas timoré*, lui dit-elle. Aussi, lorsqu'il passe devant le fameux dégagement de « fumée », il ne lui accorde qu'un rapide coup d'œil. *C'est juste de la poussière. Dans une mine, rien de plus normal.*

Pendant ce temps-là, les alertes ne cessent de s'accumuler. Les mineurs entendent des bruits inhabituels, des explosions. En fin de matinée, le comportement de Carlos Pinilla, le superboss, devient curieux, s'il faut en croire ses inférieurs : Urzúa et son bras droit, le contremaître Florencio Avalos, l'aperçoivent dans son pick-up au Niveau 400. Le patron s'arrête pour inspecter les parois rocheuses de la Rampe à l'aide d'une puissante lampe-torche.

— Sa lampe était gigantesque, bien plus grosse que celles qu'il a sur lui d'habitude, racontera un autre mineur, qui a surpris le même manège. Ça m'a mis mal à l'aise de le voir se servir de ce truc-là.

Un peu plus tard, d'autres mineurs aperçoivent Pinilla dans l'une des galeries qui donnent sur la Rampe. Il est en train d'inspecter l'abîme du Gouffre avec cette même énorme lampe. Puis il se tient immobile un moment près de son pick-up, comme s'il écoutait quelque chose – ou comme s'il essayait de percevoir les mouvements de la montagne. Et lorsqu'il s'arrête à quelques-uns des embranchements du Niveau 400 pour donner un coup de chiffon aux panneaux bleu et blanc ENTRÉE INTERDITE et DÉVIATION, il semble cncore être aux aguets.

— J'ai trouvé ça étrange, confiera Urzúa, de voir mon *jefe* nettoyer les pancartes.

Quand Florencio Avalos croise Pinilla un peu après midi, le directeur général explique qu'il a un pneu crevé. Il lui faut une roue de rechange le plus vite possible.

— Il avait l'air inquiet, racontera Avalos. On avait à peine serré le dernier boulon qu'il a détalé comme un lièvre. Et on ne l'a plus revu.

En remontant à la surface, vers 13 heures, Pinilla croise Franklin Lobos sur la Rampe. Lobos, un grand gaillard qui perd ses cheveux, est un ancien footballeur de renom mais aussi une célébrité locale, car il est plus connu dans la mine pour ses talents de rouspéteur. Il conduit le camion qui sert au transport des mineurs. S'il descend en ce moment la Rampe, c'est pour aller chercher les gars pour le déjeuner.

— Franklin, dit Pinilla, j'ai deux choses à te dire. D'abord, bravo pour le Refuge : il est confortable, impeccable. Bon travail.

Le Refuge contient deux cantines métalliques remplies de nourriture, de quoi nourrir pendant deux jours une équipe au complet. Chauffeur pour le personnel de la mine, Lobos détient également la clé des armoires et se charge de l'entretien du Refuge.

— Deuxième chose, poursuit Pinilla, je veux que tu ailles causer dès que possible au responsable des magasins. On va préparer une autre caisse de provisions pour le Refuge.

Des rations, des couvertures et une trousse de secours, ce genre de choses, précise le directeur, mais il semble pressé de revenir à la surface.

Il se préparait à une situation d'urgence, admettra-t-il, mais pas parce qu'il croyait la mine en train de s'effondrer, non. Ce n'était pas l'accident qu'il craignait, mais une inspection de l'agence gouvernementale chargée de la sécurité minière – laquelle aurait entraîné une fermeture de l'exploitation. S'il s'est servi ce jour-là d'une lampe-torche d'une taille inhabituelle, c'était pour inspecter le Gouffre, par pure routine – la grotte faisant 200 mètres de haut en certains endroits, il fallait un puissant faisceau de lumière pour y voir quelque chose. Et s'il voulait un réassort du Refuge, c'est parce que les mineurs ne cessaient de voler des provisions (il avait d'ailleurs fini par acheter un cadenas et une barre d'aluminium pour les en empêcher). Si l'inspecteur avait jugé que les provisions étaient insuffisantes, il aurait fait fermer la mine.

Cela s'était produit en 2007, sur ordre du gouvernement chilien, après la mort du géologue Manuel Villagrán dans une explosion souterraine. Les propriétaires de la mine avaient alors promis de prendre les dispositions nécessaires pour améliorer les conditions de travail, et la San José avait pu réouvrir. (Les mineurs ont érigé un autel couvert de bougies votives en mémoire de Villagrán à l'endroit même où il est mort ; le véhicule qu'il conduisait au moment de l'explosion y est encore enseveli.)

La San José, contrairement aux autres mines de la région de Copiapó, n'appartient pas à une multinationale, mais à deux des fils de feu Jorge Kemeny, qui avait fui la Hongrie communiste en 1957 pour s'installer dans cette région du Chili. Marcelo et Emérico Kemeny n'ont malheureusement pas hérité de la passion et du talent que leur père mettait au service de la mine. Emérico a confié à son beau-frère, Alejandro Bohn, le soin de s'occuper de la San José. Celui-ci et les Kemeny ont eu quelque peine à préserver la rentabilité de la Compagnie minière San Esteban tout en répondant aux exigences du gouvernement chilien en matière de sécurité. Il leur était notamment demandé d'installer des échelles dans les tunnels de ventilation, afin de ne pas compter que sur la Rampe pour assurer l'évacuation des mineurs en cas d'urgence. De même, de nouveaux ventilateurs devaient assurer une meilleure circulation de l'air dans les galeries et abaisser la température au fond de la mine, qui avoisinait parfois les 50 °C. Semblant de ce fait reconnaître leur indifférence passée aux questions de sécurité, les propriétaires se sont adjoint les services de E-Mining, une entreprise qui devait prendre en charge le fonctionnement quotidien de la San José. E-Mining a recommandé l'achat d'un système de surveillance sismique, afin de détecter les modifications éventuelles de la structure interne de la montagne, lesquelles pouvaient avoir des conséquences catastrophiques pour la mine. Un achat jamais effectué. En revanche, la San José s'est dotée d'autres appareils de détection des mouvements, des géophones. Lesquels sont tombés en panne au bout d'un mois – le passage des camions avait fini par détruire leur câblage en fibre optique. Puis la Compagnie minière San Esteban a cessé d'honorer les factures de son prestataire, lequel a rompu son contrat et rappelé ses employés. C'est alors que les propriétaires ont embauché un ancien salarié de la San José, Carlos Pinilla, pour lui confier la tâche jusqu'ici assurée par E-Mining. L'entreprise des Kemeny n'a pas les moyens d'acheter des sismographes ni d'entretenir ses géophones ; les échelles n'ont pas été installées dans les tunnels et les ventilateurs n'ont pas été changés, contrairement à ce que voulait le gouvernement. Il est impossible d'accéder à ces demandes tout en conservant un certain niveau de rentabilité à cette mine, une exploitation de taille moyenne au regard des autres mines chiliennes. La San Esteban doit déjà, entre autres charges financières, 2 millions de dollars à la ENAMI, une agence gouvernementale qui traite le minerai pour les mines de petite et de moyenne taille. De même que les hommes de la San José descendent à la mine tout en la sachant dangereuse, les propriétaires continuent à la faire fonctionner en dépit des risques. Ils jouent avec les vies des mineurs, soucieux avant tout de la rentabilité de leur entreprise et de leurs ambitions financières.

En remontant à la surface, Pinilla fait exactement ce que les propriétaires lui ont toujours demandé : gérer la mine, extraire du minerai – pour gagner de l'argent, en rognant sur tout le reste. Et en gardant les doigts croisés. Pourvu que cette Rampe aux solides parois de diorite ne s'effondre pas ; pourvu que les hommes puissent s'en servir en cas d'urgence, si la structure interne de la montagne, usée par plus d'un siècle d'exploitation et d'explosions, s'affaisse, entraînant avec elle l'ensemble de la mine.

Si Pinilla fermait la San José et évacuait ses hommes alors que la mine demeure en place, il pourrait bien perdre son emploi. De plus, en cet instant, il en est persuadé, la San José a encore vingt bonnes années devant elle.

Quelques minutes après 13 heures, deux hommes se rencontrent sur une route creusée dans la roche. L'un remonte à la surface, l'autre part au fond. Carlos Pinilla, l'homme au casque blanc, l'ancien magasinier devenu directeur général, appuie sur l'accélérateur de son pick-up pour gravir la pente menant à la lumière du jour. Franklin Lobos, dont la carrière suit une courbe dangereusement déclinante, suit des yeux, sous sa visière bleue, le camion du *jefe* qui s'éloigne. Lobos tend la main pour desserrer le frein à main ; c'est le poids du véhicule qui, dans un premier temps, va faire le travail, et entraîner le camion vers les profondeurs. Puis Lobos allume ses feux de brouillard (les phares n'ont jamais fonctionné) et se dirige vers le Refuge, sous le Niveau 100 ; c'est là que les hommes se rassemblent pour attendre le camion qui doit les emmener déjeuner.

Au Niveau 500, Lobos aperçoit un camion en train de remonter ; comme celui-ci a priorité sur la Rampe, il le laisse passer. C'est le gros tombereau de Rául Villegas, qui, plus tôt dans la matinée, a remarqué la « fumée ».

Les hommes se saluent d'un double signe de la main : bonjour, au revoir. Bientôt Lobos reprend sa longue descente. Il dépasse le Niveau 400, où les panneaux brillent d'un éclat renouvelé grâce au coup de chiffon de Pinilla. Lobos n'est pas seul : le mineur Jorge Galleguillos descend avec lui pour inspecter le système de citernes et de conduits qui apportent l'eau dans la mine, de la surface aux niveaux inférieurs. La progression de leur camion est lente, pénible ; elle suit la lueur rampante des feux de brouillard sur le sol du tunnel gris, sinueux, monotone, comme si Lobos et son passager pénétraient dans le paysage sombre, humide et vide du subconscient d'un mineur. Pendant une demi-heure, ils descendent, descendent en spirale entre les parois de roche, dans des boyaux couturés des millions d'estafilades infligées par les explosions. Mais au Niveau 190, soudain, un éclat blanc passe devant le pare-brise du camion, de la droite vers la gauche.

— Tu as vu ? dit Galleguillos. Un papillon.

— Quoi ? Un papillon ? Mais non, répond Lobos. C'est un bout de roche blanche.

Les veines de minerai de la San José sont truffées d'un quartz translucide, laiteux, dont les lumières de la mine peuvent extraire de semblables lueurs.

— Non, c'était un papillon, répète Galleguillos.

Mais comment un papillon pourrait descendre à plus de 400 mètres sous terre, dans l'obscurité ? Impossible, songe Lobos. Lequel pourtant n'a pas envie de discuter.

— Tu sais quoi ? T'as raison. C'était un papillon.

Lobos et Galleguillos progressent encore d'une vingtaine de mètres. Et c'est là que retentit une colossale explosion. La poussière envahit la galerie alentour, et juste derrière eux, près de l'endroit où le papillon (ou était-ce un fragment de quartz ?) est passé, la Rampe s'effondre.

Le fracas et l'onde de choc figent les 34 hommes qui se trouvent dans les boyaux de pierre. Des hommes qui manient des pelles hydrauliques pour lever des pierres, des hommes qui écoutent les pierres couler dans les remorques de métal des camions, des hommes qui attendent l'heure du déjeuner dans une salle creusée dans la pierre, des hommes qui percent la pierre, des hommes qui conduisent des véhicules gavés de gasoil au cœur d'une montagne de pierre, des hommes dont les vêtements et le visage sont couverts de poussière de pierre.

Sur les 34 hommes présents dans la mine au moment de l'effondrement, le chauffeur Rául Villegas est le seul qui parvient à s'échapper. Horrifié, il voit enfler dans son rétroviseur un nuage de poussière – lequel, bientôt, dépasse son camion. Alors il accélère, mais quand il atteint la vaste gueule par laquelle la Rampe débouche sur le monde extérieur, la poussière le suit. Pendant des heures, la mine va, par cet orifice difforme, cracher en continu une nuée brune, grumeleuse.

Lobos et Galleguillos, dans leur camion de transport, sont, au Niveau 190, les deux hommes les plus proches de l'accident. Le choc est énorme : « un rugissement comparable à celui d'un gratte-ciel qui s'effondre », dira Lobos. La comparaison est plus que justifiée : l'architecture de la mine, structure immense et hasardeuse, résultat improvisé de plus d'un siècle d'ambitions économiques, vient de céder. C'est un bloc de diorite d'un seul tenant, haut comme un immeuble de 45 étages, qui s'est détaché de la montagne puis enfoncé dans les profondeurs de la mine, dévastant sur son passage des portions entières de la Rampe et entraînant une réaction en chaîne dans toute la masse rocheuse qui l'entoure. La montagne elle-même est touchée : d'autres blocs de diorite et de minerai sont expulsés ; ils rebondissent sur les parois et ébranlent ce qui reste de la mine avec la puissance d'un séisme. La poussière produite par ces explosions multiples jaillit en tous sens, d'un boyau à l'autre, et d'une galerie à l'autre, et envahit le labyrinthe souterrain.

À une trentaine de mètres au-dessus de l'ouverture de la mine, dans son bureau, Carlos Pinilla, le tyrannique directeur général, entend gronder le tonnerre. *On ne devait pas toucher aux explosifs aujourd'hui, pourtant*, commence-t-il par se dire, avant de songer qu'il s'agit sans doute d'une nouvelle chute de pierres dans le Gouffre, ce qui n'a rien d'inquiétant. Mais le tonnerre ne s'arrête plus. Le téléphone de Pinilla sonne.

— Sortez de votre bureau et regardez l'entrée de la mine, lui lance son interlocuteur.

Pinilla sort sous le soleil de la mi-journée. La mine vomit un nuage de poussière tourbillonnante, le plus gros qu'il ait jamais vu.

2

La fin de tout

Lorsque l'immense dalle de diorite se détache, il en résulte d'abord un bruit colossal, sec comme un coup de cymbales. Le plupart des 33 hommes coincés dans les galeries de la San José ne l'entendront pas, ce bruit, soit parce qu'ils portent des protections d'oreille, soit parce qu'ils sont aux prises avec des machines ou des véhicules particulièrement bruyants. Au Niveau 150, les mécaniciens travaillent avec un Toro 400 de 27 tonnes, un chargeur-transporteur, garé à une dizaine de mètres de l'à-pic donnant sur le Gouffre. Ces hommes sont en retard sur leur programme de travail ; ils mettent les bouchées doubles pour finir avant l'heure du déjeuner. Tout cela parce qu'ils ont perdu une heure et demie à attendre une clé spéciale, qu'il a fallu aller chercher dans les ateliers, en surface. À 13 h 40, trois des mineurs présents au Niveau 150 se servent de l'outil tant attendu pour serrer les deux derniers boulons des énormes roues (plus de 150 centimètres de diamètre) du véhicule, lorsqu'ils entendent ce qui leur semble être des coups de feu. La seconde d'après, une onde de choc les renverse. Les voici piégés dans le fracas d'une avalanche minérale ; autour d'eux, les parois tremblent ; il pleut sur eux des pierres grosses comme des oranges. Rául Bustos, qui a échappé cinq mois plus tôt à un séisme et à un raz-de-marée, file sous le Toro 400. De même que Richard Villaroel, ce mineur de 26 ans dont la jeune compagne est enceinte de leur premier enfant – il doit naître dans trois mois. Juan Carlos Aguilar, qui quitte tous les quinze jours ses jungles du Chili du Sud pour travailler à la San José, s'agrippe au tuyau le plus proche. Deux minutes passent, pendant lesquelles leurs oreilles sont assaillies par le fracas de la montagne en train de s'écrouler. Plus tard, un des mineurs parlera d'une armée de marteaux-piqueurs s'attaquant à un trottoir. Puis survient une deuxième onde de choc, en sens inverse de la première : elle s'engouffre dans la galerie et provoque d'autres chutes de pierres. Le petit atelier improvisé des mineurs est, lui aussi, bombardé par ces projectiles ; lorsque enfin le vacarme s'apaise, sans pour autant s'arrêter, les mineurs relèvent la tête. À quelques mètres du Gouffre, l'un de leurs chargeurs-transporteurs est à moitié enterré sous les gravats.

Les trois mineurs serrent les rangs, crient pour arriver à s'entendre : ils vont essayer de prendre la Rampe à pied, pour retrouver leur équipier manquant – lequel est chauffeur d'un pick-up qui pourrait leur permettre de regagner la surface.

Quelques minutes plus tôt, Juan Carlos Aguilar a donné l'ordre à cet homme, Juan Illanes, d'aller chercher un peu d'eau potable. Illanes doit pour ce faire prendre son pick-up et parcourir la distance qui sépare le petit atelier du Refuge. Mais, peu après le Niveau 135, Illanes s'arrête : un rocher lui barre le chemin. Au moins 1,80 mètre de long, 30 centimètres d'épaisseur : le pick-up ne pourra pas le franchir. Il lui faut soit descendre du véhicule pour dégager la voie, soit contourner l'obstacle. Illanes se met en marche arrière ; cependant, à peine a-t-il lâché le levier de vitesses que retentit une forte « explosion rocheuse » (*un cohetazo*). Les parois de la Rampe se mettent à cracher du gravier ; Illanes appuie de toutes ses forces sur l'accélérateur pour remonter en marche arrière mais cela ne dure qu'une ou deux secondes, car l'onde de choc enveloppe le véhicule, suivie par un nuage de poussière et par une secousse sismique. Comme si la Rampe se trouvait à l'intérieur d'une boîte en carton secouée par un géant, dira plus tard Illanes. Qui décide d'attendre un moment, avant de se souvenir de ses trois coéquipiers du Niveau 150. Il manœuvre alors le pick-up de manière à pouvoir gravir la Rampe en marche avant ; en route pour l'atelier où il les a laissés, il doit toutefois faire face à la nuée furieuse qui s'abat sur lui. La poussière est si épaisse qu'il ne voit plus rien ; il ne cesse de se cogner aux parois de la Rampe. Il finit par s'arrêter et attend de nouveau, phares et moteur allumés. C'est donc assis dans l'habitacle qu'il voit surgir de la nuée de poussière une silhouette, silhouette qu'illuminent les courts faisceaux des phares du camion. C'est son patron, Aguilar. Et deux autres hommes suivent en courant : les deux autres mécaniciens, Rául Bustos et Richard Villaroel.

— On ne peut pas conduire avec cette poussière, leur explique Illanes.

Les quatre hommes trouvent alors une section de la Rampe dont la paroi est renforcée par un filet métallique, et ils se pelotonnent contre le filet – une bien fragile protection, tandis que la mine autour d'eux se désagrège inexorablement.

Le fracas et l'onde de choc ne s'arrêtent pas au Niveau 150 : 45 mètres plus bas, ils atteignent quelques hommes (parmi eux, un veuf de 47 ans du nom de José Ojeda) qui perçaient la roche. Au Niveau 100, Alex Vega, en pause, attend le camion de Franklin Lobos tout en discutant avec d'autres mineurs, en particulier Edison Peña. Peña, 34 ans, est originaire de Santiago. Il passe auprès de ses collègues pour un individu inquiet, tourmenté. Il entretient sa forme physique en circulant dans Copiapó sur un vélo qu'il a surnommé Vanessa, en l'honneur d'une star du porno dont il admire les performances athlétiques. Tandis qu'approche l'heure du déjeuner, Peña est accablé : depuis ce matin, il attend que la mine ferme pour la journée, les bruits de la montagne ayant fini par affoler les esprits, mais son espoir a été déçu. Ces hommes du Niveau 100 entendent soudain le tonnerre qui va fondre sur eux – un vacarme quelque peu affaibli par sa traversée de plusieurs centaines de mètres de roc granitique.

— Les bruits, on en avait l'habitude, expliquera plus tard Alex. Que la montagne craque et gronde, c'était normal. Comme nous disait toujours le patron, « la montagne est un être vivant ».

Mais ce bruit-là ne ressemble à rien de connu ; il est suivi par une sorte de mugissement de plus en plus sonore. Les mineurs au casque rouge, bleu ou jaune qui bavardaient avec Vega et Peña au Niveau 105 lèvent les yeux, puis échangent des regards. *Quelqu'un sait ce qui est en train de se passer, là ?* semblent demander leurs mines soucieuses.

— *¡La mina se está planchoneando!* finit par hurler l'un d'entre eux.

La mine est en train de s'aplatir. Une rafale de vent traverse la Rampe ; puis fleurit sous leurs yeux un nuage de poussière, craché par les tunnels menant de la Rampe aux anciennes sections de la mine. Le nuage se rue dans leur direction et bientôt les engloutit, déversant sur eux une pluie de gravier et de terre, tandis qu'ils se précipitent vers le Refuge.

À une dizaine de mètres en contrebas, un autre groupe de mineurs attend le camion de Franklin Lobos et l'heure du déjeuner, dans le Refuge même ou aux alentours. Parmi eux, Samuel Avalos. Avalos a un parcours professionnel encore plus chaotique et des occupations plus précaires que ses collègues. Jusqu'à un passé encore récent, il était colporteur – il continue d'ailleurs de vendre des disques piratés dans les rues, ce qui lui a valu le surnom de « CD ». Petit, drôle, il allie à la timidité un sens de l'humour ironique qui lui a permis de ne jamais sombrer, même si, pour survivre, il a dû vendre des fleurs et autres babioles dans les rues. Au Refuge, il accomplit un rituel de midi qui, en tout autre lieu, semblerait singulier, voire insensé. Sous le regard de ses collègues, lesquels ne se découvrent jamais d'un fil, il se déshabille pour ne garder que caleçon et maillot de corps. Après une matinée de travail, sa salopette est imbibée de transpiration. Il l'ôte donc, l'essore, et la suspend aux tuyaux qui traversent le Refuge, histoire de la faire sécher. Le Refuge a été creusé à même la roche. Un sol carrelé de blanc, des murs de mâchefer, et une porte d'acier donnant sur la Rampe. Les mineurs y entrent et en ressortent ; aucun d'eux n'adresse la parole à Samuel Avalos qui, en caleçon, se décontracte. Le temps passe, le bleu sèche un peu – et c'est au moment où il va le remettre qu'Avalos entend le coup de tonnerre.

Il se demande d'abord si quelqu'un utilise de la dynamite, quelque part dans la mine ; mais rien de ce genre n'est prévu aujourd'hui. Franchement, si quelqu'un s'amuse à manier les explosifs sans prévenir le reste de l'équipe, c'est moche – cela s'est pourtant déjà vu, hélas ! Cependant, le vacarme était plus retentissant que celui que produit une explosion planifiée. Alors ? Que s'est-il vraiment passé ?

Victor Zamora, un natif de la ville d'Arica, non loin de la frontière péruvienne, est assis près du Refuge sur une grosse pierre évoquant un banc. Gros fumeur, ce gaillard à la chevelure bouclée tire sur sa énième cigarette. Il se sent plutôt bien, plutôt détendu, en dépit de la douleur sourde – et parfois palpitante, presque vivante – qui transperce une de ses molaires, cariée. Il est venu au Refuge avec les gars de son équipe de consolidation ; cette pause restera dans son esprit comme un moment de plaisir et de camaraderie. Les hommes qui se retrouvent dans ces équipes de travail se donnent toujours du *los niños*, « les petits », quel que soit leur âge. Zamora aime descendre travailler à la San José avec les autres « petits ». La manière dont les hommes se traitent, dans la mine, en égaux, « comme s'il n'y avait ni supérieurs ni inférieurs » – ça lui fait du bien. Zamora lui aussi entend l'explosion ; et comme il a toujours plus ou moins travaillé à la mine, depuis ses jeunes années, à la San José et dans nombre d'autres, sa réaction initiale est de tirer sur sa cigarette, guère ému.

Mais, environ une minute plus tard, la première onde de choc atteint Zamora et le fait tomber de son banc improvisé, avant d'ouvrir en coup de vent la lourde porte d'acier du Refuge. Aussitôt, Zamora se relève et se précipite dans la pièce.

Dans la panique qui s'ensuit, Alex Vega, Edison Peña et plusieurs autres mineurs qui attendaient, eux aussi, le camion de Lobos s'engouffrent derrière Zamora dans le Refuge, où ils rejoignent Samuel Avalos et les autres. Bientôt, ils sont plus d'une vingtaine, serrés les uns contre les autres. Dehors, derrière la porte de métal, la montagne s'affaisse sur elle-même. Le vacarme ne commence à s'apaiser qu'au bout d'un bon quart d'heure. Les hommes parviennent alors à se redonner du courage, collectivement : ils vont tenter de s'échapper, tourner le dos à la porte d'acier et au mur de mâchefer, rejoindre la Rampe et de là, marchant, rampant, courant, essayer de regagner la surface, à plus de 6 kilomètres de là.

Après une matinée passée à parcourir la Rampe pour rendre visite à tous les hommes au travail, Luis Urzúa, le chef d'équipe, est de retour au Niveau 90, non loin de l'endroit où Mario « Perri » Sepúlveda travaille sur son chargeur sur pneus. À 13 h 40 lui parvient un craquement sonore, malgré le rugissement de la machine. On dirait qu'un énorme rocher est tombé sous les voûtes du Gouffre. Il n'est pas rare d'entendre ce genre de bruit dans les parties déjà exploitées de la mine, quand les mineurs creusent aux niveaux supérieurs. Urzúa ne s'inquiète donc pas plus que de coutume. Mais, cinq minutes plus tard, deuxième et colossale explosion.

Urzúa dit à Sepúlveda de couper le moteur, ce que Perri, de toute façon, s'apprête à faire, car il vient de sentir l'un des gros pneus de sa machine voler en éclats – du moins, c'est ce qu'il pense. Mais au moment où il ôte ses protections d'oreille, l'onde de pression traverse le tunnel et lui bouche les tympans. *Qu'est-ce que c'est que ça ?* se demande-t-il. Et c'est là que Florencio Avalos apparaît, au volant du pick-up du chef d'équipe, un Toyota Hilux blanc, pour leur annoncer que la mine est en train de s'effondrer. Sepúlveda et Urzúa sautent dans le camion, et les trois hommes remontent la Rampe, vers le Refuge. Lequel est désert ; tous les mineurs censés y être tapis, à l'abri de la catastrophe qui dévaste la mine, en sont partis.

Les deux responsables, Urzúa et Avalos, toujours accompagnés de Perri, poursuivent donc leur descente en pick-up. Ils tournent le dos à la sortie, ils ne cherchent pas à fuir : il y a d'autres hommes aux niveaux inférieurs de la mine.

— Ces *huevones*[1], il faut les sauver ! dit Urzúa.

Urzúa se rend tous les jours à la mine avec la même préoccupation à l'esprit : à la fin de la journée ou de la nuit de travail, il doit faire remonter tous ses hommes.

À 30 mètres en contrebas, au Niveau 60, Carlos Mamani, un immigré bolivien, travaille au volant de son chargeur sur pneus. Ce sont ses premières heures dans la San José. Quelques jours plus tôt, il a passé un test en surface pour vérifier ses capacités à conduire cet engin. Et, le matin même, il a subi un autre test, en situation cette fois-ci, sous le contrôle d'un des mécaniciens. Après avoir observé Mamani, le mécano l'a laissé travailler sans surveillance, pour la première fois. Un moment que Mamani, 24 ans, garçon sérieux au visage poupin, anticipe depuis des années. De langue

1. Insulte et petit nom affectueux, spécifique à l'espagnol chilien. C'est un dérivé de *huevo*, « œuf », lequel signifie également « testicule » en argot. *(N.d.A.)*

maternelle aymara, il a grandi dans une ferme du lointain et splendide Altiplano, l'une des régions les plus pauvres du pays le moins riche d'Amérique du Sud. Adolescent, il a suivi nombre de ses compatriotes au Chili pour faire les vendanges et travailler sur les chantiers, tout en rêvant de devenir détective privé. Plutôt que d'aller à l'université, il a choisi une formation technique. Aujourd'hui, pour la première fois, il dirige seul une énorme machine suédoise munie d'un levier de commande et de cadrans numériques. Lesquels luisent dans l'obscurité de la grotte, ajoutant à l'impression qu'il a de conduire une machine complexe et moderne.

Le chargeur de Mamani est relié à une nacelle où deux hommes, dans les airs, travaillent à « consolider » la voûte d'une galerie, armés de marteaux perforateurs. Parmi les quatre mineurs qui travaillent avec Mamani se trouve Yonni Barrios, l'homme aux deux maisons, et Darío Segovia, qui a si longuement, si affectueusement enlacé son amie le matin même, un geste pas tout à fait dans ses habitudes. Barrios et Segovia fixent des longues barres de métal dans la roche – elles font plus de 1,80 mètre de long –, pour y accrocher un grillage métallique qui devrait protéger les mineurs des chutes de pierres. C'est là, exactement, qu'un mois plus tôt Gino Cortés a été à demi écrasé par une roche de plus d'une tonne. On a dû l'amputer de la jambe gauche. Comme c'est sa première journée en bas, Mamani l'ignore – mais les deux hommes dans le panier, eux, s'en souviennent. Mamani a oublié la lampe qu'on lui a fournie en haut ; il l'a laissée dans son casier. Barrios lui a conseillé de ne pas s'en faire : il la récupérera à l'heure du déjeuner. Mamani ne sait même pas à quoi ressemble une journée ordinaire dans la mine. Il baisse les yeux vers sa montre. Bientôt 2 heures. *Quand est-ce qu'on mange ?* se demande-t-il. *Quand est-ce qu'ils vont finir de bosser, ces gens ? Si tant est qu'ils finissent jamais. La prochaine fois, je prendrai un petit déjeuner plus consistant.*

Mais, soudain, les hommes au-dessus de lui s'arrêtent de travailler. Mamani les observe par la vitre de l'habitacle. Barrios et Segovia échangent un regard qui semble dire : *C'était quoi, ce truc ?*

Barrios, qui manie un marteau perforateur et porte des boules Quiès, n'a pas entendu l'explosion. Mais il a senti une sorte d'onde de pression lui traverser le corps. Comme s'il avait été pris dans une immense étreinte puis relâché. Ou plutôt, comme s'il se trouvait à l'intérieur d'une pompe à vélo géante en pleine action. Segovia qui, lui, a perçu le vacarme baisse les yeux vers leurs deux assistants, Esteban Rojas et Carlos Bugueños.

— Il se passe quelque chose, là ! hurle l'un des deux. On a les oreilles complètement bouchées !

La petite équipe continue pourtant à travailler pendant quelques minutes, jusqu'à ce qu'une pluie de cailloux se mette à tomber de la voûte et que la poussière envahisse la galerie.

À l'intérieur de l'habitacle, Mamani se demande si cette nuée d'épaisse poussière qui s'amasse devant son chargeur sur pneus est normale. Non, ce ne doit pas être le cas, car les mineurs lui font maintenant signe d'abaisser le panier et de faire sortir l'engin de la galerie le plus vite possible. Mamani obtempère, puis aperçoit Daniel Herrera, la main tendue vers la portière de l'engin. Dès que celle-ci s'ouvre, les oreilles de Mamani se bouchent ; il n'entend plus rien, voit les lèvres de ses compagnons bouger sans bien comprendre ce qu'ils disent.

Mais un des mineurs se met à faire tournoyer sa lampe-torche, allumée, et ce signal, Mamani le connaît ; il l'a appris dans d'autres mines. Sa signification est terrible : *Sortez ! Évacuation générale ! Sortez immédiatement !* Le niveau auquel ils se trouvent est à plus de 7 kilomètres de la surface, à plus de 600 mètres de dénivelé. Soit quarante minutes dans le sens de la descente. Quant à la montée, Dieu seul le sait – Mamani n'en a pas encore fait l'expérience.

Quelques secondes plus tard, Mamani est de retour sur la Rampe, avec ses quatre passagers, avançant dans un tunnel qui se remplit de poussière, jusqu'à la voûte. Ils se dirigent vers le Refuge, mais la visibilité est si mauvaise que l'engin ne cesse de se cogner contre la paroi.

Un peu plus loin, au Niveau 90, ils tombent sur le chef d'équipe, Urzúa, et son contremaître, Avalos, lesquels arrivent en sens inverse, à pied.

— Continuez à monter, vous, ordonnent les chefs. On vous rattrapera. Nous, il faut qu'on aille mettre la main sur les deux gars qui travaillent tout en bas.

Ce matin-là, Mario Gómez est descendu trois fois jusqu'au fond de la mine, avant de remonter à la surface. Descendre à vide, ça se fait en une demi-heure, sans problème. Remonter avec une remorque pleine de minerai riche en or et en cuivre, c'est au moins deux fois plus long. On ne peut rouler qu'en première et en deuxième vitesse. Un peu après midi, il est de nouveau à la surface, la remorque vide, et décide de prendre sa pause déjeuner. Il entre dans la cafétéria de tôle ondulée de la compagnie, met sa boîte de bœuf au riz au micro-ondes, en avale une bouchée. Puis s'interrompt. Gómez touche un salaire de base auquel s'ajoute une prime calculée en fonction du nombre de voyages effectués dans la mine. Il pense à cette commission et se dit qu'il va aller manger au fond, pendant que le chargeur remplit sa remorque. Cela lui permettra de faire un voyage de plus. Ce voyage qui manquera lui coûter la vie représente 4 000 pesos chiliens, soit 9 dollars.

Gómez remonte dans son camion et descend au Niveau 44. Il se gare dans un boyau où des monceaux de pierres riches en minerais d'or et de cuivre attendent d'être emportés à la surface. Gómez est, à cet instant précis, celui des mineurs qui se trouve au plus profond de la mine. Entre lui et la sortie, 676 mètres de dénivelé. Le conducteur de l'engin qui doit charger la remorque n'est pas là ; Gómez s'installe donc dans la cabine de son camion pour finir son déjeuner. Le moteur est allumé, l'air conditionné rend la température plus clémente – elle avoisine les 40 °C. Dix minutes plus tard, le conducteur arrive ; c'est un mineur de 56 ans aux cheveux blancs du nom d'Omar Reygadas. Il se met au travail, envoie une première pelletée de caillasse dans la remorque. C'est à ce moment-là que Gómez sent un courant d'air lui caresser le visage avec insistance – chose curieuse, étant donné que les vitres de l'habitacle sont toutes fermées. Puis, soudain, une explosion retentit entre ses deux oreilles – comme si, dira-t-il plus tard, son crâne était un ballon dans lequel quelqu'un aurait soufflé. Le moteur du camion s'éteint de lui-même avant de se rallumer tout aussi spontanément après deux ou trois secondes. Reygadas, lui, n'a pas cessé de travailler ; le fracas des pierres qui s'écoulent dans la remorque étouffe tous les autres bruits. De même que son collègue, il a cependant perçu le coup de tonnerre et l'onde de choc. Le chef d'équipe, Urzúa, fait peut-être procéder à quelques explosions sans en parler à tous les mineurs ? pense-t-il. Une nouvelle prise de risque idiote, dans cette mine qui n'en est pas avare. *C'est la goutte d'eau qui fait déborder le vase*, se dit Reygadas, furieux. *Ouais, ça va bien, là : une fois ce boulot fini, je passe un savon à ce connard d'Urzúa et je lui dis que je me casse !*

Quand la remorque est bien remplie, Gómez amorce sa lente progression vers la sortie. Mais à peine a-t-il franchi 100 ou 200 mètres sur cette section de la Rampe, particulièrement abrupte, que la galerie se remplit de poussière. Cela n'a pourtant rien d'inquiétant en soi, et il a déjà vécu ce genre d'expérience, aussi poursuit-il sa route. Cependant, le nuage est si épais qu'à plus d'un mètre du pare-brise tout disparaît dans la poussière. À tout moment, Gómez peut heurter la paroi de la Rampe. Alors il s'arrête, ouvre la portière, tâte la paroi : elle est rectiligne à cet endroit. Pas de virage intempestif. Il se réinstalle dans l'habitacle, redresse le volant et donne un coup d'accélérateur, pour parcourir les mètres suivants à l'aveuglette. Jusqu'à ce qu'Urzúa apparaisse à la fenêtre. Le chef d'équipe lui fait signe de s'arrêter et de sortir. Gómez baisse la vitre. Un vacarme assourdissant l'assaille – il en gardera le souvenir pendant des jours, des semaines, des mois même. À en pleurer, lorsque la mémoire le fera résonner de nouveau dans son crâne. Tonnerre d'explosions innombrables et simultanées ; craquement des rochers qui se fendent, des parois environnantes qui semblent sur le point de s'effondrer à tout moment.

Les hommes du Refuge ont déjà essayé de sortir à deux occasions, profitant chaque fois d'un instant de répit entre les explosions. Après une première tentative qui s'est soldée par une retraite, ils ont recommencé, mais le sol s'est mis à trembler dans les profondeurs. La roche inerte et puissante de la montagne se transforme en une masse animée de mille pulsations. Les parois et les voûtes de la Rampe ondulent, vagues de pierre ; la montagne expulse des blocs qui surgissent des ténèbres de la galerie et roulent, furieux, vers le fond de la mine – projectiles de mort dirigés droit vers leurs cibles humaines.

— Nous étions comme un troupeau de moutons que la montagne allait avaler, dira plus tard José Ojeda.

Victor Zamora, lui, a l'impression d'être visé avec ses compagnons de la mine, par des tirs de mitrailleuses. La situation les dépasse : trop effroyable, trop risquée. Ils se résolvent à repartir vers le fond. Mais, racontera l'un des hommes, ils ont le sentiment de courir sur un pont balayé par l'ouragan. C'est à cet instant que Luis Urzúa et Florencio Avalos apparaissent. Le troupeau humain, saisi par la panique, accourt en direction de leur pick-up et, fascinés, ils assistent à l'arrivée d'une autre onde de choc. Elle soulève Alex Vega, le plus petit et le plus léger des *niños*, comme s'il n'était qu'un cerf-volant en forme de mineur à la merci d'une rafale. D'autres trébuchent, tombent au sol, battent désespérément des bras. Ils vacillent, ces grands gaillards en bleu de travail, ces hommes dont le corps a été modelé par le vin rouge, la bière, les barbecues dans les jardins – et bercé par leurs femmes, leurs mères et leurs belles-mères. Cette onde de choc plaque Zamora contre la paroi de la Rampe, de plein fouet, faisant sauter quelques-unes de ses vraies dents et d'autres fabriquées par le corps médical ; à la sourde et lancinante rage de dents que provoque sa molaire cariée s'ajoute une douleur plus vive. Mais lorsque ses camarades et lui aperçoivent le pick-up du chef d'équipe, ils se relèvent et se précipitent vers lui. Zamora, la bouche en sang, cale sa carcasse couverte de poussière dans l'étroit siège arrière, derrière le conducteur.

Les autres, pour la plupart, grimpent dans la remorque.

— Vite, vite, il faut sortir d'ici ! hurlent-ils quand tout le monde est à bord.

Avalos, au volant, entreprend de remonter la Rampe, mais le pick-up Toyota ploie sous le fardeau de cette vingtaine d'hommes, « collés les uns aux autres comme des abeilles dans une ruche », constatera Carlos Mamani. Lequel est debout sur le pare-chocs arrière, agrippé aux jambes d'un des mineurs qui se tient debout dans la remorque. Les hommes présents dans l'habitacle ont l'impression, en voyant le capot s'élever devant eux, d'être dans un avion trop chargé qui a du mal à décoller. Le nuage de poussière recommence à s'épaissir, si bien que Mario Sepúlveda descend du camion et, lampe-torche à la main, montre le chemin à Avalos. C'est dans cet équipage qu'ils retrouvent Rául Bustos et les trois autres mécaniciens du sous-traitant, que la catastrophe a surpris dans l'atelier. Les quatre mécaniciens rejoignent la ruche du pick-up, tout en racontant la manière dont ils ont vécu les explosions, perchés qu'ils étaient au bord du Gouffre. Et, poursuivant leur progression dans la poussière, ils entendent au bout d'un moment un fracas mécanique ; c'est le camion de transport des mineurs, avec à l'interieur Franklin Lobos et Jorge Galleguillos. Sepúlveda braque le rayon de sa lampe-torche sur les visages de ses aînés : la peur de la mort les rend exsangues. Ils racontent l'effondrement, la fuite in extremis ; Galleguillos insiste sur le papillon qu'il est certain d'avoir aperçu quelques minutes avant la catastrophe. Urzúa leur donne l'ordre de faire faire demi-tour au camion et de repartir vers la sortie. Lobos s'exécute, et la plupart des hommes quittent le pick-up pour monter dans son camion. La progression vers la surface reprend ; mais plus ils montent, plus les débris sont nombreux, au-delà des Niveaux 150 et 180. Les hommes ont l'impression d'aborder un champ de bataille dont les protagonistes se seraient battus à coups de pierres. Virage après virage, ils grimpent, grimpent – déjà huit tours de spirale depuis le Refuge. Le Niveau 190 approche. Ils s'arrêtent quatre ou cinq fois, tant la poussière est épaisse : chaque fois, il faut attendre cinq ou dix minutes, le temps que le nuage se disperse un peu. Mais les rochers sont si nombreux sur la voie que les véhicules doivent stopper pour de bon. Alors, les hommes descendent du pick-up et du camion, et continuent à pied. Sur une pente à 10 %, c'est une marche qui pourrait en épuiser plus d'un, surtout dans cette chaleur humide. Mais ces hommes-là sont survoltés par leur adrénaline et l'envie dévorante de retrouver la lumière du jour qui les attend à la fin de ce lent périple, souvent interrompu – si tant est que la Rampe ait pu tenir le coup, comme les propriétaires et les directeurs de la mine ont toujours promis qu'elle le ferait. Les hommes franchissent une cinquantaine de mètres, en suivant les rayons de leurs lampes et de leurs casques dans la nuée qui mêle poussière et gravillons. Puis ces rayons butent sur un objet qui, apparemment, leur bouche la voie. C'est une dalle de pierre, à la surface grise, dont la forme et la taille n'apparaissent pas encore clairement dans les tourbillons de poussière. Les hommes s'asseyent et patientent quelques minutes, le temps que le nuage s'éclaircisse. Ce qu'il finit par faire, révélant l'obstacle dans toute sa hauteur.

La Rampe est obstruée, du sol à la voûte, et sur toute sa largeur, par une paroi rocheuse.

La pierre qui fut posée sur la tombe de Jésus, se dit Luis Urzúa. D'autres y voient un rideau de pierre, un des mineurs une « guillotine » minérale. C'est en tout cas une dalle plate et lisse de diorite d'un gris bleuâtre, et elle bloque désormais la route de la Rampe à la façon dont les trappes se referment, brusques et théâtrales, dans les films d'action américains. Ce qui inquiète le plus Edison Peña, c'est la texture de cette pierre – immaculée, neuve, dirait-on, épargnée par la suie et la poussière de la mine, comme si la montagne venait de l'engendrer pour les prendre au piège.

Les hommes ne prendront connaissance que bien plus tard de la taille colossale de l'obstacle qui a surgi devant eux. Un « *megabloque* », comme l'appellera un rapport du gouvernement chilien. Un pan entier de la montagne vient en effet de tomber tout d'un bloc. Et les mineurs se retrouvent sans le savoir au pied d'une immense falaise de granit de 170 mètres de haut, deux fois plus lourde que l'Empire State Building – 770 000 tonnes. Certains mesurent déjà l'ampleur du désastre. Mario Gómez est certain – et il n'est pas le seul – que cet affaissement provient du Niveau 540. C'est là qu'est apparue dans la paroi de la Rampe une fissure de bonne taille, cette fissure où l'eau suintait depuis des mois. C'est là que, cédant aux prières de Jorge Galleguillos et d'autres vétérans de la San José, les propriétaires de la mine ont fait poser des miroirs dans la faille, pour détecter d'éventuels mouvements dans la masse rocheuse. Les miroirs ne se sont pas brisés, mais, au vu de la dalle, Gómez, Galleguillos et les mineurs les plus expérimentés sentent dans leurs tripes que la mine a bien lâché au Niveau 540. Un calcul rapide (il n'en est pas moins juste dans ses grandes lignes) leur permet d'estimer que la Rampe s'est effondrée sur au moins 10 niveaux.

— *Estamos cagados*, lâche l'un des mineurs.

Traduction approximative : « On est dans la merde. »

Alex Vega semble particulièrement désireux de se tirer de ce mauvais pas – c'est du moins ce que se disent ses compagnons. D'ordinaire et au grand jour, Alex a la beauté mélancolique et musclée d'un mannequin de publicité pour cigarettes, avec ses favoris et ses sourcils bien dessinés. Il ne mesure guère plus de 1,67 ou 1,68 mètre ; au pied de la dalle, il a l'air bien fragile, mais c'est sa petitesse même qui lui donne de l'espoir. Aussi se couche-t-il sur le sol pour examiner le minuscule espace qui s'ouvre sous la dalle grise. Il est sans doute le seul à pouvoir se glisser dans ce boyau.

Comme nombre de Chiliens du Nord, Alex Vega n'a rien d'un aventurier. Cela dit, sa petite amie, Jessica, est tombée enceinte de lui alors qu'elle avait à peine 15 ans ; ils se sont mariés peu après et, quinze ans plus tard, ils sont toujours ensemble. « *El Papi Ricky* », tel est le surnom que les hommes de la San José ont donné à Vega. Ricky est un héros de feuilleton qui, comme Alex, a une fille adolescente. Il y a quelques années, Alex et Jessica ont contracté un emprunt pour acheter un terrain à Copiapó, dans le quartier Arturo Prat – terrain sur lequel ils bâtissent, pièce par pièce, et qu'ils ceignent progressivement d'un mur de brique symbolisant leur chance et leur acharnement. Le mur fait un mètre de haut ; pour le finir, Alex n'a pas renoncé à son travail – bien payé – de mécanicien à la San José, malgré les avertissements de son père et de deux de ses frères, qui ont eux aussi travaillé pour les Kemeny et qui connaissent les risques. Alex veut rentrer chez lui, et le seul chemin possible passe par cette échancrure sous la dalle qui a éventré la Rampe.

— Je crois que je peux me glisser là-dessous, dit-il.

— Non, réplique Urzúa.

Quelques mineurs renchérissent – « C'est insensé », affirment-ils.

Mais Vega s'entête.

— Bon, vas-y, cède Urzúa. Mais sois prudent, hein ? On est là, on écoutera. Si on entend quoi que ce soit, si ça craque, si ça bouge, on te le dira tout de suite.

Le frêle Vega se faufile dans une crevasse sous la dalle.

— J'étais bourré d'adrénaline, avouera-t-il plus tard. Je n'ai pas pensé au risque que je courais, je n'ai rien calculé. *J'ai vraiment déconné*, estimera-t-il rapidement.

La torche à la main, il avance en rampant dans la crevasse, sur 5 ou 6 mètres. Puis ça coince.

— Pas moyen d'aller plus loin, explique-t-il en ressortant.

Devant la dalle, à entendre ce constat, les plus âgés, ceux qui ont passé leur vie dans la mine, se sentent envahis par une terrible impression de fatalité. Un grand nombre d'entre eux ont déjà été coincés dans des galeries, mais par des éboulis que les bulldozers peuvent dégager en quelques heures. Cette paroi grise est tout autre chose. C'est une vision de mort qui les incite tous à méditer sur le monde dont ils sont désormais séparés : le royaume des vivants, des familles, des vents légers qui apportent le brouillard, du foyer, du devoir des pères. Toutes les questions irrésolues qu'ils ont laissées derrière eux leur reviennent à l'esprit. Galleguillos pense à son nouveau petit-fils, qu'il ne verra jamais, et les larmes lui coulent sur le visage. Gómez se rend compte qu'à l'instar de son père, mineur mort de la silicose, il a travaillé trop longtemps, et qu'il a joué de malchance. D'abord cet accident qui lui a coûté deux doigts, et maintenant il s'agit de sa vie… Il mourra en mineur. *Je n'irai pas plus loin*, songe-t-il. *Hasta aqui llego*.

Le silence inquiet des mineurs est bientôt troublé par une voix. Celle du contremaître, qui compte ses troupes. Rául Villegas, conducteur d'un des camions de minerai, manque à l'appel. Mais Franklin Lobos et Jorge Galleguillos l'ont vu qui se dirigeait vers la sortie ; lui sans doute a pu se sauver.

— 30, 31, 32…

Urzúa compte à son tour. Lui aussi tombe sur 32. Mais les hommes ne cessent de bouger dans tous les sens. Est-ce vraiment le bon nombre ? La liste des mineurs change d'un jour sur l'autre, à la San José. Dans la mine, rien n'est jamais certain – hormis une chose, le chef d'équipe en est sûr : dans ce labyrinthe erratique qui vrille la montagne, il n'y a sans doute aucune voie de sortie. Ni même de voie d'accès pour les secours.

3
À l'heure du dîner

Il n'y a rien de particulièrement inquiétant dans l'appel téléphonique que Pablo Ramírez, un des mineurs de la San José, au repos, reçoit ce jour-là à 14 heures. À l'autre bout du fil, c'est le secrétaire de Carlos Pinilla qui appelle, depuis les bureaux de la Compagnie minière San Esteban.

— On a un problème à la mine, explique le secrétaire, au niveau de la Rampe. Don Carlos se demande si vous pouvez venir. Apparemment, vous n'aurez pas besoin d'une équipe complète pour vos douze heures de travail.

Ramírez est chez lui, à Copiapó ; il profite de ses dernières heures de tranquillité, avant d'aller travailler en équipe de nuit à la mine. Quand l'équipe de jour aura fini ses heures, il succédera à Luis Urzúa ; comme ce dernier, il est *jefe de turno*. Mais il a encore cinq heures devant lui. À en juger par le ton neutre du secrétaire, il y a eu de nouveaux éboulements dans le Gouffre. Pour faire sortir les gars, il faudra déployer quelques engins afin de dégager la Rampe, une tâche pénible, certes, mais qui n'a rien d'exceptionnel. Et la mine aura perdu une journée de production.

Telles sont les pensées qui lui traversent l'esprit tandis qu'il se rend en voiture à la mine. Il ne s'inquiète pas vraiment pour les hommes de l'équipe de jour qu'il connaît. Soit une bonne moitié. Florencio Avalos, le contremaître, est l'un de ses meilleurs amis. Les deux fils de Florencio l'appellent *tío*, « oncle ». Avalos et Ramírez, tous les deux la trentaine, sont des garçons intelligents, à la carrière prometteuse. Sur la route de l'Atacama, Ramírez n'a aucune raison de penser qu'il ne pourra pas boire une bière avec son ami en fin de journée. Mais lorsqu'il arrive à la San José, vers 16 h 30, ce qu'il voit est bien plus inquiétant que ce qu'il avait imaginé. La gueule de la mine, sa seule et unique voie d'accès, vomit en continu un nuage de poussière.

Il n'est pas rare que la mine en recrache un peu. Cependant, ce que Ramírez a sous les yeux est inédit : une nuée tourbillonnante s'élève de l'ouverture déchiquetée, « comme la fumée d'un volcan », dira-t-il plus tard. Et ces bruits : les explosions produites par les chutes de pierres, leurs gémissements répétés et lancinants. Ils ne sont pas complètement anormaux, néanmoins, car la montagne ne cesse jamais de s'exprimer, par des grondements qui s'élèvent de ses entrailles jusqu'au grand jour. Chaque fois qu'une équipe procède à des dynamitages dans les niveaux les plus bas, par exemple, la détonation remonte par les nombreuses galeries, jusqu'à la surface. Mais aujourd'hui, ni la poussière ni les gémissements ne s'apaisent. La fin de l'après-midi approche : 17 heures, 18 heures, et le nuage est toujours si dense qu'il est impossible de pénétrer dans la mine pour récupérer les hommes de l'équipe de jour. Au fil du temps, mineurs et responsables administratifs se sont rassemblés devant son entrée, l'air abasourdi. Parmi eux, Carlos Pinilla et son casque blanc. Il a essayé par deux fois de descendre et n'a pas dépassé le Niveau 440 : le nuage est tellement épais que la progression est ensuite impossible.

Vers 17 heures, le crépuscule de l'hiver austral s'installe déjà ; Pinilla effectue une troisième tentative en compagnie de Pablo Ramírez et de deux autres chefs d'équipe.

Ils s'engagent dans la mine, à bord d'un pick-up, et ne rencontrent aucun obstacle dans les premiers virages. Jusqu'au Niveau 450, où le sol de la Rampe est lézardé d'une paroi à l'autre par une crevasse de 5 centimètres de large. La solide diorite dans laquelle est creusée l'unique voie d'accès à la mine s'est fendue avec une ampleur jamais vue. C'est alors que Ramírez comprend la gravité de l'accident, et cet instant révélateur restera gravé dans sa mémoire. Le pick-up reprenant sa route, Ramírez suit des yeux le faisceau des phares. À tout moment, il s'attend à voir apparaître les éboulis que produisent les affaissements du Gouffre, cause probable de l'incident. Mais ce n'est pas le cas. Au Niveau 320, après 4,5 kilomètres de route, le véhicule stoppe net devant un obstacle imprévu. Ses phares se reflètent sur une surface plate et grise : la Rampe est obstruée, du sol à la voûte, par un immense bloc de pierre. Ramírez pense avoir tout vu en termes d'accident minier, ou du moins avoir tout anticipé. Mais jamais, pas plus dans ses rêves que dans ses prévisions, il n'avait imaginé pareille vision. On dirait qu'un géant a planté un hachoir dans la mine, la coupant en deux. Ses compagnons quittent le pick-up pour se planter au pied du mur – cette stupéfiante paroi rocheuse, cette falaise qui n'a rien à faire là.

— *Cagamos*, marmonne l'un d'entre eux, répétant sans le savoir le mot que les mineurs prisonniers de la même dalle ont prononcé 130 mètres en contrebas.

On est dans la merde. Ramírez, qui s'enorgueillit de pouvoir régler tous les problèmes qu'une mine peut poser, est soudain envahi par un sentiment d'impuissance. Ni lui ni son patron ne peuvent rien faire pour les 33 hommes piégés de l'autre côté de la paroi. L'unique possibilité, ce sont les cheminées d'aération, mais seule une unité spéciale de la police, équipée de matériel d'escalade, est autorisée à les emprunter.

Pinilla, debout devant la dalle, a l'air pétrifié sous son casque blanc. Et lui qui, dans la vie de tous les jours à la

San José est le personnage le plus haut placé, lui le patron irascible qui est sorti en quatrième vitesse de la mine le matin même, abandonnant ses employés à leur sort quelques minutes avant que cette énorme dalle ne s'abatte dans son sillage – le voilà qui éclate en sanglots.

— D'habitude, dans ce genre de situation, il se comportait en salaud, en vrai macho, remarquera plus tard Ramírez. Mais là, il s'est mis à chialer, sur-le-champ.

Et Pinilla avouera :

— Je me disais qu'il devait y avoir des morts. Enfin, j'en étais sûr et certain.

À 13 h 45, au moment où la mine s'est affaissée, le camion de Franklin Lobos devait être en train de remonter vers la sortie, emmenant les mineurs à la cantine. Les mécaniciens sous-traitants n'auraient même pas dû être dans la mine, quant à eux. Et, selon toute vraisemblance, ils se préparaient eux aussi à prendre leur pause déjeuner. Pinilla imagine tous ces hommes écrasés dans l'effondrement de la Rampe et ne peut s'empêcher de penser : *C'est moi, le salopard qui les ai fait descendre aujourd'hui.*

Ses compagnons et lui rejoignent la sortie où les attendent les propriétaires, Marcelo Kemeny et Alejandro Bohn, tous deux coiffés d'un casque blanc. Il va falloir faire venir les secours, pas d'autre moyen, constatent-ils. Alors, Kemeny et Bohn regagnent leur camion et descendent la colline en direction de la grande route, afin de pouvoir capter un signal de portable. Il y a un téléphone classique à la mine mais, pour une raison inconnue, ils préfèrent ne pas l'utiliser. À 19 h 22, plus de cinq heures après l'accident, les propriétaires se résolvent enfin à entrer en contact avec les autorités.

Soit, dans l'ordre chronologique, après avoir appelé la caserne de pompiers de la zone : les bureaux du Service national de la géologie et des mines, puis le bureau catastrophes du ministère de l'Intérieur au Chili, lequel supervise toutes les polices et forces de sécurité du pays. Une heure plus tard, six hommes de la section spéciale de la police chilienne (la GOPE) arrivent à la San José, avec leur matériel d'escalade. Ils descendent dans la mine à bord d'un pick-up, empruntent la Rampe et franchissent le Niveau 450 – mais, là, leur véhicule est victime d'une crevaison, causée par la crevasse qui éventre la route. Puis Carlos Pinilla et Pablo Ramírez, engagés derrière eux dans un autre pick-up, se rendent compte que la largeur de la crevasse a doublé depuis leur premier passage.

Si l'unité spéciale apprend que la fissure vient juste d'apparaître – et qu'elle ne cesse de croître –, ses hommes décideront peut-être, devant l'instabilité des lieux, de suspendre leur tentative de sauvetage. Mais, s'il faut en croire Ramírez, à l'instant où les policiers sortent de leur camion pour changer la roue, Pinilla tourne la tête vers lui, un doigt sur les lèvres. Et le sens de ce geste est tellement clair pour Ramírez qu'il ne décrira pas aux policiers la genèse de la crevasse – un choix annonciateur d'un nouvel effondrement dans la mine.

Les heures passent : 33 hommes sont bloqués sous un nuage de poussière et un rideau de pierre, mais les responsables de la Compagnie minière San Esteban ne téléphonent toujours pas aux familles des mineurs.

— Dans certaines mines, expliquera plus tard un officiel chilien, la première réaction est d'en dire le moins possible sur ce genre de choses.

Les patrons auraient pu appeler vers 15 heures, prévenir : « Des galeries se sont effondrées, il va nous falloir un moment pour les sortir de là, ne les attendez pas pour dîner. » À 19 heures, ils auraient changé de discours : « Bon, ça a l'air plus grave que ce que nous pensions. On ne sait pas trop quand ils vont sortir, mais ils sont tous sains et saufs, apparemment. » Pourtant, ils se taisent pendant plus de huit heures après l'accident ; ils se taisent jusque dans la nuit grondante du jeudi, jusqu'à l'aube du vendredi : pas un mot des représentants de la compagnie pour des familles – femmes, pères, mères, filles et fils, à Copiapó et dans d'autres villes, le long de l'étroite échine du Chili – qui apprendront l'accident par les bulletins des radios et des télévisions, confus, inquiétants et souvent inexacts.

Parmi les quelques proches qui ont rapidement vent des événements dans la mine, de première ou de seconde main, il est une personne dont le nom n'apparaît dans aucun document de la San Esteban, et qui n'a aucun droit à recevoir des informations personnelles : c'est une femme solidement bâtie, les joues roses, toujours joyeuse, qui a pour nom Susanna Valenzuela – la petite amie de Yonni Barrios.

Le beau-frère de Susanna travaille en effet dans une mine de Punta del Cobre, à quelques kilomètres de Copiapó. Il entend parler de la catastrophe parce que la rumeur court dans la communauté des mineurs : on va peut-être avoir besoin de volontaires pour une opération de sauvetage. Le beau-frère téléphone à sa femme, la sœur de Susanna, laquelle se présente à 19 heures à la porte de la maison que Yonni et Susanna habitent à Copiapó.

— Il est là, Yonni ? demande-t-elle.

— Non, pas encore, répond Susanna.

La sœur rappelle son mari, puis passe le combiné à Susanna.

— Il y a eu un affaissement à la San José vers 14 heures. *Los niños* sont là-dessous, enterrés vivants, lui annonce le mari. Ils ne peuvent pas sortir.

— Ce sont les mots qu'il a utilisés, se souviendra Susanna. « Enterrés vivants. » « Ils ne peuvent pas sortir. » Les gens qui travaillent à la mine, ils savent très bien ce que ça signifie. J'étais folle d'angoisse.

Susanna se précipite en compagnie de sa sœur au commissariat local. Les *carabineros* chiliens – les représentants de la police nationale – ont belle réputation : droits, incorruptibles, efficaces. Mais ces agents sans peur ni reproche n'ont reçu aucune information de la San José. La nouvelle leur parvient en fait alors que Susanna et sa sœur sont encore là. Sous le regard des deux femmes, des véhicules de police partent pour la montagne.

— Allez à l'hôpital, leur conseillent les carabiniers.

Mais Susanna et sa sœur filent d'abord chez elles, pour prévenir Marta, la femme de Yonni.

Marta est beaucoup plus âgée que Susanna, beaucoup plus menue, plus sévère et plus grave. Les deux femmes se connaissent depuis quelques années, Yonni ne cessant de naviguer d'un toit à l'autre. C'est chez sa femme que Susanna a rencontré Yonni pour la première fois. Elle cherchait quelqu'un qui puisse lui fabriquer des meubles.

— Ce vieux bonhomme laid comme un pou, mon mari, c'est lui qui a fait ce que tu vois là, lui a déclaré Marta. Mais maintenant, c'est un boulet.

Yonni est alors sorti de la pièce où sa femme « l'enferme », ainsi que Susanna aime à le dire. C'est que Marta doit supporter ses aventures extraconjugales depuis des années, se plaint-elle. *Il n'est pas du tout laid, cet homme-là*, a songé Susanna. Elle a détecté dans le sourire mélancolique et solitaire de Yonni une nuance de ruse ; l'invitation d'un homme blessé qui aimerait bien dévoiler les secrets de son âme à la personne qu'il a devant lui, dès qu'ils auront un moment de tranquillité.

— Je l'ai emmené chez moi, il m'a plu, racontera Susanna, je lui ai fait un petit truc à déjeuner et puis on a fait un petit peu l'amour, pour finir.

Yonni n'a jamais fabriqué un seul meuble pour Susanna. Et cette histoire à trois est le prologue comique et léger d'une tragédie dont ce bourreau des cœurs, enterré au plus profond de la mine de San José, sera le héros. Lorsqu'elle apprend l'accident, de la bouche de la maîtresse de son mari, Marta réagit sans émotion visible.

— Susanna, je prends les affaires en main ; à moi de jouer. Va me chercher le livret de mariage.

Le *libreta de matrimonio* est une sorte de passeport signé par la personne qui a marié un couple civilement. On s'en sert pour obtenir nombre de services administratifs, mais aussi pour prouver son état de conjoint d'une personne donnée et accéder à ladite personne (dans une chambre d'hôpital, par exemple), ou à son dossier (chez un juge, entre autres). C'est Yonni qui détient celui du couple, resté donc chez Susanna.

La jeune femme obtempère et rapporte le *libreta* à Marta ; après quoi, la maîtresse et l'épouse s'en vont à l'hôpital de Copiapó.

Carmen Berrios est dans le bus, à Copiapó ; le chauffeur écoute une musique mexicaine aux rythmes endiablés, à laquelle ne peut échapper aucun des passagers. Carmen, après avoir passé la journée chez son père, rentre chez elle pour faire à dîner à son mari, Luis Urzúa, et à leurs deux enfants. Tous devraient se mettre à table vers 21 h 30. Mais, soudain, les accordéons déchaînés laissent place à une annonce.

« La nouvelle vient de tomber ! lance la voix radiophonique du présentateur, non sans la pointe d'excitation réjouie qui accompagne la lecture d'un bulletin spécial. Tragédie à la mine de San José ! Une mine s'effondre ! »

Le journaliste n'en dira guère plus avant que la musique mexicaine revienne à l'antenne. Chose étrange et cruelle, ce mélange de musique folklorique et de l'annonce de la mort possible de son mari restera gravé dans la mémoire de Carmen.

— Chauffeur, qu'est-ce qu'ils viennent de dire, là ? demande-t-elle.

À la vérité, Carmen ne sait pas exactement où travaille son mari. Il a changé d'employeur quelques mois plus tôt et elle n'a jamais vu sa nouvelle mine. Elle n'est pas certaine qu'il travaille à la San José, et cette incertitude va lui redonner espoir.

— Vous ne pouvez pas essayer une autre radio ? ajoute-t-elle. Ils auront peut-être plus d'infos…

— Non, c'est tout ce qu'ils disent, répond le chauffeur. C'était un bulletin spécial. Ils en sauront davantage plus tard, j'imagine.

Dès que Carmen arrive chez elle, elle allume la radio, qui donne en effet plus de détails. Il y a des mineurs blessés, des mineurs morts. Carmen en est désormais certaine, c'est la mine de Luis.

— Et ce cauchemar nous est tombé dessus de tout son poids, d'autant plus lourd que nous ne savions que croire.

Dans le salon, l'horloge indique 21 h 30 passées. Luis n'est toujours pas rentré. Leurs deux enfants, une fille et un garçon déjà étudiants, sont l'un comme l'autre dans leurs chambres, à travailler ; ils ne se rendent pas vraiment compte du retard qu'a pris le dîner. À 22 h 30, Carmen les appelle tous les deux.

— Il faut que je vous parle. J'ai entendu à la radio qu'il y avait eu un accident à la mine où votre père travaille.

Elle rallume la radio. On parle maintenant de blessés transportés à l'hôpital San José del Carmen, à Copiapó. Mais Carmen décide qu'il lui faut aller à la mine. Elle veut savoir si Luis était vraiment là quand la mine s'est effondrée. L'ami de sa fille la conduit à la San José dans son camion, GPS branché, car elle n'est jamais allée à cette mine et n'en connaît pas le chemin.

Tandis que le véhicule traverse un étrange paysage nocturne, rempli par les ombres des montagnes arides et rondes, Carmen Berrios se souvient d'un rêve qu'elle a fait peu auparavant : Luis était coincé dans la mine, puis il était secouru et remontait à l'air libre à bord d'un bus. Le pick-up quitte la grand-route et s'engage sur la piste qui mène à la mine, vers une colline couronnée de lumières de plus en plus vives. Le véhicule franchit le portail, passe devant la guérite du garde. Carmen sort dans une nuit où règne un froid sec, mordant. Il est presque minuit.

Dans leur maison d'un quartier relativement aisé de Copiapó, Mónica Avalos, la femme du contremaître Florencio Avalos, fait un peu de couture – un pull de son fils de 16 ans a besoin de quelques reprises. Mais cela ne l'empêche pas de surveiller la soupe de Florencio. Son mari est un grand amateur de soupes ; Mónica lui concocte une recette à partir de bœuf haché dont elle se souviendra plus tard qu'elle était particulièrement revigorante, comme Florencio les aime. Le fumet de la soupe est en train d'envahir le salon et la petite salle à manger attenante, où Mónica, Florencio et leurs deux fils se retrouvent tous les soirs pour dîner. Mónica apprécie le silence qui règne dans la maison : ni la radio ni la télévision ne sont allumées, et les deux garçons sont dans leurs chambres respectives. Mónica a pour seule compagnie la grande horloge du salon, qui va bientôt indiquer l'heure à laquelle Florencio rentre – l'heure de se mettre à table, 21 h 30, comme c'est l'habitude en Amérique du Sud.

Le téléphone sonne. Au bout du fil, la sœur de Mónica.

— Écoute, je ne voudrais pas que tu te fasses du mauvais sang, mais il y a eu un affaissement à la mine. De grande ampleur. Dans la mine où Florencio travaille. La mine San José. Il est rentré ?

— Non, mais ça ne saurait tarder.

Mónica raccroche. L'horloge indique 21 h 30. Puis 21 h 40, et la chaise de Florencio, dans la salle à manger, est toujours vide. Et soudain Mónica se prend à douter. Comment s'appelle-t-elle, la mine où Florencio travaille ? C'est vraiment la San José ? Il lui a parlé un jour d'une mine qui portait le nom d'un autre saint, se rappelle-t-elle. San Antonio. *Antoine, donc, et non pas Joseph*, se répète-t-elle. Elle s'élance dans l'escalier : montée, descente, montée, descente – comme saisie par une transe folle. Et les aiguilles s'éloignent inexorablement des 21 h 30. Son plus jeune fils, 8 ans, regardait la télévision tout seul dans sa chambre. Ce gamin, qui parle toujours de la mine avec son père et qui connaît très bien le nom de celle-ci, se précipite dans le salon.

— Maman ! Mon père est mort, il est mort ! hurle-t-il.

— Non, non ! réplique la mère. D'où tiens-tu cette histoire ?

— Ne mens pas ! gémit le garçon. C'est ce qu'ils disent à la télé !

Mónica perd connaissance devant la télévision, dans la chambre de son fils. L'aîné des garçons, César Alexis, « Ale », la ranime : à lui maintenant de garder la tête froide, de jouer le rôle du père. Ale a 16 ans, l'âge qu'avaient Florencio et Mónica lorsqu'ils l'ont conçu. Et le voici résolu, solide – comme s'il était habité par l'esprit de son père, d'une certaine façon.

— *Cálmate*, dit-il à sa mère. *Cálmate*.

Ils décident de se rendre chez Pablo Ramírez : Pablo travaille lui aussi à la San José, et si quelqu'un sait ce qui se passe et n'hésitera pas à leur dire la vérité, c'est bien Pablo. Lorsque Mónica et les deux garçons arrivent chez les Ramírez et frappent à leur porte, ils ne savent pas encore qu'au même moment Pablo est dans la mine, à la recherche de Florencio et des 32 autres mineurs. Personne ne leur ouvre. Un quart d'heure passe, jusqu'à ce que la femme de Pablo apparaisse enfin à la porte.

— Pablo n'est pas là. Il est monté à la San José. Il y a eu un accident.

Mónica appelle un autre ami de Florencio, Isaias, et c'est en sa compagnie qu'elle se rend à la San José. Mais ils se trompent de route en sortant de Copiapó. Quand ils finissent par atteindre le site, Mónica remarque à quel point celui-ci semble désert. Elle voit des hommes portant des casques et des uniformes faire les cent pas, sans but apparent, devant l'entrée de la mine. Elle a l'impression d'être la première et la seule femme sur les lieux.

À Talcahuano, Carola Bustos, qui a, en compagnie de son mari, survécu au tremblement de terre et au raz-de-marée, ne se résout pas à expliquer à ses deux jeunes enfants ce qui est arrivé à leur père – c'est trop dur. Ils entendront les tremblements dans sa voix, ils verront ses larmes couler. Le spectacle du chagrin de leur mère les perturbera. Afin de leur épargner cette blessure, elle les confie à ses parents, à leur toit si paisible, si rassurant. Elle part sans leur dire au revoir pour aller prendre un avion qui l'emmènera au nord. Aux grands-parents d'expliquer à leurs petits-enfants l'absence de leur mère :

— Maman est allée chercher du travail à Santiago, elle revient bientôt.

Près de dix-sept heures après l'accident, le téléphone sonne chez Mario « Perri » Sepúlveda, à Santiago. Elvira, dont le surnom est « Cati », décroche. Il est 7 heures du matin.

— Cati, dit la voix d'une de ses amies, il y a eu un accident à la mine. Apparemment, Mario est concerné.

Pendant un instant, Elvira croit à une farce.

— Non, lâche-t-elle.

Comment son amie de Santiago pourrait-elle être au courant des faits et gestes de Mario, qui se trouve à quelques centaines de kilomètres de là ?

— Ce n'est pas des bobards, assure l'amie. *No te estoy huevando*. Allume la septième chaîne.

Elvira obtempère. On parle de Copiapó. Au bout de quelques secondes apparaît à l'écran le visage d'un Mario âgé d'une quarantaine d'années, le visage rasé de près, l'expression guère réjouie, les yeux rouges à cause du flash : c'est la photo peu flatteuse qui figure sur sa carte d'identité de la compagnie. Une légende, qui consiste en son nom complet : MARIO SEPÚLVEDA ESPINACE. Le bulletin donne quelques détails. L'effondrement s'est produit la veille, dans l'après-midi. Les hommes sont ensevelis à des centaines de mètres sous terre. Toutes les communications sont coupées. Une fois qu'Elvira a digéré la gravité de la situation et qu'elle réussit à penser à ce que son mari est en train de subir, elle se dit : *Mais il fera comment pour survivre là-dedans, ce grand fou ? Il lui faut de l'espace. Il va craquer.*

L'accident en soi n'a rien de surprenant, aux yeux d'Elvira : Mario l'avait plus ou moins prédit. Quand il partait travailler, il rappelait souvent à sa femme ce à quoi elle aurait droit en matière de capital décès et d'assurance sociale s'il lui arrivait quoi que ce soit. Il a si souvent et avec tant de colère évoqué l'état lamentable de la San José que ses inquiétudes ont contaminé les rêves de la jeune Scarlette, sa fille de 18 ans. Quelques mois plus tôt, Scarlette a fait un cauchemar : elle apprenait la mort de son père à la mine.

— Mon père est mort ! a-t-elle hurlé en se réveillant en sursaut.

Sur le moment, impossible de la convaincre qu'il s'agissait seulement d'un rêve. Elle s'est mise à pleurer, à trembler de tous ses membres. Sa mère a dû la conduire et la laisser à l'hôpital jusqu'à ce que Mario puisse l'appeler.

— Scarlette, c'est moi, ton père ! Je ne suis pas mort ! Je vais bien. Il ne m'est rien arrivé. J'étais à la mine, c'est tout…

Et maintenant que Mario est dans le trou, Elvira ne peut s'empêcher de penser à ce rêve de Scarlette : il avait une signification prophétique que tous ont préféré ignorer. *Et notre fils ?* se demande-t-elle. *Comment vais-je lui expliquer que son père est coincé au fond de la mine et que personne ne peut rien faire ?* Francisco a 13 ans, mais il est petit pour son âge. Et depuis toujours, car il est né après cinq mois de grossesse – bébé d'un kilo tout juste, il a passé les soixante-neuf premiers jours de sa vie dans une couveuse. Le père et le fils sont très proches l'un de l'autre. Leur lien s'est forgé pendant ces dix semaines durant lesquelles Mario, impuissant, ne pouvait que se contenter du spectacle insupportable de cet enfant dans une boîte de plexiglas, les membres si incroyablement frêles, les yeux fermés, nourri par perfusion, mais qui semblait lutter pour survivre, cependant, ses petits poings serrés à peine plus gros que des boutons de rose. Mario remplit les journées de son fils de tout l'amour dont il est capable. Il est l'amuseur particulier du petit garçon, son fou, son prédicateur ; il part avec lui à l'aventure à la campagne, et ne cesse de se lancer dans des conférences sur les merveilles et les particularités des machines électriques, sur le bon sens et la sensibilité qu'il faut pour s'occuper des chevaux et des chiens, mais aussi sur les racines rurales de la famille Sepúlveda, dont les ancêtres étaient des *huasos* – ces cow-boys en poncho de la prairie chilienne. Elvira a vu nombre de fois le père et le fils faire du cheval, jouer au foot, et s'installer devant la télé pour regarder cet hymne à la paternité, à la fidélité et à la guerre qu'est *Braveheart*, le film préféré de Mario. Mario est un fan de Mel Gibson.

— Comme mon fils et moi, il n'est pas très grand, Mel Gibson, remarque-t-il.

Le succès oscarisé de Gibson porte, en espagnol, le titre de *Corazón valiente*. « Ton cœur est libre, proclame le film. Il faut avoir le courage de le suivre. »

— Je suis ton *corazón valiente*, a toujours dit Mario à son fils.

Et voilà ce Braveheart chilien et mineur sur un écran de télévision. Tout d'abord, avec cette photographie de son badge ; puis, chose hautement improbable, dans une vidéo où on le voit s'adresser à la caméra, rire, faire le Perri.

« Les seules images que nous avons des mineurs sont celles-ci, qu'avait filmées Mario Sepúlveda, explique le présentateur télé. Mario adore filmer. » Et le voici qui décrit en détail les lits de camp du foyer où il dort avec les autres exilés, pendant ses semaines de travail à Copiapó.

Elvira va avec ses enfants à l'aéroport prendre l'avion pour une ville où elle n'a jamais mis les pieds. Plus tard dans l'après-midi, elle se retrouve à la bordure sud du désert de l'Atacama avec Francisco, en larmes, qui ne cesse de répéter que son père lui manque affreusement. Et avec sa fille de 18 ans, qui fut un jour hospitalisée pour avoir cru en un rêve montrant toutes les apparences de la folie. Pourtant, ce cauchemar, voilà qu'il a pris forme dans la réalité, dans des images et des mots retransmis, répétés sur toutes les radios et toutes les télévisions du pays, tandis qu'Elvira sort de l'avion avec ses enfants, et pose le pied sur un sol illuminé par le soleil d'un hiver désertique. « Mario Sepúlveda Espinace, père de deux enfants. Présumé disparu dans la mine de San José. »

4

« J'ai faim tout le temps »

Les prisonniers se décident enfin à tourner le dos au rideau de pierre qui les sépare du monde du dehors. Ils constituent deux groupes. Le premier, le moins nombreux, va explorer les galeries et les parties déjà exploitées de la mine, à la recherche d'une voie d'accès à l'air libre. Ces huit hommes se dirigent vers l'un des conduits cylindriques creusés dans la pierre entre les différents niveaux de la Rampe, et qui ont pour principale fonction d'assurer le passage des conduites d'eau et d'électricité ainsi que la ventilation de la mine. Des échelles auraient également dû y être installées, pour permettre aux mineurs de passer d'un niveau à l'autre en cas d'incident. En théorie, il devrait être possible de franchir dix de ces passages et de contourner les éboulements. Mais, dans la réalité, il y a très peu d'échelles et *los niños* n'ont guère d'espoir en la matière. Ce qui ne les empêche pas de se rendre à la cheminée la plus proche, dont l'embouchure se trouve au Niveau 180, à quelques mètres en contrebas.

L'autre groupe, comprenant une vingtaine d'hommes, retournera au Refuge pour y attendre les autres ; il se dirige vers le camion de Franklin Lobos, un peu plus bas. Au moment où les deux groupes se sont séparés, Florencio

Avalos, contremaître de l'équipe et second en chef, a échangé quelques mots en aparté avec Yonni Barrios.

— Quand vous serez au Refuge, garde l'œil sur les deux caisses de provisions, tu veux ? a-t-il demandé à Barrios. Qu'ils n'y touchent pas pour le moment, *los niños* : si ça se trouve, on va rester enfermés pendant des jours.

Avalos a chuchoté : il n'avait pas envie que les hommes soient envahis par la panique. S'il a choisi d'en parler à Barrios, c'est parce que ce dernier est l'un des plus âgés, des plus expérimentés du groupe, et aussi l'un des plus disciplinés.

— Je te fais confiance, Yonni. Je te confie le garde-manger. Que personne ne l'ouvre avant notre retour, d'accord ?

Carlos Mamani, le jeune Bolivien, rejoint le groupe des hommes le plus important. Sa lampe-torche lui manque terriblement. Il l'a oubliée dans son casier, aux vestiaires, là-haut. Le mineur qui a testé ses capacités à manier le chargeur Volvo L120 lui avait assuré qu'il n'y avait pas d'urgence et qu'il n'aurait qu'à la récupérer pendant la pause déjeuner, mais il lui faut à présent affronter sa peur du noir – un sentiment si naturel, si humain. Sans lampe-torche, en effet, l'obscurité l'accompagne partout. Tandis que les hommes s'éparpillent sur la Rampe, il se retrouve seul dans une flaque de ténèbres, marchant d'un pas hésitant entre les formes indistinctes des rochers qui jonchent la voie, les yeux levés vers les cônes lumineux que projettent les casques des autres mineurs ; mais les voilà enfin devant le camion. Il saute dans la remorque ; le camion redescend au Refuge.

Dès leur arrivée, après avoir exploré rapidement les lieux, les mineurs se rendent compte que toutes les connexions avec la surface ont été coupées : plus d'électricité, plus de téléphone de mine, plus d'eau, plus d'air comprimé pour les engins. C'est très mauvais signe. Quelques mineurs – en particulier les novices de l'exploitation souterraine – pensent malgré tout que les secours les atteindront dans les vingt-quatre heures, ou peut-être même avant. Les premières heures s'écoulent lentement, ponctuées de quelques gargouillis d'estomac – ils viennent tout juste de rater leur déjeuner, après tout – et du grondement constant des rochers qui roulent quelque part dans les espaces ténébreux, au-delà de la lueur chaleureuse mais ténue des lampes de leurs casques, d'autant que nombre d'hommes commencent à les éteindre, pour économiser les piles. Quand on a faim, c'est un supplice de ne pas pouvoir manger tout de suite, surtout lorsqu'on est assis à quelques pas de deux cantines pleines de provisions – un stock de calories, gardé par un mineur d'un certain âge pour le moins timoré. Yonni Barrios, qui n'a jamais pu imposer sa volonté aux femmes de sa vie, a désormais pour devoir de protéger ce garde-manger d'une vingtaine d'hommes tenaillés par la faim.

Pour les huit mineurs de l'autre groupe, l'exploration des voies d'accès débute ; l'un d'eux conduit un jumbo jusqu'à la cheminée. Ces engins sont pourvus d'un bras articulé que prolonge une plate-forme ronde. En général, les hommes qui travaillent à la consolidation des voûtes prennent place là, et de même ceux qui disposent des charges explosives en hauteur. Mario Sepúlveda grimpe dans le panier ; Rául Bustos, le mécanicien de Talcahuano, le suit et le bras les élève jusqu'à l'orifice de la cheminée. Le chef d'équipe, Luis Urzúa, juge la tentative aussi dangereuse qu'inutile ; il a essayé sans grande conviction d'en dissuader les deux hommes.

— C'était de toute façon voué à l'échec, cette histoire de cheminée, affirmera-t-il plus tard. Aucun de ces gars n'avait réfléchi aux questions de sécurité. D'ailleurs, ajoutera-t-il, faisant allusion à Sepúlveda et à Bustos, qui ne viennent pas d'une famille de mineurs, vous remarquerez que les premiers à avoir essayé n'étaient pas tout à fait des mineurs.

À dire vrai, Urzúa n'a plus guère d'autorité sur ses hommes, lesquels veulent absolument tenter quelque chose pour sauver leur peau. Sepúlveda, levant la tête vers la cheminée, qui fait 2 mètres de diamètre, constate avec surprise qu'elle est équipée d'une échelle rudimentaire – les échelons sont des barres pour béton armé fixées dans la roche. Il s'élance, soudain plein d'espoir. Au bout d'une minute ou deux, il comprend qu'il est trop corpulent pour cet exercice, mais cela ne l'empêche pas de continuer. Une trentaine de mètres le séparent du niveau suivant ; la cheminée traverse un plan incliné. L'air y est saturé de poussière et de gaz d'échappement, difficilement respirable. Derrière Sepúlveda et Bustos suivent cependant bientôt Florencio Avalos et Carlos Barrios, un jeune homme de 27 ans auquel sa petite amie n'a pas encore dit qu'elle attendait un enfant. Les parois sont glissantes tant la pierre est humide, et les quatre hommes sont bientôt en nage. À mi-chemin, un des barreaux se casse sous la poigne de Sepúlveda. Le bout de fer le frappe aux lèvres, et un flot de sang lui envahit la bouche. La douleur est si vive qu'il secoue la tête – mais continue sa progression.

Rául Bustos entend les halètements de Sepúlveda, juste au-dessus de sa tête ; lui-même continue à grimper jusqu'à ce qu'il déloge un énorme pan de roche. Dès qu'il sent la pierre bouger, il l'empêche de tomber en plaquant son épaule contre la paroi.

— Redescendez ! Redescendez ! crie-t-il aux deux hommes qui le suivent.

Tandis qu'Avalos et Barrios dégringolent les barreaux aussi vite qu'ils le peuvent, Bustos se colle de toutes ses forces contre la paroi. Il ne s'en écarte avec un gémissement qu'une fois certain que ses compagnons sont en sécurité. Le pan de roche chute, rebondit à plusieurs reprises sur les flancs de la cheminée et s'écrase enfin sur la Rampe. Personne n'a été touché.

Sepúlveda, lui, a enfin atteint le niveau supérieur. Sa lampe-torche se promène dans les ténèbres : les rochers qui jonchent la Rampe à cet endroit sont encore plus nombreux qu'au niveau inférieur. Il se redresse. Lorsque Bustos le rejoint, ils commencent à remonter la Rampe, espérant vaguement trouver la voie libre après le prochain virage. Mais dans les rayons de leurs lampes-torches apparaît une surface brillante et lisse – un rideau de diorite semblable à celui qui bouche la Rampe au niveau inférieur. Mario sent l'espoir le quitter sans retour, laissant dans son sillage une vision tragiquement claire des événements : même s'il est encore maître de son destin, il est prisonnier de la mine, et dans une proximité soudaine et inattendue de la mort.

— C'est le moment où je me suis mis la mort en tête, bien décidé à m'y habituer, constatera-t-il plus tard.

Les deux hommes redescendent en passant devant le conduit qu'ils viennent d'escalader ; au tournant suivant, ils retrouvent le même obstacle, la même « guillotine » grise. Ils parviennent à localiser le conduit qui pourrait les mener au niveau supérieur, mais, à la lumière des lampes-torches, ils constatent que celui-ci n'est pas équipé de la moindre échelle. Seul un câble pendouille dans l'ouverture.

— Ce n'est pas par là qu'on pourra sortir, dit Sepúlveda à Bustos. On leur raconte quoi, aux *niños* ?

— Ça ne va pas être facile, répond Bustos, mais il n'est pas question de leur mentir.

Une fois qu'ils ont regagné le bas de la cheminée, Sepúlveda et Bustos font part de ces mauvaises nouvelles au petit groupe qui les attend : la Rampe est bloquée à d'autres niveaux, pas moyen de sortir.

Et tous ces hommes, tous ensemble, se disent : *On fait quoi, maintenant ?* Les regards se tournent vers le responsable de l'équipe, Urzúa. Lequel reste silencieux. D'ordinaire, il est le plus chaleureux, le plus détendu des chefs. Mais, pour l'heure, il semble épuisé, défait. Ses yeux verts ne parviennent plus à se fixer : ils se détournent des mineurs, ses inférieurs hiérarchiques. Ceux-là pensent maintenant qu'Urzúa regrette sans doute à cet instant d'être responsable d'équipe ; il préférerait se fondre dans la mêlée, n'être qu'un mineur parmi d'autres. Nombre des hommes de la San José, en particulier les plus âgés, finissent par se rendre à l'évidence : « Le chef d'équipe a perdu pied » dans les heures qui ont suivi l'accident. La chose irrite particulièrement ces vétérans, convaincus que la hiérarchie a encore un sens dans une mine souterraine, surtout en cas de crise. En être prisonnier, c'est comme être passager d'un navire secoué par la tempête : il faut un capitaine. Au lieu de quoi, Urzúa, d'après le témoignage de nombreux mineurs, se dérobera au groupe quelques heures plus tard pour aller se coucher, seul, sur la banquette avant de son pick-up.

Urzúa explique son attitude d'une autre façon. Il est topographe de formation, aussi a-t-il parfaitement intériorisé la disposition de la mine. Cette carte qu'il a dans la tête lui dit que la situation est désespérée.

— J'étais *jefe de turno* et en tant que tel, je savais que nous étions dans la merde, rapportera-t-il plus tard. Florencio et moi le savions, mais impossible de le révéler aux autres. Nous avions les mains liées, et j'ai commencé à réfléchir à des choses qui se produisent parfois dans les mines.

Des choses qui se produisent parfois dans les mines : des hommes sont pris au piège ; ils meurent de faim ; et il est rare que leurs cadavres soient retrouvés. Trait plus cruel encore du quotidien des mines au Chili : après six ou sept jours, si les secours n'arrivent pas à découvrir de survivants, ils renoncent. Urzúa est conscient de tout cela. Conscient aussi du fait que s'il fait part aux hommes de ces vérités difficiles à entendre, il va engendrer la panique. C'est l'enseignement le plus important qu'il ait retenu d'une formation suivie récemment : « Les réponses à apporter dans les situations de crise ». Ne pas perdre son calme. La seule chose à faire, c'est attendre. Attendre quoi ? Très vraisemblablement, une tentative de forage à partir de la surface, ce qui est, à dire vrai, leur seule chance. Mais comment convaincre ces hommes d'attendre sans rien faire ? Il ne s'en sent pas capable. Voilà la manière dont il voit les choses : il a réfléchi, calculé les distances. Si le salut doit venir de l'extérieur, les sauveteurs auront à effectuer un forage comme on n'en a jamais vu dans les annales de la mine. Il aimerait bien pouvoir redonner de l'espoir aux mineurs, mais il s'en sent incapable. Parce qu'il ne peut mentir. Du coup, il se tait. S'il est vraiment chargé de la sécurité de ces *niños*, la seule chose qu'il puisse faire maintenant, c'est d'empêcher les tentatives stupides ou dangereuses. Par exemple, essayer de sortir par le Gouffre, où les éboulements sont permanents. Attendre : c'est la meilleure solution. *Il faut rester calme*, se répète-t-il en s'évertuant à ne pas montrer à ses hommes l'ampleur de son désespoir.

Plus tard, dans un moment de tranquillité, alors que les mineurs attendent des secours qui vont peut-être parvenir jusqu'à eux, Sepúlveda confie au chef d'équipe l'admiration que lui inspire sa résistance au stress.

— Lucho Urzúa, expliquera-t-il plus tard, il a un problème de communication. Il ne montre rien, mais il est très intelligent, bourré de sagesse.

Urzúa réfléchit : dès qu'il sera rentré au Refuge, dès qu'il aura tous les hommes de l'équipe A sous la main, il leur dira qu'il n'est plus leur patron. C'est ensemble qu'ils ont été pris au piège ; c'est ensemble, estime-t-il, qu'ils doivent décider de leur sort.

La réaction de Sepúlveda est à l'opposé. Il la résume en une expression chilienne des plus grossières : *tomar la hueva*, que l'on peut traduire par « prendre le taureau par les couilles ». Depuis toujours, sa vie n'a été qu'une longue lutte pour la survie. D'une certaine façon, c'est dans l'adversité qu'il se sent vraiment lui-même.

La mère de Mario est morte en le mettant au monde : Mario pense qu'il est né avec la lutte au cœur. Il a grandi dans la ville de Parral (berceau du poète Pablo Neruda), au sud du pays, avec ses dix frères et sœurs. Leur père, paysan alcoolique et violent, a laissé sa marque sur ses fils – et surtout sur Mario, qui se décrit comme « hyperkinétique ».

— Quand j'avais 12 ans, j'étais si remuant que je fichais la trouille aux gens. Personne dans la famille ne voulait s'occuper de moi.

Aujourd'hui, on parlerait d'hyperactivité, et l'enfant Mario se retrouverait sans doute avec un traitement destiné à brider son énergie explosive. Le père de Mario, lui, préférait corriger l'enfant. Contre les coups de ceinture au quotidien, Mario pouvait cependant compter sur la présence apaisante et solide de son grand-père, un digne *huaso* qui lui a inculqué le sens du travail, du respect et de l'intégrité. Mario a commencé à travailler dès l'âge de 13 ans, à Parral et dans les environs, avant de partir six ans plus tard pour Santiago. Il lui a fallu alors abandonner ses jeunes demi-frères à la brutalité de leur père, sans protection.

— Je reviendrai vous chercher, a-t-il promis aux gamins – José, David, Pablo et Fabian –, une promesse tenue.

Il a trouvé un emploi de *barrendero* (balayeur) dans une entreprise de Santiago, s'est installé dans un quartier où il a bientôt acquis une réputation de bagarreur téméraire, dont la férocité pouvait laisser place en un clin d'œil à une délicieuse courtoisie provinciale. Le jour, il balayait ; la nuit, il enfilait des costumes – veste serrée, pantalon pattes d'éléphant – à la John Travolta, époque *Saturday Night Fever*. Il est tombé amoureux d'une jeune femme du nom d'Elvira, elle-même fort inspirée par le look glam-rock de la Madonna des premières années et de Sheila E. Le jeune Mario, se rappelle-t-elle, était lunatique : soupe au lait, mais prompt à pardonner. C'était aussi un grand sentimental qui ne cachait pas grand-chose de ses humeurs, ce qui est rare chez les hommes au sang chaud. En bref, un garçon d'une noblesse mal dégrossie. L'espagnol du Chili a une expression pour la manière dont Mario a toujours vécu sa vie – expression dont il fait lui-même souvent usage : *tira para arriba*, que l'on peut traduire littéralement par « tirer vers le haut », mais qui, la plupart du temps, signifie plutôt « surmonter l'adversité ». Mario ne cesse de s'élever, ajoutant des compétences nouvelles à son curriculum, y compris la conduite d'engins ; il a toujours subvenu aux besoins d'Elvira et de leurs deux enfants, même si cela l'obligeait à parcourir le Chili dans toute sa longueur pour trouver du travail, du désert de l'Atacama, au nord, au port de Puerto Montt, la porte du sud du Chili, de la Patagonie et du détroit de Magellan.

La coupe en brosse de Mario lui a valu, dans son quartier de Santiago, le surnom de « Kiwi ». Jointe au regard ardent de ses yeux bruns, cette coiffure peut parfois lui donner la dangereuse apparence d'un homme au bord de la crise – de nerfs, de rage. « Perri » Sepúlveda offre souvent à ses collègues de la San José le spectacle d'un homme possédé, y compris pendant des journées de travail ordinaires. Désormais, et bien qu'il n'ait guère de poids dans la hiérarchie des équipes de la mine, Perri le possédé va s'efforcer de prendre en main son destin et celui des hommes qui l'entourent – avec pour seules armes son optimisme, sa voix râpeuse et son sens de la lutte et de la fidélité à ceux qu'il aime. Mario a cela de commun avec les chiens errants.

— *Yo lo único que hago es vivir*, dit-il. Tout ce que je fais, c'est vivre.

Après sa tentative manquée, la petite équipe retourne au Refuge – entre les murs duquel un drame pitoyable est en train de se dénouer à leur insu. La fin de la journée de travail est passée depuis longtemps : parmi les 25 hommes du Refuge, certains ont faim, très faim.

— Faut les forcer ! s'écrie l'un des hommes. On a faim. *¡Tenemos hambre!*

Les deux cantines autour desquelles ils se rassemblent sont censées contenir assez de provisions pour sustenter 25 hommes pendant quarante-huit heures, en cas d'urgence. Nombre des mineurs présents n'ont rien avalé depuis le dîner de la veille : pas de petit déjeuner, pour éviter les vomissements provoqués par le travail dans les galeries souterraines, dans la chaleur, l'humidité et la poussière. En général, à cette heure-là, ils sont chez eux, les pieds sous la table où leur femme, leur compagne ou leur mère leur sert à dîner. Quelques voix s'élèvent : il faudrait peut-être attendre le retour du contremaître et des autres. Yonni Barrios, de sa voix douce et sourde, dit à peu près la même chose.

— Il faut attendre. Nous ne savons même pas combien de temps nous allons rester là-dessous.

Parmi les mineurs, certains se sont mis en caleçon. À demi nus, en nage, ils se penchent sur les cadenas.

Le paisible Yonni se rend bien compte qu'il ne pourra rien faire contre cette meute affamée.

— Ils étaient trop nombreux, dira-t-il plus tard, même si, sur le moment, aucun de ses collègues ne se souvient de l'avoir entendu protester.

Victor Zamora et un des autres mineurs sont en train de jouer du tournevis pour forcer les gonds de la cantine, avant de s'attaquer aux trois bandes métalliques qui ceignent le meuble, comme autant de ceintures de chasteté en aluminium.

Zamora est le plus obnubilé par l'idée de la nourriture. Son humeur n'a guère été améliorée par le coup qu'il a reçu sur les dents, au moment de l'affaissement de la mine.

— *¡Siempre ando con hambre!* s'écrie-t-il, le tournevis à la main. J'ai tout le temps faim, moi.

Que le rôle du meneur échoie à Zamora dans l'attaque du garde-manger n'a rien d'étonnant. Il y a à cela plusieurs raisons. Zamora est en perpétuelle rébellion. Les tatouages qui ornent ses avant-bras le proclament haut et fort. L'un représente Ernesto « Che » Guevara, le saint militant des pauvres d'Amérique latine ; l'autre consiste en un seul mot, lourd de sens : « Arica ». C'est le berceau de Zamora. Le Chili a conquis Arica sur le Pérou pendant la guerre du Pacifique, au XIXe siècle. De teint et de physionomie, Zamora pourrait passer pour inca. Dans quelques bulletins d'information, on lui a déjà attribué, à tort, la nationalité péruvienne. Un de ses collègues, qui ne l'apprécie ni ne lui fait confiance, l'appelle avec mépris *el Peruanito*, « le petit Péruvien », même s'il sait très bien que Zamora est aussi chilien que lui.

Le père de Zamora est mort quand le garçonnet avait 8 mois et sa mère l'a abandonné : « Elle a préféré aller vivre avec son nouveau petit ami. » Il a donc été élevé par la sœur de cette femme, laquelle l'a envoyé dans un foyer pour enfants des rues, à Arica, lorsqu'il a eu 9 ans. Il y est resté jusqu'à ses 16 ans, quand il n'était pas de nouveau dehors, sans toit.

— Depuis que je suis tout petit, je veux une famille, mais je n'ai jamais eu cette chance. J'ai vu les bonnes choses toujours aller à d'autres gens ; à moi, il ne restait que les miettes. Je vivais dans la rue, dormais sous les ponts et crevais de faim.

Cette enfance solitaire et difficile a fait de Victor un être rusé – qui n'en apprécie pas moins le pouvoir de l'amour. Il a échappé à la pauvreté à force de travail ; a abordé dans de bien meilleures conditions la vie d'adulte, au cours de laquelle son assurance n'a fait que croître et embellir, au gré de sa lente ascension dans la hiérarchie des emplois non qualifiés qui étaient accessibles pour lui (les vendanges sous le soleil, la manutention sur les chantiers…), mais aussi grâce à sa relation avec Jessica Segovia, la mère de son fils Arturo. Carlos a rencontré Jessica dans une fête de quartier à l'époque où, jeune homme, il vivait sans amarres, en *gitiando*, en bohémien. À la San José, il est consolidateur, il fixe des vis d'acier dans des parois de pierre. Son tempérament convient bien à ce genre de travail, assez épuisant pour que le monstre qu'il a en lui perde un peu de son mordant

– lorsqu'il rentre chez lui, il est moins susceptible de perdre patience avec Jessica.

Chez lui, c'est à Tierra Amarilla, dans la banlieue de Copiapó, quelques pièces au plafond bas, aux murs de plâtre rose un peu fissurés, avec un canapé et une table coincés dans un minuscule salon. Parfois, Victor hausse le ton, contamine cette pièce avec les pensées horribles qui peuvent s'introduire dans la tête d'un homme que la famille et ses devoirs piègent plutôt qu'ils ne le nourrissent. Pensées soudain libérées, exprimées. Sa colère est explosive, et il se déteste aussitôt pour avoir ce genre de comportement. Il se dispute aussi avec son frère, qui, souvent, le torture avec les moqueries les plus blessantes qu'il puisse trouver.

— Tu n'es pas mon vrai frère, on n'a pas la même mère.

Ce qui est exact, bien sûr, car la « mère » de Victor est en fait sa tante, et son « frère » n'est qu'un cousin. Victor, avec sa sensibilité de poète, résume ainsi sa personnalité : elle est *polvorilla*, aussi inflammable que de la poudre à canon. À la maison, il a des moments de *descontroles* : il ne se maîtrise plus, donne libre cours à ses émotions.

— La famille, ce n'est pas que du bonheur, dit-il.

Victor Zamora a pour sa famille de la mine le même amour que pour sa vraie famille. Mais en ce moment précis, alors qu'il s'échine sur les cadenas du garde-manger, il ne songe pas vraiment au tort que son acharnement peut causer à ses frères souterrains. Le tournevis ne donnant pas de résultat, Zamora a recours à un vieux truc qui aurait pu lui servir lorsqu'il végétait dans les rues d'Arica, jeune homme : il sort un coupe-boulon de sa poche (il s'en est servi dans la matinée pour découper de la barre à béton afin d'effectuer des consolidations), se penche sur les cantines et tranche net leurs « ceintures de chasteté ».

Il est à deux doigts de faire sauter les cadenas lorsque Franklin Lobos, le chauffeur, s'avance vers lui.

— Attends, j'ai la clé.

Parmi les hommes prisonniers de la Rampe, Lobos est le plus grand et le plus massif. Sa taille est un rappel de la puissance qui intimidait tant ses adversaires sur le terrain de foot. Il en use parfois pour s'imposer, renonçant soudain à sa discrétion habituelle pour émettre quelque réclamation ou exprimer la profonde irritation que lui inspire cette mine de malheur. Là, cependant, il vient de décider qu'il valait mieux céder à ces affamés. Il n'a pas vraiment le choix, estime-t-il.

— Je n'allais pas me battre avec cinq ou six d'entre eux, quand même. Vu la panade dans laquelle on était, ça n'avait pas de sens de cogner.

Une idée qui viendra souvent à l'esprit de ces hommes piégés, les conflits et les désaccords ne tardant pas à apparaître entre eux, sourds, irrésolus. *Ce connard, ce* huevón*, j'aimerais bien lui casser la gueule, mais je n'ai aucune envie de me retrouver avec un blessé sur les bras au fond de ce trou – une mâchoire cassée ou un nez qui pisse le sang.*

Lobos ouvre la cantine. L'objet de leur désir s'offre aux regards des mineurs rebelles : des paquets de gâteau de la marque Cartoons. Des biscuits pour gamins, en fait, fourrés à la crème, goût chocolat ou goût citron. On peut facilement les casser en deux. Il y en a plusieurs dizaines de paquets.

— Le stock n'avait pas l'air si fourni que ça, se souviendra Zamora.

Au grand jour, ces Cartoons coûtent 100 pesos chiliens le paquet, à peine 25 cents. Il y a quatre biscuits par paquet. Lesquels sont aussitôt offerts à qui veut bien se servir, ce qui n'est pas le cas de tous les mineurs, loin de là. Zamora expliquera plus tard qu'il n'a pas vraiment réfléchi à ce qu'il faisait.

— J'avais faim, c'est tout. C'était l'heure de dîner. Pour moi, ça n'était pas grave.

Ils ouvrent également quelques cartons de lait. Sur les 24 ou 25 hommes du Refuge, une petite dizaine aura cédé à la tentation, chacun s'accaparant un ou plusieurs de ces précieux paquets de Cartoons. Deux litres de lait sont consommés.

— Un coup des gars du Nord, dira plus tard un des gars du Sud. Ils n'avaient qu'une idée à ce moment-là : sauver leur peau. Des bleus. Ils voulaient tout, tout de suite. Ils n'auraient jamais imaginé qu'on resterait au fond si longtemps.

Un autre mineur se souviendra des pilleurs, mangeant dans l'obscurité, assis dans un coin du Refuge, leur lampe éteinte, comme s'ils avaient honte de leur avidité – et, malgré tout, incapables d'empêcher les emballages de craquer, les mastications humides de résonner dans cet espace exigu, donc d'empêcher que les entendent ceux qui n'ont rien volé.

Lorsque Luis Urzúa et les quelques hommes qui ont cherché en vain une voie de sortie reviennent au Refuge, une scène de désolation s'offre à leurs regards. Les cantines ouvertes, les bandes de métal cisaillées. Ils regroupent les emballages vides, dix en tout.

— Avec ce que vous avez bouffé, les gars, on aurait pu tenir trois jours de plus dans ce trou, dit Florencio Avalos. Bon, ceux qui se sont servis, j'espère que ça va leur profiter…

Quand le petit groupe parti en expédition fait part de ses découvertes au niveau supérieur, l'ambiance s'assombrit soudain. Les mineurs sont pris au piège, inutile de s'attendre à un rapide sauvetage. Le ton des huit est grave ; leur insistance et leur concentration prend nombre des gars du Refuge au dépourvu.

— Qu'est-ce qui vous arrive, les gars ? demande Mario Sepúlveda de cette voix enrouée, plaintive, haut perchée, protectrice, dont il pourrait user avec un de ses chiens. Vous ne vous êtes pas rendu compte qu'on en avait peut-être pour des jours à rester dans ce trou ? Ou même des semaines ?

Aucun des hommes du Refuge n'avoue sur-le-champ sa participation au pillage. Aucun des huit, du reste, n'exige des noms. Dans la pagaille du moment, certains ne sauront pas avant un bon moment ce qui s'est réellement passé avec les cantines. Mais ceux qui ont pillé vont devoir vivre pendant de longues journées avec la conscience de leur mauvaise action. Victor Zamora, que la plupart identifient comme le principal responsable du méfait, scrute les visages de ses amis, de ses compagnons de la mine, et commence à comprendre la gravité de ce qui s'est passé dans cette pièce carrelée de blanc – ah, ces cantines aux scellés brisés ! Il se tait. Il restera muet sur la question pendant des semaines.

Mario Sepúlveda et Rául Bustos reprennent la parole, cette fois-ci pour expliquer ce qu'ils ont trouvé en haut de la cheminée. Sepúlveda s'agenouille pour dessiner dans la poussière un croquis de la Rampe et de la cheminée sans échelle. Il utilise un terme affectueux, fréquent dans les conversations entre hommes : *chiquillos*, « petits ».

— En d'autres termes, *chiquillos*, même en étant super optimistes, le moins qu'on puisse dire, c'est qu'on est vraiment dans la merde. Jusqu'au cou. Alors, dans ces conditions, la seule chose que nous avons à faire, c'est nous montrer forts, ultradisciplinés et unis.

Dans le silence qui suit l'allocution de Sepúlveda, Luis Urzúa s'avance vers les mineurs. Il a quelque chose à leur dire.

— Vu les circonstances, lance-t-il, nous sommes tous égaux maintenant. J'ôte mon casque blanc. Il n'y a plus de patron ni d'employés.

Il renonce en pratique à ses responsabilités de chef d'équipe. Quelques minutes plus tôt, tandis qu'ils redescendaient le long de la cheminée, il a annoncé ce qu'il allait faire à ses compagnons de l'expédition de sauvetage. Et il a tenu parole, même s'ils lui ont conseillé de s'abstenir.

— Il faut que nous décidions ensemble de la suite des événements, insiste Urzúa.

Le message qu'il voudrait faire passer est celui de la solidarité, de l'union – « Un pour tous, tous pour un », même si certains des mineurs n'entendent pas cela dans sa courte intervention, dans sa placidité. *Il baisse les bras face à la crise*, pensent-ils. Le chef n'en était pas un, finalement.

— Parfois, constatera plus tard Rául Bustos, Luis Urzúa dit des trucs sans avoir réfléchi.

Bustos sent dans les galeries quelque chose qui ressemble à une anarchie réprimée. Cinq mois plus tôt, il a vu sa ville de Talcahuano envahie par la même anarchie, après le tremblement de terre, après le raz-de-marée. Il a été à deux doigts de se faire braquer, en face d'une pharmacie livrée aux pilleurs. L'effondrement de la mine, comme ces catastrophes naturelles, est susceptible de réduire l'ordre et les hiérarchies à néant. Bustos imagine le moment où les plus résolus, les plus forts des emmurés vivants abuseront des plus faibles. La logique de la rue pourrait régner dans la mine. Quelques-uns de ces hommes n'ont-ils pas tâté de la prison après une bagarre dans un bar et autres broutilles ? *Ce sont tous des chefs de meute en puissance*, se dit-il.

— À tout instant, si nous ne l'avions pas soutenu, ils auraient pu se retourner contre *el jefe de turno*, estime-t-il.

Urzúa a lancé son pavé dans la mare, ce qui crée une sorte de vide. Trois hommes, qui ont tous participé à l'expédition de sauvetage, essaient de le combler : Mario Sepúlveda ; Florencio Avalos, le contremaître ; et Juan Carlos Aguilar, le responsable de la petite équipe de mécaniciens en sous-traitance.

— *El jefe de turno* a raison, disent-ils d'une seule voix. Il faut se serrer les coudes.

Le ton d'Aguilar respire l'autorité et l'expérience. La situation n'est pas bonne, explique-t-il, mais ils peuvent faire un certain nombre de choses pour anticiper. D'abord, il va falloir s'occuper de l'eau, toute l'eau dont ils se servent ici. Celle qu'ils utilisent pour les machines et le bon fonctionnement de la mine peut les maintenir en vie, au même titre que celle du ravitaillement. Et puis il est évident qu'ils vont devoir rationner les provisions, en mangeant le moins possible pour faire durer les stocks. Seule question : comment faire ?

Sepúlveda organise un état des stocks, avant et après déprédations. Une boîte de saumon, une boîte de pêches au sirop, 18 boîtes de thon, 24 litres de lait condensé (dont huit sont périmés), 93 paquets de gâteaux (y compris ceux qui ont été engouffrés par les mineurs), et quelques médicaments qui ont dépassé la date de péremption. Chose bizarre, il y a aussi 240 cuillers et fourchettes en plastique, et seulement 10 bouteilles d'eau – preuve, s'il en était besoin, de l'impréparation des propriétaires de la mine. Mais pour autant les hommes ne mourront pas de déshydratation : ils disposent de citernes contenant des milliers de litres d'eau trouble destinés au refroidissement des moteurs. Même si un peu d'huile de moteur s'y mêle sans doute, cette eau doit être potable. Maintenant, il faut répartir les biscuits et le thon en conserve entre les mineurs. S'ils se contentent d'un ou deux gâteaux et d'une cuillerée de thon par jour, ils pourront faire durer les provisions une semaine. Ils les remettent dans le garde-manger, referment les cadenas. Urzúa confie la clé à Sepúlveda.

Mais combien sont-ils, au fait, exactement ? Urzúa les recompte, et compare la liste à celle qu'il a dressée mentalement des mineurs qui auraient dû être présents ce matin-là.

— 31, 32, 33… Nous sommes 33, déclare-t-il.

— 33 ? braille Sepúlveda. L'âge du Christ. Merde !

— *¡La edad de Cristo! ¡Mierda!*

Quelques voix lui font écho, dont celles d'Aguilar et de Lobos. « *¡La edad de Cristo!* » crient-ils. Même pour les mineurs qui ne sont pas très croyants, le chiffre a un sens singulier, surtout pour ceux qui ont atteint et dépassé cet âge : 33 ans, l'âge d'un prophète crucifié. Le chiffre, le nom circulent un moment dans les esprits, coïncidence à la fois banale et effrayante. En fait, ils ne devraient pas être plus de 16 ou 17, mais avec toutes les heures supplémentaires, toutes les journées de rattrapage, ils sont beaucoup plus nombreux. Deux fois plus nombreux, de fait. Si nombreux qu'aucun des hommes ne connaît tous les autres. 33 : comment est-ce possible ?

Sepúlveda finit par reprendre la parole d'une voix forte, lisant dans les regards autour de lui de l'inquiétude, de la crainte.

— *Somos treinta y tres.* Nous sommes 33. Ça doit avoir un sens. Il va se passer quelque chose là-haut, j'en suis sûr.

Il parle avec la rage du bagarreur de rues qu'il a été plus jeune, avec la conviction du père qu'il est devenu : en homme qui a vu un mur de pierre, un garde-manger à demi vide, et qui ne veut pas croire que sa vie finira ainsi.

Quelques hommes remontent au Niveau 190, près de la dalle de diorite, se répartissent dans les galeries et les cavernes adjacentes pour entendre l'approche éventuelle des sauveteurs, afin de signaler la présence de survivants par des bruits divers et variés. Ils vont tant s'échiner à déblayer des blocs de pierre, à faire des feux et autres activités qu'ils ne dormiront pas de deux ou trois jours. Mais la plupart des 33 prisonniers de la mine restent aux alentours du Refuge, ou à l'intérieur de la pièce. Certains même préfèrent s'y tapir – et n'en sortiront pas pendant des jours. Ils ne parviennent pas à oublier le moment où il a fallu courir pour échapper aux éboulements, aux explosions de la montagne en furie. Dormir du bon côté de la porte d'acier du Refuge, ou du moins à proximité, leur permet de se croire en sécurité.

— Vous vous rappelez cette mine, au Mexique, qui s'est écroulée sur des gars ? dit l'un des 33. Tout ce qu'ils ont fait, c'est coller une dalle sur l'entrée et dire : « Ils sont morts.

Voici leur pierre tombale. » Ils ne se sont même pas donné la peine de récupérer les corps.

— N'importe quoi ! gueule un autre mineur. Nos familles sont toutes là-haut. Elles vont tout faire pour qu'on nous retrouve.

Les sauveteurs pourraient peut-être creuser une seconde rampe pour accéder au fond, suggère un autre *niño*. Et, pourquoi pas ? la forer à partir de la mine voisine, la San Antonio ?

— Oui, sauf que pour creuser la Rampe, ici, ça leur a pris dix ans, remarque Yonni Barrios – dix ans, c'est aussi le temps qu'il a passé à la San José. Il va leur falloir dix autres années pour nous mettre la main dessus.

— Et pourquoi pas passer par le Gouffre, escalader les parois ? propose un autre.

Non, c'est du suicide, répondent plusieurs voix. Autant essayer d'escalader un éboulis géant, sous de constantes chutes de pierres. Soit tu te casses la figure, soit tu meurs écrasé.

L'un des plus âgés explique que la seule solution, c'est le forage :

— En creusant une nouvelle galerie, les secours pourraient nous atteindre en quelques jours, nous envoyer de la nourriture et nous maintenir en vie, en attendant le plan d'évacuation.

— Donc, d'ici un jour ou deux, ils devraient pouvoir entrer en contact avec nous ? s'exclame un mineur, plein d'espoir.

— Pas si vite, réplique un autre. Tu as vu une foreuse, ce matin, toi, en venant bosser ? Non. Il va falloir qu'ils la fassent venir d'une autre exploitation. Après quoi, ils devront construire la plate-forme. Il y a toujours quelques jours de préparation avant le forage lui-même.

Il est plus de 22 heures et les hommes se répartissent dans le Refuge, à la recherche d'un petit coin pour s'asseoir ou se coucher. Il n'y a rien d'autre à faire, pour le moment. Quelques hommes se font des matelas avec des cartons qui ont servi à stocker des explosifs, ou le plastique mou qui gainait les conduites d'air. En temps normal, ils seraient déjà dans leurs lits de camp du dortoir de Copiapó, l'estomac réchauffé par le vin, la bière ou quelque breuvage plus puissant ; ou chez eux, bâillant, leur femme, leur amie, leurs enfants à leurs côtés. C'est l'heure où leurs forces, en général, les abandonnent, où leur corps se soumet à la gravité, au sommeil, après douze heures à trimer dans les galeries. Ce soir, pourtant, le seul répit provient du carrelage blanc du Refuge ou du sable de la Rampe, des regards échangés avec les autres hommes, épuisés, désorientés – ils ont dans les yeux l'expression enfantine des égarés. Dix ans pour construire une nouvelle rampe. Plusieurs jours, ne serait-ce que pour un simple forage. Ou peut-être seulement le silence de l'oubli, et ce rideau de pierre qui, en brisant la Rampe, peut devenir la porte hermétiquement close de leur caveau. Quand il n'y a plus rien à dire sur ce sujet, ils écarquillent les yeux dans l'obscurité : qu'il est cruel, leur sort, injuste, mauvais – piégés dans les ténèbres, au milieu d'hommes aussi suants, puants et terrifiés qu'eux !

Il y avait dans le rythme effréné de leurs vies quelque chose de rassurant : le travail de 8 heures du matin à 8 heures du soir, la descente dans la mine, le retour à la surface pour le déjeuner avant de revenir dans le sein de la montagne. De la quantité d'or et de cuivre qu'ils en extrayaient, ils ne retiraient pourtant qu'un infime gain. À présent, plus rien à faire, hormis rester tranquille, et écouter le tonnerre intermittent des éboulements en se demandant s'ils finiront dans ce trou. Il se peut que les plaisirs de la transpiration, de la vie simple sous le Soleil, la Lune et la Croix du Sud, les soirs clairs, soient à jamais révolus. Tant de souvenirs abandonnés au monde de ceux qui ne sont pas enfermés sous terre : faire les vendanges, chercher la jolie inconnue dans une fête de famille, retrouver les copains pour une soirée de beuverie, entrer dans un bar de Copiapó au plafond duquel pendent des boules à facettes, immobiles. Toucher son chèque et rentrer à la maison à 9 heures du soir, au moment où les gosses bavardent sous les lampadaires, dans les faubourgs vallonnés de Copiapó, dans des lumières couleur d'ambre et d'émeraude. Le monde extérieur vient de glisser dans l'imparfait : eux vivent maintenant dans un présent de ténèbres qui pourrait bien devenir permanent. Le passé, ce sont les patios familiaux où ces hommes se retrouvaient, discutaient du prochain championnat de *fútbol* : qui allait gagner, la U ou Colo-Colo ? Et d'autres sujets fondamentaux et agréables de la sociabilité masculine. Le passé, ce sont les fenêtres ouvertes sur les jardins, derrière les maisons, les barbecues, et la peau craquelée des saucisses grillées. Ce sont les silhouettes arrondies de leurs femmes ou de leurs compagnes enceintes, passant du salon à la cuisine, mystère du féminin dans les ventres qui s'enflent de leur progéniture.

Deux des *niños* attendent des naissances. Ariel Ticona, 29 ans, vif comme un moineau, qui a déjà deux enfants avec son amie. Et Richard Villaroel, un grand type, un des mécaniciens. Sa *polola* s'appelle Dana. Ils habitent à Ovalle, à quelques heures au sud de Copiapó. Ovalle se présente souvent comme une sorte d'Éden, une oasis de palmiers et d'eaux vives au cœur de collines arides et nues. Ce soir, Dana est une Ève enceinte au paradis d'Ovalle, tandis que lui, son Adam, expie leurs péchés de chair au fond d'un trou. Il se rappelle son ventre gonflé, le bébé qui nage à l'intérieur, les quelques petits coups de pied qu'il a sentis lorsque Dana lui a pris la main pour la poser sur ce bouclier de peau. Connaîtra-t-il jamais autre chose de son fils ? C'est la question qu'il en vient à se poser. Son propre père, pêcheur, est mort quand lui avait 5 ans. Il a perdu la vie dans un accident sur un lac, en Patagonie chilienne, laissant Richard en proie à d'éternels tourments, à de constants déménagements, jusqu'à la rébellion adolescente contre sa mère veuve – après quoi il s'est retrouvé brièvement derrière les barreaux, tremblant de rage contre l'injustice du monde qui a privé un garçon de son père, ne lui accordant que de vagues souvenirs. Comme si la foudre avait dérobé le père à son fils. Et si Richard ne peut sortir de la mine, sa mort aura le même effet sur l'enfant encore à naître. Une malchance, l'absurde jeu du destin : Richard n'était même pas censé descendre à la San José. Il a signé pour un emploi à l'air libre. Quand sa mère verra son nom sur la liste des disparus, elle n'y comprendra rien, se dit-il. Pour elle, Richard ne travaille même pas dans une mine. L'idée qu'il va léguer à son fils l'absence dont il a lui-même souffert, une vie entière de souffrances réprimées, ne quitte plus son esprit.

C'est la plus blessante des conséquences de l'effondrement du 5 août, journée dont les dernières minutes sont pleines des bruits que font les hommes se tournant et se retournant sur leurs couches improvisées : la certitudc qu'ils vont manquer à tous ceux qui les aiment ou qui les détestent, qui dépendent d'eux ou qui s'irritent de leur présence. Les *niños* ne seront pas là pour protéger, nourrir et être nourris, parler ou écouter les gémissements de leur belle-mère, affronter les regards rageurs et muets de leurs enfants adolescents. Ils ne seront pas là pour la fête du bébé, la *guagua* ; ils n'iront plus au cimetière mettre des tournesols et des marguerites sur les tombes des hommes qui les ont élevés pour qu'ils ne deviennent pas mineurs, pour qu'ils ne risquent pas de mourir de cette façon.

Omar Reygadas, le conducteur du chargeur sur pneus qui sc trouvait tout au fond de la mine lorsque celle-ci s'est effondrée, est allé quelques jours plus tôt au cimetière de Copiapó. Sous le soleil, il a franchi le portail coiffé d'un petit toit, s'est retrouvé dans un espace envahi par les caveaux, les croix en ruine – sur fond de montagnes brun pâle. Reygadas est veuf ; pendant ses sept jours de congé, il est allé sur la tombe de sa femme, la mère de ses enfants, qu'il avait quittée de son vivant. Leur fils mort accidentellement à l'âge adulte est enterré près d'elle. Durant la même période, Reygadas s'est prélassé sur les pelouses du parc d'El Pretil, sous les faux poivriers et les eucalyptus : on fêtait les 7 ans de son petit-fils Nicolas.

Tous mes enfants étaient là, mes petits-enfants, mes arrière-petits-enfants, songe-t-il.

Puis il s'est rendu à Vallenar, sa ville natale, à une heure au sud de Copiapó, chez ses frères. Tout cela en sept jours seulement, sept jours d'un repos qui est peut-être le dernier. Se remémorant ces moments et ayant atteint un âge qui rend plus sentimental, Omar se met à croire à une intervention divine : Dieu ne lui a-t-Il pas donné la possibilité de dire adieu à tous ceux qu'il aime avant de quitter cette terre ? Une pensée à la fois consolante et terrible, car elle signifie que sa fin est proche, et qu'il lui faut l'accepter.

Seigneur, si tu dois me prendre maintenant, fais au moins en sorte que mon cadavre soit retrouvé, songe Omar. Et ses larmes se mettent à couler.

— Je n'ai pas honte de dire qu'à ce moment j'ai fondu en larmes, à la pensée que je ne reverrais plus les miens, à la pensée de ce qu'ils allaient subir, là-haut, avouera-t-il.

Ne voulant pas donner à ses compagnons le spectacle de son chagrin, il se lève et va marcher seul dans les galeries, au mépris du code de la mine, qui interdit qu'on se déplace seul lorsqu'on est sous terre. Peu importent les codes, la sécurité : il descend la Rampe, suivant le faisceau lumineux de sa lampe, jusqu'à ce qu'il parvienne à un chargeur sur pneus similaire à celui qu'il conduit d'ordinaire. Il s'installe dans la cabine : pour réfléchir, c'est l'endroit idéal. Mais lui reviennent au bout de quelques minutes des souvenirs de l'effondrement. Les tonnes de pierre qui leur tombent dessus, et pourtant…

— Pas un blessé, pas même une égratignure.

« J'ai faim tout le temps »

Ils sont 33, prisonniers de la mine – tourmentés par leurs peurs et leurs souvenirs, certes… mais *vivants*. Omar comprend que cette improbable survie est elle aussi marquée du sceau du divin. Ne pas avoir péri dans ce trou, en dépit des probabilités, signifie pour lui qu'il existe bel et bien un être supérieur et que celui-ci n'en a pas fini avec ces survivants. Il décide de retourner au Refuge, de lutter contre ses propres peurs, d'être fort – vieux, certes, mais fort. Il se dit aussi que s'il peut transmettre un peu de cette force aux hommes et aux garçons du Refuge, ce ne sera pas une mauvaise chose. Et s'il s'agit bien d'un complot de son Créateur, alors les prières d'Omar, ses pensées, sa volonté peuvent peut-être remonter jusqu'à l'air libre et donner de la force aussi à ceux qui l'aiment, car ceux-là doivent également souffrir, dans la nuit du désert, ne sachant si Omar et ses 32 compagnons sont encore vivants.

5

Alerte rouge !

Au Refuge, Darío Segovia, celui des mineurs qui a longuement étreint sa petite amie le matin du 5 août, est resté pratiquement muet tandis qu'au-dehors le matin succédait à la nuit. La peau de ses joues, rude comme du papier de verre, est striée de crevasses ; ses traits parlent pour lui. Il pourrait plisser les yeux en signe de détermination ou laisser ses sourcils, d'ordinaire droits et marquant sa résolution, exprimer sans un mot son inquiétude. Pendant ses vingt-quatre premières heures de captivité, il lui est venu au front un pli qui disait clairement : *Je ne sais plus quoi penser, j'ai peur.* Il a toujours été taciturne, comme peut en témoigner sa grande sœur, María. Enfant, elle a passé son temps à s'occuper du petit Darío et de leurs quatre frères et sœurs ; comme le reste de la famille Segovia, elle l'appelle par son deuxième prénom, Arturo. Quand Darío Arturo Segovia avait 15 ou 16 ans, il travaillait déjà à la mine. Il portait des pierres dans un sac de cuir qui ne cessait de glisser sur sa poitrine. On appelle ces sacs des *capachos*. Le sérieux avec lequel Darío avait accepté son travail de bête de somme faisait sourire les membres de sa famille ; le surnom de « Capacho » lui est resté.

Quand ils étaient enfants, sa sœur et lui, et vivaient dans le désert de l'Atacama, il ne disait déjà pas grand-chose, le petit Darío Arturo. María, elle, avait la langue bien pendue ; elle défendait son petit frère et les quatre autres contre les accidents d'une vie de famille où les parents sont indifférents au sort des enfants. Aujourd'hui, tous les frères et sœurs de Darío sont en plein âge mûr, approchant la cinquantaine ou l'ayant tout juste dépassée. Et pourtant, c'est encore María, petite et trapue, le visage buriné par des années de travail au grand air, qui reprend les rênes en cas de crise. Et il en sera une fois de plus ainsi, quoiqu'elle habite de l'autre côté du désert, à plus de 450 kilomètres de Copiapó. María Segovia s'est rendue à la mairie d'Antofagasta, cité portuaire. Ce qui l'anime, ce sont les mêmes raisons pour lesquelles Darío est descendu dans la mine : essayer de remporter l'une de ces petites victoires qui donnent de la dignité à son existence. C'est ainsi qu'elle a toujours vécu, aussi loin que remontent ses souvenirs. Quand elle avait 9 ans et qu'elle s'occupait de Darío, qui n'en avait que 6, ils vivaient à San Felix, une ville du désert. Leur maison était construite en pierres de la rivière, en fil de fer et en bouts de bois ramassés dans le ravin. La Quebrada de los Corrales : tel était le nom du ravin, en raison des corrals tout proches. Un jour, la pluie s'est mise à tomber d'un ciel perpétuellement sec, tambourinant sur la bâche qui leur servait de toit ; des ruisselets serpentaient sur le sol, dans les coins où les enfants dormaient et mangeaient. Un torrent a renversé les murs de pierre de leur maison, emportant tout ce qu'ils possédaient. Quelques années plus tard, María est tombée enceinte – elle avait 14 ans. À présent, bien qu'elle ait seulement 52 ans, elle est, ce qui la réjouit, arrière-grand-mère. Mais les souvenirs de la pauvreté, le fait d'avoir vécu dans une maison qu'une simple averse pouvait détruire la poussent fréquemment à se conduire comme une vraie mouche du coche avec les gens qui se mettent en travers de son chemin.

Cela fait des années maintenant que María Segovia empoisonne les services de la mairie d'Antofagasta pour obtenir les divers permis dont elle a besoin pour vendre des glaces et des empanadas fourrées dans les rues et sur la plage, provisions qu'elle transporte dans des landaus et dans des brouettes. Faute des permis idoines, les carabiniers peuvent vous arrêter. María en a déjà fait l'expérience : ah, être jetée en prison pour avoir osé vendre des plats cuisinés ! Aujourd'hui, elle vient renouveler son permis de vente de bonbons et fait la queue au guichet lorsque son portable sonne. C'est la femme de son frère Patricio.

— Hé, María, tu as eu un appel de Patricio ?

— Non.

— Tu ne sais pas ce qui est arrivé à Arturo, alors ? reprend sa belle-sœur, qui appelle Darío par son deuxième prénom, elle aussi.

— Non.

— Je crois que tu devrais appeler Patricio.

Quelques instants plus tard, Patricio apprend la nouvelle à María : il y a eu un accident dans la mine où travaille Arturo. Il ne peut plus sortir.

María raccroche. Il faut qu'elle fasse sa propre enquête, décide-t-elle. Fort heureusement, il y a des ordinateurs à la mairie, accessibles au public. Elle va pouvoir accéder à Internet. Elle trouve un article sur l'accident, découvre le nom de Darío sur la liste des mineurs emprisonnés dans les galeries – et pour finir, ce qui est le plus troublant, le visage de Darío s'affiche sur l'écran. Il travaille à la mine depuis son plus jeune âge. Tandis qu'elle regarde la photo de son frère, María songe que l'accident doit être grave, pour qu'il soit resté coincé. Darío a toujours réussi à se tirer d'affaire, il est toujours rentré à la maison.

Quelques minutes plus tard, elle sort de la mairie et prend l'autocar qui va à Copiapó, un long voyage à travers le désert de l'Atacama. Elle arrive à Copiapó à 16 heures. Elle se rend à l'hôpital, où attendent déjà nombre de femmes, d'enfants, de compagnes de mineurs, espérant la moindre nouvelle – en vain, bien sûr. María décide d'aller à la mine ; elle veut être aussi proche que possible de son frère.

— Ils n'autorisent personne à entrer, lui déclare l'un des employés de l'hôpital. Tout est fermé. Il faut attendre ici.

C'est tout ce qu'ils ont à lui dire : « Il faut attendre ici... il faut attendre ici... » Leur insistance ne fait que renforcer la détermination de María à se rapprocher de son frère. Elle appelle son fils Esteban, qui vit à Copiapó.

— Bien sûr, maman, je vais t'emmener là-haut.

Mais il l'emmène chez lui, avant toute chose ; elle met de côté un manteau bien chaud, des couvertures. Son fils l'a prévenue :

— Maman, tu sais, il peut faire très froid, à la San José.

Elle prend aussi un thermos rempli de café et des sandwichs, parce qu'elle va devoir attendre, elle le sait, voir de nouveau sa patience mise à rude épreuve. Jusqu'à ce 6 août, elle a toujours retiré de l'existence la leçon suivante : c'est avec de la patience et de la détermination que vous défendez le mieux votre humanité, en faisant entendre votre voix à ceux qui vous jugent inférieure à eux parce que vos vêtements sont usés, vos mains calleuses et votre peau tannée par le soleil.

Dûment protégée contre le froid de la montagne, María et son fils arrivent à la San José vers minuit, presque trente-six heures après l'accident. Elle voit quelques familles rassemblées autour de feux de camp, ou errant sur une terre sèche et poussiéreuse, ou bien assises sur des tas de pierres grises qui ressemblent à des miches de pain fossiles. Les visages expriment l'inquiétude ; les yeux sont fixés sur les flammes ; et sous les faibles lueurs coniques des lampadaires, dévorés par la colossale obscurité de la nuit dans l'Atacama, d'autres se tiennent les mains dans les poches. La mine exsude un sentiment immédiat de tragédie collective, d'un deuil qui contamine le paysage comme une maladie.

— *Un panorama horribile*, dira plus tard María Segovia. Je ressens encore la réaction que j'ai eue dans mon corps : ce chagrin, cette nausée qui me retournait l'estomac, l'inquiétude de savoir que mon frère était à la fois tout près et en même temps très loin, prisonnier de ce puits sans fond.

Il y a sur place des camions de pompiers, quelques policiers, mais aucune opération de sauvetage n'est encore organisée. María repère un des responsables des carabiniers, un certain Rodrigo Berger. Il est d'une exquise politesse, très respectueux : mais il n'a pas grand-chose à dire. Le 6 août, tout le monde attend la formation d'une nouvelle équipe de secours, qui puisse retourner dans la mine. Ses membres viennent d'autres mines (il en arrivera bien d'autres, du reste) ; en effet, la Compagnie minière San Esteban n'a pas de sauveteurs attitrés. Des dizaines de gaillards dûment casqués traînent devant l'ouverture de la mine. Quant aux familles, tout ce qu'elles peuvent faire, c'est attendre. Attendre, attendre, attendre au fil des minutes, accepter de vivre dans un deuil aimable ; car l'idée que les *niños* sont peut-être déjà tous morts ou à l'agonie ne les quitte plus, muette – l'éventualité que ces familles ont appris depuis des années à rejeter est soudain devant elles, si réelle, au fond de cette gueule de mine que le plus endurci des mineurs-sauveteurs semble hésiter à franchir.

Darío Segovia, à quelques centaines de mètres en contrebas, dans le Refuge, ne dit pas grand-chose. À l'air libre, en cette nuit glaciale, sa grande sœur, María, sait qu'il est vivant – elle le sent dans sa chair. Ils ont beau avoir atteint l'âge mûr tous les deux, elle prendra sa défense comme elle le faisait lorsqu'ils étaient enfants, à San Félix, dans la maison emportée par la pluie. Bientôt, elle retrouvera sa langue, et elle dira à tout le monde ce qu'elle a sur le cœur : Darío Arturo « Capacho » Segovia est sauf, et avec lui les 32 autres hommes de la San José – et il faut que leurs familles se battent pour eux.

José Vega a tout juste 70 ans. Il est sec, en pleine forme, la peau d'un brun fumé, les favoris bouclés. Il a commencé à travailler à la mine bien avant d'avoir 20 ans. Ses quatre fils ont tous coiffé le casque du mineur. Fort heureusement, en ce 5 août de catastrophe, trois des garçons ont renoncé à cette dangereuse occupation. Le seul qui descende encore sous terre, c'est Alex.

— On va le tirer d'affaire nous-mêmes, dit José à son fils Jonathan, un tout jeune adulte. Allez, on fait le paquetage et on se prépare à descendre.

Et José récupère les affaires qui lui restent de l'époque où il travaillait encore : une boussole, un récepteur GPS, un altimètre, une bouteille à oxygène et un masque. Deux de ses fils se joignent à lui pour aller récupérer leur frère – autrement dit, trois des Vega ayant renoncé à la mine vont y retourner pour sauver le seul membre de la famille qui y travaille encore, parce qu'il est trop têtu pour la quitter, mais aussi parce qu'il a trop besoin d'argent. Lorsque les trois Vega arrivent à la San José, ils y trouvent des policiers, des pompiers, des équipes de sauveteurs dépêchés par de nombreuses mines du pays. Les sauveteurs vont descendre par groupes de six, mais voilà qu'un officiel prend la parole :

— Pas question de laisser y aller des gens qui ont des liens familiaux avec ces gars.

Alors, quand il s'inscrit sur la liste des secouristes potentiels, José Vega donne un faux nom. On leur annonce qu'il va falloir attendre plusieurs heures avant de descendre. Comme Jonathan Vega a l'air épuisé, son père lui conseille de rentrer chez lui faire la sieste.

— Quand notre tour viendra, on t'appellera.

Mais lorsque le vendredi après-midi, à 16 heures, José apprend qu'il va pouvoir entrer dans la mine, il s'abstient de prévenir Jonathan.

— Je l'ai laissé se reposer, dira José. J'avais déjà un fils au fond. Plus deux Vega qui s'apprêtaient à y aller. Non, ça faisait trop de Vega dans la mine.

Les équipes de secours qui en sortent n'ont pas l'air rassuré. José discute avec les sauveteurs de la mine de Michilla, à 450 kilomètres au nord, près d'Antofagasta. La description de ce qu'ils ont vu dans la San José leur fait monter les larmes aux yeux. La montagne est encore vivante, rapportent-ils. Des pans entiers de roche se détachent des murs ; la voûte et le sol de la Rampe sont horriblement fissurés. Le responsable de l'équipe de Michilla ne mâche pas ses mots :

— Personne ne devrait redescendre !

À l'extérieur de la mine, cependant, le chaos est complet. Il semble que personne n'ait pris la direction des opérations de secours – si bien que l'équipe suivante, dont fait partie le père d'Alex Vega, peut s'engager dans la mine sans que personne ne l'en empêche.

Peu après avoir franchi la gueule béante qui conduit de la lumière de l'après-midi aux ténèbres, José Vega commence à comprendre qu'il s'est fourré dans un sale pétrin.

— Je ne vous mentirai pas : ça faisait vraiment, vraiment peur, commentera-t-il.

Les hommes atteignent la section de la Rampe qu'ont déjà explorée Carlos Pinilla et Pablo Ramírez la veille, là où la dalle empêche toute progression. La montagne rugissante a continué de semer des pierres devant elle. José discute avec un autre secouriste, un proche du mineur Jorge Galleguillos. *Il faudrait trouver la cheminée la plus proche*, se disent-ils. Une fois le passage localisé, un autre mineur, un jeune type tout mince, accepte d'y descendre. Lorsque les autres le remontent, il explique qu'il a repéré un passage non obstrué, lequel mène à une conduite de ventilation et peut-être, qui sait ? à une galerie pouvant les conduire aux prisonniers. José les arrête : ils n'ont pas le droit d'aller plus loin. Ils reviennent donc à la surface, pour faire part de leur découverte à l'équipe de secouristes professionnels qui se prépare alors à entrer dans la San José.

Le ministre de l'Exploitation minière, Laurence Golborne, arrive sur les lieux dans la nuit du vendredi au samedi, à 2 heures. Lui aussi voit ces hommes et ces femmes assis devant les feux de camp, leur inquiétude, leur chagrin. Il porte encore le costume trois-pièces qu'il avait revêtu pour une visite officielle en Équateur. Des parents des mineurs l'accostent, se faisant l'écho des rumeurs qui commencent à courir :

— Il paraît qu'ils sont déjà morts…

Au Chili comme dans le reste de l'Amérique latine, les gens prennent tous les officiels pour des manipulateurs, des menteurs. Quand vous accédez à une position officielle, vous renoncez pour ainsi dire à votre humanité, à votre éthique. Et plus on est pauvre, plus on a tendance à appliquer cette théorie.

— Ne nous cachez rien, *señor Ministro* !

Mais le fait est que les quelques informations disponibles sont inexactes. À son arrivée, Golborne a appris qu'il y avait 37 hommes coincés dans la mine. Ou peut-être 34. On lui a également rapporté – ce qui est aussi inexact – qu'il y avait parmi eux des travailleurs clandestins du Pérou, ou peut-être des Boliviens.

Rien dans la carrière de Golborne ne l'a vraiment préparé à ce qu'il va vivre à la San José. Ce chef d'entreprise aisé, diplômé en ingénierie civile et en chimie, n'a jamais été ministre auparavant. Avant d'entrer au gouvernement, il était mieux au fait de la complexité, en termes d'organisation matérielle, de la gastronomie en Amérique du Sud (il est propriétaire d'un restaurant dans les quartiers chic de Santiago) que de celle de l'industrie minière. Sa seule expérience en la matière lui vient d'un poste d'administrateur tenu vingt ans plus tôt – il y maniait les chiffres, sans plus. Son voyage à

Copiapó ne s'est pas fait sans détour : après avoir quitté le Président Sebastián Piñera, en visite en Équateur, il a rejoint Santiago par un vol commercial ; puis un jet de l'aviation militaire chilienne l'a conduit à Copiapó. Golborne appartient à une génération d'hommes d'affaires, de politiciens et de théoriciens qui succède à vingt années de gouvernements de centre gauche. Le 7 août au matin, ce n'est pas seulement par son costume qu'il se distingue des gens qui l'entourent : Golborne est le représentant haut placé d'un gouvernement national ultraconservateur, dans une région qui a voté à gauche à une écrasante majorité. Sa présence à San José ne doit rien à la routine. En général, le gouvernement fédéral ne s'occupe pas des accidents miniers ; ce sont les compagnies minières qui organisent et coordonnent leurs opérations de sauvetage.

— Les gens sur place avaient l'air de dire : « Bon, vous êtes là », racontera Golborne par la suite. Il n'y avait pas d'hostilité déclarée, mais pour autant, leur attitude n'avait rien de très accueillant.

Sous ses yeux, les secouristes se regroupent devant l'entrée de la mine. Ils sont venus de Punta del Cobre, d'Escondida et d'autres exploitations. Juste avant minuit, ils s'engouffrent dans la gueule aux dents grises et disparaissent à l'intérieur.

L'équipe est composée de carabiniers et d'un groupe de secouristes locaux dirigé par Pedro Rivero, mineur depuis toujours et secouriste expérimenté. Les cheveux teints en blond, coiffés en queue-de-cheval, Rivero mène une double vie. En dehors de la mine, chez lui, il se travestit : ce que toute la communauté minière de Copiapó, hautement machiste, n'est pas sans savoir. Mais le courage indiscutablement viril dont il a toujours fait preuve dans ses opérations de secours lui vaut le respect de tous. Son groupe comprend un employé de la San José, Pablo Ramírez, le chef de l'équipe de nuit, l'ami de Florencio Avalos. Ils descendent la Rampe en camion sur 4,5 kilomètres avant de tomber sur la dalle de diorite qui bouche l'accès au fond de la mine. Ils préparent alors l'équipement qui va leur permettre de gagner les profondeurs de la mine et notamment, espèrent-ils, d'atteindre le Refuge, à 285 mètres en contrebas. Des cordes, des poulies, des moufles, des planches pour construire des plates-formes au-dessus de l'ouverture des cheminées, larges de 2 mètres de diamètre et longues parfois de 30 mètres.

Rivero, Ramírez et cinq autres hommes s'engagent dans plusieurs cheminées, depuis l'endroit où la Rampe est bloquée, Niveau 320, jusqu'au Niveau 295. Rivero, qui n'est jamais descendu dans la San José, trouve le spectacle de plus en plus « dantesque » à mesure de sa progression. La température augmente, les gravats s'entassent sur le sol de la Rampe, la pierre se fissure. À chaque niveau, ils vont buter sur la même masse lisse et grise, cette dalle qui bouche la Rampe. Et chaque fois, ils s'arrêtent et hurlent, tournés vers le bas, vers le fond de la mine, là où sont emprisonnés les autres : « *¡Viejos culiados! ¿Donde estan?* » – les termes insultants par lesquels les mineurs s'interpellent toujours les uns les autres. À chaque niveau, le danger semble plus présent. Ils ont l'impression d'explorer un Himalaya inversé, de partir à l'assaut du cœur de la montagne, et non de son sommet. Au lieu de se raréfier, de se refroidir, l'air est de plus en plus dense, de plus en plus chaud. Au Niveau 295, ils se regroupent, organisent ce qui ressemble à un camp de base. Ils relient quelques cordes, s'apprêtent à descendre dans la cheminée suivante, qui devrait les conduire au Niveau 268.

Ramírez est le premier à s'engager, seul. Après quelques mètres, il remarque un détail glaçant : les parois de la cheminée sont fissurées. La pierre se fend sur toute la hauteur du conduit, lent processus provoqué par le poids du méga-bloc de diorite et ses centaines de milliers de tonnes – un gratte-ciel tombé du haut de la montagne. De nouveau, Ramírez hurle pour se faire entendre des mineurs emmurés, puis attend une réponse qui ne vient jamais. Lorsqu'il arrive au bas de la cheminée, la Rampe est invisible. Il n'y a plus au Niveau 268 qu'un éboulis, un mur de pierres qui paraît sur le point de s'effondrer, ce qui aurait pour effet de boucher la cheminée.

— Il était toujours possible de passer par là, expliquera Ramírez plus tard. Le problème, c'est qu'on risquait fort de ne pas pouvoir remonter, si le mur continuait à s'ébouler.

Ça ne va rien donner, on ne peut pas passer par là, se dit-il, saisi par un sentiment d'impuissance. *Ce truc est sur le point de se casser la gueule.*

Ramírez pense à Mario Gómez, l'un des camionneurs, et aux mécaniciens du sous-traitant : à l'instar de Pinilla, il est certain qu'ils sont restés coincés sous les décombres. C'était l'heure de la pause déjeuner et ils devaient être en train de remonter la Rampe, non loin du Niveau 268. Quant aux autres hommes dans la mine, ils doivent avoir survécu parce qu'ils étaient plus bas. Dans la San José, les consolidateurs et les conducteurs de jumbo n'ont jamais pris leur pause déjeuner à l'heure. Ils sont toujours soit en retard, soit en avance.

— C'est comme ça que ça marche, la mine, dit Ramírez. Il y a toujours moyen de tricher avec le destin. C'est ça qui est beau, dans ce métier : il vous arrive toujours des choses inexplicables.

Et l'étrange, en cet instant, le mystère, c'est la montagne qui gronde partout autour d'eux, traversée par des cascades de pierres proches ou lointaines. Ramírez se redresse et crie à Rivero, à l'autre bout de la cheminée :

— *¡Sacame, huevón, esto se fue a la cresta!* Remonte-moi, connard, ça va chier en bas !

Rivero et les autres sauveteurs entendent, eux aussi, le tonnerre faire trembler la pierre, tout autour d'eux. Quand une énorme dalle tombée d'une hauteur considérable sectionne le câble qui reliait leur matériel de communication à la surface, ils ont l'impression qu'une bombe vient d'exploser.

— Alerte rouge ! hurle Rivero. Alerte rouge !

Ils se mettent tous à tirer sur la corde de Ramírez, mais la paroi de la cheminée est en train de se désagréger ; les pierres qui fusent de toutes parts se prennent dans les cordes qu'ils ont fixées à leurs baudriers pour suivre Ramírez dans sa descente. Pendant un bref instant, on dirait que la montagne cherche à les avaler : les pierres pèsent sur les cordes, tirent les secouristes vers le gouffre – si brutalement que Rivero perd l'équilibre. Tout en continuant à remonter Ramírez, lui et les autres hommes luttent de toutes leurs forces pour ne pas être entraînés dans la cheminée. Lorsque, enfin, le casque de Ramírez apparaît, ils l'attrapent par les bras et le hissent sur la Rampe. L'un d'eux sort un couteau de sa chaussure et coupe toutes les cordes. Ils ne seront vraiment hors de danger qu'à partir de ce moment.

Tandis qu'ils reprennent le chemin de la sortie, Rivero remarque l'expression de Ramírez, inconsolable : il ne peut pas ne pas être inquiet pour ses amis, pour ses collègues. *C'est foutu*, se dit Rivero. À 15 heures, Rivero et Ramírez retrouvent l'air libre, le soleil de l'Atacama. Les équipes de sauveteurs regroupées autour de l'ouverture de la mine – avec parmi eux José Vega, le père d'Alex – connaissent déjà la nature de l'effondrement.

— Ça se compte en millions de tonnes de caillasse, constate l'un de ces secouristes. Ils ont dû y passer, c'est impossible autrement.

José se souvient du silence de mort qui s'installe après cette remarque.

Colborne est là, attendant lui aussi Rivero et ses hommes. Le ministre est immédiatement frappé par leurs visages défaits, leurs yeux rougis, leurs visages maquillés de poussière noire et grise, comme s'ils étaient entrés dans la montagne pour y lutter contre la bête qui y habite.

— *Esto se acabo*, dit Rivero, avec un fatalisme qui n'échappe à personne. C'est terminé.

Rivero ne peut plus rien faire, ni aucune équipe « ordinaire » ; et c'est à Golborne désormais qu'incombe la tâche d'en informer les familles présentes autour de la mine.

Étant le plus haut placé des officiels présents, Golborne a endossé depuis son arrivée le curieux rôle de porte-parole, bien qu'il ne dispose d'aucune autorité légale à la San José (en théorie, on peut même dire qu'il contrevient au droit de la propriété privée). Mais les propriétaires ne veulent parler ni aux médias ni aux familles. Les journalistes se retournent donc vers Golborne, un homme cultivé qui porte beau. Les familles attendent depuis deux heures qu'il s'adresse à elles. Le voilà enfin qui sort de l'enceinte de la mine et se dirige vers une ambulance garée près du portail. Golborne monte sur une chaise posée près du véhicule et se sert du mégaphone des ambulanciers pour parler à la foule. Les caméras transmettront sa déclaration en direct à tout le pays.

— Les nouvelles ne sont pas des plus optimistes, commence le ministre.

Les sauveteurs ont essayé d'atteindre le Niveau 238, explique-t-il, mais il y a eu un autre éboulement ; la montagne a encore bougé, et l'équipe a dû remonter en hâte. Ces nouvelles laissent nombre de parents des mineurs sans voix.

— Nous sommes en train de chercher comment les retrouver par d'autres techniques, d'autres dispositifs, poursuit le ministre dont le regard se pose alors sur Carolina Lobos, la fille de Franklin Lobos, l'ancienne gloire du football chilien.

La jeune femme est désemparée, bouleversée ; ses yeux sont remplis de larmes – il y a là plus de larmes, semble-t-il au ministre (c'est en tout cas ce dont il se souviendra) qu'une paire d'yeux peut en contenir. À la vue de ce chagrin, il se tait, baisse la tête et se détourne de la foule, « la gorge nouée ».

— Nous allons essayer de vous tenir au courant…, parvient-il enfin à dire, mais voilà qu'il lui faut de nouveau s'interrompre.

C'est trop dur, tout simplement. Trop dur d'être celui qui va annoncer à tous ces gens bien, à ces filles, à ces femmes si nombreuses qu'il ne sait pas comment sauver les hommes qu'elles aiment, prisonniers de la mine ; il ne sait même pas s'il réussira à les sauver.

— Nous ne pouvons pas risquer la vie des secouristes, ajoute-t-il, ainsi que deux ou trois autres précisions ; puis de nouveau l'émotion s'empare de lui et il tourne le dos à la foule – abandonne, repose le mégaphone.

— Comme vous pouvez le constater, commente le présentateur du journal de Chile TVN d'un ton grave, le ministre a cédé à l'émotion ; il est visiblement éprouvé.

Un sentiment de deuil et d'effroi s'empare du pays. En général, les ministres ne pleurent pas en direct à la télévision. Les larmes de Golborne rendent ce moment encore plus réel, et encore plus extraordinaire pour les millions de Chiliens qui en sont témoins, devant leur écran de télévision. Si un homme aussi puissant craque, c'est qu'il est en train de se passer quelque chose d'infiniment tragique, d'infiniment humain.

Une marée de journalistes engloutit Golborne lorsqu'il redescend de la chaise. Ils le pressent de questions, auxquelles il ne donne que de vagues réponses : on va « étudier les possibilités » et « déployer les dispositifs » ; les micros captent derrière sa voix un autre son : celui des pleurs d'une femme. Ou de nombreuses femmes. La solution « immédiate » qui consiste à utiliser les cheminées, ajoute Golborne, d'une voix maintenant proche d'un marmonnement, ça ne marche plus. Une réponse fuse, toute proche, portée par une voix d'homme :

— *Señor Ministro*, vu votre tête, on comprend. Dites-nous la vérité. Vous pouvez les faire sortir ? Nous n'avons aucune info. Nous attendons ici depuis cinquante heures. Cinquante heures !

Golborne marmonne de nouveau :

— L'espoir se doit d'être réaliste… Nous ne pouvons vous faire part d'un optimisme qui n'a pas de raison d'être.

À ces mots, un mineur de la Cerro Negro, dont un proche figure parmi les 33, explose :

— David n'a pas hésité devant Goliath ! Et il s'est servi des armes dont il disposait !

— Vous n'avez pas le droit de craquer comme ça ! lance une femme au ministre. Vous êtes au gouvernement. Vous représentez l'autorité, ici. À vous de montrer que vous êtes le patron.

Golborne est un ancien de Stanford et de la Northwestern University ; son curriculum est flamboyant, mais il ne s'est jamais considéré comme un homme du peuple. Il n'a jamais eu besoin de faire siens les soucis des pauvres ; il ne sait pas ce que c'est, d'être le représentant public de gens qui se méfient profondément de lui tout en lui demandant de faire preuve de courage.

Voici ce dont María Segovia se souvient des minutes et des heures suivantes. Dans la lumière de plus en plus crépusculaire de la fin de l'après-midi, elle et les siens voient les secouristes quitter la mine, leur casque sous le bras, puis les camions des pompiers repartir. María se sent abandonnée, de même que nombre de parents autour d'elle. Ils sanglotent, comme elle aussi, mais ensuite elle sèche ses larmes et se dit : *Ça ne sert à rien de se lamenter.* Elle finit par mettre la main sur un jeune journaliste de CNN Chile, à qui elle se confie.

— Ça ne peut pas se passer comme ça !

Elle lui parle du départ des secouristes, de sa colère, de sa peine.

— Ces hommes, ce ne sont pas des chiens enterrés dans un trou. Ce sont des êtres humains. Voilà pourquoi nous avons besoin d'aide. Il faut les sauver… Prévenez le Président, poursuit-elle. Prévenez les autres pays, faites venir de l'aide ici, pour qu'on réussisse à sortir les hommes.

Dans les jours à venir, María Segovia et les autres femmes qui se sont rendues à la San José éprouveront souvent le besoin de parler, de manifester. Mais la police leur demandera d'évacuer les lieux qu'elles occupent à l'entrée de la mine, et les chassera vers le bas de la colline, au-delà du portail principal.

— Nous avons battu en retraite, la queue entre les jambes, se rappelle une des femmes.

Quand María et les autres membres de la famille Segovia sont en manque d'information, ils viennent devant le portail, tapent sur des casseroles. C'est la seule façon de se faire entendre. S'il le faut, ils bloqueront la route et l'entrée de la mine – ils ne s'en priveront pas par la suite, à plusieurs reprises. Chaque fois qu'ils organisent ces manifestations inopinées, ils trouvent derrière le portail un cordon de policiers chargés de les maintenir à l'écart de la mine.

— Nous voulons des nouvelles ! hurlent les femmes. Sortez, dites-nous ce qui se passe !

Un officiel du gouvernement finit par venir leur parler. Puis Carmen Berrios, la femme de Luis Urzúa, aperçoit un des propriétaires de la mine, Alejandro Bohn, et elle l'interpelle.

— Vous n'avez donc pas de secrétaire ? Personne n'a appelé pour nous prévenir. J'ai appris la nouvelle dans un fichu bus !

Il marmonne une excuse et s'éloigne.

María Segovia se rend vite compte que la meilleure façon d'aider son frère est de rester là, tout simplement, près de la mine.

— Il faut qu'on s'installe ici, dit-elle aux autres femmes, aux mères, aux amies, aux filles. On va rester ici jusqu'à la fin, coûte que coûte.

Hasta las ultimas consecuencias. María plante sa tente le plus près possible du portail, et autour d'elle les autres familles font de même. Ce qui s'appelle bientôt *el Campo Esperanza* ne cesse de grandir. Le camp de l'Espoir attire nombre d'organisations caritatives et de personnes bien intentionnées, au Chili et largement au-delà. Dans ce désert lunaire, les dons pour les familles des mineurs affluent rapidement. Du bois pour les feux de camp. Des bâches. Des provisions. Le gouvernement régional fait livrer d'autres tentes. On construit une petite chapelle. Les autorités financeront même une école pour les enfants qui vivent là avec leurs parents.

Quoique María Segovia ne soit ni la seule responsable ni la seule parente de mineur installée près de la San José, c'est elle qui répond le plus souvent aux questions, parce que sa tente est plantée au pied du portail. Lorsqu'un camion livre du bois et que le chauffeur demande où le déposer, María répond :

— Par là, pour que tout le monde ait sa part.

Les officiels chiliens qui viennent à la mine discuter avec les familles commencent en général par María ; ils sont touchés par sa détermination, par l'amour qu'elle porte à son frère, par son combat incessant pour la dignité et l'humanité des hommes emprisonnés sous la montagne. Bientôt, cette marchande itinérante qui vendait glaces, bougies et empanadas sur la plage va tutoyer quelques-uns des dignitaires les plus haut placés du pays.

— N'oublie pas mon frère, ne laisse pas nos hommes mourir dans ce trou, leur dira-t-elle.

Dans cette communauté nouvelle où se mêlent familles et sauveteurs, María est si présente que ces gens ne tarderont pas à la surnommer *la Alcaldesa*. Elle deviendra la « Mairesse » du camp de l'Espoir.

Dans l'immédiat, deux ou trois jours après que les familles des 33 emmurés vivants ont fait verser des larmes au ministre de l'Exploitation minière, après qu'elles ont commencé à taper sur les casseroles, il se produit un événement de la plus grande importance : un étrange véhicule s'approche de la San José dans un vrombissement de moteur.

6

Nous avons péché

À 600 mètres sous les feux de camp de l'Espoir, dans la mine dévastée, Victor Zamora et une poignée d'hommes sortent du Refuge et se mettent à chercher les dents de Victor le long de la Rampe. Les faisceaux lumineux de leurs lampes de casque balaient le sol recouvert de gravier. Autour d'eux, l'obscurité de la mine est si grande et, oui, terrifiante qu'ils pensent bientôt au moment où leurs batteries seront épuisées. Au début de chaque journée de travail, elles sont certes chargées à bloc, mais déjà quelques lampes donnent des signes de faiblesse. Aussi les allument-ils par intermittence, pour scruter le sol en hâte. *L'émail nacré des dents de Victor luira sans doute dans la lumière, non ?* Mais leur recherche est vaine.

Un peu plus haut, Luis Urzúa, Florencio Avalos, deux des mécaniciens – Juan Carlos Aguilar et Rául Bustos – et quelques autres hommes remontent les sombres boyaux de la mine à bord du camion d'Urzúa. Ils parviennent au rideau de diorite, tendent l'oreille, à l'affût du moindre bruit signalant la proximité des secours ou du moins leur approche. Dans le noir, tous les sons, toutes les sensations prennent de l'ampleur. L'infime courant d'air qui circule dans la mine a des allures de brise ; la respiration de leurs camarades leur évoque le frottement d'un animal invisible contre la pierre, ou le passage d'une voiture. Mais aucun bruit ne leur semble annoncer la venue d'un sauveteur.

Si Urzúa a renoncé à l'autorité que lui conférait son casque blanc, cela ne l'empêche pas de donner quelques conseils, ni de réagir aux propositions des autres mineurs, lesquels s'efforcent, collectivement, de prendre le groupe en charge et de rester actifs. Juan Carlos Aguilar, Mario Sepúlveda, Alex Vega, Rául Bustos, Carlos Barrios et Florencio Avalos : ces hommes-là ne veulent pas se contenter d'attendre. Des idées sont avancées ; les hommes en discutent, Urzúa et Avalos partagent leur précieuse connaissance de la mine, et, ensemble, responsables d'équipe et simples mineurs parviennent à la décision qui leur semble la plus sage. Ce n'est pas la manière dont on travaille en général à la San José, mais, en l'absence d'un chef unique, c'est la méthode la plus souhaitable.

Au pied de la cheminée que Mario et Rául ont escaladée, dans leur vaine recherche d'une voie d'accès à la surface, les mineurs font brûler un pneu de brouette et un filtre à air imbibé d'huile, prélevé sur un des engins : la fumée remontera peut-être jusqu'à la surface, signalant la présence de survivants. La tentative se solde par un échec : le nuage stagne, inutile, autour d'eux. Mais, pour de mystérieuses raisons, l'infime courant d'air qui aère l'atelier, tout près du Gouffre, change de direction. Les hommes vont en tirer profit en faisant un deuxième essai au moment où l'air circule vers le haut de la grotte – même si ce mouvement est des plus lent. Dans les courts rayons de leurs lampes, un fin nuage monte, bientôt englouti par l'obscurité. Atteindra-t-il la voûte ? Ils n'en ont aucune certitude. Pour leur troisième essai, ils enfoncent un bout de cordeau détonant dans l'un des tubes en caoutchouc qui court le long de la cheminée, avant de procéder à sa mise à feu. Ces tubes contiennent le câblage électronique et téléphonique de la mine, ainsi que les conduits d'alimentation en air comprimé. Il n'est donc pas impossible que l'âcre fumée dégagée par l'explosif remonte jusqu'à la surface et, là-haut, les mineurs présents en reconnaîtront forcément l'odeur. Ils comprendront alors le message : il y a encore des survivants dans la mine. Ce tuyau a sans doute été sectionné par l'éboulement qui les a piégés, se disent les hommes, mais cela ne les empêche pas d'essayer. La fumée apparemment reste dans le conduit, s'élève… mais allez savoir jusqu'où elle ira.

Le même groupe se rend ensuite dans l'une des galeries bouchées par un éboulis. S'ils parviennent à dégager ces pierres, estiment certains de ces hommes, ils découvriront peut-être un autre passage vers l'air libre. Mario se sert de la benne d'un chargeur sur pneus, mais le voici transformé en Sisyphe, car chaque fois qu'il dégage une pierre, une autre prend sa place, dégringolant du tas.

— Ce chargeur, je l'ai pratiquement démantibulé, se souviendra Mario.

Une autre idée vient à ces hommes : construire une échelle dans la paroi de la cheminée, avec des tuyaux de plastique et de la barre à béton. Mais ils se rendent vite compte que leurs barreaux de fortune céderont sous le poids d'un homme, et que la seule scie dont ils disposent ne suffira pas au travail. Alors, ils garent plutôt un des camions devant la guillotine de pierre qui bouche la Rampe, puis klaxonnent et martèlent la diorite avec l'un des jumbos. Après ce concert, ils font silence, éteignent leurs lampes et tendent l'oreille, de nouveau, guettant la réponse qui va peut-être résonner dans les ténèbres autour d'eux : klaxons, coups sur les parois, métal ou bois contre pierre… Mais rien ne vient ; et la roche sous leur oreille reste muette.

Tandis que ces travaux occupent une dizaine d'hommes, les autres demeurent au Refuge, en contrebas.

— Ils n'embêtaient personne, ce qui n'était pas une mauvaise chose, dira plus tard Urzúa. Pour autant que je sache, ils ne se sont pas bagarrés entre eux.

Mais déjà les 33 sont divisés en deux camps : ceux qui agissent, ceux qui attendent. Les premiers tenteront tout pour faire reculer la fatalité de l'enfermement, de la mort ; ils pensent que les seconds ont peur et ne veulent plus quitter le Refuge, parce qu'ils sont pétrifiés par le souvenir de la montagne s'effondrant et de leur course folle sous l'avalanche de pierres.

Il n'est pourtant guère plus protecteur que le reste de la montagne en désagrégation, ce Refuge de 30 ou 40 mètres carrés. Mais il y a la porte d'acier, les grillages métalliques qui recouvrent les parois de pierre – un filet censé empêcher la roche de s'affaisser sur les hommes si la montagne continue de s'effondrer. Et si le Refuge est creusé dans la même montagne que la Rampe et que leur mine en miettes, le panneau bleu et blanc sur le battant d'acier porte ces trois mots : REFUGIO DE EMERGENCIA. Il contient une armoire qui renferme leurs dernières provisions, ainsi qu'une trousse de pharmacie ; sur ses murs, on trouve cette seule image : une femme nue arrachée à quelque magazine. Un petit thermomètre électronique indique par ailleurs la température : 29,6 °C. Dans les heures qui ont suivi la catastrophe, le Refuge était impeccable : c'est dans cet état que Franklin Lobos l'avait laissé, afin que son chef, Carlos Pinilla, puisse l'inspecter. Depuis, *los niños* respectent toujours la pancarte qui leur demande de jeter les ordures dans la poubelle.

À midi, le 6 août, les 33 hommes au complet assistent à la distribution du « repas », assurée par Mario Sepúlveda. Mario dispose 33 gobelets de plastique devant lui, met une cuillère à café de thon en boîte dans chacun d'eux, puis un peu d'eau, de manière à obtenir une sorte de bouillon. Chaque mineur a droit en plus à deux gâteaux secs.

— Bon appétit, dit Mario. C'est délicieux. Faites durer, hein ?

Les hommes se lèvent sans hâte. Certains forment une sorte de file d'attente. Cet unique repas de la journée contient sans doute moins de 300 calories. Il est censé les faire tenir vingt-quatre heures.

Pendant ces premières journées d'emmurement, la montagne va gronder parfois, comme si elle se préparait à de nouvelles explosions. Les mineurs sont désormais plus nombreux à vouloir dormir dans le Refuge, ou à proximité.

— J'ai bien essayé de rester dehors, dira Lobos, mais je ne fermais qu'un œil ; chaque fois que la montagne recommençait à gronder, je filais à l'intérieur.

Bientôt, ce sont 20 hommes affalés, en nage, qui se pressent dans un espace guère plus grand que le salon d'une villa bourgeoise. Quelques-uns se servent des civières en plastique qu'ils ont trouvées, bien rangées contre le mur ; d'autres étendent des cartons sur le sol, et se font des tables de chevet avec des petites boîtes. Lobos a toujours eu du mal à faire le ménage, avec tous les gars en pause qui venaient faire la sieste au Refuge, couverts de suie. Et maintenant, ils sont là en permanence, baignés de sueur ; leurs corps luisants repeignent de poussière grise et noire le carrelage blanc du Refuge, et celui-ci se charge bientôt de leur odeur d'hommes transpirants et crasseux.

— On n'avait pas assez d'eau pour se nettoyer les parties intimes, soulignera l'un des 33.

Le Refuge n'est plus ventilé : au bout de quelques jours, le fumet fétide de ses habitants s'est accumulé ; il a mijoté comme un vrai ragoût d'odeurs corporelles.

— J'ai déjà senti des cadavres, renchérit un autre mineur. Au bout d'un moment, c'était encore pire, là-dedans.

Quand on transpire, on a soif, très soif. Les quelques bouteilles d'eau conservées au Refuge, dans les stocks de secours, ont été vidées en une journée. Alors, les mineurs utilisent l'eau des citernes destinées à refroidir les foreuses. Ces citernes sont alimentées par des tuyaux qui descendent de l'air libre jusqu'aux galeries les plus profondes de la San José. Le lendemain de la catastrophe, quelques hommes ont ouvert les robinets pour faire leur toilette ; mais même s'il y a là des dizaines de milliers de litres, l'eau est trop précieuse pour qu'on puisse la gâcher de cette manière. Aussi, pour protéger les réserves, Juan Carlos Aguilar a demandé à Juan Illanes de couper le tuyau d'alimentation qui conduit aux citernes des niveaux inférieurs et de le boucher, afin que personne ne soit tenté de prendre un bain au fond de la mine.

Les hommes doivent donc remplir des tonneaux à la dernière citerne de la chaîne. Mario Sepúlveda les répartit en équipes de trois : tous les deux jours, l'une d'elles prend un camion et va y remplir un tonneau de 60 litres, quantité qui sera divisée entre les 33. Lesquels considèrent le breuvage trouble dans leur bouteille en plastique en se demandant comment cette soupe va les maintenir en vie. Avant l'effondrement de la montagne, cette eau-là était tout juste bonne à laver leurs gants. Sepúlveda s'amusait parfois, en chien fou qu'il a toujours été, à prendre des bains dans les citernes. Certains mineurs constatent, mi-dégoûtés, mi-hilares, qu'ils sont tous en train de boire l'eau des bains de Mario. Quand ils braquent le rayon de plus en plus faiblard de leur lampe sur les bouteilles, ils remarquent un mince film orange-noir, les petites gouttes d'huile de moteur. *Le goût de cette eau*, se dit l'un des *niños*, *fait penser à celui d'une mare pleine de merdes de canard*. Mais, aussi ignoble qu'elle soit, elle a au moins un avantage : quelques petites gorgées et la faim disparaît.

C'est durant les premiers jours qu'elle est la plus féroce, cette faim. Elle les envahit sournoisement, et soudain les voici incapables d'aller à la selle, bien que leur corps semble leur demander de tout faire afin d'y parvenir. Pour nombre de ces hommes, le vide dans leur estomac est comme un poing qui pousse leurs entrailles à l'extérieur. Franklin Lobos, qui a derrière lui une carrière d'athlète, a l'habitude de jauger son état physique. C'est peut-être pourquoi il va, dans le Refuge, surveiller la santé de ses compagnons. Le plus mal en point est visiblement Mario Gómez, le camionneur qui a déjà perdu deux doigts. Il a la toux incessante que donne la silicose ; quand vous entendez cette toux, vous entendez l'histoire de la San José, comme si la poussière qui encrasse ses poumons lui avait été léguée par ses ancêtres mineurs. *Il va tenir le coup, ce* viejo *?* se demande Lobos. Cela paraît peu probable. Et il y a aussi José Ojeda, diabétique : deux gâteaux secs par jour suffiront-ils à lui épargner un choc insulinique ? Deux ou trois jours après la catastrophe, Victor Segovia se couvre pour sa part de plaques rouges : la chaleur, les nerfs – ou les deux ? Quant à Jimmy Sánchez, le plus jeune des *niños*, il se conduit comme un vieillard. Il ne se lève plus, envahi par une léthargie émotionnelle et physique qui va rapidement contaminer d'autres mineurs.

Pour empêcher les gars de sombrer dans le désespoir, il faut parler, faire des blagues, raconter des histoires, imaginer le travail des secouristes. Yonni Barrios comble le silence en expliquant la structure de la mine à ses collègues plus jeunes, moins expérimentés – les Mamani ou les Sánchez, par exemple. Il en dessine le schéma sur une feuille.

— Depuis ici, le Niveau 90, leur dit-il, on peut marcher jusqu'au 190. De là, il y a un passage vers le 230, puis le 300, et ensuite le 400.

— On est libres, alors ? On n'a qu'à grimper jusqu'à la surface !

C'est la voix de Victor Zamora, l'ancien « gitan » d'Arica, qui a résonné dans le noir, joyeuse. Son visage large, enfantin, qu'encadrent ses boucles emmêlées, se fend d'un sourire presque dément d'amuseur de théâtre – il est en train de mettre Yonni en boîte, même si ce dernier ne s'en rend pas compte.

Après avoir été le principal auteur du pillage des réserves, le premier soir, Victor est maintenant le plus calme, le plus mesuré de la compagnie ou presque.

— On va s'en sortir, promet-il aux *niños*. Ne vous en faites pas, ils approchent.

Comme, en temps normal, les hommes de l'équipe A se taquinent les uns les autres sans répit, Victor essaie de détendre les habitants du Refuge à sa manière : en se payant la tête de Yonni.

— On est sauvés ! déclare-t-il en souriant de toutes ses dents. Il n'y a qu'à monter jusqu'au 400 et marcher tranquillement jusqu'à la sortie.

— Mais non, proteste Yonni. Au 400, tu sais bien que la roche est lisse comme du verre. Il n'y a pas une prise. On ne peut pas grimper plus haut.

Victor lui répond avec une surprise feinte.

— Mais quel *huevón*, celui-là ! Alors on grimpe jusqu'au 400 et on crève là ?

Ensuite, il éclate de rire, imité par Mario Sepúlveda, qui renchérit :

— *¿Sois huevón?*

Et bientôt tous les gars se tordent de rire, aux dépens de Yonni.

Yonni Barrios, l'homme qui a deux femmes dans sa vie, aussi coriaces l'une que l'autre, ne s'en émeut pas. Il aime entendre rire ses frères mineurs : la nuit, quand ils dorment – ou essaient de dormir –, ils ont l'air triste, fragile. Yonni voit la main d'un collègue trembler, un frisson traverser la poitrine d'un autre. Les vies de ces hommes grelottants, il les connaît plus ou moins ; pour lui, c'est clair, ces gars-là sont en manque d'alcool. Ils ont pu satisfaire leur besoin de nicotine en repêchant des mégots dans la poubelle, en faisant sécher le tabac et en le roulant dans du papier. Mais il n'y a pas une goutte d'alcool à récupérer où que ce soit, et leurs nerfs souffrent. Quelle misère, le spectacle de ces fiers gaillards réduits à l'impuissance par l'absence de leur médicament quotidien, fermenté ou distillé ! Les symptômes du manque d'alcool apparaissent dix heures après le dernier verre et s'aggravent dans les quarante-huit à soixante-douze heures. S'y ajoutent l'irritabilité et la dépression – lesquelles étaient déjà présentes pour d'autres raisons. Les récriminations se concentrent sur Luis Urzúa, qui n'est pas là pour les entendre, ce qui est bien commode.

— Il ne sert à rien ! disent les gars. C'est sa faute si on est coincés ici.

À la suite du raid, quelques-uns de ces hommes ont gardé de petites réserves de biscuits. Parfois, ils sortent subrepticement pour aller en manger, un secret bien gardé. Le premier jour, après l'inventaire des provisions dressé par Mario Sepúlveda, Ariel Ticona a récupéré dans la poubelle les packs de lait avarié. Le contenu était complètement caillé, mais il a tout bu sans ressentir le moindre malaise. Il en plaisante même avec les autres :

— C'est grâce à ça que je tiendrai plus longtemps que vous tous, les gars.

Au Refuge, on a du temps pour blaguer, et du temps aussi pour se livrer à des méditations intimes. « On se sent complètement impuissant – *la impotencia es muy grande*, écrit Victor Segovia dans le journal qu'il a commencé à tenir. Nous ne savons pas s'ils essaient de nous sortir de là, ni ce qui se passe à l'extérieur ; ici, dans ce trou, nous n'entendons pas une machine, rien. »

Victor vient d'une vieille famille de Copiapó. À 48 ans, il n'a jamais franchi les frontières de l'Atacama ; la ville de Caldera, distante de 70 kilomètres, marque la limite de son monde. À la fin de l'école primaire, à 13 ans, il a été renvoyé après une bagarre, mais cela ne l'empêche pas de bien manier le stylo. Son journal s'ouvre sur une déclaration à ses cinq filles ; à la lire, il est clair qu'il envisage ces quelques pages comme un message qui leur parviendra peut-être si la mine devient sa tombe. Avant le 5 août, à l'époque où la San José était encore en état de marche, il a emporté un stylo et du papier millimétré pour noter les informations fournies par les cadrans du jumbo qu'il conduit, de même que les duplicata qu'il doit remplir quand il fait fonctionner l'engin. Ce sont ces feuilles qu'il utilise aujourd'hui pour écrire ce qui arrive aux hommes de l'équipe A. Il commence par un récit de la journée qui a précédé l'effondrement : il a passé l'après-midi et la soirée à boire des litres de bière avec son cousin, Pablo Rojas, dit le « Chat », qui fait lui aussi partie des 33. Ils se sont lamentés sur la mort du père de Pablo ; se sont souvenus de leurs jeux d'enfants, dans le Copiapó, quand il y avait encore un peu d'eau dans son lit. Victor s'est copieusement soûlé ; tandis qu'il rentrait chez lui en titubant, il a mangé quatre hot dogs. Il s'attendait à une sacrée gueule de bois, si bien qu'il n'a même pas réglé son réveil, convaincu qu'il n'irait pas travailler. Mais, pour une raison mystérieuse, il s'est réveillé à l'heure habituelle et a filé à la San José sans le moindre mal de crâne.

Dans son journal, il rapporte la manière dont le directeur de la mine, Carlos Pinilla, est passé en camion devant un groupe de mineurs après qu'une puissante explosion a résonné dans les galeries, à 11 h 30 ; Pinilla n'a pas entendu les questions insistantes qu'ils lui posaient sur les conditions de travail. Victor décrit l'épouvantable effondrement, les parois de la Rampe qui semblaient se rapprocher de lui, comme pour l'écraser. Il signe ce premier texte de son journal puis s'efforce de trouver le sommeil, tandis que les parois et la voûte de pierre, autour d'eux, vibrent sous l'effet d'un tonnerre lointain. Chaque explosion peut être le prélude à un nouvel effondrement – voire au dernier, lequel enfouira à jamais le Refuge, avec la porte d'acier et les grillages qui protègent ses hôtes de la nuit.

Au matin du troisième jour dans la mine, Victor reprend sa chronique en mentionnant les noms de ses filles. « Petites, malheureusement le destin ne m'a permis de vous accompagner que jusqu'au 4 août… Je suis affaibli, j'ai très faim, je respire avec peine… J'ai l'impression de devenir fou. »

Lorsque la mine est silencieuse, quelques *niños* plaquent une oreille sur les parois de pierre. Après toutes ces plaisanteries sur les foreuses qui vont les libérer, ils traquent jusqu'à l'obsession le moindre bruit pouvant signaler l'approche des secours.

— Tu entends ? dit par exemple un des gars. Je crois que j'ai capté quelque chose. Et toi ?

Victor Zamora répond que, oui, il entend un bruit.

— Je mentais, avouera-t-il après. Il n'y avait rien.

Mais il se sent responsable du moral des troupes.

— C'est presque inaudible, reprend-il, mais en effet je crois que je l'entends. Ils arrivent.

Yonni Barrios colle à son tour l'oreille au mur.

— J'avais l'impression d'écouter l'intérieur d'un coquillage, se souviendra-t-il plus tard. Tu entends tout et rien, tu imagines un océan qui déferle là-dedans, et quand tu t'écartes, tu te rends compte que c'est juste une illusion.

Le clivage entre les deux groupes s'accentue. L'un des mécaniciens ayant élu domicile au Niveau 105 surnomme le « Clan » ces gens du Refuge qui disent toujours non à tout. Mario Sepúlveda est l'un des rares mineurs à faire le lien entre les deux factions. Il ne cesse de se démener, de parler aux uns et aux autres de sa voix nasillarde et joyeuse. Au Refuge, ses monologues ponctués de gros mots redonnent le sourire à Mamani, à Jimmy Sánchez, à Edison Peña et à bien d'autres. Mais son humeur est sujette à de vertigineux revirements. Le joyeux drille qui soutient le moral de ses frères mineurs devient en une seconde coléreux, querelleur – ou morose, silencieux, perdu dans ses pensées. Assis à la porte du refuge, Yonni Barrios le voit arpenter la Rampe, en proie à un désespoir insensé et rageur.

— Il était toujours un peu inquiet, Perri, se remémore-t-il. Et je le regardais qui faisait les cent pas, dans la galerie, quand tout à coup il s'est arrêté. Il a hurlé : « Faut que je prie ! »

Les autres mineurs, affalés contre le mur, sursautent, surpris. « *¡Yo quiero orar!* » Des regards se tournent vers lui, comme s'il était un prophète en transe gesticulant sur le trottoir.

— Je suis en colère, beugle Sepúlveda. Je me sens impuissant.

Impotente. Les hommes désormais sont ruisselants de sueur ; ils sont de plus en plus nombreux à se mettre torse nu. Mais Sepúlveda, l'homme au cœur de chien, a l'air encore plus suant, plus crasseux et plus désespéré que tous les autres. Il a essayé d'escalader la cheminée, lui, après tout ; il a déplacé les rochers, envoyé des messages.

— On aurait dit un soldat de commando, rapportera un de ses compagnons.

Comme si la crasse était un camouflage, comme s'il se préparait à une guérilla dans la jungle. Mario s'agenouille.

— Ceux qui veulent prier avec moi, venez ! dit-il.

On ne va pas s'en sortir, pense Yonni, les yeux fixés sur lui. *Perri en est certain. Et du coup, il veut faire la paix avec Dieu. Il pense qu'on doit Lui parler, Lui demander de nous accorder le pardon.*

— J'en voulais aux patrons de la mine, se souviendra Sepúlveda. C'étaient à eux d'assurer notre sécurité. J'étais furieux, parce que cette affaire était injuste. J'en avais déjà bavé dans la vie, et maintenant, ce truc me tombait dessus.

Il va mourir, tué par la faim et le manque d'air, lentement, à 600 mètres sous terre, dans un coin de désert, loin de chez lui, à jamais arraché à ceux qui ont vraiment besoin de lui.

À dire vrai, il a eu cette idée quelques heures plus tôt, en discutant en tête à tête avec José Henríquez, un grand type un peu chauve du sud du pays, protestant convaincu. Avec Mario, qui est témoin de Jéhovah, ce sont les deux seuls non-catholiques parmi les 33 de la San José. Ils avaient déjà parlé religion avant le désastre. Mario avait, un jour, senti un esprit lui passer dans le corps à l'endroit même où l'ingénieur Manuel Villagrán avait perdu la vie. Après la catastrophe du 5 août, quand les hommes ont compris qu'ils étaient coincés, José s'est penché vers Mario.

— Dieu est notre seule voie de secours, lui a-t-il murmuré à l'oreille.

Ayant lancé son appel rageur à la prière sous les regards interloqués et rigolards des mineurs du Refuge, Mario se retourne vers José.

— Don José, tout le monde sait que vous êtes un bon chrétien. Nous avons besoin de quelqu'un qui puisse nous conduire dans la prière. Vous voulez bien ?

À compter de ce moment, Henríquez deviendra pour ses compagnons de la mine le « Pasteur » : en effet, dès qu'il ouvre la bouche, dès qu'il se met à parler, tous comprennent qu'il sait comment parler de Dieu et à Dieu. Henríquez a 54 ans ; il est mineur depuis les années 1970. Il a survécu à cinq accidents – dont deux, au sud du Chili, ont coûté la vie à une bonne partie de ses équipiers. Dans le premier cas, des parois de pierre qui semblaient inébranlables ont explosé spontanément. Dans le second, c'est le monoxyde de carbone, ce tueur silencieux, qui a failli avoir raison de José, après lui avoir fait perdre conscience. Ces preuves de la fragilité de l'homme et de sa finitude face au mauvais sort et à la géologie ont approfondi sa foi. Henríquez est un des piliers de son église de Talca, dans le sud du pays.

— C'est que nous avons une façon de prier spécifique, répond Henríquez. Si vous acceptez de vous y plier, très bien. Sinon, il faudra trouver quelqu'un d'autre.

— Don José, insiste Perri, faisons-le à votre façon.

Henríquez se met à genoux et dit aux hommes de l'imiter, car lorsque vous priez, il faut vous humilier devant votre Créateur.

— Nous ne sommes pas les meilleurs des hommes, mais aie pitié de nous, Seigneur, commence Henríquez.

Phrase simple mais qui secoue profondément quelques-uns des mineurs. « *No somos los mejores hombres.* » Nous ne sommes pas les meilleurs des hommes. Victor Segovia sait qu'il boit trop. Victor Zamora, qu'il est soupe au lait. Pedro Cortez, lui, pense qu'il est un mauvais père : il a quitté la mère de sa petite fille et ne rend jamais visite à l'enfant, ce qui est la moindre des choses pour un père – il sait pourtant que la fillette en souffrira durablement.

— Jésus-Christ, notre Seigneur, entrons dans le trône sacré de Ta grâce, poursuit Henríquez. Vois à quelles extrémités nous sommes réduits. Pécheurs que nous sommes, nous avons besoin de Toi.

Tous les hommes qui étaient affalés aux alentours du Refuge ou dans ses murs sont maintenant à genoux, et ils ont tous l'air pieux et petits devant Dieu – devant Henríquez, aussi, car celui-ci est de grande taille, du moins pour un mineur, chilien qui plus est. Henríquez est homme de Dieu et soudain, dans ce tombeau, sa pieuse sévérité que tant de *niños* de l'équipe A trouvaient pénible au quotidien, dans la mine, s'avère être l'ancrage dont ils ont besoin.

— Nous Te demandons de nous rendre plus forts, de nous aider en cette heure d'infortune, continue Henríquez. Nous ne pouvons rien tenter humainement sans Ton aide. Charge-Toi de nos affaires, nous Te le demandons. Nous T'en supplions, Seigneur. Prends les choses en main.

Les hommes agenouillés prient en silence. Sepúlveda récite, au fil de ses pensées muettes, une version erratique et désespérée du *Notre Père* :

— C'est comme ça que j'ai appris à prier quand j'étais petit.

— Notre père qui êtes aux cieux… Seigneur Jésus-Christ, Toi qui es le fils de notre Père Créateur, je Te remercie de toutes Tes bénédictions, d'être en vie et en bonne santé. Je

Te demande ici de protéger nos familles, car elles ne savent pas ce qui se passe ici. Et donne-nous de la force (*fuerza*) et du courage (*fortaleza*) en abondance, parce qu'il faut qu'on sorte d'ici.

Puis, songeant aux biscuits qui sont leur principale source d'alimentation, il ajoute :

— Je ne sais pas comment exactement, mais trouve le moyen de nous nourrir, Seigneur.

Sepúlveda regarde les hommes autour de lui, ces mineurs de l'équipe A en nage, mal rasés, et aux croyances diverses : ils sont tous réunis, figés dans des attitudes de pénitence, de désespoir. Il y a des paupières baissées et des yeux grands ouverts, des prières, des murmures, des signes de croix. Certains ont ôté leur bleu de travail, d'autres l'ont gardé ; certains pleurent, d'autres semblent interdits, comme s'ils n'arrivaient pas vraiment à croire qu'ils sont à genoux sur la Rampe, suppliant Dieu de bien vouloir les aider.

Le Pasteur continue : les hommes, dit-il, sont mis à l'épreuve car ils ont vécu leur vie dans le péché. Et c'est pour cela qu'il leur faut se mettre à genoux – oui, il leur faut se jeter pratiquement à terre (*tirarnos al piso*) et s'humilier devant Dieu. Il nous faut reconnaître que nous ne sommes rien, insiste le Pasteur. À l'air libre, quand ils sortaient de la mine, prenaient leur douche, rentraient chez eux, ils étaient princes, rois, fils choyés, pères bien nourris, don Juans. Ils pensaient que si leur univers personnel, leur foyer, leur famille tournait rond, c'était grâce à leur travail ; ouvriers, pères nourriciers, ils avaient bien le droit de s'attendre à ce que ces mondes-là répondent avant tout à leurs besoins. Mais voilà que le cœur de la montagne s'est écroulé sur leurs têtes ; ils sont prisonniers d'une dalle de pierre, d'un objet dont l'aspect neuf et la forme parfaite évoquent pour certains un jugement divin. Nous avons péché, dit le Pasteur ; et les hommes parlent pour expier leurs divers péchés. « Notre Père qui es aux cieux, pardonne-moi d'avoir violemment élevé la voix devant ma femme et mes enfants », dit un des *niños*. « Pardonne-moi d'avoir profané le temple de mon corps avec des drogues », dit un autre. Au Chili, c'est ainsi que les garçons apprennent à prier : Dieu, on Lui parle directement. Les hommes implorent le pardon de Dieu pour les jours où ils ont trahi les femmes qui les aimaient, pour leurs accès de jalousie, pour leurs désirs débordants. Ils demandent à Dieu de guider les secours jusqu'à cette pièce surpeuplée dans laquelle ils attendent, prêts à accepter la divine rédemption, à commencer à vivre en hommes meilleurs.

La prière devient un rituel quotidien. Tous les jours, juste avant de manger, à midi environ, ils se rassemblent pour écouter un bref sermon de Henríquez. Par la suite, d'autres aussi prêcheront – Osman Araya par exemple, un mineur qui s'est converti au protestantisme après une jeunesse agitée. Les prières et les repas sont les seuls moments où les 33 sont réunis au complet. Bientôt, chaque office comprend une session d'autocritique pendant laquelle les *niños* confessent leurs transgressions, petites et grandes. « Je suis désolé d'avoir élevé la voix. » « Je suis désolé de ne pas être allé chercher de l'eau. » À mesure que le temps passe, les lampes tombent en panne ; celles qui fonctionnent encore éclairent plus faiblement. Effrayante perspective : chaque nouvelle prière vous entraîne un peu plus profondément dans ce qui pourrait bien être l'obscurité éternelle et finale. Plus tard, Juan Illanes emprunte à l'un de leurs véhicules – ils en ont 19 sur la Rampe – une ampoule de phare, grosse comme un trombone, et une batterie ; il relie l'ampoule à la batterie avec des fils de téléphone. À compter de ce jour, une lueur grise et ténue plane sur les mineurs en prière. Aux yeux de Yonni Barrios, ils semblent alors plus grands. Ce n'est qu'une illusion créée par les ombres, il le sait ; mais dans l'aspect qu'ils ont sous cette lampe minuscule, debout ou à genoux, écoutant la parole de Dieu, il y a quelque chose de magique.

Victor Segovia reprend son journal, pour rapporter qu'il a pleuré pendant les sessions de prière de José Henríquez. Il parle à ses filles. « Comme je ressens les souffrances que je vous cause ! Je donnerais tout pour soulager votre douleur, mais ce n'est pas à moi d'en juger. » Il a bien compris les sermons du Pasteur : l'homme est petit au regard de la montagne et du jugement de Dieu. Au cours d'une seule journée d'écriture, il se penche sur sa vie – « Je comprends maintenant à quel point c'était mal de tant boire » – et commence à accepter l'éventualité de mourir au fond de la San José. « Jamais je n'aurais imaginé finir de cette manière », commente-t-il. Quelques jours plus tôt, il était chez lui, avec ce qui lui tient le plus à cœur : sa musique, ses amis mineurs, tous réunis pour une fête. « Je ne sais pas si je mérite ce sort, mais qu'il est cruel ! » Il en arrive à dire adieu à ses filles, à ses parents, à ses petits-enfants, à promettre : « Je vous aime, je veillerai sur vous, où que je sois. » Quelques heures plus tard, il ajoute : « Je me sens coupable des souffrances que vous endurez. Je n'aurais jamais dû travailler dans cette mine, connaissant son état. » Il donne à sa fille Maritza des instructions pour régler sa succession ; la supplie d'aider sa mère, endettée. Quelqu'un finira peut-être par retrouver leurs corps ; le message sera transmis à Maritza. Si tel est le cas, pense Victor, il aura continué de prendre soin des siens par-delà la mort, avec ce petit geste.

Certains des gars disent qu'un plat chaud est plus calorique et plus nourrissant. Si bien qu'au troisième jour de leur enfermement les mineurs décident de faire chauffer une marmite de soupe et de pique-niquer à l'intérieur de la mine, là où les mécaniciens travaillaient avant le désastre : l'air y circule un peu mieux. À force de persuasion, tout le monde, y compris ceux du Refuge, se prépare à monter au Niveau 135.

Au beau milieu d'une pile de pierres grises, ils préparent un feu qu'on pourrait tenir à deux mains. Ils démontent le filtre à air d'un des engins de chantier, le renversent : voilà la marmite. José Henríquez a sur lui un téléphone portable ; il se rend compte soudain qu'il peut s'en servir pour immortaliser ce moment, bien qu'il ne sache pas comment faire marcher la caméra. Il confie l'appareil à Claudio Acuña. Mario Sepúlveda s'improvise narrateur en chef : il s'adresse à la caméra et à son opérateur, Acuña, comme s'il était certain que ce témoignage serait un jour récupéré par les gens du dehors.

— Thon aux petits pois, annonce-t-il. Huit litres d'eau, une boîte de thon et quelques petits pois, un minuscule feu. Et c'est comme ça qu'on va s'en tirer, c'est sûr.

Des hommes passent dans le champ de la caméra, avec leur casque jaune ou rouge ; ils sont torse nu pour la plupart. D'autres sont assis sur des tas de pierres, autour du feu – qui danse, boule orange, au centre ou presque du cadre sombre de la vidéo. Parfois, Acuña fait pivoter l'appareil pour montrer les phares d'un des engins, mais la plupart du temps on ne voit qu'un rectangle noir tandis que résonne la voix de Sepúlveda.

— Et nous allons montrer que nous sommes chiliens de cœur. Pour commencer, nous allons manger cette délicieuse soupe, poursuit Perri.

Acuña éteint le téléphone pour économiser la batterie, avant de le rallumer, quelques minutes plus tard, pour filmer la distribution de la soupe par Sepúlveda : il utilise une tasse en fer-blanc qui racle le fond du filtre à air. Il verse le liquide brûlant dans des gobelets en plastique pour quelques-uns de ses compagnons ; la soupe a la couleur de la boue.

— Tout le monde est servi ? demande le cuisinier. Il y en a encore un peu, pour ceux qui veulent du rab.

Il gratte le fond du filtre à air avec sa tasse et parle à son fils comme si ce dernier regardait le film.

— Francisco, quand Dieu te dit de prendre les armes, ces couilles (*está hueva*), c'est ça qui fait de toi un guerrier.

Il imagine son fils devant la vidéo, le regardant lui, un guerrier qui nourrit ses frères et refuse de se rendre. *Tu vois, Francisco, un guerrier, ce n'est pas seulement un type qui tue des dragons – ou des Anglais, comme Mel Gibson dans notre film préféré,* Braveheart. *Un guerrier, c'est aussi un gars qui démonte un engin de mine pour faire cuire la soupe, qui la sert ensuite à ses frères, et qui leur remonte le moral en leur parlant d'un ton enjoué.*

Acuña arrête de filmer pour prier avec les autres ; Henríquez bénit la nourriture. Tandis que les mineurs courbent la tête, le Pasteur remercie le Seigneur pour le repas qu'ils s'apprêtent à partager. Puis ils s'installent près du feu et boivent leur « soupe » à petites gorgées ; la graisse qui luit à la surface de l'eau peut provenir de la boîte de thon tout aussi bien que n'être qu'un peu d'huile de moteur. Et assis autour du feu, en cet instant de paix, de convivialité, quelques gars se souviennent du dernier grand repas qu'ils ont fait ensemble, à Copiapó, chez Victor Segovia. Il avait invité presque toute l'équipe A un mercredi après-midi, à la fin de la semaine de travail, avant que ceux qui viennent du sud reprennent l'autocar de nuit, direction Santiago.

C'était quinze jours plus tôt, dans un quartier où les rues ont des noms de minéraux. Victor Segovia habite rue Chalcopyrite. Alex Vega avait apporté une grosse marmite, du type de celles que l'on appelle *fondo* au Chili. Ils avaient prévu de préparer un *cocimiento*, avec du poulet, du porc, du poisson, des pommes de terre en robe des champs, et du chou pour tapisser le fond de la marmite. D'après la recette, il faut faire bouillir le tout dans l'eau et ajouter du vin à la fin de la cuisson. Ils avaient préparé le *fondo*, avant de vider des bières Cristal et des bouteilles de vin, sauf Mario Sepúlveda, qui, en tant que témoin de Jéhovah, est abstinent. Il avait bien voulu surveiller la marmite. Au bout de quelques verres, Edison

Peña s'était emparé d'un micro – comme Victor Segovia est musicien, il a du matériel audio dans toute la maison –, et il s'était mis à chanter des tubes d'Elvis Presley, parmi lesquels *Blue Suede Shoes*, dans son anglais au fort accent chilien.

— Eh, c'est de la musique de vieux, ça ! avaient persiflé Pedro Cortez et deux ou trois jeunes mineurs.

S'ils taquinent Edison, c'est parce qu'ils vivent, eux, avec le reggaeton et la cumbia ; ce vieux rock du sud des États-Unis est sans doute le genre de musique que leurs parents écoutent.

Sûr, on a bien rigolé chez Victor Segovia, tous ensemble, se souviennent les hommes. Mais cette fête avait pris fin abruptement, un peu après 16 h 30, quand le portable de Pablo Rojas, le Chat, avait sonné. Le fumet des viandes du ragoût se répandait dans la maison ; les gars se sentaient bien, le vin et la bière leur avaient réchauffé les intérieurs. Ce coup de fil, c'était pour apprendre à Pablo la mort de son père. Une nouvelle qui n'avait rien d'inattendu : le vieux M. Rojas avait travaillé toute sa vie à la mine ; une fois à la retraite, il avait sombré dans l'alcool, sans espoir de retour. Parfois, il errait sur la grand-place de Copiapó après une de ses crises alcooliques, lesquelles pouvaient durer des jours entiers ; il mendiait quelques sous pour continuer à boire. José Rojas s'était suicidé lentement, en quelques années, mais voilà que la fin était arrivée. La nouvelle avait frappé Pablo de plein fouet. Il n'avait pas versé une larme, mais Victor Segovia, son cousin, avait bien compris l'ampleur de son chagrin. « Pablo, tu ferais mieux d'aller à l'hosto voir ton père, lui avait-il déclaré. Ne t'en fais pas pour nous ni pour le *cocimiento.* »

Après le départ de Pablo, cela dit, personne n'avait plus trop envie de dîner. Les invités n'avaient pas tardé à retourner chez eux. Luis Urzúa était arrivé alors que les autres étaient déjà presque tous repartis. Il n'avait rien mangé ; et l'énorme *cocimiento* qu'ils avaient préparé n'avait profité à personne.

— Bon Dieu, toute cette bouffe ! Dire qu'on est rentrés sans y toucher ! s'exclame Pedro Cortez, deux semaines plus tard, assis avec les autres sur les tas de pierres du Niveau 135.

Du bon ragoût de porc, de poisson et de poulet, une lichée de vin blanc, et du chou dans un immense *fondo*. Alors que les voici réduits à boire une tasse de « soupe », résultat du mélange dans un filtre à air de camion d'une boîte de thon et de huit litres d'eau – une eau dans laquelle Mario Sepúlveda s'est baigné ! –, avec, en guise d'assaisonnement, quelques petits pois et de l'huile de moteur. Et ce mélange sans sel doit de plus être réparti entre 33 hommes !

C'est drôle, tout de même, ce qui peut arriver à un mineur en quinze jours : il finit sa semaine de travail, extrait de la mine tout l'or et tout le cuivre qu'il peut, prend du bon temps, se fait des repas succulents à l'aune de son appétit de mineur, le tout bien arrosé de bière et de vin (même si les marmites ne sont pas toujours vidées) ; il perd un père, un oncle, lequel s'est tué à petit feu après avoir dû quitter la mine ; il retourne au fond ; la montagne lui tombe sur la tête, et à présent il boit une soupe confectionnée avec l'eau des circuits de refroidissement – en bénissant cette eau saumâtre, nourriture divine qu'il partage avec ses frères. S'il se sort de ce trou, pense Pedro Cortez, il racontera tout cela à ceux qu'il aime. Dans ce conte, il sera question de nourriture, de famille, d'amitié. Et de deux banquets : l'un à l'air libre, avec de jolies assiettes, des monceaux de nourriture, des restes en abondance ; et l'autre à des centaines de mètres sous terre, avec une boîte de thon pour 33 hommes, quelques litres d'eau usée, et des gobelets en plastique léchés jusqu'à la dernière bribe de nourriture.

Après le repas, quelques-uns des gars sont à cran : ils entendent des bruits de forage, au loin.

— Ça vibre, dit l'un d'eux. C'est sûr.

Les autres se taisent et tendent l'oreille.

— N'importe quoi. Il n'y a rien, réplique un d'eux.

On discute ferme pendant un moment, jusqu'à ce que même ceux qui prétendaient sentir cette vibration ténue reconnaissent qu'elle s'est arrêtée, qu'elle a disparu – qu'elle n'a peut-être jamais existé. Victor Segovia s'extrait du Refuge, se précipite dans la boue tiède de la Rampe et chasse les idées noires en tenant son journal. « Au fond, les jours et les nuits n'existent plus. Il n'y a que l'obscurité et les explosions. » Il raconte les nuits de ses compagnons : certains utilisent des bouteilles de soda en guise d'oreiller. Le monstre de « la folie » enfle en eux, écrit Victor, au quatrième jour de son enfermement. Il dessine une vingtaine de bonshommes en forme de patate, allongés en ligne devant une porte ménagée dans la roche, au-dessus de laquelle on peut lire REFUGIO. Dans sa rude simplicité, le dessin ressemble à celui d'une sombre scène de crime. Victor écrit de nouveau les noms de ses cinq filles, celui de ses parents – et le sien. Autour d'eux tous, il trace un cœur.

« Pas la peine de pleurer sur mon sort, ajoute-t-il. On a toujours eu des bons moments, avec nos *azados* (barbecues) et nos *cocimientos*. »

Le midi suivant, au moment de la prière, le Pasteur essaie de leur redonner du courage. Victor note son discours. L'enfermement dans la San José, dit Henríquez, « c'est une épreuve que Dieu nous envoie, afin que nous repensions à toutes les erreurs que nous avons commises. Si nous nous en sortons, ce sera comme une renaissance ».

À 16 h 15, ils ont l'impression d'entendre une foreuse. Deux des *niños* s'excitent, se mettent à hurler. Une heure passe. Le bruit ne se reproduit pas. Victor est de nouveau victime d'une éruption cutanée, causée par la chaleur et l'inquiétude. L'excitation provoquée par les bruits lointains a disparu ; Victor décrit les hommes autour de lui, redevenus silencieux. « Nous avons l'air d'hommes préhistoriques, couverts de suie, et la plupart d'entre nous ont visiblement maigri. »

Enfin, le 8 août à 19 h 15, soit soixante-dix-huit heures après l'effondrement de la mine, Victor note ceci : un bruit s'est fait entendre dans la roche ; un bruit qui perce, meule, martèle. Pendant trois heures, il ne cesse de croître. À 22 heures, Yonni Barrios s'en porte témoin, lui aussi. Pas de doute : c'est une foreuse dont le bruit traverse 600 mètres de roche brute. C'est une tarière, dit Omar Reygadas : comme on entend un martèlement, ça ne peut pas être un forage au diamant, plus silencieux. Bientôt le bruit émane de toutes les parois, de plus en plus audible. Pour ceux des gars qui travaillent avec des engins de ce genre, la pression pneumatique est perceptible. Tat-tat-tat. Brrr-brr-brr. C'est une foreuse à air comprimé qui creuse la pierre et se rapproche d'eux ; on ne peut pas s'y tromper, le son est de plus en plus fort.

— Hé, vous entendez ça, les *huevones* ? braille Mario Sepúlveda. Vous entendez ? Ah, qu'il est beau, ce bruit !

Là-haut, quelqu'un perce la montagne, à leur recherche.

— Ces foreuses, elles font du 100 mètres par jour, explique un des gars.

Et tout le monde se met au calcul. Au plus tôt, ils arriveront vendredi ou samedi, il va donc falloir tenir encore cinq ou six jours sans un vrai repas.

Lorsque les gars mangent leur ration quotidienne, certains font durer un morceau de biscuit le plus longtemps possible dans la bouche, sans l'avaler ; quand le goût s'attarde, on a un peu l'impression d'avaler un paquet entier et non pas deux bêtes gâteaux. Il suffit de quelques jours de disette pour qu'un homme fasse des choses dont il n'aurait pas eu idée en temps normal. Par exemple, la solution saline de la trousse à pharmacie du Refuge disparaît du jour au lendemain.

— Eh, *niños*, on a fauché la solution saline de la pharmacie, déclare l'un des gars lors de la réunion quotidienne. Si celui qui l'a embarquée pouvait se dénoncer et la remettre à sa place… ou, s'il l'a déjà bue, qu'il le dise.

Personne n'avoue le larcin, bien que quelques hommes connaissent le coupable : c'est Samuel Avalos, dit CD, le mineur qui vend de la musique dans la rue.

— Je n'ai pas ouvert la bouche, admettra Samuel plus tard, rigolard. C'était un des trucs bizarres que j'avais faits, un soir.

La moitié du flacon a déjà atteint son estomac – c'était salé, constatera-t-il.

— Bon, si personne ne sait où la bouteille est passée, on va la chercher, dit un des gars. Et que tout le monde s'y mette.

Les mineurs font semblant de chercher la précieuse solution, y compris Samuel qui s'écrie soudain, non sans ironie :

— Oh, regardez, la voilà ! Je l'ai retrouvée.

À partir de là, Mario met quelques gouttes de solution saline dans les litres d'eau qu'il mélange à sa boîte de thon pour la soupe quotidienne des hommes. Parfois, il ajoute à cette mixture, sans le vouloir, un autre liquide, également salé. Quelques mineurs ont remarqué que lorsque Mario verse l'eau et ses quelques petits pois, ou ses quelques centilitres de lait, la transpiration qui perle à son front tombe dans les gobelets. « Ça va être délicieux », annonce-t-il aux *huevenos* ; et il est si excité, si absorbé par sa tâche qu'il ne se rend compte de rien. Non seulement la soupe des 33 est faite avec l'eau du bain de Mario, mais en plus il y rajoute sa sueur.

7

Bénie parmi les femmes

Le dimanche, à 9 heures du matin, le foreur Eduardo Hurtado atteint la mine de San José, à l'issue d'un voyage de nuit de plus de 650 kilomètres. La veille au soir, ses employeurs de l'entreprise de forage Terraservice l'ont convoqué, quelques heures après l'aveu éploré du ministre Golborne : on ne pourra pas sauver les hommes « par les moyens traditionnels ». L'engin arrive deux heures après Hurtado ; c'est une foreuse rotative Schramm T685WS fabriquée à West Chester, en Pennsylvanie – une plate-forme mobile, sur roues, aussi longue qu'un camion-citerne, et munie d'un mât télescopique qui guide l'outil de forage hydraulique dans le sol. D'ordinaire, Hurtado et ses hommes suivent les indications des géologues ou des topographes pour percer la roche, à la recherche de minerai.

— Ouais, des trous, j'en ai creusé, et des profonds, me dit Hurtado. Mais c'était toujours pour chercher du minerai, jamais pour des *viejos*.

Il n'est pas le premier foreur sur place. Certains se sont mis à percer dès samedi soir. Hurtado pénètre dans les petits bureaux de la compagnie minière, à deux pas de l'entrée de la San José. Il y trouve l'un des propriétaires, Alejandro Bohn, l'air épuisé, résigné. Son gérant, Pedro Simunovic, est beaucoup plus vaillant. Hurtado a besoin d'un géomètre qui puisse lui dire où forer, mais impossible pour le moment de mettre la main sur cet oiseau rare.

— C'était le chaos, constatera Hurtado. L'anarchie régnait ; il n'y avait plus de patron.

Le foreur obtient enfin ce qu'il cherche : un topographe et les plans de la mine. Visiblement, il vaut mieux creuser tout droit, c'est plus rapide et plus précis. Il faudra se positionner juste au-dessus de l'endroit visé, une des galeries situées non loin du Refuge. Pour atteindre ce lieu idéal, ils vont cependant devoir escalader le flanc rocheux de la montagne et sélectionner un coin de terre, qu'une équipe armée d'un bulldozer aplanira : il faut pouvoir installer la plate-forme de la foreuse. Mais ils n'ont pas même fini qu'un géologue leur demande d'arrêter. Il vient d'étudier les lieux et la montagne est dangereusement fissurée, leur apprend-il. Ils sont juste au-dessus de la cavité que l'effondrement a fait apparaître dans la montagne.

— Ça peut craquer à tout moment, explique le géologue.

Les voici à la recherche d'un autre endroit. De là, ils devront forer en biais. Le lundi, tard dans la matinée, ils sont prêts. Hurtado éprouve le besoin de faire un petit discours à l'attention de ses huit équipiers. Leur tâche est importante, dit-il. Peut-être chacun d'entre eux a-t-il envie de prier pour le puits qu'il va creuser ?

— Allez, ajoute-t-il, on va s'en remettre au type tout maigre.

Le « type tout maigre », c'est le Christ sur sa croix. Les foreurs inclinent la tête ; l'un d'eux suggère :

— Eh, patron, et si on se tenait par la main pendant la prière ?

Les huit foreurs se rassemblent, leurs casques formant un cercle. Puis Nelson Flores, l'un des opérateurs, coiffe la foreuse d'un rosaire. Et bientôt la tige à air comprimé de l'engin vrombit et creuse dans la pierre, le mât de l'engin incliné à 78 degrés et dirigé vers sa cible, sous 600 mètres de diorite.

— Ça n'a pas été facile de viser, avec les angles, remarque Hurtado. J'aurais pu tomber n'importe où. On ne peut pas calculer la déviation à l'avance.

Tout en creusant leur puits, les ouvriers de la Terraservice inséreront des tubes d'acier dans ses parois. Mais la gravité fera ployer ce dispositif, à l'instar d'une série de pailles insérées les unes dans les autres. Ils finiront par atteindre le Refuge, cependant, grâce à ce que les hispanophones férus de foot appellent un *chanfle* – un tir incurvé, à la Beckham. La déviation peut frôler les 5 % ; de ce fait, arrivée au niveau où les hommes sont coincés, la foreuse pourrait les rater de 30 mètres, sachant que la galerie visée ne fait pas plus de 10 mètres de large.

La foreuse de Terraservice, qui ne cesse de creuser et de marteler, recrache de sa cheminée un nuage ininterrompu de poussière et déverse en parallèle sur le sol des flots d'eaux usées. Tandis que la brume descend sur la montagne, le grondement de l'engin et la poussière se répandent dans la nuit froide. D'autres équipes commencent à forer, elles aussi, non loin. Lentement, le dimanche laisse place au lundi. Pour l'heure, les tentatives de sauvetage ne sont toujours pas coordonnées.

Lorsque Cristían Barra arrive à la San José, le lundi, il est saisi par une sensation de désordre, palpable, inquiétante – mais il est là pour y remédier, lui que le Président Sebastián Piñera en personne, a envoyé à la San José. Barra est l'un de ces hommes austères, pointilleux, qui agissent en coulisse pour que les meilleures démocraties d'Amérique latine soient gérées avec efficacité, sans chichis ni tergiversations. Barra travaille au ministère de l'Intérieur et, dans toutes les nations du continent, c'est le ministère le plus influent. Au Chili, il chapeaute les forces de police et les dispositifs de sécurité. Barra veut contacter les propriétaires de la mine, et Alejandro Bohn et Marcelo Kemeny sont là, terrés dans leur petit bureau dont la minuscule fenêtre donne sur l'aride chaîne de montagnes qu'ils possèdent. Ces deux hommes d'âge mûr, en chemise Oxford et casque blanc, n'ont pas fermé l'œil depuis des jours. À qui veut les entendre, ils répètent qu'ils pensaient la mine parfaitement sûre. Il y a quelques mois, ajoute Kemeny, il y est même descendu avec ses deux fils de 15 et 9 ans.

La veille au soir, Kemeny et son gérant, Pedro Simunovic, ont rencontré brièvement les familles, non sans avoir fortement hésité. Les proches des mineurs avaient organisé une manifestation pour forcer les propriétaires à « se montrer à visage découvert ». Bravant les bousculades, que les policiers affectés à leur protection n'ont pu empêcher, Kemeny et Simunovic sont entrés sous un chapiteau dressé par le gouvernement local et destiné aux réunions. Simunovic a essuyé une pluie d'insultes et n'a pu articuler plus de quelques mots ; Kemeny se tenait derrière lui, muet – la plupart des familles n'ont d'ailleurs pas même remarqué sa présence.

Les équipes de secouristes progressent sans aucune aide des propriétaires.

— Ils étaient incapables de prendre une décision, de planifier quoi que ce soit, tant sur le plan psychologique qu'émotionnel, dira plus tard Barra.

C'est une situation à laquelle il s'attendait : il s'est muni d'une déclaration officielle instaurant un état d'urgence à la San José, édictée par le ministère de l'Intérieur à la demande du président de la République, lors d'une réunion à La Moneda, le palais présidentiel, quelques heures plus tôt. Barra est l'éminence grise de Piñera, son entremetteur ; ils se connaissent depuis plus de vingt ans, depuis les premiers pas du parti du Renouveau national. Barra est venu prendre la direction des affaires à la mine. L'une de ses premières décisions sera de déployer des forces de police dans l'enceinte, et d'ériger des clôtures qui interdiront aux frères et aux pères des mineurs de tenter des opérations de sauvetage par trop donquichottesques.

Barra met également en place une série de protocoles d'accession à la zone. Qui peut entrer, qui est indésirable, quelles autorisations montrer. Il représente l'avant-garde d'une armée de hauts fonctionnaires qui vont s'efforcer de porter secours non seulement aux 33 emmurés, mais aussi au ministre des Mines, en un sens. Comme tout un chacun au Chili, les responsables du gouvernement Piñera ont vu leur collègue pleurer à la télévision, parce qu'il était bien incapable d'expliquer aux familles la manière dont on allait sauver leurs hommes. L'administration Piñera va donc se charger de trouver un plan de sauvetage pour Golborne, même si les conseillers du Président ne sont pas certains que la chose soit judicieuse sur le plan politique : pourquoi endosser la responsabilité de la survie de ces 33 mineurs sans doute voués à la mort, alors que tout – les traditions, les lois – indique que la présidence n'a ni intérêt ni besoin de se mêler d'une telle affaire ?

En rentrant de Quito, le Président s'est brièvement arrêté à Copiapó. Il a rencontré en vitesse quelques parents de mineurs et plusieurs dignitaires locaux, y compris la gouverneur de la province, Ximena Matas – elle lui doit le poste. Étaient également présents deux ou trois membres conservateurs du Congrès – mais aucun des élus de gauche présents sur les lieux, à l'instar d'Isabel Allende, sénatrice socialiste et écrivaine. De retour à Santiago, le Président fait organiser cette première réunion à La Moneda, au cours de laquelle il est décidé que le gouvernement se chargera désormais des opérations de secours. Question suivante – et elle tombe sous le sens : quel est le meilleur spécialiste au Chili des questions minières ? On le trouvera sans doute à la Codelco, la Corporation nationale du cuivre, organisme national du Chili, qui est le plus gros producteur de cuivre du monde.

Immédiatement, un nom sort du chapeau. Une convocation est envoyée au directeur de la plus grande mine du Coldeco, El Teniente, à Rancagua, au sud de Santiago. L'homme idéal s'appelle André Sougarret ; il est ingénieur, et la mine dont il est responsable est si vaste – 7 000 personnes y travaillent – que les opérations de sauvetage font partie du quotidien. Alors qu'il constitue son équipe d'une vingtaine de secouristes, Sougarret reçoit un second appel. Une question fuse, urgente : combien de temps lui faut-il pour atteindre le palais présidentiel ?

Une heure et demie plus tard, Sougarret fait son entrée à La Moneda, qui est à Santiago ce que la Maison-Blanche est à Washington. C'est la première fois qu'il y met les pieds. Il est en jean et tient son casque de mineur sous le bras. Un huissier l'introduit dans un bureau où il attend une réunion qui ne se tiendra jamais. Deux heures plus tard, un fonctionnaire le convie au sous-sol.

— Je n'avais pas la moindre idée de ce qui se passait, confiera-t-il plus tard.

— Vous allez à Copiapó, finit-on par lui dire.

Le voilà dans une voiture, coincée dans un cortège de véhicules en route pour la base militaire qui jouxte l'aéroport international de Santiago. À sa grande surprise, Sougarret se retrouve à bord du même avion que le Président Piñera. Quelques minutes après le décollage, un steward lui sert à déjeuner ; une fois le repas fini, le Président et sa femme quittent leur cabine privée pour rejoindre l'ingénieur. Le schéma que Piñera dessine sur un bloc-notes montre clairement qu'il est au courant de la situation de la San José et de l'endroit où les hommes sont piégés.

— Voilà où on en est, explique-t-il, plus ou moins en ces termes. Si je vous obtiens tout ce dont vous avez besoin pour les tirer de là, quelles sont leurs chances d'en sortir vivants ?

Sougarret est bien incapable de répondre à cette question, tout comme un autre ingénieur également du voyage.

— Le Président nous a ensuite interrogés sur les autres méthodes de sauvetage qui pouvaient donner des résultats en pareille situation, racontera Sougarret. Nous lui avons expliqué qu'il était impossible de prévoir à l'avance le résultat de ce genre d'opération, et qu'en général, il y avait plus d'échecs que de réussites.

Lorsque l'avion présidentiel arrive à Copiapó, un peu après 16 heures, il fait très froid. Sougarret s'installe sur la banquette arrière d'une camionnette qui emmène Piñera à la San José. Ils y rejoignent Golborne, le temps d'une brève conférence de presse au cours de laquelle le Président annonce que le gouvernement a fait venir le meilleur expert du pays ; il dirigera les équipes qui vont essayer de sauver les 33. Cet expert a pour nom André Sougarret, poursuit le Président en écorchant le nom du malheureux. Qui ne s'en sort pas trop mal, puisqu'il réussit à échapper aux micros des reporters avant que ceux-ci lui demandent quels sont ses plans.

L'une des premières personnes avec lesquelles Sougarret discute à la San José, c'est Carlos Pinilla, le directeur général.

— Eh, vous vous souvenez de moi ? lui demande Pinilla. On s'est rencontrés à la Serena.

Il y a plusieurs longues années de cela, Sougarret a fait un stage dans une mine dont Pinilla était le patron. Pinilla et ses collègues cadres fournissent à Sougarret des informations qui lui donnent quelque espoir. Il y a très certainement quelques milliers de litres d'eau stockées dans la mine ; cela signifie que les hommes, s'ils sont encore vivants, ne mourront pas de soif dans les jours à venir. La San José est une vieille mine, datant de plus d'un siècle ; de ce fait, elle est trouée de nombreuses galeries qui ne sont plus exploitées mais qui facilitent la circulation de l'air. D'ailleurs, rien qu'en se tenant sur la Rampe, à quelques mètres de l'ouverture, Sougarret sent les courants qui traversent la montagne. Bien : les hommes ne mourront pas non plus d'asphyxie. Sougarret descend le long de la Rampe.

— C'est une excellente mine, constate-t-il, si l'on en juge par la roche qui la constitue.

Un constat à la fois rassurant et inquiétant. La diorite, pierre dure, n'aurait pas dû s'affaisser, mais cela a pourtant été le cas ; c'est donc la structure profonde de la montagne qui a été atteinte. L'obstacle obstruant les nombreuses galeries qui mènent aux hommes doit être énorme, en vérité. Une équipe de géologues mesure la taille colossale du *megabloque* et le confirme : si l'on voulait creuser un tunnel pour contourner cette dalle, cela prendrait un an.

Sougarret apprend des médecins présents à la San José qu'un homme en bonne santé peut survivre entre trente et quarante jours sans nourriture. Mais si l'un des mineurs souffre de silicose ou d'une autre maladie respiratoire (et c'est le cas, comme l'examen de leurs dossiers médicaux par un officiel du ministère de la Santé le montre), son espérance de vie sera moitié moindre. Une blessure grave, fracture ou autre, peut encore la réduire à une ou deux semaines. Quatre jours se sont déjà écoulés, il faut tout tenter. Sougarret décide d'envoyer une équipe pour consolider les galeries ; cela permettra à un second groupe d'atteindre les hommes en dégageant les cheminées de ventilation. Parmi la bonne dizaine de professionnels de la mine qui se sont rassemblés à la San José pour proposer conseils et expertise, la plupart pensent que la vieille méthode des cheminées est encore la plus sûre.

L'alternative consiste à faire forer neuf puits pour arriver jusqu'aux accidentés : neuf flèches pour une seule cible, en espérant qu'une au moins l'atteindra. De même que ses collègues foreurs, Hurtado se sait observé par tout un pays. Après trois jours de forage, la machine de Terraservice parvient à 370 mètres de profondeur. Hurtado et ses hommes remontent cette machine pour laisser les topographes mesurer leur progression. Leur rapport n'est pas optimiste : la trajectoire a été déviée dans la mauvaise direction. Quelqu'un interpelle Hurtado :

— Vous pouvez redresser le tir ?

— Impossible, répond le foreur. C'est comme si vous étiez parti pour Caldera, mais que vous vous retrouviez sur la route de Vallenar.

Ce sont deux villes que la panaméricaine relie – en passant par Copiapó. Il y a dans l'équipe de forage un opérateur que cette mauvaise nouvelle assombrit particulièrement : c'est celui qui a demandé à ses collègues de se tenir par la main avant de commencer à creuser.

— Nous étions accablés, dit Hurtado. Ce n'était plus un forage ordinaire.

Ils se remettent au travail. Tous les 200 mètres, la géologue Sandra Jara mesure leur progression avec un dispositif que l'équipe descend dans un trou de 15 centimètres de diamètre. Ledit engin comprend un gyroscope qui, pour désigner le Nord géographique, utilise la rotation terrestre et quelques principes de physique élémentaire. Contrairement au précédent, ce forage semble s'incurver dans la bonne direction. En six journées de douze heures, les équipes qui se succèdent parviennent à 400 puis à 500 mètres de profondeur. Elles travaillent animées par un mélange de contrainte morale et d'altruisme mais également avec un certain scepticisme : et si elles manquaient leur cible ? Ou bien si elles ne trouvaient que des cadavres ? Cette éventualité est tellement présente dans les esprits que Barra et le ministre de l'Intérieur ont mis au point une procédure spécifique. Si le forage atteint une galerie, Sougarret mettra en place une équipe qui fera descendre une caméra dans le puits. Seules trois personnes pourront dans un premier temps regarder les images : le ministre de l'Exploitation minière, Sougarret et le cameraman. En effet, elles pourraient bien ne montrer qu'un cadavre. Ou plusieurs. Ou 33. Le cas échéant, ce sera au ministre, et à lui seul, d'en informer les familles.

Le forage se poursuit : quatre jours de plus, puis cinq, puis six. Toutes les soirées finissent de la même manière pour Hurtado : il redescend à Copiapó pour y passer la nuit. Un matin, en revenant, il repère une jeune femme à l'embranchement de la route C-351 et de la piste qui mène à la mine. Elle a la peau couleur café, un visage d'Indienne, et pas plus de 20 ans, visiblement. Lorsqu'elle se retourne vers le pick-up d'Hurtado, elle lève le pouce. C'est une proche de mineur, en route pour le camp de l'Espoir. Hurtado n'est pas censé parler avec ces gens-là – c'est une des nombreuses règles édictées par Barra et son équipe. Quoi qu'il en soit, il s'arrête et la fait monter. Elle s'appelle Veronica Quispe, lui dit-elle. Son mari, Carlos Mamani, le seul Bolivien du groupe, fait partie des accidentés. Hurtado et Veronica échangent quelques blagues ; elle lui raconte que l'eau a été coupée dans son quartier de Copiapó, une mésaventure hélas courante dans les *campamentos*, les baraquements qu'habitent les immigrés boliviens et autres déshérités. Elle sort du camion devant le portail. Au cours des jours suivants, il la reverra de temps en temps, qui lui fait signe quand il franchit la grille. Elle n'a qu'un parapluie en guise d'abri, pas même une tente comme les autres femmes. En remontant à son poste, il se demande si le forage prend vraiment la direction du mari de Veronica Quispe.

Une semaine après l'accident, le Président Sebastián Piñera annonce la démission du directeur de l'Agence nationale de la géologie et des mines, l'instance de régulation du secteur minier, ainsi que de deux autres hauts responsables administratifs, parce qu'ils n'ont rien fait pour remédier à la dégradation des conditions de travail à la San José. Pour le gouvernement Piñera, les opérations de secours pourraient s'avérer désastreuses – ou l'inverse ; aussi les conseillers du Président, dont l'une des responsabilités est de jauger en permanence les décisions prises et d'en référer à leur patron, n'hésitent pas à commander un sondage pour mesurer la popularité des personnalités liées à la catastrophe et au travail des équipes de secours. C'est ce que rapporte Carlos Vergara Ehrenberg dans son *Operacion San Lorenzo*, consacré à la tragédie du 5 août et à ses suites. Piñera et Golborne s'en sortent bien, alors que les propriétaires de la mine battent des records d'impopularité.

Ces derniers, Bohn et Kemeny, habitent Santiago ; le 12 août, cependant, ils reviennent à la San José pour donner des interviews à deux des plus grands quotidiens du Chili. Ils refusent d'endosser la moindre responsabilité, insinuant que la faute de la catastrophe incombe peut-être aux mineurs. Pis encore – du point de vue du gouvernement Piñera, en tout cas –, ils arborent des blousons rouges semblables à ceux que portent les fonctionnaires travaillant aux opérations de sauvetage.

— Ces crétins, dit Barra, l'homme du Président, ils nous ont bien eus. Quel besoin avaient-ils d'enfiler ces foutus blousons ?

Quelques jours plus tard, Golborne commettra une erreur plus grave : il confie à un journaliste télé qu'il craint bien que les 33 ne soient morts. Le ministre de l'Exploitation minière ne tarde pas à rétracter ses propos. Mais le fait est que le gouvernement se prépare secrètement au pire, selon Vergara Ehrenberg. S'il s'avère impossible de retrouver les hommes, la mine sera scellée, élevée au rang de sanctuaire, à jamais inexploitable.

Lorsque la San José fonctionnait encore, les femmes n'y avaient pas droit de séjour. Une femme à la mine, ça porte malheur, dit-on. Aujourd'hui, ce sont des bataillons croissants de petites amies, de filles, de sœurs et d'épouses qui occupent le terrain, à l'entrée de la Compagnie minière de la San Esteban. Pour nombre de ces femmes, surtout celles qui, comme Carola Bustos, sont venues de Santiago et du Sud, c'est une expérience bouleversante que le spectacle des premiers rayons du soleil perçant le brouillard pour illuminer ce coin de désert balayé par les vents. Au grand jour, l'isolement de la mine est manifeste – on est si loin de la civilisation ! Tristesse de l'étroite piste d'asphalte, aux bas-côtés rongés, qui mène de la grand-route à la mine ; des bâtiments de la compagnie, exigus, branlants. Un simple coup d'œil à l'écran de leurs portables suffit aux femmes pour se rendre compte que leurs hommes ne mentaient pas, lorsqu'ils disaient que le signal ne passe pas ici. Certaines en veulent au mari, à l'amant, au frère, d'avoir accepté de travailler dans une exploitation aussi éloignée de tout, aussi négligée, aussi visiblement dangereuse ; elles voient maintenant, ressentent dans leur corps, la simplicité des lieux, leur rusticité : c'est un trou dans la montagne, rien de plus, et non ce site propre et sécurisé qu'elles avaient imaginé ou espéré. Le salaire est bon, leur ont dit les hommes, meilleur qu'aucun des emplois auxquels ils pouvaient avoir accès. Mais, à l'évidence, les énormes bénéfices générés par la San José n'ont pas été réinvestis dans la mine. Tous ces gars qui travaillaient ici, ils pillaient la montagne, hein, tout simplement ? Hop, dans le trou, à mettre la main sur tout l'or qu'ils trouvaient, littéralement, avant que le roc qu'ils perçaient ne s'effondre sur leurs têtes. Parmi les épouses, les amies, certaines s'en veulent aussi de s'être laissé mener en bateau, en dépit des allusions – désormais évidentes – que les hommes avec lesquels elles partageaient leur lit faisaient sur la San José, telle qu'elle est dans la réalité. Maintenant, les voici dans la place, ces femmes, avec, de nouveau, le devoir d'assurer la cohésion des foyers et des familles, puisque les hommes ont tout fichu en l'air. Non pas les leurs, d'hommes, mais les propriétaires de la mine, responsables de ce désastre. À chaque femme désormais de se battre pour son homme, parce que ses enfants – leurs enfants – ont besoin de l'avoir à la maison, même s'il boit sec, même s'il a le regard baladeur et mauvais caractère.

Les mères, en particulier, se sentent tiraillées entre des émotions, des réactions contradictoires. Lorsque Elvira Valdivia, la femme de Mario Sepúlveda, arrive à Copiapó, elle se rend sur-le-champ à la mine avec ses deux enfants, Francisco, 13 ans, et Scarlette, 18 ans. Pourtant, après avoir passé un moment à l'entrée de la mine avec des épouses en larmes et des mères vociférantes, tandis qu'officiels et policiers hurlent aux femmes de dégager l'accès au portail, Elvira doit l'admettre : elle ne peut pas passer la nuit ici avec ses enfants. Scarlette, soudain, perd son assurance de toute jeune femme ; elle est paralysée par la peur. Elvira lui fait prescrire un somnifère par un médecin présent sur le site. Elle contraint également la compagnie minière à lui payer une chambre d'hôtel dans un établissement du centre de Copiapó, sur la grand-place. La nuit, dans la chambre, avec ses deux enfants, elle ira chercher au plus profond de son âme de femme le courage de les protéger contre la mort et le deuil – que l'idée ne les effleure même pas ! Son instinct de mère le lui dit : ses enfants ont envie de l'entendre leur promettre qu'ils retrouveront leur père ; ils ont envie d'y croire. Mais ce n'est pas si simple, maintenant qu'ils ont vu la montagne qui l'a englouti.

Au cours de ces premiers jours, pourtant, l'idée que Mario n'est pas exactement fait comme tout le monde leur facilite les choses : lui, il va peut-être s'en sortir.

— Je savais que Mario n'était pas du genre à se laisser crever, dira plus tard Elvira. Mario, c'est un de ces gars qui mangerait de la chair humaine pour survivre, si nécessaire. Et de la boue.

Elvira en est certaine : son mari est vivant.

— Si j'avais pensé que tout espoir était perdu, j'aurais rebroussé chemin, je serais rentrée chez moi, ajoutera-t-elle. Dans ces cas-là, je ne fais pas de sentiments.

Un détail l'inquiète, pourtant : Mario n'a pas accès au traitement qu'il suit pour ses sautes d'humeur. Depuis vingt ans,

Elvira subit les effets de cette cyclothymie et des emplois, tous temporaires, qu'il accepte, d'un bout à l'autre du Chili. Certes – et c'est la leçon qu'elle a retenue de leur vie commune –, l'« homme au cœur de chien » se tire toujours de ces mauvais pas – chômage, dépression ; il rentre à la maison, fait pleurer de rire sa fille, est plus que jamais le héros de son fils. N'empêche, tous les soirs, Elvira prie avec les enfants dans leur chambre d'hôtel.

Mónica Avalos, elle, s'est campée à l'entrée de la mine et n'en a plus bougé. Les premières nuits, elle n'a pratiquement pas fermé l'œil. Elle le dira elle-même : elle ne tenait plus debout. Elle ne savait même plus ce qu'elle avait fait de son fils de 8 ans, Byron. C'est seulement en arrivant à la mine qu'elle a réalisé l'absence du petit. Isaias, un des amis de Florencio, l'a rassurée : le garçon est chez eux, sa femme s'en occupe.

— Ne t'inquiète pas, la Nati prend soin de lui. Il n'a rien à se mettre, mais elle va lui trouver des vêtements.

Le fils aîné de Mónica, César Alexis, un adolescent, la supplie de rentrer un moment à la maison, de prendre un bain, de dormir. Elle refuse, même si elle porte le même pantalon de survêtement depuis la soirée où elle a préparé pour Florencio la soupe qu'il n'a jamais mangée.

— Être propre, je m'en fichais. Manger, je m'en fichais. Plus rien n'avait d'importance. Plus rien. Plus rien. Les gens me disaient : « Mónica, reste forte. » Mais voilà, non, je ne pouvais pas.

Elle passe sa première nuit dans le désert assise sur une pierre gris ardoise, ne dort que quelques minutes. La nuit suivante, elle trouve une palette, se couche en chien de fusil, une ou deux heures. Une autre nuit, elle reste éveillée sous la lueur des étoiles : posée sur une grosse pierre en forme de brique, elle ferme les yeux, s'endort, se réveille dans un endroit inconnu. Elle a erré, sans s'en rendre compte, dans la montagne sous laquelle son mari est piégé, *sonámbula* dont le subconscient l'a fait avancer sur le sable des pistes, d'un pas mécanique.

César Alexis, quant à lui, se pénètre de l'esprit de sa mère et s'efforce de garder son courage – et ses idées claires. Il continue en conséquence d'aller au lycée, mais sans pour autant négliger la mine. Il est en troisième année, l'équivalent de la première : à 17 heures, les cours finis (parfois plus tôt, s'il en a demandé la permission), il monte à la San José, empruntant le car que la ville de Copiapó a mis à la disposition des familles des mineurs. S'il le rate, il fait du stop. Au lycée, personne ne sait, dans les premiers temps, que le père de César Alexis est sous les décombres. Puis l'administration scolaire l'apprend. Pourquoi ne pas prendre un mois de congé ? propose le proviseur.

— Mais je ne voulais pas manquer les cours, prendre du retard et rater mes examens, expliquera le garçon.

Si bien que César Alexis Avalos, le fils de Florencio Avalos, contremaître de l'équipe A, prisonnier de la mine, continue d'aller au lycée tous les jours. Dès que la cloche sonne, il monte à la mine, voir comment va sa mère, se tenir au courant des dernières nouvelles. Puis, s'il y a cours le lendemain matin, il rentre en stop à Copiapó pour être à l'heure en classe.

— Mon père, tout ce qu'il voulait, c'était que j'aille au lycée, commentera-t-il.

César Alexis a décidé d'honorer ce souhait, de s'en tenir aux habitudes de travail et de sérieux instaurées par ses parents – peut-être parce que, en continuant de s'y plier, il reconnaît tacitement que son père est encore vivant.

Il faut maintenant être bien opiniâtre, cependant, pour penser que les 33 demeurent en vie et qu'ils sortiront un jour de la mine, sur leurs deux jambes – ou même sur des civières. Un journal de Santiago estime leurs chances de survie à 2 %. D'autres médias disent qu'on ne peut résister plus de soixante-douze heures sous terre ; or ils y sont enfermés depuis près de six jours. À Carmen, l'épouse du chef d'équipe Luis Urzúa, une femme cultivée à la foi inébranlable et poète à ses heures, on parle parfois déjà de son mari comme d'un mort.

— Le *jefe de turno*, il était avec M. Lobos, dans le camion du personnel ; ils étaient en train de remonter quand la mine s'est effondrée, lui annonce une bonne âme peu après son arrivée à la mine. Le camion a été écrasé. Ils sont morts tous les deux.

Carmen, qui n'en croit pas un mot, réplique :

— Si tel était le cas, ils auraient déjà remonté son cadavre par une des cheminées.

Mais tout cela la déstabilise. Les adjectifs et les verbes se rapportant à la mort planent au-dessus de l'ouverture de la mine. *Estan muertos* – ils sont morts. *Murieron* – ils ont péri. Des mots entendus à l'hôpital, également, dans la bouche du personnel. « Ils sont morts », a-t-on affirmé là-bas à Jessica, la femme d'Alex Vega, et elle a perdu connaissance. La peur de la mort menace les femmes qui entourent Carmen – comme Mónica Avalos, la somnambule, avec ses paupières gonflées et ses mèches hirsutes. Mais Carmen réagit.

— Non, mes sœurs, ne croyez pas ce qu'ils vous racontent, dit-elle. Gardez la foi. Il nous faut prier.

Carmen anime des cours de catéchisme dans sa paroisse. Un soir glacial, elle prend son rosaire en argent (« Je l'ai toujours sur moi ») et commence à prier avec d'autres femmes qui se sont disposées en cercle. Quelques jours plus tard, Carmen déniche une petite statue de plâtre représentant la vierge de Candelaria, réplique de celle que détient une des chapelles de Copiapó. Elle a été découverte au XVIIIe siècle, dans les Andes : la forme féminine est apparue par miracle dans une pierre grosse comme la paume d'une main. Dans la région des mines, au nord du Chili, ces figurines de plâtre se trouvent partout. Carmen et les autres femmes décident d'ériger un autel au camp de l'Espoir, autel dont le cœur sera cette humble représentation de la mère du Christ. Le gouvernement régional, à ce moment-là, a déjà fait construire une cuisine de campagne sous un chapiteau, pour nourrir les familles. Les femmes installent leur autel près de la tente où les officiels distribuent le pain. Elles disposent quelques pierres autour de la statuette, qu'elles ont dressée dans un carton, pour que le vent ne puisse éteindre leurs bougies votives.

— Nous avons construit ce petit autel pour que les gens puissent s'y recueillir, soulager leurs souffrances, prier pour les mineurs, commencer à oublier qu'ils étaient peut-être morts, dit Carmen.

Vêtues de gros pulls en laine, de parkas bien chaudes, et portant bonnets et chapeaux, les femmes s'agenouillent devant la Vierge Marie. Elles récitent les prières du rosaire : un *Credo* de l'apôtre, suivi d'un *Notre Père* et d'un *Je vous salue Marie*, dont le « Bénie sois-tu entre toutes les femmes » est murmuré en chœur.

D'autres autels apparaissent dans la montagne, et bon nombre sont érigés dans les éboulis pour un mineur en particulier. La cire coule des bougies fixées sur les rochers. La prière semble désormais la seule façon pour les familles de se garder d'un désespoir et d'un fatalisme croissants. André Sougarret a donné l'ordre de stopper les travaux à l'équipe qui devait consolider des galeries de la mine. Ses hommes avaient bombé à l'aérosol des repères sur la surface lisse de la guillotine de pierre qui bloque la Rampe, et cela leur a permis de constater que ce mégabloc ravageur et colossal bouge encore au cœur de la mine. Il s'enfonce, ce gratte-ciel de diorite, et peut à tout moment provoquer un nouvel affaissement ! Ce soir-là, Sougarret et Golborne organisent une conférence de presse : la mine va être fermée, plus personne ne pourra descendre, l'entrée sera scellée de manière irrévocable. Suit une rencontre avec les familles – une épreuve psychologique. Sougarret rentre à l'hôtel. Il s'endort vers minuit, mais, un quart d'heure plus tard, il est réveillé par la sonnerie du téléphone : Eduardo Hurtado et ses foreurs de Terraservice viennent d'atteindre une ouverture, à 504 mètres de la surface – le Refuge se trouve néanmoins encore à 200 mètres en contrebas.

Sougarret repart immédiatement à la San José. La nouvelle se répand, et toutes les autres foreuses s'arrêtent. Hurtado et ses hommes ont besoin de silence pour entendre ce qui se passe au fond du puits. Nous sommes dans la nuit du dimanche 15 au lundi 16 août ; cela fait dix jours que les 33 sont prisonniers de la mine. Les gars de Terraservice plaquent leur oreille au sommet du tuyau d'acier qu'ils ont introduit dans leur conduit. Ils perçoivent un martèlement rythmé. Hurtado interpelle un des policiers :

— Vous l'entendez, vous aussi ?

Le policier hoche la tête. Sougarret arrive quelques minutes plus tard, colle lui aussi l'oreille au tuyau. Est-ce une main d'homme qui produit ce son ? Il ne saurait l'affirmer. À 1 heure du matin, l'équipe d'Hurtado commence à descendre une caméra dans le puits. Cette nuit-là, le brouillard est particulièrement épais et le vent souffle, ce qu'Hurtado interprète comme un signe de mauvais augure. À 6 heures, la caméra atteint le fond. Comme le prévoit le protocole spécifique du ministère de l'Intérieur, les spectateurs – dont Sougarret et le cameraman – sont triés sur le volet. Le patron de la plus grande mine de cuivre du Chili ne tarde pourtant pas à raconter ce qu'il voit aux foreurs de Terraservice.

— Venez jeter un coup d'œil.

Il n'y a rien à voir, en fait : un espace vide entre des parois rocheuses ; une grotte, ou *socavon*, creusée dans la montagne, vidée de son minerai. Et le bruit qu'ils ont entendu ?

— Ils l'ont imaginé, estime Sougarret. Ils voulaient tellement trouver les mineurs qu'ils ont perçu des bruits inexistants.

Les jours passent. Le fatalisme va grandissant ; il menace même les plus joyeuses, les plus optimistes, les plus opiniâtres des compagnes de mineurs. Au camp de l'Espoir, Susanna Valenzuela, l'autre femme de Yonni Barrios, entend quelques-uns de ses parents dire qu'il est sans doute mort, à cette heure. Susanna est montée à la mine avec Marta, la femme de Yonni – un arrangement quelque peu bancal, car la famille de Marta est également là, y compris les grands enfants que Marta a eus d'un premier lit, avant Yonni.

Plus tard, chez elle, Susanna offre le thé à la femme de son compagnon ; elles discutent des nouvelles de la mine, qui sont mauvaises.

— Bon, Susi, déclare Marta, il faut que je te dise : tu ne peux pas aller plus loin. C'est le but de ma visite. Yonni est mort, c'est sûr. Il faut que tu me rende ses affaires.

Ce que Marta veut, ce sont les papiers de Yonni, et notamment ses bulletins de paie. Elle va en avoir besoin pour réclamer une indemnisation aux propriétaires de la mine et au gouvernement. Susanna l'écoute tout en pensant : *Mais elle est folle, cette bonne femme ! Yonni n'est pas mort.* Enfin, si elle veut les papiers, pourquoi pas ? Susanna n'accorde aucune importance à ces détails matériels. Elle travaille depuis toujours, a des économies, de quoi s'assurer une retraite : alors, à quoi bon refuser ? Mais tandis qu'elle monte à l'étage pour se rendre dans la chambre qu'elle partage avec Yonni, elle se fige soudain.

— Marta, montre-moi le corps de Yonni et je te donnerai ses papiers, lance-t-elle. Il est mort ? Prouve-le-moi !

— Qu'est-ce que tu es bête ! réplique Marta – d'après Susanna, en tout cas, car Marta démentira plus tard ces propos. Comment veux-tu que je le sorte de là ? Tu me prends pour Superman ?

Yonni est enterré sous des millions de tonnes de pierres, pour autant qu'elle le sache.

— S'il est mort, vas-y, garde tes sous, mais rends-moi son corps, que je puisse lui organiser une veillée funèbre, riposte Susanna.

— Ah, il faudra que tu en parles à ses sœurs, risposte Marta, toujours selon Susanna.

— Sors d'ici, réplique Susanna. Fiche le camp, et ne reviens pas m'emmerder !

Quand Susanna remonte à la San José, elle entend les rumeurs selon lesquelles les mineurs sont tous morts. Une des parentes de Yonni dit qu'elle va demander une indemnisation, elle aussi. C'est ainsi que Susanna se rappelle ces sombres moments : la famille de Yonni la traite comme une moins que rien, parce que la relation qu'elle entretient avec ce don Juan plus qu'imparfait au compte en banque bien rempli est désormais sans objet. La famille y voit peut-être une certaine justice : du vivant de Yonni, Susanna a pu le manipuler, jouer sur son manque affectif et récupérer son salaire ; maintenant qu'il est mort, elle ne pourra plus rien lui soutirer. Mais Susanna, elle, continue de sentir qu'il est encore vivant.

— Il était là-dessous, il se battait pour survivre. Oh, ce n'était pas un Apollon, mais…, dira-t-elle plus tard, et là sa voix se brisera, les larmes couleront. Il se battait. Je le voyais dans le trou, enseveli, enterré dans la boue !

Elle l'imagine submergé par cette substance grise, visqueuse, granuleuse dont son bleu de travail et ses chaussures étaient couverts quand il venait de la mine. Elle nettoyait tout ça.

— Ils sont tous morts, répète une voix.

Elle rentre chez elle, se couche sur le plancher, en larmes.

— J'avais l'impression de mourir, se souviendra-t-elle.

Puis elle entend un nom : Chana. C'est ainsi que la surnomme Yonni : Chana.

— Je le jure sur notre petite mère qui est aux cieux, je l'ai entendu, ce nom !

Son amour pour Yonni disparu est si puissant qu'elle le projette dans les sons et les objets de la maison qu'elle partageait avec le mineur, considérant certains événements comme une série de « miracles » qui l'émerveillent, car elle est sûre d'avoir été mise alors en présence de l'Esprit saint. Elle sent à plusieurs reprises la maison frémir ; et pourtant, chaque fois qu'elle demande aux voisins s'il s'agissait là d'un tremblement de terre, ils lui répondent par la négative. Les bougies votives qu'elle a placées devant le petit autel dressé par elle à Yonni s'éteignent, puis se rallument de leur propre chef. Un soir, après sa visite à la mine, elle trouve quelques policiers devant sa maison. Ce sont les voisins qui les ont fait venir car il y avait du bruit à son domicile, comme si quelqu'un faisait bouger les meubles, et ils ont pensé à un cambriolage. Mais lorsque Susanna entre chez elle, rien n'a bougé. Elle en est convaincue : c'est l'esprit de Yonni qui lui envoie un message. « Je suis vivant, Chana. Je me bats. Ne m'oublie pas ! » Plus tard, elle racontera certains de ces incidents au psychologue qui passera la voir – mais pas tous.

— Il m'aurait prise pour une folle, je l'ai bien vu.

Elle n'est pas la seule à rapporter des incidents étranges, apparemment inexplicables. Une famille reçoit des appels provenant du portable d'un des mineurs, alors que l'appareil est enseveli avec son propriétaire au fond de la San José. Des témoins auraient aperçu les esprits des 33 errant dans le nord du pays. Dans le quartier de Juan Pablo II, à Copiapó, où vivent de nombreux immigrants boliviens, une voisine de Carlos Mamani l'a vu surgir dans son jardin, un soir. Selon la religion des Aymaras de Bolivie, l'esprit de l'agonisant se promène hors de son corps dans les nuits qui précèdent sa mort. Cette voisine raconte à Veronica Quispe – l'épouse de Carlos – et à la mère de la jeune femme que le mineur s'est assis dans le patio, devant la maison. Il portait une casquette et lui tournait le dos. Lorsqu'elle s'est approchée pour lui parler, il a disparu. L'histoire met Veronica et sa mère en colère puisque, pour les Aymaras, le phénomène ne peut avoir qu'une seule explication : Carlos est mourant. « Qu'est-ce que c'est que ces âneries ? rétorquent-elles à la voisine. Arrête de raconter ces horreurs ! »

Miracles et visions de mort et de souffrance se répandent. María Segovia imagine son frère courageux dans l'adversité. Le placide, le stoïque Darío Segovia au visage carré, à la rude physionomie d'un guerrier indigène, avait toujours besoin d'être défendu par sa grande sœur à la langue bien pendue, quand il était enfant. De sa tente, au camp de l'Espoir, elle entend les machines qui forent pour Darío et ses 32 compagnons. Désormais, les familles sont beaucoup plus nombreuses autour d'elle : des frères, des cousins, venus aussi bien de villes toutes proches que de lointaines – du grand Sud, du Nord, des deux bourgades voisines, Vallenar et Caldera, où les familles d'autres mineurs savent ce que c'est que d'attendre, tandis que des secouristes creusent la montagne à la recherche d'hommes prisonniers de la mine. Il y a plus d'un millier de personnes au camp de l'Espoir, et tant d'hommes et de femmes en prière qu'« on aurait dit Jérusalem », se rappellera Jessica Chilla, la fidèle compagne de Darío.

Souvent, María Segovia part dans la montagne, au-dessus de cette petite ville qui pousse dans le désert, en quête des foreuses – pour les écouter creuser, ces machines à la recherche de son frère. Elle apprend à différencier les sons de chacune, les rythmes des foreurs qui les manient ; le bruit caractéristique d'un forage au diamant, les horaires des changements d'équipe. À la nuit tombée, chaque plate-forme règne sur une bulle de lumière dans la nuée ténébreuse du désert. Le vacarme des équipes, les lueurs des installations, la vigueur du forage – tout cela rassure. Mais bientôt, une foreuse s'arrête, puis une deuxième. Pendant quelques heures, un soir, María n'entend plus un bruit. Alors elle grimpe sur l'une des collines nues qui surplombent la mine, et de ce belvédère, elle voit ses inquiétudes confirmées : plus un nuage de fumée ne sort des cheminées des engins. Elle redescend au camp pour en parler aux familles. Quelques femmes se ruent sur la guérite, près du portail.

— Vous avez arrêté de creuser ! Vous ne creusez plus !

Les femmes tapent sur les casseroles et les marmites dont elles se servent pour la cuisine, de toutes leurs forces. Golborne finit par apparaître au portail. Non, non, assure-t-il, c'est simplement un des outils de forage qui s'est cassé. Il faut le remplacer.

— Je vous en prie, un peu de patience.

Dans les jours qui suivent, María Segovia gravira la montagne à plusieurs reprises pour surveiller les foreuses et vérifier les dires du ministre. Cette grand-mère de 52 ans escalade les pentes comme une jeunette, d'autres femmes de mineurs sur les talons, agrippées à la montagne.

— On aurait dit des pumas sauvages dans les éboulis, remarquera María.

Les commissaires de police de Cristián Barra finissent par poster des carabiniers au pied de la montagne pour empêcher les femmes d'y accéder. Mais lorsque María décide d'aller voir de ses propres yeux les foreuses au travail, le garde détourne la tête. Elle retrouve son poste d'observation au sommet de la montagne, regarde les mâts des machines, presque perpendiculaires, la poussière de diorite qui s'élève dans les airs.

Elle redescend la pente à pas précautionneux, retrouve le hameau de tentes et de bâches que se sont constitué trois familles de mineurs. Chez les Segovia-Rojas, où les parents des cousins Pablo Rojas, Darío Segovia et Esteban Rojas patientent et dorment à l'occasion, les nuits ne sont pas silencieuses. On chante sous les étoiles australes ou dans le brouillard tourbillonnant, on entonne parfois *¡Chi-chi-chi,* *le-le-le, mineros de Chile!* Et l'on raconte aussi des histoires vécues par les cousins, tous trois quadragénaires, *niños* grandis dans les vallées voisines, en un temps où l'eau coulait encore dans le lit du Copiapó.

8

Une flamme hésitante

Lorsque les bruits de forage finissent par arriver aux oreilles des mineurs, ceux-ci vivent des heures à la fois exaltantes et paisibles. Victor Segovia n'arrive pas à fermer l'œil, et tend l'oreille une bonne partie de la nuit. Le lundi 9 août, à 4 heures, soit plus de huit heures après qu'il a commencé d'entendre le bruit des machines, il s'assoupit, rêve. Il est chez lui, dort dans son lit ; sa fille l'appelle. Pendant un instant, il se retrouve dans un vaste lieu plein de lumière, libéré des affres de la mine. Puis il rouvre les yeux : il est couché sur le sol de la Rampe, non loin du Refuge, un carton en guise de matelas ; la peur et la nostalgie l'envahissent de nouveau. Mais il y a maintenant deux foreuses qui creusent à leur recherche. Quelques heures plus tard, il témoigne dans son journal de l'amélioration du moral de ses compagnons. « Nous sommes plus détendus. Maintenant, ici, ça va devenir une vraie famille. Nous sommes amis et frères, parce que ce qui nous arrive, ça ne se produit qu'une fois dans une vie d'homme. » Les 33 au complet participent à la prière quotidienne, puis au repas qui suit. Aujourd'hui, ce sera un seul biscuit et peut-être une cuillerée de thon, ou bien quatre ou cinq centilitres de lait condensé dilué dans l'eau. Après manger, un mineur évoque pour la première fois la possibilité d'une action en justice : il faut que les propriétaires de la mine compensent leurs souffrances ! Le sujet reviendra régulièrement dans les conversations, les jours d'après. Juan Illanes, un homme du Sud, mécanicien et grand lecteur, suggérera que, s'ils s'en sortent, ils fassent tous « vœu de silence » concernant l'accident et n'en parlent qu'à leurs avocats, ce qui augmentera leurs chances de traîner les propriétaires en justice. La proposition mettra Esteban Rojas, 44 ans, expert en explosifs, en rage :

— Mais à quoi ça sert de parler d'avocats et de compensations, alors qu'on est encore dans le trou ? C'est complètement absurde !

Oui, c'est folie que de penser aux problèmes qui vous attendent à l'air libre alors que vous êtes coincé sous une montagne, à demi mort. « Elles sont si lentes, ces foreuses, écrit Victor Segovia dans son journal, quelques heures plus tard. Mon Dieu, quand allez-vous mettre fin à notre supplice ? Je voudrais continuer à me battre, mais je suis au bout du rouleau. »

Omar Reygadas a l'impression que l'air est plus lourd, plus chaud. D'habitude, dans la partie de la Rampe qui jouxte le Refuge, il y a un peu de circulation : à présent, plus un souffle. Et Omar a du mal à respirer. La longue frange blanche qui lui tombe sur le front lui donne un drôle d'air, mi-vieillard, mi-enfant. Ses 56 ans se sont mis à lui peser.

— *Estoy mal, estoy mal*, se plaint-il.

Je me sens mal, je me sens mal.

Il rêve, ou l'air a vraiment cessé de circuler ? demande-t-il à Franklin Lobos, plus âgé que lui. Franklin a d'autres chats à fouetter. Il a surélevé son genou, encore douloureux d'une vieille blessure au football, l'a emmitouflé dans une bande de caoutchouc prélevée sur le tapis de sol d'un des camions. L'humidité réveille la douleur articulaire. Or, depuis quelques jours, l'eau ruisselle près de l'endroit où il dort ; tout devient boue.

— Il faut que je me mette le genou au sec, explique-t-il aux hommes du Refuge.

Franklin a cependant bien entendu la question d'Omar.

— Oui, répond-il, l'air s'est alourdi. On dirait qu'il circule moins bien qu'avant.

Il se peut que certains passages invisibles de la mine aient été bouchés : les pierres ne cessent de s'ébouler, on en entend tout le temps tomber. Omar va respirer un peu d'oxygène – il y en a deux bouteilles dans le Refuge – mais cela ne donne rien. Mario Gómez, le camionneur de 63 ans qui a déjà perdu deux doigts dans un autre accident, a déjà vidé les réserves : ses poumons que la silicose a affaiblis ont trop de mal à faire vivre un corps amoché par des années de travail dans des galeries comme celle où se trouve Omar. Et le terrible régime auquel il doit se plier, moins d'une centaine de calories par jour maintenant, aggrave les choses.

Le jour suivant, mardi 10 août, le forage ne s'interrompt pas une seconde. Leur prière de ce midi-là s'achève sur une constatation collective : le 10, c'est le jour des Mineurs, une fête nationale. Saint Laurent est le patron des mineurs selon une tradition catholique qui date de mille ans. Au Chili, cela se traduit par des réjouissances qu'organisent les propriétaires de mines en l'honneur des employés et de leurs familles. Il n'y aura pas de banquet, aujourd'hui, mais les 33 se donnent le temps de célébrer par quelques déclarations leur propre travail, leur propre existence. Ils devraient être fiers d'être mineurs, se disent-ils. Le Chili s'est construit grâce aux efforts d'hommes qui ont risqué leur vie et leur santé au cœur des montagnes ; la mine est une composante indispensable de l'identité nationale chilienne. Pablo Neruda a dédié des poèmes aux mineurs du Nord ; les jeunes Chiliens lisent encore pendant leurs études le *Sub Terra* de Baldomero Lillo, qui raconte la vie des mineurs au début du XXe siècle, et d'autres romans du même genre. Les hommes de la San José sont des mineurs qui crèvent de faim dans une montagne, le jour de la fête des Mineurs. Cette simple vérité leur procure souffrance et fierté, au point qu'ils entonnent l'hymne national du Chili à la fin de leur « réunion ».

Ce chœur de 33 hommes affamés qui joignent leurs voix dans un même chant émeut Victor Segovia. « Pendant un moment, j'ai oublié que nous étions pris au piège », écrit-il dans son journal. Mais la sensation d'avoir retrouvé sa légèreté coutumière est de courte durée. Les heures passent, le bruit des foreuses s'amplifie – puis il s'éloigne dans la roche. On n'arrive plus à en percevoir l'origine ; il est de plus en plus ténu. *Où est-il parti ? Se dirige-t-il encore vers nous ?* Deux ou trois mineurs se joignent à Mario Gómez et, après s'être munis de briques de bois et autres objets, ils les collent aux parois, essaient de préciser la direction des sons. Les foreuses ne les trouveront peut-être pas. Cette idée prenant corps, Victor réfléchit de nouveau à son existence. Il n'a jamais quitté les vallées de la région, mais il est riche de sa famille ; ses parents sont de plus en plus nombreux à s'installer dans ses mélancoliques pensées. Dans ses carnets, il dresse de longues listes de parents par alliance, de cousins et d'oncles ; 35 personnes en tout, y compris des gens avec lesquels il est brouillé – ils ne se parlent plus depuis des années. Il demande à être pardonné s'il a oublié quelqu'un. En ce moment, précise-t-il, « il n'y a qu'une moitié de mon cerveau qui marche ».

Quand le bruit du forage s'amenuise et que les hommes se taisent, les mineurs du Refuge entendent un grondement intermittent. Il ne vient pas des murs, n'est pas provoqué par une quelconque chute de pierres. Non, il émane du Refuge lui-même, et est assez fort pour que Victor en prenne note. Le mineur ne le sait pas, mais la chose a un nom scientifique : *borborygmus*. C'est le bruit causé par les mouvements des couches musculaires de l'appareil digestif supérieur, quand elles cherchent à malaxer une nourriture inexistante. Un gargouillis doublé d'un grondement que déclenchent les restes infimes de leur ridicule repas de midi, et que la caisse de résonance constituée par leur estomac quasi vide accroît. Chaque contraction s'amplifie et se transmet à des oreilles affamées : les hommes ne peuvent que penser encore un peu plus à la nourriture.

Quelques mineurs jouent aux dames sur une table, au Refuge – ils se sont fabriqué des pièces en carton. Plus tard, comme les gars du « Clan » commencent à se complaire dans les prises de bec, Luis Urzúa, inquiet, confectionne un jeu de dominos avec le cadre en plastique blanc de son triangle de signalisation. Plus haut sur la Rampe, au Niveau 105, là où Luis et les mécaniciens dorment, Juan Illanes fait de son mieux pour soutenir le moral des *viejos*. Il leur raconte des histoires, de sa voix profonde de baryton. Illanes a l'élocution assurée et claire d'un présentateur de télévision. Il est intelligent, cultivé ; il a voyagé d'un bout à l'autre du Chili, a des centaines d'anecdotes à son répertoire.

Les sixième, septième et huitième jours de leur jeûne involontaire, Illanes leur parle essentiellement de nourriture.

— Vous avez déjà vu comment on fait cuire un agneau ? À la broche, sur le feu ? demande-t-il aux hommes rassemblés autour de lui, assis sur leurs lits improvisés avec des matelas de carton et de toile, et répartis sur la Rampe près du pick-up de Luis Urzúa.

Oui, répondent deux ou trois hommes, ils ont déjà vu des agneaux rôtir à la broche.

— D'accord. Mais 12 agneaux à la broche, vous avez déjà vu ça ?

Parler de festin à des hommes qui meurent de faim, quel supplice ! pourrait-on penser, mais personne ne fait taire Illanes, qui poursuit, guilleret, le récit de son banquet.

— J'étais dans la pampa, près de Puerto Natales.

Illanes était soldat, en 1978, à l'époque où le Chili et l'Argentine ont failli entrer en guerre.

— Je me trouvais avec 50 réservistes à 1 200 mètres… non, disons 800 mètres de la frontière.

On était fin décembre, une saison de festins traditionnels.

— Mais nous, on n'avait que la bouffe de l'armée…

Les rations fournies aux hommes envoyés sur le front étaient inodores et sans saveur. Un des soldats, un garçon du coin, avait eu une idée.

— Nous, ce n'est pas comme ça qu'on fête Noël : on fait des grandes célébrations…

Un autre soldat avait repéré des chevaux.

— Des canassons argentins – laids comme le péché, avec de grosses têtes, tout pelés, se souvient Illanes, hilare. Le gars du coin, qui avait une tête de gaucho, nous a dit qu'il allait faire affaire avec ces bestiaux, et il a disparu dans la nuit avec quelques-uns des chevaux. Le lendemain, on se réveille avec sous les yeux 12 agneaux, pas un de moins, sur quatre piquets, bien écorchés, bien nettoyés, parfaits.

Plusieurs mineurs arborent de grands sourires. Une douzaine d'agneaux embrochés, entre leurs piquets…

— On est tous allés chercher du bois, dit Illanes.

Les soldats s'étaient éparpillés dans la pampa sans arbres, pour ramasser la moindre brindille.

— On a vite eu de quoi faire un bon feu, une vraie tour de braise ! *Chiquillos*, c'était bien beau !

Illanes entend certains de ses frères mineurs pousser de petits soupirs de contentement. Ils sont sûrement en train d'imaginer les craquements du feu, de la graisse qui goutte dans les flammes. Mais l'histoire n'est pas finie.

— L'un des soldats gauchos est arrivé avec un sac et a distribué à chaque soldat un peu de tabac blond et une feuille à rouler, et on s'est tous confectionné notre cigarette, à la paysanne. En bref, *chiquillos*, ce fut un Noël mémorable.

Illanes raconte son banquet avec un tel luxe de détails qu'il ne peut l'avoir inventé. Dans la lumière sourde, sa voix lente donne aux mineurs l'impression qu'ils écoutent une vieille émission de radio. Il poursuit avec une autre anecdote militaire : lors d'une traversée de la pampa à cheval, sa découverte d'un champignon appelé *dihueñe*. Les nordistes, hommes de climat sec, ne connaissent pas ces mets rares.

— Ce sont des champignons qui poussent sur les arbres, leur apprend Illanes. Surtout sur les jeunes chênes blancs.

De couleur orange, gros comme des noix, la chair en nid d'abeille, ils contiennent un liquide sucré et translucide.

— Me voilà donc à cheval, et je passe à côté de ce buisson guère plus haut qu'un homme. Il est couvert de *dihueñes*. Il y en a tellement qu'on ne voit plus ses branches : les *dihueñes* sont gros comme des pommes !

— Non !

— Menteur !

— Je vous le jure. Gros comme des pommes, et *riquisimas*, avec ça. Les *viejos*, je vais vous dire : je me suis goinfré. Comme ils sont tout spongieux, tout légers, on n'est jamais rassasié.

Personne ne lui demande de se taire, de ne plus parler de nourriture.

— Quand on a faim, leur dit-il, plein du souvenir de sa vie de soldat dans la pampa, tout a bon goût.

Depuis sa révélation divine, depuis qu'il a compris qu'il lui fallait être fort pour ses frères mineurs, Omar Reygadas s'est efforcé de rester joyeux, de ne montrer que cette facette aux autres. Dieu est avec nous, leur répète-t-il. Mais la faim sape son énergie, et aussi les émotions contraires provoquées par le bruit des forages. Omar a 56 ans, et ce chiffre plane au-dessus de sa tête tandis qu'il pense aux douleurs qui lui envahissent le corps. Il a l'impression qu'on lui appuie sur la poitrine ; puis une sensation de brûlure lui parcourt le bras, qu'il n'arrive bientôt plus à bouger. *Un infarctus*, se dit-il. Le voici qui imagine son propre trépas, les 32 aux prises avec son cadavre qui, dans cette chaleur, va se décomposer à toute vitesse. La peur de la mort augmente tandis qu'il est couché sur le sol, près du Refuge, l'air lourd métamorphosé en mains invisibles, étouffantes. Mais soudain il sent un courant d'air. Une brise plus fraîche, qui souffle au-dessus de sa tête. Il se redresse sur son séant, allume son briquet : la flamme se penche, vers le haut de la Rampe. Le courant d'air vient de plus bas et remonte. Ils sont peut-être en train d'injecter de l'air dans la montagne ? Ou l'un des forages n'aurait-il pas enfin débouché sur une galerie, en contrebas ? Omar fait part de sa découverte aux autres. Un peu plus tard, le voilà qui descend la Rampe avec quelques mineurs. Ils vont explorer les profondeurs de la mine, voir s'ils peuvent détecter la source de ce courant d'air. Cet éventuel puits de forage qui mène à la surface, au contact avec le monde, les conduit dans les recoins et les virages de la Rampe, au Niveau 80 puis au 70 – et la flamme pointe toujours vers le haut. Ils finissent par emprunter le passage du Niveau 60 Sud : la flamme s'allume, droite, puis vacille et s'éteint. Il n'y a pas assez d'oxygène pour la faire tenir. Même constat au Niveau 60 Nord. Ils se rendent au Niveau 40 : la flamme danse, se recroqueville sur elle-même – là, il y a de l'air, un peu de fraîcheur – puis elle s'éteint de nouveau. Ils explorent nombre de passages abandonnés, sans repérer le conduit par lequel cet air frais entre au plus profond de la mine. Au cours de cette longue marche, de ces recherches, Omar fait une autre expérience : le poids qui pesait sur sa poitrine disparaît.

— Grâce à cette brise ténue, raconta-t-il, j'ai pu retrouver mon souffle. Et quand je suis remonté au Refuge, cette brise ne m'a plus quitté.

Près du Refuge, il croise José Henríquez, le Pasteur, lui raconte ce qu'il a vu et senti, ce souffle qui arrive du fond.

— Du fond ? Mais comment est-ce possible ? demande Henríquez. Les grottes sont toutes comblées. Aucun forage n'a encore abouti.

— Mon petit *compadre*, réplique Reygadas, c'est le trente-quatrième mineur. Il ne nous a pas abandonnés.

Le trente-quatrième mineur, c'est l'âme de tous les mineurs qui ont sué sous terre, l'esprit du dieu qui les protège.

Le courant d'air frais revient tous les jours, à 18 heures, en début de soirée.

— Cette petite brise (*vientecito*) se levait et nous apportait le calme, racontera Omar.

S'il sort de la San José, se dit-il, il en parlera au monde : ça ne peut pas rester enfoui là.

Ses années de travail sous terre ne lui fournissent aucune explication autre que celle-ci : c'est le souffle de Dieu dans la mine. Et même si ce n'est pas un miracle, mais plutôt le résultat d'un autre affaissement, peu importe. Car Omar croit qu'il a vu dans la flamme inclinée quelque chose de divin, le souffle de Dieu lui redonnant vie, envoyant de l'oxygène dans ses bronches. Il se détend, respire avec plus d'aisance, se sent mieux.

Les foreuses continuent à vriller la roche puis parfois s'arrêtent pendant des heures, laissant derrière elles un silence cruel qui – à mesure que les mineurs retrouvent leur ouïe – s'emplit peu à peu du bruit de leur souffle et de leur toux. Quand les forages s'interrompent, Edison Peña, qui se décrit comme un athlète, frémit. *C'est dingue !*

— Qu'est-ce qu'ils foutent, là-haut ? s'interroge un autre mineur, à son côté.

Edison se pose la même question. Ce garçon sensible, intelligent, n'a pas attendu que la guillotine de diorite s'abatte sur la Rampe et l'emmure vivant pour éprouver au plus profond de son être l'absurdité de la condition humaine. Il a déjà eu des moments de dépression, des idées de suicide : et chaque fois qu'il descendait dans les entrailles de la mine, il avait l'impression d'en finir avec lui-même.

— La mort a toujours rôdé dans la mine, déclarera-t-il. Je le savais bien, et tout le monde le savait. Mais quand on en parlait aux gens de l'extérieur, ils ne nous croyaient pas. Ils nous regardaient comme si on leur parlait de la planète Mars.

Pour Edison, le travail quotidien de la mine relève déjà d'un face-à-face avec cette vérité existentielle qu'on ne comprend souvent que confronté à l'ultime instant de sa vie : nous sommes mortels. Le trépas n'est jamais bien loin. Son heure à lui est peut-être arrivée ; son attente a pris fin. Telles sont les pensées qui lui viennent, en particulier lorsque les foreuses s'interrompent et que le silence s'installe dans les boyaux de la mine – deux heures, puis trois. *Ils ne cherchent plus. Ils ont lâché le morceau !* Quatre heures, cinq. À 34 ans, Edison a l'esprit alerte, lucide ; il éprouve dans sa chair le caractère brutal de l'existence – un vrai coup de pied au cul. Le voici prisonnier d'une sorte de métaphore du cycle de l'existence et de la finitude, à mi-chemin entre le grand soleil de la vraie vie et la mort, aveugle et sourde.

— Je sentais un vide. Mon corps n'avait plus de contenu, dira-t-il plus tard.

Certains de ses compagnons troublent le silence par des bruits divers, klaxons et autres, histoire de montrer à ceux du dehors qu'ils sont encore vivants, tout au fond de la mine. Edison écoute leur boucan. *Comme ils sont benêts, ces gars. Comme ils sont naïfs. On est à 700 mètres sous terre, putain ! Personne ne nous entend ! Personne !* Parmi les 33, Edison est peut-être celui qui perçoit avec le plus d'intensité la pression du destin – créature furieuse logée dans son estomac gargouillant, le sapant de l'intérieur. Huit heures, neuf. Plus un bruit. Personne ne les cherche plus. Edison tente de combattre le vide qui le ronge de l'intérieur, de s'en débarrasser ; il se tourne en tous sens sur le carrelage du Refuge, les yeux fous, le regard dans le vague. *Il est en train de perdre la tête*, pensent ses compagnons.

À la vérité, avant même de descendre dans la mine, Edison était déjà un peu dérangé. Oh, pas comme Mario Sepúlveda, extraverti et bavard. Non, Edison est plus secret, plus sombre, plus solitaire. En temps normal, il s'est plus d'une fois fait traiter de cinglé par ses collègues ; il a tendance, en effet, à ne pas respecter les consignes de sécurité, telle celle qui recommande à un mineur de ne jamais se déplacer seul dans la mine. Acte suicidaire, téméraire s'il en est : vous pouvez tomber dans une crevasse, vous faire écraser par une pierre, sans que personne n'entende vos sourds appels. L'attitude je-m'en-foutiste d'Edison et son regard ardent, possédé, l'ont fait surnommer « Rambo » par Alex Vega. Edison se promène toujours seul dans la mine, rêvasse dans ces boyaux funestes ; un jour, il a trouvé un roc énorme et meurtrier au milieu d'un passage qu'il empruntait souvent.

Et tandis qu'il attend que revienne le vacarme des foreuses, Edison flotte dans un espace de solitude psychologique et physique. Le tonnerre des éboulis, la matérialité des murs sans couleurs, aux arêtes innombrables et déchiquetées, la puanteur croissante de l'atmosphère : tout indique que ses frères mineurs et lui subissent un châtiment. *Comment Dieu peut-Il nous faire ça ?* se demande Edison. *Pourquoi moi ? Pourquoi nous ? Qu'est-ce que j'ai fait de mal ?* Et il y a aussi la punition que constitue l'absence de lumière.

— Ce qui nous tuait, c'était cette obscurité, se souviendra-t-il.

Edison, électricien, a aidé le mécanicien Illanes à installer une batterie au Refuge, ce qui leur procure un peu de lumière. Mais ladite batterie finit par se vider ; tout est englouti par les ténèbres les plus totales.

— Et c'est là que vous vous sentez vraiment aux enfers. L'enfer, ce sont les ténèbres.

Dans le monde du dehors, Edison était aux prises avec ce que l'on appelle un enfer conjugal : la vaisselle volait, les sentiments d'amour et de haine que sa femme et lui se portaient les incitaient aux pires disputes. Mais le vrai enfer, c'est celui qu'il vit maintenant, comme il le constate lorsque la lumière revient, si ténue. Il a l'impression d'être dans les catacombes du purgatoire que décrivait ce poète italien à la fin du Moyen Âge. Il voit des hommes qui dorment – ou pas –, leurs corps étendus sur des cartons ou des bâches, leurs visages maculés de suie et de sueur, dans le Refuge, et tout autour, alignés dans cette galerie, ce tunnel de pierre qui conduit au centre brûlant de la Terre.

— Devant ce spectacle, j'avais l'impression que mon heure était venue.

Mais il se trompe peut-être, car les forages recommencent après douze heures de silence. *Vrrrr-vrrrrr-tttt-tttt. Vrrrr-vrrrr-ttt-ttt.* Le bruit que font ces autres travailleurs lui fait du bien ; pendant quelques heures, il se sent plein d'une joie discrète. Puis… plus rien.

— Le silence, ça nous tuait, tout simplement, racontera-t-il. Parce qu'on avait l'impression d'être abandonnés, seuls au monde. Si aucun signe ne se manifeste, la foi s'épuise. Elle n'est pas complètement aveugle, la foi. Nous sommes fragiles, tout petits, vraiment. Je savais ce que c'était de se sentir impuissant et seul, pris au piège. La foi s'épuise peu à peu, elle ne croît pas avec le temps, non. C'est ce que les gens prétendent, mais c'est faux. Vous allez voir, les autres ont pas mal abondé dans ce sens. Mais c'est idiot. On ne se sent pas plus fort. Je ne sais pas… Quand je les entends, j'ai envie de les tuer !

Edison veut vivre. Et, pour ce faire, il décide de bouger le moins possible. Certains lui reprocheront, comme à d'autres membres du Clan du Refuge, d'y être resté cloîtré. Pour lui, pourtant, ça tombe sous le sens : sans rien à manger, mieux vaut attendre, se reposer.

— J'ai économisé mon énergie. J'allais marcher un peu. Et puis je me suis rendu compte que quand je voulais me lever pour aller aux toilettes, mes jambes ne m'obéissaient plus. Je me sentais crevé. Mais j'avais encore assez de cervelle pour survivre, pour ne rien faire qui puisse me tuer. On était pas mal à être dans cette situation.

De plus, dans ce Refuge un peu minable, au sol carrelé de blanc et à la porte d'acier, Edison est entouré de compagnons qui souffrent, qui enragent – d'une interminable plainte aux voix nombreuses.

— « Si je m'en sors, disaient-ils, je ferai telle ou telle chose », se rappellera Edison. Ou bien : « Si j'avais su, j'aurais été plus gentil avec mes enfants. » Quand tu demandais à un des gars combien il avait d'enfants, les larmes lui venaient aux yeux. Tu regardais ce gars à côté de toi, et tu comprenais qu'il était encore plus flingué que toi. C'est ça, la vraie version de l'histoire : il n'y avait pas de héros dans la mine.

Pas de héros, non, mais des hommes ordinaires habités par la peur, qui font taire les gémissements de leur estomac en buvant des litres d'eau sale et qui attendent tous les jours midi et la distribution du repas. Juste avant ce repas, José Henríquez, toujours aussi grand, le cheveu toujours aussi rare, dit une prière et quelques mots qui tiennent lieu de sermon. Parfois il cite, de mémoire, une parabole biblique. Celle de Jonas avalé par une baleine, par exemple, est particulièrement appropriée. Dieu avait envoyé Jonas en mission : il lui fallait aller parler dans un village. L'insolent préféra s'embarquer et voguer dans la direction opposée.

— Jonas avait un caractère de cochon, souligne Henríquez. Dieu lui a mis la pression.

Le Seigneur fit lever une tempête autour du navire. Lorsque les compagnons de Jonas comprirent qu'il était la cause de la colère divine, ils le jetèrent par-dessus bord. C'est alors qu'il fut englouti par la baleine.

— Il n'est pas bon de désobéir, conclut Henríquez.

Jonas se trouvait dans l'estomac des enfers, dans la *profundidad*, un terme que Henríquez a relevé dans la Bible et qui lui revient. Les « profondeurs » – ce mot, prononcé par un homme de Dieu au plus bas de la mine, impressionne très vivement le chroniqueur Victor Segovia, qui le notera quelques heures plus tard.

« Je suis descendu jusqu'au fond des montagnes, rapporte la Bible. Les barreaux de la Terre m'encerclaient pour toujours. » Jonas se soumet au Seigneur. Dieu, déclare-t-il, l'a tiré d'une vie de « corruption » ; il promet de Lui offrir des sacrifices « avec la voix de la gratitude ». Le Seigneur donne alors à la baleine l'ordre de recracher Jonas. Dans ce lieu affreux, cette prison aux parois de pierre, le message a plus d'impact que dans n'importe quelle église ; on dirait, songe Yonni Barrios, qu'ils sont eux-mêmes en train de vivre une parabole biblique.

Ils ont survécu deux semaines déjà sans faire un seul vrai repas, et peut-être n'en auront-ils plus jamais l'occasion ; tout ce qui leur arrive semble porteur d'un message plus profond. Victor Segovia ne fréquentait pas vraiment les églises : désormais il y va, pour ainsi dire, tous les jours ; et à chaque réunion de prière croît en leurs cœurs l'impression de constituer une union sacrée. Avant le désastre, écrit Victor, l'église n'était pour lui qu'un lieu où les pécheurs venaient chercher l'absolution. Mais ce dont Henríquez leur parle, c'est d'espoir et d'amour. Le Pasteur n'est plus le même ; il change, lui aussi : il a ôté sa chemise, tant sont intenses la chaleur et l'humidité ; il a coupé son pantalon au-dessus des genoux, et ses godasses éventrées ressemblent maintenant à des sandales. Torse nu, les poils trempés de sueur, le crâne luisant couronné de mèches hirsutes, Henríquez, lorsqu'il parle de Dieu, a de plus en plus l'air d'un fou mystique vivant dans une grotte du désert – ce que renforce la conviction qui anime ses propos. Le Christ vous aime en esprit, répète le Pasteur ; Victor plus tard note cette parole : « Cherchez-Le et vous comprendrez qu'Il vous aime, et vous trouverez la paix. » Et Victor, en effet, comprend. C'est une révélation.

« Je sais maintenant qu'on va aussi à l'église par gratitude, parce qu'on a été touché par la grâce de Dieu », écrit-il.

Dans un autre de ses sermons, Henríquez rapporte l'histoire de la multiplication des pains et du poisson. Jésus nourrit 5 000 personnes avec cinq miches de pain et deux poissons. Henríquez fait prier les mineurs : que le Seigneur, murmurent-ils, trouve le moyen de faire durer un peu plus leurs maigres réserves, qui ne vont pas tarder à s'épuiser.

— Le Pasteur, dans ses prières, demandait une multiplication de la nourriture, se souviendra Mario Sepúlveda. J'ai vu des *niños* ouvrir les cantines et jeter un coup d'œil dedans, pour voir si ça avait marché.

Mais les stocks sont de plus en plus réduits. Les hommes se mettent à fouiller les alentours, à la recherche de quelques miettes à récupérer. Yonni Barrios, l'homme qui, le jour de l'effondrement, n'a pas su empêcher le pillage des cantines, voit un des gars ramasser une vieille boîte de thon et en racler l'intérieur du doigt – un doigt qu'il ne cesse ensuite de se lécher. Yonni ne pensait pas voir un jour des gens comme eux, bien payés, en être réduits à de telles extrémités. D'autres mineurs fouillent les poubelles, mangent des pelures d'orange, bien nettoyées au préalable. Yonni lui-même dévore un trognon de poire bruni.

— Ah, délicieux ! La faim était terrible, commentera-t-il.

Victor Segovia mange des fruits entamés qu'il a trouvés dans les poubelles. Le mercredi 11 août, il en parle dans son journal, se rappelle avoir regardé à Copiapó les miséreux de la ville trier les ordures. « On détourne les yeux. Les gens se disent que ça ne peut pas leur arriver. Et regardez où j'en suis : je mange des épluchures, des trognons, tout ce qui est comestible. » Carlos Mamani, l'immigré bolivien, scrute le sol de la Rampe, à la recherche d'insectes ou de vers. S'il en trouve, il les avalera sans hésitation. Mais il n'y a pas plus de vers ou de coléoptères dans la mine que de papillons – ni d'araignées ou même de termites, d'ailleurs.

Les *niños* se sentent de plus en plus faibles. Ils ont du mal à se déplacer sur la pente à 10 degrés de la Rampe. Un sentiment de dégradation physique qui va croissant alors que, tout autour du Refuge, ruisselle l'eau des foreuses cherchant à les rejoindre. La poussière se fait boue – une boue qui colle à leurs semelles, fait déraper les véhicules quand les mineurs veulent s'en servir. Quelques-uns d'entre eux, à l'aide d'un chargeur sur pneus, tentent d'ériger une sorte de digue contre la montée de l'eau et de la boue ; elle ne tient pas longtemps.

Mario Sepúlveda patauge dans la gadoue, torse nu, noir de suie, une expression d'inquiétude et de perplexité sur le visage. Il ne parle plus, et les autres hommes le regardent s'éloigner, seul, le visage couvert d'une barbe de quelques jours aussi foncée que ses cheveux en brosse. Il se rend au camp des mécaniciens, au Niveau 190, pour leur faire part de ses sentiments : quelle honte, devoir crever dans ce trou ! Les mécanos essaient de lui redonner le moral. Il redescend au Refuge, sombre dans un sommeil agité, tout de même. Victor Segovia le regarde, qui dort et parle dans ses rêves :

— Francisco, répète-t-il.

Vision douloureuse, pour Victor, que celle de cet homme d'âge mûr dont le désir de revoir son enfant est si fort qu'il prononce son nom en dormant. Puis Mario se réveille, le regard morose, accablé ; cet homme au verbe si facile semble avoir perdu sa langue.

Les *niños* ont remarqué le silence derrière lequel se réfugie Carlos Mamani, dans son coin du Refuge, loin des autres. Des jours s'écoulent sans qu'il ouvre la bouche. La vingtaine d'hommes du Refuge juge le mutisme de ce très jeune homme au visage d'Indien troublant, morbide. Pourtant, il n'est causé que par la peur et la confusion. Le 5 août était son premier jour dans la mine, alors que tous les autres semblent se connaître, avoir entre eux des liens de sang.

Ces gars lui font peur : ils ne cessent de se disputer. Vont-ils être secourus ? Comment ? À qui la faute si les sauveteurs échouent ?…

— Je ne savais pas à qui me fier, expliquera-t-il.

Mario Sepúlveda, qui, l'heure d'avant, errait dans la mine en pleine dépression, recouvre sa lucidité et fixe Carlos Mamani avec insistance. Tous les gars du Refuge tendent l'oreille tandis que Mario, qui s'est levé, hèle le *Boliviano* d'une voix sonore.

— Hé, gars, approche donc ! Tu es aussi chilien que nous autres.

Les travailleurs chiliens n'ont pas beaucoup d'affection pour les Boliviens – la xénophobie est un phénomène mondial, mais, tout le monde le sait, il n'est pas facile d'être bolivien au Chili.

— Nous sommes tous tes amis, tes frères, poursuit Mario.

Et les hommes présents applaudissent à tout rompre ce discours ; certains même s'essuient les yeux. C'est vrai : ils sont tous en train de crever ensemble, un sort qu'ils ne souhaitent à personne, pas même au Bolivien. Carlos a passé des heures à regarder les gars jouer aux dominos ; ils l'invitent à les rejoindre. Comme c'est une nouveauté pour lui, ils lui apprennent les règles du jeu. Rien de compliqué : 28 dominos, qu'il faut joindre par paires, etc. Carlos comprend vite. Il se rend compte que ces parties incessantes peuvent réduire les nuits, atténuer les ténèbres. Au bout de quelques parties, il commence à gagner. Une fois, deux fois. Bientôt, il remporte toutes les parties.

— Zut, il a encore gagné ? Qui lui a appris à jouer, à ce Bolivien ?

Les hommes, au Chili, ont coutume de se payer la tête les uns des autres, pourvu qu'ils soient vraiment amis. C'est ce qu'on appelle *echándole la talla*. Traduction approximative : « prendre la mesure de l'autre ». L'art de se moquer de quelqu'un sans en venir aux poings est fort apprécié. Victor

Zamora est un maître en la matière. Raison pour laquelle personne ne lui en veut plus vraiment d'avoir incité ses frères au pillage, ce qui aggrave maintenant leur faim. À un moment ou à un autre, Victor a réussi à faire rire une bonne partie des gars du Refuge aux dépens de l'autre partie. « Holà, regardez ce pauvre Mario Gómez avec son bout de bois, à écouter les murs, dit-il. Eh, Mario, elle approche, la foreuse ? Elle vient d'où ? » Et Victor se redresse et tend la patte, comme Mario, à la manière d'un grand labrador. Lorsque Gómez regarde ailleurs, Zamora replie deux de ses doigts. C'est moche de se moquer d'une mutilation, les mineurs le savent, mais dans cette fichue grotte, c'est si drôle. « D'ici ! Non, elles arrivent par ici ! Elles sont tout près ! » La manière dont Zamora met Mario Gómez en boîte est si marrante que les *niños* se répètent leurs échanges, hilares, pendant des jours.

Pour intégrer Carlos Mamani dans leur petite bande, Mario Sepúlveda décide de se payer sa tête, en plaisantant sur ce qui le différencie des autres – c'est toujours comme ça que ça marche.

— Mamani, tu as drôlement intérêt à ce qu'ils nous retrouvent. S'ils nous laissent tomber, c'est toi qu'on mangera le premier, puisque tu es bolivien.

Blague qui n'émeut pas vraiment Carlos : bah, qui les prend au sérieux, les Chiliens ?

— Franchement, je n'ai pas pensé une seconde qu'ils allaient me manger, assurera-t-il plus tard.

Mais ça ne fait pas rire Rául Bustos. *Cette fois-ci, il est allé trop loin, ce dingue de Mario.* Sentiment que partagent d'autres mineurs. Il faut vraiment avoir une araignée au plafond pour faire des blagues de cannibale avec des gars qui n'ont rien mangé ou presque depuis dix jours. Ils sont bien en train de crever de faim, se disent certains ; l'idée de se nourrir du premier d'entre eux qui meurt n'est pas complètement absurde.

— Je sais que Mamani a eu un peu de mal à s'endormir, après cette histoire, affirme Florencio Avalos.

L'humour macabre de Mario inquiète Rául Bustos. Si la faim s'aggrave, les hommes resteront-ils solidaires ? À Talcahuano, après le raz-de-marée, certaines personnes ont laissé leurs instincts les plus primaires prendre le dessus. Mario Sepúlveda a de terribles sautes d'humeur ; Rául ressent maintenant ce que les vrais proches de Perri – sa famille, ses amis – savent : il ne contrôle pas toutes ses émotions. Il peut vous menacer une minute après vous avoir déclaré son amour. De plus, il est apparemment capable de tout pour sauver sa peau.

Ils ont beau s'affaiblir de jour en jour, Mario continue à chercher querelle à ses compagnons. Il se dispute avec Omar Reygadas au sujet des foreuses – et des foreurs. Comme Omar, plus âgé, a déjà travaillé avec des équipes de forage, chaque fois que les machines s'arrêtent ou que leur vacarme semble s'éloigner, il fait part de son expérience à ses compagnons. Au beau milieu d'un de ces silences, Omar conseille aux hommes de ne pas s'inquiéter, leur rappelant, une fois de plus, qu'ayant travaillé avec des foreurs, il connaît leurs méthodes.

— Ils ne renoncent pas, explique-t-il. Non, ils changent les outils de forage…

Les hommes souffrent à présent de malnutrition clinique, et en présentent les symptômes. Ils ont du mal à se traîner jusqu'à l'endroit où ils font leurs besoins. Quand ils y parviennent, qu'ils s'y accroupissent, la torture commence. Leurs intestins veulent expulser quelque chose : c'est audelà de leurs forces pourtant. Ce qui finit par sortir a un aspect pour le moins étrange. Leurs selles sont compactes, ovales, dures comme la pierre. *Des crottes de chèvre ou de lama*, se disent ceux qui ont grandi à la campagne, à la ferme.

Mario Sepúlveda est aussi constipé, aussi crevé, aussi désorienté que les autres. Et il commence à en avoir marre d'Omar, ce rabat-joie aux cheveux blancs.

— Tu pourrais pas changer de disque ? hurle-t-il soudain à son intention. Tu mens. T'y connais rien. T'es bête comme un âne !

— Ne me parle pas sur ce ton !

— Ferme-la !

Omar réagit à cette insulte infligée à son honneur en se relevant et en avançant, menaçant, vers Mario, sans réfléchir au fait que l'homme au cœur de chien est plus grand, plus fort et plus jeune que lui.

— On va régler le problème… près de la mare.

Sous les regards de quelques-uns des mineurs, les deux hommes s'éloignent du dortoir improvisé et descendent la Rampe. Leur destination est une galerie annexe dans laquelle une petite mare s'est accumulée, résultat des ruissellements provoqués par les opérations de forage. Mario, en chemin, songe aux coups qu'il va faire pleuvoir sur cet emmerdeur – une manière d'évacuer la rage qui a grandi en lui. Mais la mare est à 100 mètres du Refuge : le temps d'y arriver, une ou deux minutes, et sa colère s'est apaisée. Le *viejo*, lui, paraît décidé à se battre : il ne renoncera pas. Mario l'observe, voit un homme aussi affamé, aussi désespéré que lui. Non, cette bagarre est absurde : ils sont déjà si près de mourir !

— J'ai regardé ce gars qui était plus vieux que moi et je me suis dit : *Si moi, le jeune bélier, je bousille ce vieux bouc, il faudra que je m'explique. Et si le vieux bouc prend le dessus sur le jeune bélier, ça sera pire.*

Ils se toisent près de la mare, la lampe du casque de l'un éclairant le visage de l'autre, et réciproquement. Mario se fend soudain d'un sourire un peu fou, avant de faire part à son adversaire de ses comparaisons zoologiques, de s'excuser, de prendre le vieux entre ses bras en une étreinte suante et fraternelle. Ils meurent de faim, ils perdent la tête, mais ils sont encore frères.

— Désolé, *viejo. Perdoname*, excuse-moi.

Omar a l'air soulagé. Et vidé. Ils remontent au Refuge. À leur approche, les autres se lèvent ou se redressent sur leur séant, s'attendant à voir des gars couverts de bleus. Rien de cela, mais deux mineurs torse nu, gris de suie, hilares, affamés, blaguant comme les meilleurs amis du monde.

Juan Illanes a installé un éclairage aux Niveaux 105 et 90, mais l'impression qu'ils ont d'être assiégés par des ténèbres hostiles se fait de plus en plus forte, au fil des jours : d'ailleurs, faute de batteries, les ampoules faiblissent puis s'éteignent. La perspective de l'obscurité absolue rappelle à Alex Vega cette légende de la mine : quand on reste trop longtemps dans le noir, on devient aveugle. Et Jorge Galleguillos se souvient des quelques fois où sa lampe l'a lâché, au cours de sa carrière de mineur. Dans les ténèbres, l'homme perd rapidement le sens de l'orientation ; perdu, impuissant, il peut prendre peur, en cherchant à tâtons sans la trouver la paroi dont il se rappelait pourtant la proximité. Illanes cependant se rend compte qu'il est capable de recharger quelques-unes des batteries des lampes, au moyen des générateurs de leurs engins de chantier ; les ténèbres sont moins menaçantes quand les lampes remarchent.

Ceux qui veulent agir, les hommes du camp des mécaniciens, décident finalement qu'ils n'attendront pas sans rien faire l'arrivée des foreuses. Si personne ne donne signe de vie, les secouristes finiront par renoncer. Les emmurés vont réessayer de communiquer avec l'extérieur. Ils ont de la dynamite et des mèches, mais pas de détonateur, aucune explosion n'ayant été programmée le 5 août, jour de la catastrophe. Yonni Barrios et Juan Illanes ont néanmoins de la ressource : ils utilisent la poudre des mèches et l'aluminium des cartons de lait usagé pour fabriquer une sorte de détonateur qui suffira à enflammer l'explosif à base de nitrate dont ils se servent pour les petits travaux de la mine. Ils remontent la Rampe aussi haut qu'ils le peuvent et allument le détonateur bricolé par Yonni à 8 heures du matin – c'est le moment, semble-t-il, des changements d'équipe, et les forages s'arrêtent temporairement. Le silence s'installant, Yonni allume la mèche. Ça marche : la dynamite explose avec fracas. Mais personne à l'air libre ne doit l'entendre.

On est à 700 mètres sous terre, songe Juan. *Ils ne nous entendront jamais*.

Cependant, quand les forages reprennent, le son se rapproche sans cesse ; les vibrations, les martèlements sont manifestement plus présents dans la roche. « Celui-là, il est à moi », disent les mineurs. « Ah, c'est lui qui va finir par faire son trou. » Ils parcourent la Rampe, les galeries adjacentes, scrutant les parois, guettant l'arrivée des foreuses. Puis les sons s'éloignent. Et s'arrêtent.

Le 15 août, onzième jour de leur captivité sous terre, Victor Segovia rapporte dans son journal les signes d'un désespoir croissant. « Il est 10 h 25, on n'entend plus rien. Ils étaient très loin, j'ai l'impression. Je ne sais pas ce qu'ils fichent, là-haut. Pourquoi ça prend autant de temps ? Alex Vega a gueulé sur Claudio Yáñez, qui passe son temps à dormir et ne participe jamais à rien… » Il y a encore des tâches à accomplir, pourtant – notamment aller chercher l'eau aux citernes des niveaux supérieurs. Le 16, Victor écrit : « Personne ne dit plus grand-chose ici. » Le 17, il entend quelques gars discuter à voix basse. « Ils sont en train de craquer, note-t-il. Moi, je ne crois pas que Dieu nous ait sauvé de l'effondrement pour nous faire mourir de faim… Maintenant, les os saillent sous la peau de nos visages ; on pourrait nous compter les côtes ; nos jambes ne nous portent plus. »

Les forages ne reprennent pas avant des heures. Les *niños* parcourent la mine à la recherche du moindre bruit. Ah ! Les forages ont recommencé. Un jour durant, la roche palpite et grince ; la foreuse est de plus en plus proche. Les hommes se remettent à discuter de ce qu'ils ont prévu en cas de contact. Ils ont déniché une bombe de peinture rouge – en temps ordinaire, on s'en sert pour dessiner sur le chemin de l'air libre des carrés ou des ronds rouges. Si l'outil de forage perce enfin une paroi à leur niveau, ils le peindront en rouge. Ainsi, quand l'opérateur le remontera, il comprendra : c'est la preuve incontestable qu'il y a des vivants dans la mine. José Ojeda a travaillé dans le temps à El Teniente, la plus grande mine de cuivre souterraine du monde. Voilà ce qu'il a retenu des cours de secourisme dispensés là-bas : il faut donner trois informations essentielles aux secouristes potentiels – le nombre de survivants, leur situation et leur état de santé. Il prépare ledit message – pas plus de sept mots, tracés au feutre rouge sur une feuille de papier millimétré. Richard Villaroel, dont l'amie attend leur premier enfant, fouille dans sa trousse à outils, à la recherche du bout de métal le plus résistant qu'il puisse trouver. Il met la main sur une énorme clé. Si l'outil de forage finit par percer, il lui faudra frapper de toutes ses forces sur son tube métallique, de manière à produire un son pouvant survivre aux quelque 700 mètres qui les séparent de l'air libre. Là-haut, un des secouristes aura peut-être l'oreille collée au tuyau, guettant les manifestations d'éventuels survivants.

La journée passe, et ils se rendent compte alors que le forage dont ils surveillaient la progression est passé au-dessous d'eux. Ils essaient de le suivre à l'oreille, s'enfoncent dans la mine à pied, en camion, traquent les sons dans les boyaux qui serpentent à partir de la Rampe. Le bruit descend, descend, et finit par disparaître. Le 19 août, Segovia, le chroniqueur, écrit : « Nous perdons espoir. L'une des foreuses a longé les parois du Refuge mais elle ne les a pas percées. » Le lendemain, il ajoute : « Perri est au trente-sixième dessous. » Les hommes n'absorbent que de l'eau ce jour-là ; les réserves sont presque épuisées ; ils n'ont plus droit qu'à un biscuit toutes les quarante-huit heures. « La foreuse ne nous a PAS trouvés, constate Segovia le 21. Je commence à me demander si ce n'est pas le travail d'une main des ténèbres, qui ne veut pas que nous nous en sortions. »

Plus de deux semaines après la catastrophe, ce sont huit foreuses différentes que les emmurés ont entendues approcher puis s'arrêter ou disparaître dans les profondeurs de la montagne. Un groupe de mineurs a suivi la dernière tentative sur plusieurs niveaux, avant de se rendre compte, incrédules, que l'outil de forage dépassait le Niveau 40, au fond de la mine.

— C'était horrible, dira l'un des hommes. Comme une seconde mort !

Une fois de plus, la responsabilité des propriétaires de la mine paraît clairement engagée : les plans de la Compagnie minière de la San Esteban sont si imprécis que les foreuses des secouristes ne les trouveront jamais.

— *¡La planificación de la mina es una hueva!* hurlent les hommes. Les plans de la mine, c'est de la merde !

Les 33 sont assis dans le noir, à se demander s'ils mourront avec au cœur cette dernière, indigne vexation : crever de faim alors que d'autres hommes percent en vain la montagne à leur recherche, parce que leurs efforts sont anéantis par une entreprise trop minable pour savoir où se déploient ses propres galeries.

9

La grotte des rêves

Laurence Golborne, le ministre de l'Exploitation minière, est désespéré. Et les gens passent leur temps à lui donner les conseils les plus absurdes. Ses foreuses manquent leur cible, quand ce ne sont pas leurs outils de forage qui se cassent avant d'atteindre le niveau auquel les mineurs sont coincés. 11 ou 12 puits ont été percés, sans le moindre résultat. Mais le 19 août, alors que les 33 sont enfermés depuis exactement deux semaines, l'un des forages dépasse les 500 mètres, et deux galeries sont situées sur sa trajectoire. Tant du côté de Golborne que de celui de Sougarret et de ses hommes, on devient un temps optimiste. Le forage approche de son but, a-t-on assuré aux familles, qui ont organisé toute une série de veillées nocturnes, en signe d'espoir. Cependant le forage continue, continue, sans trouver la moindre galerie, le moindre boyau ; il atteindra 700 mètres en n'ayant traversé que de la pierre.

— L'opérateur s'était tellement impliqué sur le plan émotionnel qu'il n'a pas pu s'arrêter de forer, même si nous savions qu'il était déjà trop loin, déclare Golborne aux journalistes.

Il ne sait pas vraiment ce qui a fait échouer la tentative. Les plans fournis par les propriétaires ne sont peut-être pas très précis, suggère-t-il. Sougarret tient un discours similaire au quotidien *La Tercera*.

— Quand on n'a pas les bonnes informations, il est difficile de prendre les bonnes décisions.

Un autre responsable du gouvernement, resté anonyme, explique à *La Tercera* que la mine s'est peut-être complètement effondrée. Cette déclaration et d'autres tout aussi pessimistes finissent par atteindre les familles.

Cette nuit, elles se sont rebellées, constate Golborne. Vous faites n'importe quoi, lui ont-elles lancé. La Codelco, c'est pareil. Nous, on sait de quoi on parle. Écoutez-nous !

Un syndicat de *perquineros* (petits mineurs) affirme qu'il peut envoyer une équipe dans la mine, et qu'elle y entrera « sur le ventre » (*de guatitas*) ; il suffit que le gouvernement la fasse rouvrir.

À la demande de plusieurs familles éperdues, le ministre de l'Exploitation minière accepte finalement de rencontrer des personnes « de bon conseil », qui pourront peut-être être utiles aux secours. Parmi elles, une voyante, avec laquelle Golborne discute par une nuit glaciale.

— Je vois 17 corps, annonce-t-elle. L'un des hommes a les jambes écrasées. Il hurle.

Golborne décide de garder ces révélations pour lui. Les familles n'en sauront rien. Elles lui ont également envoyé un « chercheur de trésors », lequel a mis au point une technologie qui nécessite un bâton de coudrier. Cela lui permet apparemment d'étudier la surface de la montagne qui a enseveli les mineurs.

— En quoi consiste-t-elle, votre technologie ? s'enquiert Golborne.

— C'est très complexe, répond le chasseur de trésors.

— Je suis ingénieur. Je comprendrai. Ça marche comment ? Avec des ondes sonores ou thermiques ? Des différences de voltage ?

Le chercheur de trésors reste sur la défensive : non, c'est trop compliqué à expliquer. Ce qui n'empêche pas Golborne de lui donner libre accès à la montagne, plus pour faire plaisir aux familles que pour autre chose. Le chercheur de trésors déploie de longs tapis sur les pentes et prend des mesures à l'aide d'un outil inconnu. Une fois cette tâche accomplie, il assure au ministre, non sans arrogance, que les équipes de forage se sont complètement trompées d'endroit. Vous n'êtes qu'une bande de crétins, dit le chercheur de trésors à Golborne, à Sougarret et à leurs équipes. Et vous allez causer la mort de ces 33 hommes si vous ne suivez pas mes conseils, si vous ignorez le résultat de mes calculs. Creusez ailleurs ; sinon, vous ne les retrouverez jamais.

Golborne n'écoute pas le chercheur de trésors et descend la montagne pour aller discuter avec une femme qui, d'habitude, gagne sa vie en vendant des gâteaux sur la plage. Elle a su gagner la confiance des familles ; à Golborne de gagner la sienne. Elle doit comprendre qu'il fait tout son possible pour sauver les hommes ; que lui et son gouvernement utilisent toutes les ressources à leur disposition, toutes les technologies. Il parle donc à María Segovia, la sœur de Darío, la Mairesse du camp des familles. María a suivi la progression de la foreuse : 530 mètres, 550, 600, et chaque niveau lui a infligé une souffrance supplémentaire.

— Le temps nous est compté, lui dit-elle.

Elle répète ces mots : *Se nos está acabando el tiempo*.

— On continue les forages, promet-il, même si l'expression de son visage, lasse, inquiète, le trahit. Nous n'avons pas renoncé.

— Cette conversation avec le ministre, c'est mon moment le plus sombre, se souviendra María Segovia. Il faut se battre, encore, toujours, mais en même temps, tout ce qu'on ressent, c'est de la tristesse, de l'inquiétude, de l'impuissance.

Elle s'est recroquevillée pour se protéger un tant soit peu du froid ; le ministre parle, son blouson rouge sur le dos

– GOUVERNEMENT DU CHILI y est inscrit en lettres blanches. Le ministre vient souvent la voir au camp. Il s'installe sous la tente, avec elle et d'autres parents de Darío ; ils boivent du maté ; elle lui fait un peu plus confiance. En présence de María, Golborne est curieusement humble. Un des forages n'est plus qu'à deux jours de sa cible, affirme-t-il. María s'efforce de surmonter la méfiance que lui inspirent les privilégiés et leurs déclarations. Elle essaie de le croire.

En moyenne, le cerveau de l'homme a besoin de 120 grammes de glucose par jour pour survivre. Les 33 mineurs absorbent moins de 5 % de cette quantité. Lorsqu'un être humain est privé pendant vingt-quatre heures de nourriture, son organisme transforme le glycogène stocké dans son foie en glucose. Après deux ou trois jours, le corps se rabat sur les graisses du torse, de l'abdomen, ainsi que sur celles qui entourent les reins et d'autres organes. Cependant, ce n'est pas de graisse que le système nerveux central se nourrit. Il lui faut des corps cétoniques, que le foie produit à partir des graisses. Lorsque cette réserve est épuisée, ce sont les protéines que le foie modifie ; elles viennent pour l'essentiel des muscles et sont transformées en amino-acides que le foie peut convertir en sucres. Pour survivre, le cerveau humain commence à dévorer les muscles du corps qui le porte. C'est à ce stade que se situe l'état de famine. Après deux semaines de disette, le plus petit et le plus mince des 33 mineurs prisonniers de la San José en affiche les effets à un point tel que ses compagnons le remarquent.

Les clavicules d'Alex Vega saillent sous sa peau.

— Eh, toi, le Cadre de Vélo, tu t'es regardé ? lance Omar Reygadas au petit Alex, l'homme qui est descendu dans la mine pour agrandir sa maison.

Puis Omar se ravise : non, un cadre de vélo, ce n'est pas une comparaison qui tient la route pour le frêle Alex au torse nu. Le pauvre, on dirait un bout de *charqui* – ce mot, en espagnol chilien, désigne la viande séchée. Alex, c'est du *charqui de mariposa*. Du *charqui* de papillon.

— Vous imaginez la tête que ça peut avoir, le *charqui* de papillon ? Il ne reste quasiment rien, juste une pincée de poussière.

Alex prend la chose pour ce qu'elle est : une blague affectueuse. Omar lui-même n'a pas l'air très reluisant, au demeurant. Ils sont tous passablement entamés. Leurs métabolismes se mettent en veille : ils dorment plus longtemps que de coutume, y compris les plus dynamiques. Leurs idées se font plus confuses. Ils sont plusieurs à faire l'expérience d'un symptôme inattendu de la privation de nourriture, bien connu de ceux qui jeûnent plus d'une semaine : leurs rêves et leurs cauchemars sont particulièrement longs, lucides et précis. Ils ressemblent fort à la réalité, ce que les jeûneurs volontaires attribuent à la purification du corps et du cerveau. Les rêveurs sont conduits par leurs cerveaux affamés en des lieux de mémoire et de désir où se déroulent des pièces de théâtre composées à partir de leur biographie intime et jouées par leurs parents et leurs amis.

Carlos Mamani, le nouveau numéro un du championnat de dominos du Refuge, se retrouve toutes les nuits embarqué dans de longs voyages.

— Je dormais pour ne pas sentir la faim, racontera-t-il. Je rêvais, et dans mes rêves j'allais voir mes frères et sœurs. Je me réveillais un moment, me rendormais et allais voir un autre frère.

Des frères et sœurs, il en a huit, qui vivent aux quatre coins de la Bolivie. Certains sont restés dans leur village natal de Chojlla, dans la province de Gualberto Villaroel ; d'autres sont à La Paz ou à Cochabamba. Les Mamani, orphelins, se sont élevés les uns les autres.

— La seule à qui je n'ai pas rendu visite, c'est ma sœur aînée, qui m'a fait poursuivre mes études après la mort de nos parents. Sinon, je les ai tous vus, les uns après les autres. Et mes tantes et mes cousins.

En rêve, Carlos marche dans l'Altiplano, sur les pistes, longeant les enclos des lamas et des chèvres ; il entre dans des petits salons bourrés de meubles, dans des immeubles de grande ville, ou retourne dans son village, duquel on voit les hauteurs de l'Illimani – l'Aigle d'or – et ses glaciers. C'est là qu'il a grandi : dans les champs de pommes de terre et d'avoine, de *cañahua* et de quinoa.

— Je suis un enfant du *campo*, des provinces, ajoutera-t-il. À la campagne, chez moi, on dit que quand quelqu'un va mourir, il marche dans la nuit. Je marchais, dans mes rêves.

Quand il se réveille, ce qu'il comprend de ses songes l'attriste. Il n'est pas prêt à mourir si jeune. Il se souvient du temps où, orphelin, à Chojlla, il a continué d'aller à l'école, cédant à la pression de sa sœur aînée. Le trajet était long : le soir, parfois, il ne rentrait pas avant 20 ou 21 heures. Dans la nuit, il lui arrivait d'apercevoir des formes humaines – des apparitions qui ne duraient pas. C'était les esprits de ceux qui allaient mourir, pensait-il. À présent, il est comme ces gens : son esprit vagabonde pendant son sommeil. Il rend visite à ses frères et sœurs en une chaîne de rêves – sauf à sa sœur aînée, celle qui a pris soin de lui lorsque leur mère est morte. Carlos n'avait que 4 ans. Il se rappelle les funérailles de sa mère – une longue fête, dans son souvenir, avec des choses à manger et des enfants qui couraient dans tous les sens. Les années passées avec sa sœur ont laissé une marque plus forte. Elle l'aidait à se préparer pour l'école. Il n'a pas encore rêvé d'elle, n'en rêvera pas.

— Je me disais que si je lui rendais visite en songe, ça signifierait que j'allais vraiment mourir.

Il lui vient tout autre chose : il rêve qu'il se tient dans un énorme seau en métal – il y en avait un dans l'une des mines où il a travaillé –, lequel remonte vers l'air libre. Comme un ascenseur. Bientôt, il est à la lumière du jour, sauvé.

Eduardo Hurtado et son équipe de Terraservice, remis de leur échec précédent, procèdent maintenant au forage numéro 10B. C'est leur troisième essai. Ils ont commencé à l'aube du mardi 17 août. Tous les 100 mètres, ils s'arrêtent ; la topographe, Sandra Jara, plonge un gyroscope dans le puits et mesure leur progression. Jara, Hurtado et les foreurs se concertent. La foreuse s'enfonce ; alors, unissant leurs connaissances topographiques et leurs compétences techniques, ils prennent une décision importante : désormais, ils vont creuser lentement, sacrifiant la vitesse à la précision. De 12 à 15 tours par minute, ils passent à six. Nelson Flores, l'un des quatre techniciens – il y a deux équipes de deux foreurs qui se relèvent toutes les douze heures –, comprend ce choix, pourtant contraire à ses instincts.

— C'est trop lent, on s'emmerde. On veut en finir, dit-il.

Quand il a fini ses douze heures, il rejoint les autres secouristes et franchit le portail sous les applaudissements des familles.

Durant l'une de ces nuits où les repas inexistants et les foreuses lointaines lui dévorent l'esprit, Edison Peña, tout en cherchant le sommeil, gémit.

— Je vais mourir, je vais mourir, répète-t-il pendant de longues minutes.

À deux pas, Mario Sepúlveda, qui lui aussi essaie de dormir, entend son ami et ne sait plus quoi faire. *Ça suffit, Edison*, se dit-il. Mais voilà que le farceur se réveille en lui. Il secoue la tête, de même que Edison agonisant, et, la bouche ouverte sur un gargouillis étouffé, feint d'être saisi par les convulsions de la faim extrême, aux portes de la mort. Bientôt, il prononce ses dernières paroles, comme un acteur dans un film. Mario adore toujours le cinéma, surtout les films de Mel Gibson.

— Edison, c'est la fin, gémit-il d'une voix éteinte. Je vais mourir. Je me sens partir. Tu diras… à ma femme… que…

Là-dessus, il ferme les yeux et se tait. Edison se redresse pour se pencher sur Mario, qu'il prend par les épaules et secoue, désespéré.

— Non, Perri, non ! Ne meurs pas !

Mario rouvre les yeux, décoche un sourire moqueur à son ami, suivi d'un grand éclat de rire et de divers adjectifs bien sentis qui décrivent les imbéciles en chilien vulgaire. Cette fausse mort est l'un de ses numéros les plus drôles, aucun doute. Edison embraie, comme s'il était dans la confidence depuis le début. D'ailleurs, un peu plus tard, ils rejouent leur sketch. Mais, cette fois-ci, Edison réplique :

— Perri, dis-moi, le pognon, tu l'as planqué où ? Hein ? Il est où, le pognon ?

Un des témoins de la scène ne saura que penser.

— Ça avait l'air d'une blague, au début, avouera-t-il, et puis au bout d'un moment, on a eu l'impression qu'il mourait pour de bon.

Difficile de croire que des hommes aussi proches de la mort que ceux-là le sont – c'est la première fois qu'ils la voient d'aussi près – puissent être capables d'en rire. Mais Mario et Edison ne sont pas faits de la même étoffe que les autres.

— Parfois, explique Edison, la seule chose qui vous fasse encore rire, c'est d'accepter l'idée que vous êtes foutu.

Et pendant quelques heures après leur absurde petit numéro, l'étouffant nuage de la mort imminente se dissipe, face à cette vision de Mario en train de se payer la tête d'Edison mourant. C'est le seul qui puisse oser pareil sacrilège : se moquer des lamentations d'un agonisant. Et cet homme les a rassemblés pour une prière ; cet homme leur a dit, à eux qui meurent de faim, qu'il allait manger quelqu'un.

Plus haut, au Niveau 105, là où campent les mécaniciens, l'affable Juan Illanes, l'homme à la voix de présentateur radio, celui qui a toujours les pieds sur terre, entretient le moral de ses troupes avec son répertoire d'histoires et de conférences improvisées. En temps normal, Illanes est un peu rasoir ; mais, pour les emmurés, ce bavardage incessant constitue une distraction bienvenue. Il le sait, quelques-uns de ses compagnons se font du souci pour leur famille – leur femme, leurs enfants, comment vont-ils se débrouiller sans eux, sans leur salaire – si, par malheur, les foreuses ne les retrouvent pas ? Rául Bustos, qui a deux gamins en bas âge, et Richard Villaroel, dont la femme attend leur premier bébé, sont particulièrement inquiets. Alors, Illanes décide de leur faire un cours sur le code du travail au Chili.

— Bon, dans l'hypothèse où nous ne nous en sortons pas, dit-il, les textes concernant la Sécurité sociale et les accidents miniers sont très précis. Il y a des indemnités. Je ne connais pas exactement leur montant, mais je crois que ça tourne autour de 2 000 UF. Ou peut-être 3 000.

— Ah bon ?

— Mais c'est énorme !

Pendant quelques instants, les hommes oublient leur malheur et s'adonnent au calcul mental. L'UF, ou *Unidad de fomento*, est une unité monétaire indexée sur l'inflation dont le gouvernement chilien use pour certaines transactions financières. En ce mois d'août, une UF vaut un peu plus de 20 000 pesos chiliens, soit 40 dollars. Ce qu'Illanes est en train d'affirmer aux *niños*, c'est que leurs familles pourraient toucher entre 80 000 et 120 000 dollars, soit dix ans du salaire moyen d'un ouvrier chilien.

— Mais ce n'est pas tout, poursuit Illanes. Vos veuves – on est toujours dans la théorie, hein ? –, vos veuves, donc, ont droit à votre salaire si vous mourez dans un accident du travail. C'est la loi 16744.

Illanes se fait fort de connaître le numéro de la loi (il ne se trompe pas, du reste) : *diecíséis mil setecientos cuaranta y cuatro*. Cette précision, de même que ses descriptions de barbecue dans la pampa ou de champignons exotiques, insuffle un supplément de réalité à son récit.

— D'après cette loi, ce à quoi ta femme a droit est calculé par rapport à ton salaire moyen des trois derniers mois. Elle le touche jusqu'à ses 35 ans. Mais si tes enfants sont encore au lycée ou vont à l'université, le versement est prolongé jusqu'à ses 45 ans. D'ici là, ajoute-t-il avec un sourire malicieux, elle aura sûrement trouvé un *viejo* pour s'occuper d'elle.

Comment est-il au courant de tout ça, Illanes ?

— Quand tu lis la loi, explique-t-il aux hommes, tu vois que ton entreprise est censée te tenir au courant. Et j'ai travaillé dans tellement de mines, j'ai tellement entendu parler de ces textes que j'ai fini par tout retenir.

Il parle comme un avocat, Illanes, et non plus comme le mécanicien qu'il est. Son résumé clair du code du travail chilien rassure un peu les hommes ; même s'ils ne sortent jamais de ce trou, se disent-ils, ils pourront encore venir en aide à leurs familles, d'une certaine manière.

Quand Illanes cesse de parler, quand il se retrouve face à ses propres pensées, il s'occupe l'esprit de diverses manières. Il s'imagine à l'air libre, prêt à reprendre une vie normale, avec les corvées domestiques qui l'accompagnent. Empruntant à Papillon, le bagnard français de l'île du Diable, les exercices mentaux qui lui permirent de garder la raison, Illanes s'extirpe de la prison de la mine et revient chez lui, là où demeurent empilées les quelques planches avec lesquelles il était en train de fabriquer une table. Et il la finit, avant de s'occuper d'autres choses.

Il y a une fuite au plafond. Je vais réparer le toit, du coup. Je vais acheter trois éléments de gouttière et 2 mètres de tubes de descente. Combien ça me coûtera ?

Il refait les calculs des dizaines de fois ; dresse la liste des vis à bois, des fixations et des outils dont il a besoin. Il monte sur l'échelle posée contre la façade, une perceuse à la main, en redescend. Et lorsqu'il a fini ce travail, il le recommence. Quand cela ne le distrait plus, il se dit qu'il aimerait bien se rappeler les hymnes qu'il devait chanter lorsqu'il était enfant de chœur, l'année de ses 14 ans. Illanes chante toujours à l'église, chez lui, à Chillán, mais il voudrait se remémorer un vieil air qu'il n'a pas entendu depuis des années. Il ne se souvient que du début : « *Quiero cantarle una linda cancion…* » Qu'est-il advenu du reste ? Pendant trois nuits, Illanes se triture la cervelle, à la recherche des autres paroles. Lentement, les mots lui reviennent, par bribes. Cela aussi, c'est une construction. À la fin de la quatrième nuit, il a tout reconstitué : les quatre strophes, les 16 vers, y compris le dernier. « Ce n'est qu'en Lui que je trouve le bonheur. *Solo en Él encontré la felicidad.* » L'hymne enfin au complet, Illanes emprunte l'un des nombreux boyaux de la mine et va, seul, en un lieu où nul ne l'entendra. Il chante l'hymne à haute voix, comme l'adolescent qu'il a été, et ses larmes coulent : quelle beauté il y avait dans le fait d'être jeune et de pouvoir chanter !

Aux quatorzième et quinzième jours de leur enfermement, les hommes, même ceux qui se sont jusqu'ici occupé l'esprit et le corps et ont travaillé dur, commencent à céder à la fatigue et au désespoir. Pendant deux semaines, Florencio Avalos, le bras droit de Luis Urzúa, a parcouru en camion ce qui reste de la mine, allant chercher l'eau, explorant les galeries, essayant d'envoyer des messages au monde extérieur. Il est allé au Refuge, pour tenter de remonter le moral à son jeune frère, Renán, qui ne quitte pratiquement pas son matelas de fortune. « Lève-toi, Renán, allez, l'enjoint-il. Fais quelque chose, coopère, sors d'ici, ça pue, là-dedans ! » Et parfois ça marche. Renán se lève et travaille pendant un moment. Ce que Florencio ne peut pas dire, c'est qu'il s'inquiète follement pour son cadet. Celui-ci a peut-être le projet de se tirer de ce très mauvais pas d'une manière qui n'est pas rare chez les mineurs : sauter dans El Rajo et y laisser sa peau. Quand on braque une lampe dans cet abîme, on ne voit que ténèbres. Se tuer dans le Gouffre, c'est comme se noyer dans un trou noir. On peut se tuer dans une mine en tombant de 3 ou 4 mètres, mais les crevasses du Gouffre font parfois 30 ou 40 mètres de profondeur. Quelques hommes avoueront plus tard avoir pensé à cette manière d'en finir, pour échapper à l'incessante torture auditive de la montagne, son constant tonnerre d'éboulis.

Mais ce n'est pas Renán à présent qui touche le fond, c'est Florencio lui-même. Ce contremaître de l'équipe, son *capataz*, qui est l'un des rares mineurs de la San José à faire l'admiration de tous.

— Notre *capataz* est jeune, mais c'est un type extraordinaire, dira de lui Mario Sepúlveda alors que les hommes sont encore piégés. Il surmonte tous les obstacles (*tirando para arriba*), il a de belles qualités humaines.

Florencio, pourtant, commence à se sentir sombrer, la nuit où, s'étant endormi sur un lit de gros tubes en caoutchouc, il est réveillé par l'eau qui ruisselle sur ses jambes. Il se redresse, se débat littéralement dans la mer de boue qui lui monte aux chevilles en vagues visqueuses. On ne marche pas, là-dedans, on patauge. Et quand il opte pour partir en camion, les roues patinent, glissent, refusent d'avancer ; alors s'ancre plus encore en lui le sentiment qu'il est inutile désormais d'essayer de sortir de là.

Florencio est en train de monter la Rampe avec quelques compagnons et le grand seau qui leur sert à transporter l'eau lorsque la futilité de leurs efforts le submerge. Incapable de faire un pas de plus, il se fige. Puis, à l'insu des autres gars, il se dirige vers un de leurs camions et pénètre dans l'habitacle. Tandis que l'équipe de la corvée d'eau s'éloigne et que ses lampes pâlissent dans l'obscurité, il reste dans le noir : c'est lui qui est en panne. *Hasta aquí llegó*, songe-t-il. Il est au bout du chemin. Il s'adosse au dossier du siège, épuisé. La batterie du camion a été démontée ; elle sert maintenant à éclairer le Refuge. Florencio s'est volontairement condamné à l'impuissance et à l'aveuglement. Il se sent plus faible que jamais. *Ah, que la mort me prenne ici*, se dit-il, *sur ce siège bien rembourré, la vitre relevée, loin de la boue et du tonnerre*. Seul, dans le noir le plus complet, il en vient à accepter l'idée qu'il va s'endormir pour ne jamais se réveiller. Il songe à ses enfants, les imagine grandissant sans père. César Alexis, 16 ans – ce garçon qu'ils ont eu, Mónica et lui, quand ils étaient adolescents ; et Byron, 8 ans. À quoi ressembleront-ils, adultes, ses deux fils ? Comment le temps se déroulera-t-il sans lui ; seront-ils grands, petits ; qu'accompliront-ils ? Fonderont-ils des familles ? Auront-ils des maisons ? Il n'est pas difficile de voir Ale adulte : il l'est déjà presque, responsable, studieux. Florencio songe que s'il meurt sous la montagne, aucun de ses fils ne travaillera jamais à la mine, c'est certain.

Mais les hommes de la corvée d'eau finissent par se rendre compte de son absence. Ils le cherchent dans les boyaux, au Refuge, là où les mineurs font leurs besoins. Il n'est nulle part.

Florencio sombre dans un lourd sommeil. Lorsqu'il se réveille, son désespoir est moins impérieux. Il voit de la lumière et se redresse ; bientôt, les lampes des hommes partis à sa recherche lui dansent sur le visage.

— Tu étais là, Florencio.

— On s'en faisait pour toi.

— On a cru que tu t'étais balancé dans El Rajo.

Au seizième jour sans nouvelles, les femmes, les amies et les enfants des 33 mineurs coincés dans la mine de San José s'autorisent également à imaginer un avenir sans leurs hommes. Elvira Valdivia, la femme de Mario Sepúlveda, a pris une chambre dans un hôtel de Copiapó et, tous les soirs, elle a prié au pied du lit avec son fils et sa fille. Le seizième jour, après ce rituel, son fils Francisco lui pose une question :

— Tu crois vraiment que mon père est encore vivant ?

Il a beau n'avoir que 13 ans, son ton est celui d'un adulte. Il attend une vraie réponse.

— Oui, dit Elvira.

Mais il y a peut-être une nuance de doute dans sa voix, qui donne à penser qu'elle est en train de perdre espoir, car le garçon pose une seconde question :

— Et si ce n'est pas le cas ?

Elvira réfléchit avant de reprendre la parole.

— Mon fils, il faut envisager toutes les possibilités ; car si jamais ton père est mort, c'est que Dieu en a décidé ainsi. Il est possible que son chemin se soit arrêté là, que nous devions apprendre à vivre sans lui. Même si ça peut paraître absurde, c'est peut-être ce qui va se passer.

— *¡Pucha, mami, qué lata sería!* Zut, maman, ça serait moche ! s'exclame l'enfant. Mais qu'est-ce qu'on y peut ?

De l'éventualité de la mort de Mario, Elvira ne peut et ne veut cependant pas discuter avec sa fille de 18 ans, qui semble au bord de l'abîme. Scarlette prend des somnifères ; elle pose à sa mère des questions auxquelles on ne peut pas répondre.

— Tu crois que mon père a de l'eau ? de la lumière ?

Alors, Elvira n'exprime jamais ses doutes devant sa fille. Francisco, lui, veut savoir ; il se prépare à un avenir dont sera absent celui qui est pourtant son héros. Si Francisco a fait ce choix, c'est que son père l'a élevé « en guerrier », en homme qui doit affronter des vérités douloureuses. Elvira s'en rend maintenant compte, Francisco a hérité de la force et de la détermination de son père, mais il a en plus cet équilibre qui manque à Mario. À sa naissance, Francisco ne pesait peut-être qu'un kilo, mais c'est l'un des miracles dont l'espèce humaine est capable : qu'un enfant qui, le jour où sa mère l'a tenu pour la première fois dans ses bras, était aussi fragile et petit soit devenu un adolescent dont la force intérieure lui permet de soutenir cette même mère, de l'aider à affronter un futur sans son bien-aimé.

C'est à peu près l'heure où, des centaines de mètres sous terre, Mario Sepúlveda distribue – c'est toujours son rôle – le repas quotidien des hommes – encore que celui-ci ne soit plus quotidien, et qu'il soit difficile de l'appeler repas. Petit déjeuner, déjeuner et dîner ont fusionné en un seul événement qui ne se produit plus que toutes les quarante-huit heures. Un biscuit qu'on peut encore couper en deux. À la fin d'un de ces repas, Mario sert un dessert. Une tranche de pêche en conserve grosse comme le pouce a en effet survécu à une répartition du contenu de la boîte entre les mineurs. Cette unique tranche est un mets précieux ; il va falloir la partager en 33. C'est de la microchirurgie : Mario opère avec lenteur sous le regard appuyé de quelques *niños*.

— Excuse-moi, Perri, mais j'ai l'impression que ce morceau est plus gros que les autres, dit l'un d'entre eux.

Lorsque Mario a fini son découpage, chaque mineur a droit à un minuscule fragment de la taille d'un ongle. Comme la plupart de ses compagnons, Mario fait traîner sur sa langue ce soupçon de fruit au sirop, pareil à une hostie, le plus longtemps possible. De fait, il le garde un bon moment, jusqu'à ce qu'un des gars le bouscule, et le voilà qui avale le morceau de fruit sans l'avoir voulu. Il est furieux, collerait volontiers une gifle à l'autre idiot.

La plupart du temps, cependant, il n'y a qu'un biscuit, soit 40 calories et moins de deux grammes de lipides – impossible de survivre avec ça. Victor Zamora qui, deux semaines plus tôt, a organisé le pillage des réserves s'en rend bien compte.

— C'est la chose la plus affreuse qui soit, dira-t-il. Et je ne l'oublierai jamais : voir ses *compañeros* mourir sous ses yeux.

Désormais, la réunion de prière quotidienne a évolué : elle intègre aussi des instants de confession publique, de plus en plus longs. « Je suis désolé d'avoir haussé le ton, avoue par exemple un mineur. Je suis désolé de ne pas être allé chercher de l'eau avec les autres hier. » Aujourd'hui, c'est au tour de Victor Zamora de battre sa coulpe. Son visage a perdu de sa rondeur, ses boucles abondantes sont alourdies par la sueur et la crasse.

— J'ai des choses à dire au groupe, commence-t-il. J'ai commis une bêtise. Je fais partie de ceux qui ont pillé la nourriture, le premier jour, et j'en suis désolé. Je le regrette profondément.

Les mineurs n'étaient pas tous au courant de son rôle ce jour-là ; certains ne l'apprennent donc qu'à cette occasion.

— Je pensais qu'on allait rester coincés seulement deux ou trois jours, poursuit-il. Je ne me suis pas rendu compte du mal que j'allais causer. Et maintenant, je le regrette infiniment.

Victor semble nerveux à l'extrême ; son visage exprime un profond remords, et sa voix est douce et tremblante.

— On a tous compris qu'il avait vraiment honte d'avoir fait ça, commentera plus tard Omar Reygadas.

Après ces excuses publiques, il est temps de manger, puisque c'est le bon jour. Mais Alex Vega s'avance.

— Je peux dire quelque chose ?

Le petit Alex n'est plus El Papi Ricky, mais Cadre de Vélo, ou Charqui de Mariposa – il est encore plus petit, plus fragile qu'avant. De tous les hommes, c'est peut-être celui qui a l'air le plus décharné.

— Lui, il va vouloir un truc en plus à manger, chuchote Mario Sepúlveda à l'oreille d'Omar Reygadas. On fait quoi ?

— Je lui donnerai un petit bout de mon biscuit, tu en feras autant, répond Omar. Et on demandera si quelqu'un d'autre peut contribuer…

Mais Alex a autre chose à l'esprit.

— Ça va encore durer un moment, cette affaire, commence-t-il.

Un forage vient de manquer sa cible. Le suivant, qu'ils entendent approcher, pourrait connaître le même sort.

— Alors, comme on n'a plus grand-chose à avaler, je me dis qu'on ne devrait pas manger, aujourd'hui. Ne prenons pas notre ration. Gardons-la pour demain. Ça nous donnera un jour de plus.

Des gémissements lui répondent, des non de la tête. « Pas question de sauter un repas. Mangeons ! Je préfère manger. » En fin de compte, pourtant, ils le sautent, ce repas. Trois jours sans rien, juste de l'eau. La noblesse d'âme d'Alex Vega, son sens du sacrifice, en a ému plus d'un. Le plus maigre d'entre eux a fait passer le groupe, la santé de tous les hommes, devant ses propres besoins, lesquels pourtant sautent aux yeux.

Après avoir entendu s'éloigner le bruit du dernier forage en date, plusieurs mineurs se mettent à écrire des lettres d'adieux, ainsi que l'a fait Victor Segovia. Comme lui, ils se disent que les secours, un jour, retrouveront peut-être ces derniers messages. Ils sont désormais assez faibles pour songer que leur prochain sommeil sera sans réveil – ou que la force d'écrire leur fera bientôt défaut. Certains des gars ne peuvent plus se lever seuls ; il leur faut de l'aide pour aller jusqu'aux toilettes, et ils se soutiennent les uns les autres pour monter la Rampe, jusqu'aux tas de pierres où ils enterrent les crottes de lama qui leur sortent du corps, ou jusqu'aux toilettes mobiles, puantes, toutes proches. Quelqu'un propose de rebrancher les tuyaux qui mènent aux citernes ; dans quelques jours, ils seront trop affaiblis pour remplir les seaux qu'il leur faut ensuite porter jusqu'au Refuge. L'impression qu'ils ont de vivre leurs derniers instants se répand comme une maladie ; ils sont de plus en plus nombreux à écrire leur lettre d'adieux. Carlos Mamani les regarde faire, les écoute, ces Chiliens extravertis.

— Tu as fini ? s'interpellent-ils. Prête-moi ton crayon… J'ai besoin d'une feuille.

Certains pleurent en composant leur lettre ; Mamani les entend, et son cœur se serre. Lorsqu'un mineur se laisse aller de cette façon devant tous ses collègues, c'est vraiment qu'il a craqué. Il semble à Mamani, comme aux plus jeunes mineurs du Refuge, que ce sont à présent leurs aînés qui baissent les bras.

— J'ai entendu dire ensuite que les aînés avaient été la clé de voûte du groupe, mais c'est du baratin, affirmera Mamani.

Le pied de Jorge Galleguillos a enflé. Les poumons de Mario Gómez sont en train de le lâcher.

— Le seul des vieux qui a tenu le coup, c'est Omar Reygadas. Lui, il n'arrêtait pas de nous dire : « Pas d'inquiétude, ils viendront. Ils viendront nous chercher. » Mais les autres *viejos*, ils ont presque tous commencé à perdre la tête.

Victor Segovia décrit l'approche de sa propre mort depuis des jours ; maintenant que la plupart de ses compagnons font de même, il s'autorise enfin à exprimer à haute voix les sombres pensées qu'il réservait au papier.

— On va tous crever !

— Du calme, vieux ! *¡Concha de tu madre!*

Carlos Mamani résiste à la tentation d'écrire lui aussi à ceux qu'il aime. Il n'a toujours pas rêvé de sa sœur aînée : tant qu'elle ne lui sera pas apparue, il refusera de croire qu'il est temps pour lui de mourir.

— Je ne voulais pas l'écrire, cette lettre… Je ne m'y serais mis que dans les douleurs de l'agonie.

Mamani se sent affaibli, mais pas encore mourant – *agonizando*. D'ailleurs, même s'il y tenait réellement, il ne pourrait pas écrire – n'ayant pas sa lampe avec lui, puisqu'il l'a oubliée au vestiaire.

Mario Sepúlveda est encore assez lucide, assez vif, pour constater la dégradation de la santé des autres. L'un des *niños*, le fluet Claudio Yáñez, lui semble particulièrement inerte et pitoyable. C'est un petit homme aux traits anguleux. Ses joues se sont creusées, ses yeux luisent avec une expression hantée et lointaine dans son visage émacié. Quand ils entendent la voix de Mario, tous les hommes se redressent – sauf Claudio, qui demeure affalé sur le sol.

— Hé, *concha de tu madre*, debout ! Lève-toi, gars, parce que si tu restes vautré par terre, tu vas crever et on te mangera. Tu ne veux rien faire ? On va te manger.

Prononcé par un homme qui n'a rien avalé depuis des jours, ces quelques mots – *on va te manger* – acquièrent une signification qu'ils n'auraient pas en temps normal.

— Alors tu te lèves, maintenant ! Parce que si tu ne le fais pas, on va te remettre debout à coups de pied.

Surpris, Claudio essaie de se redresser. Et ses compagnons se rendent compte alors de son extrême maigreur, de son état de faiblesse. Il finit par se lever, les genoux fléchissants, les jambes tremblantes.

— On avait l'impression de voir un poulain nouveau-né qui apprend à marcher, dira Omar Reygadas.

Le « poulain » se déplie enfin de toute sa hauteur, esquisse un premier pas.

Les plus jeunes, tels Claudio, ont souffert, eux aussi ; chacun a perdu 15 kilos en moyenne. Quand Alex Vega se dresse pour aller aux toilettes, son regard se brouille. Pendant quelques secondes, il est aveugle ; c'est le premier symptôme d'un effet secondaire bien connu de la faim, causé par le manque de vitamine A. Des hommes plus âgés, plus charpentés, n'ont pas tout perdu de leur bedaine : c'est la partie supérieure de leur corps qui a pâti le plus. Torse nu, ils ont quelque chose d'adolescent, à présent. Ils se rendent compte que leurs poitrines devaient leur puissance à la graisse des bien nourris, et non aux seuls muscles. Mais ce sont leurs visages, leurs expressions qui ont le plus terriblement changé. Les yeux de Yonni Barrios se sont enfoncés dans leurs orbites ; leurs iris bruns, à l'éclat naguère séducteur, sont aujourd'hui figés dans le triste regard d'un homme souffrant d'épuisement au combat. Le vétéran Jorge Galleguillos, celui qui a essayé de tirer le signal d'alarme, ouvre la bouche sur des sons qu'il mâche et remâche misérablement avant de pouvoir les émettre. Les autres mineurs lui ont bricolé un lit surélevé par une palette, pour que ses membres distendus ne soient plus en contact avec la boue. Il reste couché des heures durant, affaibli, à contempler la voûte. Son teint est devenu gris. Mais c'est le cas de tous, en fait. Leurs visages et leurs bras ont perdu les teintes cannelle et bronze du soleil sud-américain. Ils ont la couleur des champignons et de la cendre.

Ces hommes-champignons s'évitent désormais du regard, comme s'ils avaient honte de leur apparence – la vanité, cependant, n'a rien à voir avec cette réaction. Simplement, en leur for intérieur, ils se sentent minuscules, brisés – tels des chiens battus, des gamins si régulièrement tourmentés qu'ils s'imaginent mériter ces vexations.

Lors de leur dix-septième nuit dans la mine, ils entendent un autre forage approcher. Le *trrr-trrr*, *vrrrr-vrrrr* croît en vigueur, leur promettant soit la libération, soit une autre déconvenue.

Victor Segovia refuse de croire à la première de ces possibilités. Il préfère poser à Mario Sepúlveda la question suivante :

— À ton avis, ça fait quel effet de mourir ?

— Tu as l'impression de t'endormir, dit Mario. C'est paisible. Tu fermes les yeux, tu te reposes. Les soucis, c'est fini.

Au Niveau 105, le bruit de la foreuse semble de plus en plus proche et donne à Rául Bustos un curieux rêve plein d'espoir. Il a beaucoup pensé à ses enfants, et notamment à María Paz, sa fille de 6 ans. C'est une enfant vive, dotée d'un fort esprit de compétition ; elle est toujours première à la course et essaie de ne décrocher que des 20 sur 20. Dans le rêve de Rául, c'est María Paz qui pilote cette foreuse lancée à leur recherche.

— Elle veut toujours gagner. Elle a une forte personnalité, dira d'elle Rául.

Dans le rêve, il demande à sa fille :

— S'il te plaît, María Paz, viens me chercher. Je sais que tu en es capable.

— Je vais gagner, papa, répond-elle. Je vais te sortir de là.

Dans son rêve, Rául espère que sa fille, la petite foreuse de 6 ans qui n'aime pas perdre, pourra arriver jusqu'à lui et lui sauver la vie.

Alex Vega, qui dort non loin du Niveau 105, rêve quant à lui qu'il remonte la Rampe. Il se faufile sous le mur de pierre qui bloque le passage, débouche dans le Gouffre et, à quatre pattes, escalade les rochers, plus haut, toujours plus haut, et finit par atteindre l'ouverture devant laquelle se dresse l'ancien treuil. Alex sort à l'air libre et découvre une armée de secouristes et de foreurs, tous occupés à creuser pour libérer les captifs.

— On est vivants ! crie Alex. On est tous en bas. Je vais vous guider.

L'équipe de Terraservice approche du but. Le matin du 21 août, leur troisième forage atteint les 540 mètres de profondeur. Ils visent une galerie qui jouxte le Refuge, ou le Refuge lui-même, à 694 mètres sous leurs pieds. Nelson Flores est l'opérateur de foreuse dans l'équipe de jour. Il est debout sur une plate-forme qui ressemble à un gril, reliée au camion Schramm T685, et consulte deux cadrans, l'un déterminant la vitesse de rotation de l'outil de forage, l'autre la pression de l'air nécessaire à l'opération. *C'est commode à percer, la diorite*, se dit Flores. *Pas de fissures – aussi lisse et homogène que de la gélatine*. Tous les 6 mètres, il faut s'arrêter pour ajouter une tige d'acier à la colonne de forage. Après quoi, on peut recommencer à travailler. Flores rajuste la colonne puis actionne un levier ;

la pression s'accroît, les martèlements reprennent. Plus l'outil de forage travaille en profondeur, plus les pulsations transmises jusqu'à l'air libre par l'assemblage des tiges sont faibles. À présent, il faut que Flores ferme les yeux et se concentre, s'il veut sentir la foreuse au travail. Il continue jusqu'au coucher du soleil, et retourne ensuite chez lui ; lorsqu'il passe devant l'entrée du camp de l'Espoir, lui et ses collègues foreurs reçoivent, comme toujours, une salve d'applaudissements.

María Segovia est encore dans sa tente, la plus proche du portail ; lui tiennent compagnie sa famille et les Vega. La nuit va être pleine d'inquiétude, de suspense. Golborne et Sougarret ont, lors de la réunion d'information quotidienne, expliqué aux familles des mineurs que l'une des foreuses se rapproche du but. Il se peut qu'elle l'atteigne dans la matinée. D'habitude, Jessica Vega va se coucher un peu après minuit. Ce soir, elle s'attarde en compagnie de quelques parents, parmi lesquels la jeune sœur d'Alex, Priscilla, et son petit ami, Roberto Ramírez. Tous deux, qui vont sur leurs 30 ans, sont chanteurs. Roberto dirige un orchestre de mariachis (on aime bien la musique mexicaine, au nord du Chili) ; il arbore les favoris typiques de la profession. Pour égayer la soirée, il a apporté sa guitare – en prévision aussi, qui sait ? d'une autre fête. C'est peut-être la dernière nuit qu'ils passent ici sans nouvelles d'Alex.

Roberto se sent vivre une « soirée particulière, magique ». Chose inattendue, ce qu'il a vu en se rendant à la San José lui a mis du baume au cœur. Quelques jours plus tôt, une tempête a balayé le désert et déversé une pluie légère et précieuse sur la terre la plus sèche du monde. À Copiapó, il ne pleut en moyenne que 10 millimètres par an. Mais nous sommes dans une année El Niño. Cette pluie, relativement précoce (la saison des orages ne commence qu'en septembre dans l'Atacama), a arrosé les terres et produit ce que l'on appelle ici le *desierto florido*, le désert fleuri. Sous les yeux de Roberto, le paysage de sable, de rochers et de montagnes, aux couleurs d'olive et de cuivre, s'est soudain couvert de fleurs, des étoiles blanches ou rose fuchsia, des trompettes jaunes frémissant dans un vent léger. Une vision qui, à elle seule, donne envie de chanter.

Tandis que la nuit tombe sur le camp, la brise du désert attise le feu que les Vega ont allumé près de leurs tentes ; Roberto joue quelques accords à la guitare. Leurs voisins, les Segovia, sont beaucoup plus silencieux que de coutume : Ramírez et les Vega éprouvent le besoin de combler ce vide en « faisant du boucan ». À 2 ou 3 heures du matin, ils chantent déjà depuis un bon moment. Roberto annonce alors à Jessica qu'il a écrit une chanson à la gloire d'Alex. Il sort de son portefeuille la feuille sur laquelle il a noté les paroles – lesquelles, comme c'est souvent le cas dans la musique populaire d'Amérique du Sud, racontent une histoire vraie. En l'occurrence, celle que vivent en ce mois d'août les Vega et les autres. La chanson débute sur un rythme lent et mélancolique ; elle décrit la tristesse des quartiers de Copiapó où vivent les mineurs.

Cuando camino por las calles de mi barrio
No veo el rostro feliz en los familiares.
Eri Balmaceda y Arturo Prat
Sin ti no existe un mundo mejor.

Quand je marche dans les rues de mon quartier
Je ne vois aucune joie sur le visage des parents.
Dans Balmaceda et Arturo Prat
Sans toi il n'existe aucun monde meilleur.

La chanson décrit ensuite l'affaissement de la mine et la tentative de José Vega pour sauver son fils.

Se desintegran las rocas del cerro
Los mineros pronto saldran
La chimenea está colapsada
Pero tu padre pronto te sacara.

Les rochers de la montagne se désintègrent
Les mineurs bientôt vont sortir.
La cheminée s'est effondrée
Mais ton père te tirera de là.

Le refrain mentionne le surnom que les Vega ont donné à Alex quand il était petit – « *El Pato* », le Canard. Son tempo est plus joyeux, comme celui d'un chant révolutionnaire. On pourrait l'entendre entonné par une foule manifestant dans les rues d'une ville du Chili.

¡Y El Pato volverá!
¡Y va volver!
¡Los mineros libertad!
¡Y va volver!
En el campo o en el mar,
¡Y va volver!
Y tambien en la ciudad,
¡Y va volver!
Et El Pato reviendra !
Oui, il reviendra !
Liberté pour les mineurs !
Oui, il reviendra !
À la campagne ou à la mer,
Oui, il reviendra !
Et dans la ville,
Oui, il reviendra !

Les chanteurs s'adressent à Alex : il faut qu'il rentre chez lui, dans la maison qu'il était en train de construire avec sa femme, sa petite maison accrochée à sa rue en pente où tous deux passaient leurs fins de semaine à élever un mur de béton.

Pato, vuelve a la casa,
Tu esposa y tu familia te esperan,
Vuelve ya.

Y El Pato volverá,
¡Y va volver!

Pato, rentre à la maison,
Ta femme et ta famille t'attendent,
Rentre vite.

Et El Pato reviendra,
Oui, il reviendra !

Les Vega et Roberto Ramírez la chantent plusieurs fois, cette chanson, tard dans la nuit. Puis ils vont se coucher ; le gouvernement l'a dit, les foreuses n'atteindront le niveau où se trouvent les mineurs qu'à la fin de la matinée.

Et tandis que les Vega chantent à l'aube du 22 août, Mario Sepúlveda, vaincu par plusieurs journées d'insomnie et d'excitation, sombre dans le sommeil le plus profond qu'il ait jamais connu. Son esprit et son corps se libèrent de toute tension. Dans la clarté surnaturelle d'un rêve provoqué par la faim, il se retrouve en ce lieu où sont nés sa nostalgie, sa souffrance et son amour de la vie. Il est à Parral, où il a dormi par terre, et lorsqu'il se redresse il voit ses grands-parents, Bristela et Domingo, « sur leur trente et un, tout beaux ». Comme ils sont morts depuis des années, Mario ressent dans son sommeil la joie de celui qui assiste à une résurrection. Bristela et Domingo, ce sont ses *viejos*, ceux qui se sont le plus occupés de lui quand il était petit, car il avait perdu sa mère. Bristela a apporté un panier plein de victuailles. *Porotitos con locro* – des haricots en ragoût d'hiver avec du maïs et de la viande à l'os.

— Lève-toi, sors d'ici, *hombre*, lui dit son grand-père, de sa voix forte et rustique de vieil homme. Tu ne vas pas mourir ici.

Vos no vas a morir aqui.

Nelson Flores, le foreur, n'est rentré chez lui que depuis deux heures lorsqu'il reçoit un appel de la mine lui demandant d'y retourner. Son homologue de l'équipe de nuit vient de perdre sa grand-mère. Nelson repart à la San José, au puits numéro 10B. Il y travaille toute la nuit ; le vrombissement de la machine noie les chants des Vega, plus bas dans la montagne. Juste avant 5 heures du matin, alors que le soleil de l'hiver austral colore l'horizon d'indigo, la foreuse avance de 6 à 8 mètres par heure. Flores s'arrête un moment, le temps que l'équipe rajoute une tige de 6 mètres. Celle-ci rejoint les 113 autres tiges d'acier déjà posées, le 10B atteignant désormais 684 mètres de profondeur. Il s'en faut de 10 mètres pour qu'ils touchent la cible espérée. Lorsque ses équipiers ont inséré la tige, Flores ferme les yeux et soulève le levier qui commande la pression de l'outil de forage. Les 114 tubes se mettent à tourner, entraînant dans leur torsion l'outil de forage et ses dents en carbure de tungstène tout au fond du 10B. Le carbure de tungstène est plus dur que la diorite ; dans la guerre de friction qui les oppose, l'outil de forage l'emporte donc, réduisant en poussière la diorite, laquelle est évacuée par la pression de l'air et remonte les 680 et quelques mètres pour jaillir à la surface, en un nuage de poussière couleur de plomb que les foreurs appellent un « cyclone ». Avec ce panache de poussière grise qui sort de sa cheminée, le Schramm T685 ressemble à une locomotive à vapeur. Le patron de Flores, le responsable des forages Eduardo Hurtado, est installé non loin au volant d'un pick-up et regarde le cyclone monter tranquillement au ciel, signe que le forage progresse sans obstacles.

Mario Sepúlveda se réveille peu après 5 heures du matin, obéissant à l'ordre de son grand-père mort. Pendant les minutes qui suivent, il est encore pénétré de l'impression douce, presque euphorique, d'un rêve devenu réalité, car les pulsations grondantes d'une foreuse incroyablement proche lui vrillent les oreilles.

Richard Villaroel, qui sera bientôt père pour la première fois, a vainement essayé de dormir. Il se trouve à 11 ou 12 mètres au-dessus de Mario, au Niveau 105, couché sur le siège passager d'un des pick-up. Le bruit de la foreuse est proche, très proche, oui, mais comment savoir si elle va vraiment percer la roche, ainsi que Richard l'espère de tout son cœur ? Il a récité au moins une centaine de *Notre Père* et de *Je vous salue Marie*, accompagnés de prières directes à Jésus.

— *Papito* (petit père), dit-il lorsque le vacarme s'interrompt quelques minutes, vers 5 heures, aide le gars qui va rajouter les tiges et guide-le vers nous, s'il te plaît...

Comme il n'arrive toujours pas à trouver le sommeil, il descend au Refuge : quelques insomniaques y jouent aux dominos avec les pièces fabriquées par Luis Urzúa. Richard entame une partie avec José Ojeda, un petit homme chauve qui travaille depuis des années à la mine. Le forage reprend de plus belle.

— Ça va déboucher, ce coup-ci, annonce José d'une voix neutre.

Vers 6 heures du matin, quelques-uns des équipiers de Nelson Flores se sont endormis. Personne ne s'attend que l'outil de forage atteigne son but avant quelques heures. Flores remarque alors un détail étrange : la dernière des tiges, celle qui entraîne dans sa rotation les 114 suivantes, ne tourne plus si régulièrement. L'outil de forage semble creuser dans une pierre qui n'a pas la structure de la diorite. Soudain, la cheminée du Schramm ne crache plus de poussière ; le voyant de pression tombe à zéro. Au même moment, Flores, d'instinct, baisse le levier coupant le moteur de la foreuse, de manière à ne plus injecter d'air dans le puits. L'engin se tait – et le silence qui suit est comblé presque immédiatement par les hurlements du patron et des autres équipiers, accourus dans l'instant.

Très loin sous terre, à 688 mètres sous les pieds de Flores, une petite explosion se produit dans la galerie, juste au-dessus des hommes regroupés dans le Refuge. Un *boum* discret, et le bruit d'une chute de pierres. Le grincement de l'outil de forage qui avait assourdi les mineurs, carbure de tungstène contre roche, s'arrête, remplacé par le sifflement de l'air. José Ojeda et Richard Villaroel se précipitent ; ce dernier a pris soin d'emporter sa clé de 48 millimètres. Ils sont les premiers sur les lieux. Une tige saille du rocher, à l'angle de la paroi et de la voûte. Richard voit l'outil de forage sortir et rentrer de la tige, comme une langue, une fois, deux fois. Là-haut, à l'air libre, Nelson Flores s'est rendu compte qu'il avait atteint un vide ; il « nettoie » le puits. Et bientôt l'outil de forage atterrit sur le sol de la galerie pour ne plus en bouger ; Richard tape sur le tuyau qui pend du plafond à grands coups de clé.

Cela fait des jours que Richard attend de se servir de ladite clé. Elle fait ses 60 centimètres de long, c'est le plus gros de ses outils en chrome-vanadium. Et le voici qui tape sur la tige, malade de joie et d'angoisse ; ce martèlement répété doit signifier à l'opérateur de la foreuse qu'il y a des hommes au bout du puits 10B. *On est là ! On est là !* Il frappe la tige, et l'idée qu'il verra naître son premier fils le submerge ; ses prières ont été exaucées par l'outil de forage et ceux qui lui ont fait traverser la pierre. Richard frappe, martèle, jusqu'à ce que son supérieur, Juan Carlos Aguilar, s'approche de lui et lui demande d'arrêter. Maintenant, il faut agir en mineur, consolider la voûte de la galerie à l'endroit où la foreuse l'a percée, avant qu'un pan de roche ne se détache et n'écrase l'un d'entre eux.

Bientôt, les 33 sont rassemblés autour de la tige et de l'outil de forage – ces objets surgis dans leur monde des ténèbres, ces objets qui promettent un retour vers le monde de la lumière. Avec ses cercles parallèles de dents en tungstène, chacune grosse comme une perle, l'outil de forage ressemble à une sculpture assyrienne – ou à une apparition extraterrestre. Les hommes le regardent, admiratifs, terrifiés, joyeux ; ils s'étreignent les uns les autres, ils pleurent. Comme le dira Carlos Mamani, qui s'est agenouillé devant l'idole de tungstène :

— On avait l'impression qu'une main avait percé la roche et se tendait vers nous.

José Henríquez, le conducteur de jumbo reconverti sous terre en prophète affamé, à demi nu, contemple le foret et prononce ces deux mots, vérité évidente pour tous ceux qui les entendent :

— *Dios existe*.

Dieu existe.

DEUXIÈME PARTIE

Voir le diable

10

La vitesse du son

Pendant les quelques minutes qui suivent l'irruption de l'outil de forage 10B dans la galerie, les *niños* ne cessent de taper sur son tuyau. Ils se relaient, frappant non seulement avec l'énorme clé de Villaroel, mais aussi avec des pierres et des marteaux, et ne prêtant guère l'oreille aux avertissements des plus sages.

— On était comme des gamins qui tapent sur une piñata, se souviendra Omar Reygadas.

Como cabros chicos pegandole a una piñata. Les gars, torse nu, avec leur casque jaune, bleu ou rouge, continuent à cogner, jusqu'à ce que l'un d'entre eux revienne avec un chariot élévateur. Yonni Barrios et Carlos Barrios sont hissés jusqu'à la voûte dans le monte-charge, car ils se sont vu confier la délicate mission de renforcer l'orifice avec des barres d'acier. Déchaînés, ils hurlent des ordres dans tous les sens. L'essentiel est pour l'heure de dissiper le moindre doute qu'on pourrait encore avoir à leur sujet, là-haut, à l'air libre : ils sont vivants. Et vont le faire savoir. Faire du bruit, laisser une marque, envoyer des messages.

— Il faut arrêter de taper sur le tuyau, maintenant, dit un des mineurs, et voir si on nous répond.

Yonni pose l'oreille sur le tuyau d'acier. Oui, assure-t-il, oui, il les entend ; ils tapent, eux aussi, en guise de réponse.

Un autre lance au même Yonni une bombe de peinture. Il essaie d'en enduire le tuyau, mais l'eau ruisselle constamment le long du métal, et la peinture ne tient pas.

— Il fallait que le métal soit sec, mais on n'avait plus rien sous la main pour l'essuyer, racontera-t-il.

La peinture finit par tenir. Les hommes enveloppent les messages qu'ils ont préparés dans des morceaux de plastique, des bandes de ruban isolant et des bouts de tube en caoutchouc, pour les protéger de l'humidité du forage. Il ne faudrait pas qu'une de ces lettres succombe à son long voyage dans la boue de ruissellement. Ils recommencent à frapper la tige de métal.

Nelson Flores sent le pouls de l'acier avant même de l'entendre. Ça tape, en dessous, on dirait. Mais est-ce que ce n'est pas plutôt le poids des 115 tiges, soit 22 tonnes tout de même, qui s'entrechoquent et se rajustent dans le trou ? L'oreille contre la dernière tige, il perçoit pourtant un martèlement rapide, effréné, qui bientôt ralentit.

— Comme si les *viejos*, là-dessous, commençaient à se fatiguer, constatera-t-il.

La nouvelle est passée d'équipe en équipe : il faut que les autres opérations de forage soient suspendues. Leurs opérateurs viennent coller l'oreille au tube d'acier.

— Ce sont eux !

L'équipe, prompte, efficace, ajoute alors une nouvelle tige d'acier, de manière à pouvoir mesurer la hauteur de la cavité dès que l'outil de forage descendra jusqu'au sol. Sous le regard de Flores, la colonne s'abaisse de 4 mètres. C'est exactement la hauteur de la galerie qu'ils cherchaient. Tendant de nouveau l'oreille, ils perçoivent clairement le rythme des coups portés, tout en bas, sur le métal. On dirait un message en morse, une musique mêlant longs et brefs intervalles.

— Là, on n'a plus eu de doute sur la question, déclarera Eduardo Hurtado, le chef d'équipe. Il y avait du monde, en bas.

La nouvelle est annoncée à divers officiels. Sougarret, l'ingénieur coordonnant les opérations de secours, est sceptique. Il transmet aux équipes des foreuses un ordre qui ne sera pas respecté.

— Je leur ai dit de ne pas en parler, racontera-t-il. Je me souvenais de ce qui s'était passé la première fois que nous étions arrivés dans une galerie. Je ne voulais pas d'une nouvelle crise avec les familles.

Golborne joue de prudence, lui aussi. Comme il n'est pas encore 6 heures du matin et que le Président Piñera est sans doute en train de dormir dans son palais, à Santiago, le ministre se contente de lui envoyer un SMS : « *Rompimos.* » On est passés. Officiellement, donc, les familles ne doivent pas être prévenues – ou qui que ce soit d'autre. Mais, après ces semaines de frustration, les équipes de forage ne peuvent se retenir, et la nouvelle commence à circuler auprès des dizaines de secouristes et autres employés de l'opération rassemblés dans l'enceinte de la mine. Pablo Ramírez, l'ami de Florencio Avalos, qui a fait partie de la première équipe de sauveteurs en compagnie de Carlos Pinilla, apprend la nouvelle et se précipite vers le site du forage 10B. Ramírez n'est pas un inconnu pour les hommes de Terraservice : ils l'ont consulté à de nombreuses reprises, lui qui connaît si bien la San José. Et il connaît aussi très bien, ils le savent, les hommes pris au piège, dont nombre sont ses amis. Hurtado et ses hommes lui permettent donc de poser l'oreille sur la tige. Les martèlements sont plus sonores, maintenant ; et même après avoir parcouru 700 mètres dans l'acier, ils sont clairement, indéniablement humains. Les mineurs accidentés sont à une telle distance de la surface que leurs voix mettraient deux secondes à atteindre Ramírez, mais le son circule 20 fois plus vite dans le métal, aussi Ramírez entend-il ses amis frapper avec à peine un dixième de seconde de décalage.

Grâce à la diligence du gouvernement chilien, on peut maintenant se servir d'un portable à la San José. La première personne que Ramírez veut prévenir, c'est Ale, le fils aîné de Florencio Avalos. Comme on est dimanche matin, le garçon n'est pas en train de faire des allers-retours entre la mine et le lycée.

— Ale, ton père est vivant, dit Ramírez. Ne t'en fais plus. Ils sont tous vivants. Écoute, ajoute-t-il en posant le téléphone sur la tige.

Chez les Avalos, à Copiapó, Ale entend le tintement du métal, ce bruit qui vient de la mine où son père est emmuré vivant.

— On aurait dit une cloche, se rappellera l'adolescent. Oui, comme la cloche de fin des cours, au lycée.

Ale appelle sa mère au camp de l'Espoir. Elle est sous la tente ; elle a enfin trouvé le sommeil, une ou deux heures plus tôt.

— *Mama*, oncle Pablo dit qu'ils sont tous vivants.

Mónica rend grâce au Seigneur – « et à Lui seul », des mots qu'elle prononce avec défi. Elle se rend compte en cet instant à quel point elle est isolée depuis la nuit du 5 août.

— J'avais l'impression que mon cœur s'était rouvert.

Florencio a survécu ; Mónica va recommencer à vivre. Après dix-sept jours à ne plus manger que comme un oiseau, à oublier un bref instant ses propres enfants, dix-sept jours d'insomnie, de somnambulisme, de faim, Mónica va se remettre à cuisiner, à manger à heures régulières. En sortant de sa tente, elle aperçoit ses beaux-parents, qui campent à proximité. Elle veut leur annoncer la bonne nouvelle mais se rend compte, avant d'avoir le temps d'ouvrir la bouche, qu'ils savent déjà : ça se voit à leur expression. Pendant qu'elle sombrait dans le sommeil, des secouristes sont descendus en courant du site de forage.

— On les a retrouvés ! hurlaient-ils.

C'est ainsi que les beaux-parents ont su. Ils n'ont même pas eu le réflexe d'aller la réveiller. Depuis que leur fils est coincé dans la mine, ils ont pris leurs distances avec leur belle-fille, l'ont vue craquer – n'ont pas souhaité ou pas pu l'aider. Ils avaient l'air de lui en vouloir, peut-être parce qu'ils craignaient que leur fils, un jeune homme incontestablement doué, soit mort dans la mine simplement parce qu'il lui fallait nourrir la famille que Mónica et lui ont fondée alors qu'ils avaient à peine 15 ans. Mónica est bouleversée, blessée. Sa joie se mêle à cette nouvelle souffrance familiale qui l'atteint par surprise.

Mónica et sa belle-famille échangent des regards gênés pendant un instant.

— *No importa*, lâche-t-elle enfin.

Ce n'est pas grave.

À Copiapó, dans le camp de l'Espoir comme dans la mine, la tension et la douleur liées à l'absence des hommes ont fréquemment été aggravées par les complications absurdes des relations entre les proches. En cette matinée du 22, porteuse d'espoir, il en est ainsi. Susanna Valenzuela fait part de la bonne nouvelle à Marta, la femme de son petit ami Yonni. Dans d'autres maisonnées, des frères, des sœurs, des cousins qui ne se parlaient plus depuis des années se réconcilient : l'homme dont ils espèrent l'affection, l'homme pour lequel ils prient depuis des semaines – cet homme, ô merveille, est peut-être vivant. Il n'est pas facile d'être la femme d'un mineur, sa compagne, son fils, sa fille, son ex-épouse. Avant le 5 août, les enfants que Darío Segovia avait eus de son premier mariage n'avaient jamais adressé la parole à Jessica, sa nouvelle amie, la mère de sa petite fille. Depuis que Darío est prisonnier de la mine, Jessica a rencontré deux de ces grands enfants pour la première fois de sa vie. Pendant dix-sept jours, les deux moitiés de la famille de Darío, jusqu'ici séparées, se sont retrouvées dans le même bateau, rassemblées par l'inquiétude, l'éventualité d'un deuil imminent et irrémédiable. Pour autant, les vieilles querelles ne se sont pas effacées.

— Leur père ne m'a pas passé la bague au doigt, commentera Jessica, parlant de ses beaux-enfants. Parfois, j'ai eu l'impression qu'ils ne voulaient pas de moi au camp.

Son amour pour Darío est aussi réel que la maison qu'ils habitent tous les deux, que cette dernière et longue embrassade du 5 août au matin, avant son départ pour la mine. Et les grands enfants de Darío ont peut-être ressenti la force de cet amour, à voir la manière dont Jessica attend leur père en compagnie de leur demi-sœur au camp de l'Espoir. Ou peut-être n'est-elle à leurs yeux qu'une « conquête de plus » sur la liste déjà longue de Darío, pour reprendre l'expression de Jessica ? Mais pendant quelques heures de bonheur, rien de tout cela n'aura plus d'importance, même si c'est une trêve de courte durée. Les 33 sont vivants – si la nouvelle n'a pas encore été confirmée, nombreux sont les occupants du camp de l'Espoir qui en sont persuadés ; ils vont finir par rentrer de leur journée de travail entamée dix-sept jours plus tôt. Et retrouver les complications de leur vie à l'air libre.

Mónica Avalos déambule parmi les tentes, entre les parents qui s'embrassent – frères et sœurs, conjoints, cousins, enfants. Les prières fusent de partout ; dans le campement que certains ont surnommé « Jérusalem » commence une journée de recueillement et d'action de grâces. Mónica a arpenté déjà, dans son sommeil, ces lieux arides et poussiéreux. Ce matin, ses yeux, même s'ils sont brouillés par les larmes, sont bien ouverts ; pour la première fois depuis dix-sept jours, elle est lucide, l'esprit vif, aux aguets. Elle regarde comme pour la première fois le campement, ses épouses, ses amantes, ses frères et ses fils qui se parlent, le souffle visible dans l'atmosphère d'une matinée que la lumière vient juste d'envahir.

L'outil de forage aux perles de tungstène reste quatre heures sur le sol de la galerie, au-dessus du Refuge, avant de repartir dans le puits de 15 centimètres qu'il a creusé. Les 33 le regardent, à bonne distance, remonter dans son trou avec les messages qu'ils ont fixés sur lui : quelques lettres à des parents, les coordonnées précises du lieu atteint par le forage, et une note lapidaire composée par José Ojeda qui résume les informations essentielles (nombre et état de santé des survivants, emplacement exact dans la mine) en sept mots écrits en capitales rouges. Cette note a été coincée derrière le marteau de l'outil de forage ; c'est, d'après l'un des mineurs, l'endroit le plus sûr. Les 33 se rassemblent pour une fête improvisée ; Mario Sepúlveda convie les retardataires à une réunion au Refuge.

— Florencio, Illanes, ramenez-vous !

Ils entonnent *¡Chi-ch-chi, le-le-le, mineros de Chile!* José Henríquez, dit le Pasteur, a rallumé son portable pour garder un témoignage de ce moment. Il fait si chaud qu'une bonne moitié des gars sont en sous-vêtements. On dirait une troupe de sans-abri interprétant un extrait de *Sa Majesté des mouches* – le film, tiré d'un roman de William Golding, qui met en scène de jeunes garçons naufragés sur une île déserte. Les *niños* rient, hurlent de joie, font circuler une bouteille d'eau sale en guise de champagne. Leurs visages ont perdu cette expression hagarde qui leur donnait l'apparence de survivants des camps de la mort. Mario Sepúlveda, les bras en l'air, gesticule comme un supporter de foot dans n'importe quel stade du Chili. Alex Vega l'enlace ; bientôt, les 33 se mettent à chanter leur version de l'hymne national du Chili. Ils hurlent les paroles – et tout particulièrement celles qui décrivent leur pays comme « une joyeuse copie du paradis » – même si, lorsqu'ils répètent pour la troisième fois le dernier vers du refrain – « refuge contre l'oppression », leurs voix affamées perdent leur vigueur ; bientôt le chant s'éteint.

Lorsque le ministre Golborne arrive à la San José, il passe par le camp de l'Espoir avant de se rendre sur le site du forage. Il veut informer officiellement les familles de ce qu'elles savent déjà : le 10B a débouché sur une galerie ; des bruits venant d'en bas ont été transmis par le conduit. Golborne promet à María Segovia et à ses compagnons que, dès confirmation de la survie des mineurs, les familles seront les premières informées. De l'aveu général, Golborne a tout fait pour gagner la confiance des parents des mineurs. Lesquels lui ont offert, quelques jours plus tôt, un casque de mineur couvert de leurs signatures. Ce couvre-chef deviendra, aux yeux de Golborne, le souvenir le plus précieux de ses journées mouvementées à la San José. « *Vamos, Ministro, déle con fuerza. Confiamos en Usted* », dit le casque. « Allez, ministre, ne ménagez pas votre peine. On vous fait confiance. » Après quoi, le ministre se rend sur le site du forage 10B. Hurtado lui tend un stéthoscope. Ce que Golborne entend ressemble effectivement à un bruit humain, mais cela ne l'empêche pas de rester prudent lorsqu'il appelle le Président.

— Je ne suis pas sûr à 100 %. Ce pourrait être l'effet de l'autosuggestion.

Le Président, toujours à Santiago, s'entretient également avec Cristián Barra, son éminence grise.

— Dois-je vous rejoindre ? demande le chef de l'État.

Barra lui conseille de rester à Santiago ; il est possible que certains des mineurs n'aient pas survécu, et que le gouvernement se retrouve dans la triste obligation de compter les morts. Mais la question de Piñera est purement rhétorique : il est déjà dans la voiture qui l'amène à l'aéroport. De Santiago à Copiapó, il n'y a qu'une heure de vol.

Et tandis que le Président est en route vers le nord, l'équipe de Terraservice relève lentement l'outil de forage. Il faut aussi démonter, les unes après les autres, les 115 tiges d'acier du conduit, tâche qui les occupera jusque dans l'après-midi du 22 août. Piñera n'est toujours pas arrivé à la San José lorsque Hurtado et ses hommes s'apprêtent à hisser la dernière tige de métal, laquelle supporte le marteau et l'outil de forage. Seuls quelques techniciens et autres officiels ont été autorisés à assister à l'opération, même si des dizaines de personnes attendent près du site, de l'autre côté des barrières de sécurité installées par Barra. Personne n'a le droit de sortir de la mine sans son autorisation, a-t-il décrété, car si les nouvelles sont mauvaises, rien ne doit filtrer avant l'annonce officielle aux centaines d'habitants du camp. La journée est ensoleillée, froide, un bel après-midi d'hiver austral. Golborne et les autres officiels portent des lunettes de soleil, et leur blouson rouge siglé GOUVERNEMENT CHILIEN. La dernière tige surgit du conduit, nappée de boue. Les opérateurs l'arrosent tant et si bien qu'apparaît clairement sur le métal une trace de peinture rouge. Les mineurs, 700 mètres plus bas, ont barbouillé l'acier sur plusieurs dizaines de centimètres, mais n'a survécu à la remontée dans la roche et la boue qu'une marque de la taille d'une paume.

— C'était là, ça, avant ? demande le ministre.

— Non ! répliquent les foreurs, surexcités.

Cette trace signifie qu'un mineur au moins a survécu ; sur le site du forage 10B, nombreux sont ceux qui s'étreignent en silence. Il y a quelque chose sur l'outil de forage, remarque Golborne, avant de détacher un bout de tuyau en caoutchouc et de le laisser tomber. Un papier en dépasse. Trois des messages que les mineurs ont fixés à l'outil de forage ont en fait survécu à la remontée. Golborne en récupère délicatement un, et entreprend de déplier le papier, mais, trop humide, celui-ci résiste mal à la manipulation.

— Attention, monsieur le ministre, crie quelqu'un. N'essayez pas de l'ouvrir. Mieux vaut attendre qu'il ait séché.

— Si on ne peut pas le lire maintenant, rétorque un autre, c'est fichu.

Golborne finit par déplier la feuille.

— Qu'est-ce que ça dit ?

Le ministre de l'Exploitation minière se met à lire à haute voix.

— « L'outil de forage a transpercé la paroi au Niveau 94, à 3 mètres de la zone d'exploitation. Du côté droit de la voûte. Il y a de l'eau qui ruisselle. Nous sommes au Refuge. D'autres forages sont passés plus loin… »

Le papier est déchiré. La note finit sur ces mots : « Que le Seigneur vous illumine. *Saludo* à Clara et aux miens. Mario Gómez. »

Barra se met à lire un autre message :

— « Chère Lilia. Je vais bien. Nous nous verrons rapidement, j'espère… »

— C'est personnel, objecte-t-on. Il faut le mettre de côté.

Tandis que deux des plus hauts dignitaires du Chili s'évertuent à déchiffrer les messages fixés au foret, l'un des mineurs présents, un de ces rustauds cuits et recuits par le soleil, a, du bout du pied, récupéré le bout de tuyau que Golborne a laissé tomber. *Un petit souvenir de la journée*, s'est-il d'abord dit. Mais, en examinant ladite relique, il se rend compte qu'elle recèle, elle aussi, un bout de papier.

— Un message, un autre ! s'écrie un de ses compagnons.

Et bientôt le ministre lui-même découvre le message, rédigé sur un bout de papier millimétré.

Estamos bien en el Refugio. Los 33

Nous sommes vivants, au Refuge. Les 33.

Mais avant même que Golborne ait pu lire ces sept mots à haute voix, ceux qui les ont aperçus par-dessus son épaule laissent éclater leur joie. « *¡Vivos !* Bon Dieu, ces têtes de lard ont donc tous tenu bon. *¡Todos los huevones !* » Et sur le site du forage 10B on se réjouit, on s'étreint. L'un des ouvriers s'agenouille ; certains fondent en larmes, gémissant comme ils gémiraient sur le cercueil de leur mère ou le berceau de leur fils nouveau-né. Ces rudes gaillards ont percé la roche grise de leurs tiges d'acier – roche omniprésente, en tas autour d'eux, en poussière partout. Ces hommes forent depuis des années dans la montagne à la recherche d'or et de cuivre ; mais aujourd'hui, c'est pour retrouver 33 têtes de lard qu'ils ont percé le plus gros trou de leur existence – dans un roc réputé impénétrable, indomptable.

« *Gracias, huevón, gracias. ¡Lo logramos!* » On a réussi !

L'émotion, le triomphe sont si vifs, si soudains que tous oublient les protocoles mis en place par le ministère de l'Intérieur. Quelques membres des équipes de forage dévalent la pente jusqu'à la barrière qui sépare les installations de la mine du camp de l'Espoir – avec ses tentes, son autel, sa cuisine, ses paraboles, les stères de bois, et les filets de fumée qui s'échappent des feux de camp, lesquels ont brûlé une bonne partie de la nuit, y compris celui près duquel la famille et les amis d'Alex Vega se sont attardés un long moment, à chanter une chanson en son honneur. Les ouvriers désobéissants gueulent assez fort pour qu'on les entende jusqu'au 10B – il faut dire qu'à présent les foreuses se sont toutes arrêtées, tous les engins qui avaient rempli les vallées de leurs mugissements se taisent. Et la montagne se couvre immédiatement de bruits humains – des hurlements de joie parmi lesquels ceux des foreurs sont les plus puissants.

— Putain, ces connards s'en sont tous sortis ! Tous ! Au complet ! *¡Estan todos los huevones vivos!*

Peu après, l'hélicoptère qui transporte le Président Piñera de l'aérodrome de Copiapó à la San José atterrit près du site du forage 10B. Familles et journalistes se massent devant lui, pour entendre répéter officiellement ce que tous sur la montagne savent déjà. Le Président a le privilège de montrer au public, pour la première fois, la note rédigée par José Ojeda. Les lettres vigoureuses tracées au feutre rouge en sont la preuve : l'impossible s'est produit, n'en déplaise aux sceptiques. Et l'image, une fois retransmise, va être fêtée dans tout le Chili. De la ville frontière d'Arica, où Victor

Zamora, celui qui a toujours faim, a vécu enfant dans un orphelinat, jusqu'aux villages de Patagonie, à mi-chemin de l'Antarctique, où Juan Illanes, soldat, passa un de ses Noëls, on applaudit, on pousse des cris d'allégresse, on abandonne la télévision pour se retrouver dans les rues et sur les places. À Copiapó, la nouvelle est célébrée par les cloches des églises ; la percussion du métal sur le métal envoie des ondes sonores dans l'air frais de ce dimanche d'hiver.

11

Noël

Une caméra, un haut-parleur et un micro sont insérés dans le puits du forage 10B, sous les yeux du Président Piñera, de Laurence Golborne et de quelques officiels, auxquels on a adjoint un psychologue. Alberto Iturra – c'est son nom – est inquiet : comment ont-ils résisté, ces hommes qui sont enterrés vivants depuis dix-sept jours, alors qu'ils devraient être morts, d'après les savants calculs du gouvernement (qui s'est bien gardé de les rendre publics) ? Ils souffrent très certainement d'altérations diverses de la conscience ; mais les conseils d'Iturra aux responsables de l'opération de sauvetage n'ont pas été suivis, ce qui le met en rage. Les mineurs, pense-t-il, devraient reconnaître la première voix qui va s'adresser à eux après ces dix-sept jours ; alors, pourquoi ne pas demander à Pablo Ramírez de leur parler ? C'est le *compadre* de Florencio Avalos et l'ami d'une bonne partie des 32 autres. Mais les officiels font la sourde oreille : le Président est là, il veut communiquer avec les mineurs, au nom du peuple chilien. Qui peut dire non à un chef d'État ? Les mineurs ont survécu, le monde entier est témoin du miracle de la San José, et quelques-uns de ses rayons vont luire, c'est certain, sur un Piñera fraîchement élu. Puisque la catastrophe a eu une issue heureuse, puisque la tragédie a été évitée, un peu de politique va se mêler à l'immense altruisme, à la très grande générosité dont les secouristes et les officiels ont indéniablement fait preuve à la San José ; la gloriole aura de nouveau droit de cité.

— Les ego et les drapeaux sont ressortis, constatera Iturra, le psychologue.

Un exemple : le matériel vidéo qui est en train de descendre dans le puits. La marine chilienne et la Codelco viennent de se livrer à une guéguerre bureaucratique : quelle administration doit se charger de l'affaire ? À quels techniciens et matériel va-t-on recourir à présent ? La marine a d'excellentes caméras, qu'elle utilise pour ses opérations de secours sous-marin ; la Codelco, de son côté, a ses appareils. En fin de compte, il est cependant clair que la Codelco est « propriétaire » du puits, résumera Iturra avant d'ajouter, mordant :

— Mais les mineurs n'appartenaient pas à la Codelco. Les mineurs, eux, étaient la propriété de la Sécurité sociale chilienne…

Ce psychologue, un monsieur d'un certain âge non dénué lui-même de vanité (il n'hésite pas à rappeler qu'il a été un génie précoce des mathématiques et qu'il a un diplôme d'ingénieur), estime qu'il devrait se trouver devant le micro, lui aussi, ou du moins à proximité. Mais lorsque la caméra de la Codelco descend dans le puits, il fait tapisserie.

L'écran montre pour l'instant l'intérieur du trou sans fin que l'outil de forage a creusé dans la diorite grise, boyau aux parois humides, charnelles, comme si la caméra inspectait les entrailles de quelque énorme bête de pierre. Quand la caméra arrive au fond, l'image n'est plus au point et l'écran devient noir.

Darío Segovia, Pablo Rojas et Ariel Ticona surveillent le trou et prennent le plus grand soin du filet d'eau qui coule en continu de l'orifice. Ils attendent de voir par quoi va être remplacé l'outil de forage. Au bout d'un long moment surgit une lueur électrique et grise, qui devient de plus en plus lumineuse.

— Il y a du nouveau ! Venez vite ! hurlent-ils.

Les 33 se rassemblent autour du trou dans la voûte. Apparaît un œil de verre monté sur une sorte de tête d'injection. *Ce doit être un scanneur de mine*, se dit Luis Urzúa. On s'en sert pour explorer les galeries, il a déjà vu ça. Un des gars, cependant, identifie ce que tous ou presque ont reconnu :

— C'est une caméra.

— Lucho, c'est toi le patron. Parle dans le micro ! Allez, passe devant.

Urzúa se dirige vers la caméra. Il se demande si elle est pourvue d'un micro (c'est bien le cas, mais il ne fonctionne pas, pour le moment, puisque, à 700 mètres de là, le Président du Chili parle, ce qu'Urzúa bien sûr ne peut pas savoir).

— Si vous m'entendez, lance Urzúa, faites bouger la caméra de bas en haut.

La caméra se met bien à bouger – mais d'un mouvement circulaire. Urzúa la suit, d'un curieux pas de danse. L'objectif enfin repère Urzúa et s'immobilise.

Là-haut, à l'air libre, le Président, André Sougarret, et tout une équipe d'officiels et de techniciens voient apparaître sur l'écran noir et blanc deux yeux au regard curieusement neutre et rêveur. Le psychologue, Iturra, considère ces yeux, puis la lumière qui les surmonte, et ensuite d'autres lueurs – elles proviennent des casques d'hommes qui se meuvent en arrière-plan. Sept lumières. *Bon*, se dit-il, *il y a donc au moins sept hommes debout qui peuvent nous aider à prendre en charge les 26 autres, s'il faut en arriver là.*

Sous terre, la joie que les hommes ont ressentie au perçage de la voûte est de courte durée. « Nous mourons de faim, écrit Victor Segovia. La montagne ne cesse de craquer, de gronder. » Pendant de longues heures, les secouristes travaillent à la consolidation du trou. « Nous n'arrêtons pas de nous disputer. Le moral est au plus bas. » Mario Sepúlveda a une prise de bec avec les mécaniciens sous-traitants. « C'est un malentendu », assure Victor. Les mineurs commencent tous à imaginer ce qu'ils vont recevoir en guise de nourriture. Un Coca-Cola, du chocolat peut-être. Qu'est-ce qui peut passer dans le conduit ? Ah, une bière ! Dans un puits de cette taille, 15 centimètres de diamètre, on peut en descendre, des choses délicieuses et nourrissantes, tant solides que liquides ! Pour l'heure, cependant, il n'en sort que de l'eau sale. En si grande quantité qu'ils vont même devoir la canaliser.

— Qu'est-ce qu'ils fichent, là-haut ? Qu'est-ce qu'ils attendent pour nous envoyer à manger ?

À 14 h 30, plus de trente-deux heures après que l'outil de forage a percé la voûte, plus de dix-huit jours après leur dernier repas digne de ce nom, un nouvel objet descend enfin du puits. C'est un tuyau en PVC orange, fermé aux deux bouts. Cet œuf de Pâques difforme et géant contient quelque chose. Un fil pend du plastique.

— Il y a un fil ! Va chercher Edison, gueule un des gars.

Edison est électricien. Il arrive, ouvre le tube, y trouve un fil de téléphone et un combiné.

Dans l'armée des secouristes qui campent à la San José, les experts et les techniciens ne manquent pas. De plus, le gouvernement chilien reçoit des conseils de tous les coins du monde – y compris de la NASA. Mais le téléphone envoyé aux mineurs est un appareil de seconde main, confectionné avec des pièces de récupération par Pedro Gallo, un entrepreneur de Copiapó. Gallo, 38 ans, dirige une société de téléphonie qui fournit les mines de la région. Il rôde sur le site de la San José depuis le 6 août, proposant régulièrement ses services. Cependant certains secouristes le voient d'un mauvais œil ; des représentants de la Codelco lui ont même dit qu'il n'avait pas le droit de se trouver là. Gallo n'est pas un parent des 33. Comme des dizaines d'autres badauds, il est arrivé à la mine parce qu'il a senti qu'il se passait un événement extraordinaire sous cette montagne balayée par les vents. Il est resté à la San José, finalement parce qu'il ne désespérait pas de jouer un rôle dans cette épopée, même si sa femme, enceinte de sept mois, lui a demandé de rentrer. Le matin du 23 août, la chance sourit à Gallo.

— On a besoin de vous, lui dit un cadre de la Codelco. Il faut que vous nous fabriquiez rapidement cette ligne téléphonique dont vous nous avez parlé.

En trois quarts d'heure, Gallo bricole donc un téléphone avec quelques vieilles pièces, un boîtier en plastique et quelques centaines de mètres de fil téléphonique au rebut.

À 12 h 45, sous les regards du ministre de l'Exploitation minière, de Carlos Barra et de quelques autres, le téléphone de Gallo est descendu dans le puits. Le fil téléphonique est composé de neuf longueurs nouées les unes aux autres de manière assez rustique, à grand renfort de ruban isolant.

— Qu'est-ce que c'est que ces renflements ? demande Golborne. Des émetteurs ?

— Non, *señor Ministro*, répond Gallo. Ce sont les raccords du fil.

Au bout de cinquante-cinq minutes et 703 mètres, le téléphone atteint la galerie. Gallo branche l'extrémité du fil dans un de ces appareils à trois sous que l'on trouve dans tous les bureaux du monde.

Golborne décroche. Ses premiers mots sont empruntés au protocole des communications dans les mines, comme Gallo le lui a suggéré.

— Allô, l'équipe, dit le ministre. Ici la surface.

— Ici la mine, répond Edison Peña. Vous m'entendez ?

— Oui, je vous entends, déclare Golborne.

Et, à ces mots, la vingtaine d'hommes amassés autour du téléphone, à l'air libre, éclatent de joie.

Au fond du puits, Edison entend ce qui se passe là-haut avec une netteté inattendue ; le récepteur vibre sous l'effet de ces voix assurées – les voix pleines d'espoir du monde extérieur.

— J'entendais tous ces gens qui parlaient ensemble (*la colectividad de está gente*), racontera-t-il. Puis cette voix très ferme... j'ai craqué.

Après dix-huit jours dans le noir, après les heures de silence où il a côtoyé la mort, la pensée horrible que personne ne viendrait à son secours, Edison est bouleversé. Le bruit de ces voix inconnues le fait sangloter.

— Je ne pouvais plus dire un mot, ajoutera-t-il.

— Ici, le ministre de l'Exploitation minière, annonce le ministre.

Un des *niños* prend le téléphone des mains d'Edison.

— On va vous passer le chef d'équipe.

— Oui, le *jefe de turno*, c'est bien, ça, dit le ministre, et il allume le haut-parleur afin que tous ceux qui l'entourent puissent entendre.

— Ici le chef d'équipe, Luis Urzúa.

— Nous sommes une vingtaine ici qui pouvons vous venir en aide immédiatement, déclara Golborne. Comment allez-vous ? Dans quel état vous sentez-vous ?

— Bien. Nous nous sentons bien. Le moral est bon, nous attendons que vous veniez nous chercher, répond Urzúa, d'une voix pourtant brève, hésitante.

— On va vous faire parvenir de l'eau potable et des liquides nutritifs, annonce le ministre, et les instructions médicales qui vont avec.

— On a de l'eau, on en a bu, réplique Urzúa. Mais pour l'heure, nous avons épuisé les quelques provisions que nous avions au... au... au... au Refuge.

— On va vous mettre en relation avec un médecin, lance le ministre. Il sera chargé de vous alimenter.

Les mineurs sont à cran, obsédés qu'ils sont par leur désir de remonter. Pourtant, la question de leur évacuation ne sera pas abordée lors de cette première conversation. Golborne, submergé par l'émotion du moment, éprouve plutôt le besoin de leur expliquer l'impact qu'a eu sur le peuple chilien le drame qu'ils ont vécu.

— Il faut que je vous dise que le pays tout entier a suivi votre calvaire, durant ces dix-sept jours. Le pays tout entier a participé à votre sauvetage. Hier, le Chili était en fête. Sur toutes les places, dans tous les villages, nos compatriotes ont fêté la reprise de contact.

Au tour des 33 de hurler de joie. Leurs cris, leurs applaudissements vibrent, métalliques, dans le combiné. Pour ces hommes qui survivent depuis des jours sous terre, à demi nus, à demi morts de faim, les paroles du ministre ont tout du conte de fées. Ainsi, pendant qu'ils croupissaient dans leur tombeau de pierre, seuls dans les ténèbres, le pays entier priait pour eux, pensait à eux, travaillait à leur délivrance ? Ils ont l'impression de sortir de la tombe pour marcher dans la clarté magique d'un monde merveilleux.

Mais les clameurs s'éteignent, et quelques-uns des *niños* font de grands gestes à Urzúa. Il faut qu'il demande des nouvelles de Rául Villegas, leur collègue camionneur qui sortait de la mine au moment où elle s'est effondrée.

— Puis-je vous poser une question ? interroge Urzúa.

— *Si*, répond le ministre.

— Nous avions un collègue qui quittait la mine, un des camionneurs…, dit Urzúa. Nous ne savons pas s'il s'en est tiré.

— Il n'y a pas eu un seul blessé, affirme Golborne. Pas un blessé, pas un mort à déplorer.

Nouvelle manifestation de joie des 33. C'est une des beautés supplémentaires du miracle de la San José. Le ministre va leur en révéler une autre.

— Là-haut, autour de nous, il y a un campement avec toutes vos familles, décrit-il. Vos familles qui ont attendu et prié pour vous.

Et pour les 33, c'est un voile de solitude et de souffrance qui se lève. Ceux qui les aiment sont là-haut, juste au-dessus d'eux, réunis autour du trou par lequel ils sont descendus travailler il y a dix-huit jours.

André Sougarret, le grand ordonnateur des opérations de secours, s'empare un peu plus tard du téléphone pour conseiller aux mineurs de n'approcher ni de la plaque de diorite qui obstrue la Rampe ni des cheminées qui remontent à l'air libre.

— Parce que la Rampe est peut-être encore en train de s'affaisser, j'imagine, dit Urzúa.

— Exact, lâcha Sougarret.

Lui succède Cristían Barra.

— Je vous transmets les meilleurs vœux du Président Piñera. Il est venu quatre fois déjà sur le site de la mine.

Il y a quelques semaines, les 33 n'étaient que des Chiliens lambda : aujourd'hui, le chef de l'État leur envoie ses *saludos*. La première conversation téléphonique entre eux et les sauveteurs s'achève sur l'hymne national – et ce sont les mineurs emmurés qui l'entonnent. Une caméra du gouvernement immortalise cet instant : les responsables des secours écoutent les hommes chanter. Dans la journée, la vidéo est envoyée aux grands médias, de même qu'une photo du ministre ; et qu'il passe bien à la télévision, Laurence Golborne, dans son blouson rouge du gouvernement chilien, écoutant, un sourire radieux sur le visage, la voix de Luis Urzúa ! Dans de nombreuses retransmissions, un portrait de Luis Urzúa accompagne sa voix ; voici, dit-on, le « leader » des 33. Mais qui est réellement le responsable du groupe ? Iturra, le psychologue, a prévu de poser la question à chacun des mineurs, en face-à-face. En attendant, les sauveteurs font descendre dans le puits les premières rations alimentaires à destination des emmurés.

Ce qui finit par arriver dans la galerie ne peut constituer un festin – ce n'est même pas une nourriture qui puisse être mastiquée. Les hommes reçoivent 33 bouteilles en plastique transparent contenant chacune quelques décilitres de solution glucosée – tous n'auront pas la force de transporter cette précieuse cargaison au Refuge.

— Certains étaient allés se coucher ; ils ne tenaient plus debout, se souviendra Yonni Barrios.

Yonni, Claudio Acuña, José Ojeda et Florencio Avalos s'occupent donc de récupérer les bouteilles, lesquelles s'accompagnent d'un conseil des secouristes : ils ne doivent pas boire leur contenu trop rapidement. Ils seront pourtant peu à respecter la consigne : le précieux liquide est souvent englouti en une gorgée, ce qui occasionne chez certains de douloureuses crampes d'estomac.

Les hommes espèrent recevoir quelque chose de plus substantiel à se mettre sous la dent, mais l'envoi suivant ne contient toujours rien à manger : c'est un questionnaire à remplir, en fait. Le gouvernement chilien veut que chacun des 33 lui fournisse des informations de base : taille, poids, âge, pointure, histoire médicale. Il faudra aussi que les mineurs décrivent leur état présent. « À quand remonte votre dernière prise d'aliment ? Continuez-vous à uriner ? » Question plus fondamentale encore : les bureaucrates aux mains desquels les mineurs sont maintenant livrés (et l'administration chilienne est la plus impitoyablement efficace de toute l'Amérique latine) leur demandent leur numéro RUT ; ce numéro qui personnalise les déclarations de revenu sert également de numéro national d'identité à tous les résidents du Chili. Sans RUT, on n'a pas d'existence officielle au Chili. Mamani lui-même, l'immigrant bolivien, en possède un.

— Bien sûr, nous leur avons donné nos RUT, précisera Juan Illanes avec un sourire en coin. Au cas où nous n'aurions pas été ceux qu'ils croyaient.

La dernière question vient d'Iturra, qui a tenu à la faire figurer. « *¿Quién la lleva?* » – ce qu'on peut traduire approximativement par : « Qui gère le groupe ? »

— Nous avons pris soin de ne pas demander qui était le patron, expliquera Iturra.

Tout le monde sait qui est le chef des 33, officiellement. Mais ce chef-là est-il vraiment maître des opérations ?

La question déconcerte Juan Illanes. Il n'est pas le seul.

— On répond quoi ? lui demandent plusieurs mineurs.

Après tout, il sait peut-être, lui qui a donné ces conférences souterraines sur le code du travail. Est-ce Mario Sepúlveda qui est aux commandes ? Trois ou quatre jours après l'accident, Victor Zamora a proposé sans prendre de gants que Mario remplace Luis Urzúa, mais Juan Carlos Aguilar s'y est opposé. Les mécaniciens sous-traitants, eux, obéissent à Juan Carlos ; est-ce lui, donc, qui « gère le groupe » ? Ou bien Florencio Avalos, dont l'énergie, le calme et l'assurance ont gagné le respect de tous ses compagnons ? En vérité, s'ils y réfléchissent, personne en particulier ne « gère le groupe ». Ils sont tous responsables. Mais, aux mineurs qui lui posent la question, Illanes répond : Luis Urzúa.

— L'autorité de don Lucho ne tenait plus qu'à un fil, à ce moment, admettra-t-il pourtant ultérieurement. Si nous autres, les mécaniciens sous-traitants, ne l'avions pas soutenu, Mario Sepúlveda aurait pris sa place.

Les ouvriers chiliens ont un certain respect pour l'autorité officielle, si bien que la plupart des mineurs finissent par inscrire le même nom en face de la question d'Iturra. Celui qui gère, c'est Luis Urzúa (seul Juan Carlos Aguilar répond : « Tout le monde »).

Le fait est que Luis Urzúa prend alors en charge un aspect fondamental de l'opération de sauvetage. Assis sur la banquette avant de son camion, qui lui a toujours servi de bureau ambulant, il rédige quelques notes. Il veut guider les autres forages vers le Refuge, car les équipes, là-haut, n'ont pas fini de creuser, il l'entend. Les secouristes auront besoin d'un plan précis de la mine pour atteindre les emmurés – plan qui nécessite toute une série de mesures, également précises, concernant les galeries et les passages. Luis va préparer ces documents, auquel il travaillera en toute discrétion les jours suivants. Mais quant à devenir le seul et unique leader des 33, capable de canaliser les instincts et de maîtriser les ego de ses compagnons d'infortune, il n'est pas taillé pour la fonction et ne le sera jamais. Peu le sont, du reste ; et les choses vont encore se compliquer, à partir de cet après-midi-là – car au-dessus des 33, à l'air libre, arrive alors à la San José un 4 × 4 Hummer noir.

Leonardo Farkas est un vrai dandy chilien. Lorsqu'il fait son entrée à la mine, c'est en grande tenue. Il descend de son Hummer revêtu d'un costume croisé gris sombre, égayé d'une cravate bleu ciel et d'une pochette assortie. Manchettes amidonnées, boutons de manchette scintillants et autres bracelets, qui luisent à ses poignets tandis qu'il parle. C'est un athlète, et ses longs cheveux blonds retiennent la lumière autant que ses gourmettes. Il a l'allure singulière, remarquable, d'un dieu grec réincarné en entrepreneur d'Amérique latine. Farkas, riche à millions, possède notamment une mine, non loin de la San José. Il fait de fréquentes apparitions dans les émissions caritatives de la télévision chilienne. S'il vient à la San José, c'est pour dispenser le bonheur à sa manière, celle d'un magnat chevaleresque, insouciant : il va donner 5 millions de pesos chiliens (soit 10 000 dollars) à chacun des 33 mineurs. L'entrée du Hummer noire sur le site de la San José est retransmise en direct par la télévision chilienne. La conversation qui suit, mettant face à face les familles et Farkas, est prétendument

« privée », mais le millionnaire en postera un extrait vidéo sur sa chaîne YouTube.

Ses secrétaires ayant transmis aux familles des bouts de papier portant le chiffre d'or (à peu près un an de salaire d'ouvrier non qualifié), Farkas monte sur une petite estrade.

— Farkas, Farkas, se mettent à psalmodier quelques proches.

— Il me faut le nom de chaque mineur, son RUT et ses coordonnées bancaires, dit Farkas. Si certains n'en ont pas, la Banque nationale leur en ouvrira un gratuitement.

Son énorme don n'est qu'un début, poursuit-il.

— Je vais demander à tous les Chiliens de mettre la main au portefeuille. On peut donner 1 000 pesos, 5 000, 10 000.

Farkas contribue généreusement au Téléthon chilien, qui recueille des dons destinés aux enfants atteints d'infirmité cérébrale motrice et autres handicaps. Il parle des 33 comme s'ils étaient, eux aussi, des enfants en détresse. Son objectif, annonce-t-il, est de collecter 1 million de dollars pour chacun des mineurs.

— Il faut rêver en grand. C'est ce que je fais depuis l'enfance. Il faut qu'en sortant ces hommes trouvent 1 million de dollars sur leur compte en banque.

Farkas, visiblement, apprécie l'affection des foules – une petite faiblesse que son argent alimente sans mal. Cet après-midi, lui aussi sera touché par quelques-unes des ondes de joie et de bonne volonté qui circulent à la San José. *« ¡Gracias, señor Farkas! »* Sans tarder, pourtant, ces énormes sommes d'argent, auxquelles s'ajoutent des dons plus modestes – sans parler des millions de dollars annoncés –, vont poser problème aux mineurs et à leurs familles.

Certaines familles se retrouvent en effet devant le dilemme que posent toujours les quelques bonus qu'elles ont eu parfois la chance de toucher : qui va les dépenser ? Qui va jouir, ô luxe, des largesses dispensées aux mineurs ? Certains des 33, mariés, se sont séparés de leur épouse sans pour autant divorcer. Le Chili a été le dernier pays occidental à légaliser le divorce, en 2004. La plupart des ouvriers chiliens ne savent pas encore qu'il leur suffit de payer un avocat pour mettre fin à leur union. Maintenant que le mineur séparé officieusement de son épouse est devenu millionnaire (en pesos), cette épouse légale – mais qu'il n'aime plus ou qui ne l'aime plus – s'emparera-t-elle de cette manne pendant qu'il est encore prisonnier de la mine, plutôt qu'elle ne reviendra à sa nouvelle compagne et aux enfants qu'il a eus avec elle ?

Darío ignore encore tout de sa bonne fortune. Autrement, il commencerait à dresser des plans d'avenir ou à payer ses factures. Sa compagne, Jessica Chilla, ne sait quant à elle que faire de tout cet argent, et elle demande au frère de Darío de bien vouloir s'en occuper. Elle craint que ces millions ne sèment la zizanie dans la famille Segovia. De fait, avant même que les foreurs aient retrouvé les mineurs, à l'époque où nombre de parents de Darío le croyaient mort, les choses étaient déjà compliquées.

— Plein de gens ne pensaient qu'à l'argent, me confiera Jessica. Les vies des mineurs ne leur appartenaient plus. La seule question qui comptait, c'était : combien vont-ils rapporter ?

Certains dans les familles se livraient, en secret, aux mêmes calculs que Juan Illanes : assurance-vie, indemnisations… Alors, maintenant que les hommes sont vivants et que Farkas leur donne 5 millions de repos à chacun, tous les nécessiteux qui gravitent autour des gens qu'ils ont aimés, qu'ils ont élevés, s'expriment sans vergogne. *Avant qu'il t'aime, j'ai souffert à son côté… J'étais son fils avant qu'il ne te rencontre… Nous aussi, on a besoin d'être soutenus…*

— Avec tout cet argent, commentera Jessica, la basse-cour familiale est devenue un vrai chaos ; l'air s'est vicié.

Quoi qu'il en soit, dans les heures qui suivent, les familles des 33 commencent à écrire leurs premières lettres aux enfermés. Jessica Chilla et quelques épouses se disent que leur conjoint n'a pas encore besoin d'être informé de l'offre de Farkas. Parler d'argent, c'est un peu tenter le sort, rire de Dieu alors que les hommes ne sont pas tirés d'affaire, à 700 mètres sous terre. Mais d'autres, parmi lesquelles Veronica Quispe, la femme de Carlos Mamani, ne peuvent résister. Le couple a deux jeunes enfants ; immigrés au Chili, ils ont toujours tiré le diable par la queue. Et soudain les voici soulagés de ce poids, de ce besoin d'argent qui est la principale motivation des *niños* pour travailler à la mine. Les millions de Farkas sont une bonne nouvelle. Dans l'une de ses premières lettres à son mari, Veronica lui écrit : « Dieu merci, Carlos, tu as survécu. Nous, là-haut, après avoir tant attendu, nous sommes heureux, nous allons bien. Et en plus, grâce à Leonardo Farkas, nous voilà millionnaires. »

En ce soir du 23 août, un peu plus tard, un deuxième forage approche des galeries où sont emmurés les 33. Les secouristes ont demandé à Urzúa de déterminer la position exacte du forage 10B et de leur en envoyer le schéma. Cette information, il l'a déjà sous la main. 10B est arrivé à 7 mètres d'un des repères géodésiques de la mine, le numéro A40. Le prochain forage, disent les secouristes au *jefe*, devrait déboucher à 1,5 mètre. Les secouristes demandent également quelques détails sur l'état de santé des hommes. Quelques-uns, répond Urzúa, ont beaucoup maigri ; tous sont très affaiblis mais aucun ne souffre de blessure ou de maladie grave.

— Il faudrait que vous arrêtiez de boire l'eau des citernes, conseillent les médecins. On vous enverra toute l'eau que vous voulez.

Il est également préférable de ne pas toucher aux deux boîtes de thon qui leur restent. Quant à l'évacuation, elle devrait se faire, précise Sougarret, par un puits de forage plus grand, lequel débouchera près de l'atelier des mécaniciens, au-dessus du Refuge. La nouvelle surprend Urzúa.

— Je pensais qu'ils nous enverraient de la nourriture, et plus généralement de quoi survivre, par les deux puits tout en cherchant une voie d'accès par les cheminées existantes, expliquera-t-il. Jamais je n'aurais imaginé qu'ils puissent nous hisser par un puits de forage.

Urzúa rapporte ces conversations à ses compagnons. Certains réagissent avec colère.

— Tu ne peux pas leur dire qu'on va bien ! Ce n'est pas le cas. On crève de faim, on est fatigués, on veut sortir de ce trou de l'enfer. Si tu leur fais croire qu'on va « bien », à ces types du gouvernement, ils vont mettre des siècles à nous tirer de là !

Vers 18 heures, le deuxième forage crève la paroi, à tout juste 1,3 mètre du premier. Trois jours plus tard, le 26 août, un troisième puits joindra l'intérieur de la mine à l'air libre, près de l'atelier, au Niveau 135 : il jouera un rôle essentiel dans l'évacuation des mineurs. C'est dans le deuxième conduit que sera installé le câblage électrique et optique ; le premier servira au passage de provisions et de fournitures diverses, transportées dans des tubes en PVC que les mineurs baptiseront *palomas* – pigeons. Bouteilles d'eau, médicaments, bouteilles de solution glucosée sont ainsi livrés dans un premier temps. Pour surveiller ce puits de livraison et transporter les fournitures (et, accessoirement, pour que tous aient une activité), les mineurs acceptent de faire les trois-huit. Le premier groupe, qui comprend notamment les sous-traitants, se donne comme responsable le méticuleux Rául Bustos, survivant du raz-de-marée. Les deux autres groupes se composent pour l'essentiel des mineurs du Refuge. Les dirigeront Carlos Barrios, 27 ans, et l'ancienne star du football, Franklin Lobos. Les hommes de l'équipe A ont retrouvé de l'énergie, un but. Après dix-huit jours de crise, Luis Urzúa se décide à assumer de nouveau son rôle de *jefe*, et se recoiffe, symboliquement, de son casque blanc.

La *paloma* du 23 août apporte une cargaison de brosses à dents et de dentifrice, mais également les premières lettres des familles. Elles ressemblent plus ou moins toutes à celle de Mario Gómez, et sont porteuses de nouvelles qui peuvent sembler curieuses dans le contexte de leur combat avec la mort mais qui rassérènent les hommes : les factures sont réglées, le loyer de même, on n'est pas en retard pour les paiements, ne t'inquiète pas. Jorge Galleguillos obtient d'un fils avec lequel il est brouillé des paroles d'encouragement ; la petite amie d'Edison Peña lui propose le mariage ; Carlos Mamani apprend qu'il est millionnaire. Victor Segovia reçoit des nouvelles des cinq filles auxquelles il a écrit dans son journal, pendant dix-huit jours. « Je m'arrêtais tous les trois mots dans ma lecture », note-t-il dans le même journal un peu plus tard.

Le lendemain, le 24, dans l'après-midi, un téléphone réapparaît dans l'orifice.

— Restez en ligne, dit une voix. Nous allons vous passer La Moneda, le palais présidentiel.

Le Président Sebastián Piñera est retourné dans la capitale. Son appel est raccordé au téléphone de fortune de Pedro Gallo et transmis au Niveau 94 de la mine de San José. Le chef de l'État parle à Luis Urzúa : les 33 doivent être assurés que le gouvernement fait tout son possible pour les tirer de là. Le Chili a d'ailleurs, entre autres choses, accepté l'aide que lui offraient d'autres pays. Le Premier ministre d'Espagne et le Président Obama ont exprimé leur soutien, précise Piñera. Se souvenant des remarques irritées de ses compagnons, Urzúa remercie le Président, puis s'empresse de lui demander quand les secouristes pensent les sortir de « cet enfer », *este infierno*.

— Vous n'aurez pas retrouvé l'air libre le 18 septembre, répond le Président.

Déception immédiate pour les 33 mineurs : le 18 septembre, anniversaire de l'indépendance, est la plus grande fête non religieuse au Chili – imaginez le 4 juillet plus Thanksgiving. De surcroît, le Chili fête cette année ses 200 ans d'indépendance.

— Mais, avec l'aide de Dieu, ajoute Piñera, vous serez dehors pour Noël.

Urzúa plaisante avec le chef de l'État : les secouristes pourraient leur envoyer une bouteille de vin pour le bicentenaire, non ? Mais une fois la conversation finie et la ligne téléphonique remontée dans le puits, plusieurs mineurs sombrent dans une profonde dépression.

— Ils pensaient qu'on allait sortir tout de suite, dira plus tard Urzúa. Et voilà qu'on nous parlait de quatre mois de plus dans ce trou.

Urzúa scrute les visages, sous la voûte rocheuse. Jimmy Sánchez, le benjamin des 33, qui, d'un point de vue légal, ne devrait pas être descendu à la mine, semble particulièrement affecté. Nombre des gars ont recouvré assez d'énergie pour tenir sur leurs jambes, mais la perspective de cette trop longue attente fait revenir sur leurs visages couverts de suie des expressions de fatigue et de tristesse. Autour d'eux, la mine continue de frémir, de gronder ; à tout moment, un nouveau glissement de terrain peut détruire les précieux puits qui les relient à l'air libre. Quatre mois dans cette chaleur humide, écrasante, pourraient bien avoir raison des plus faibles d'entre eux.

— Quatre mois ! s'indignent quelques voix. Non, non, on n'attendra pas décembre, hors de question ! On va trouver la sortie nous-mêmes.

— Oui, par le Gouffre, suggère un des *niños*. Dès qu'on aura repris des forces, on pourra grimper.

Il y a de la mutinerie dans l'air. Puis Mario Sepúlveda prend la parole.

— Qu'est-ce que vous croyez ? Que je n'ai pas envie de me tirer ? Si je pouvais, je me jetterais sur le prochain truc qui sort du puits et je grimperais jusqu'à la surface. Sauf que ce n'est pas possible : je suis trop gros.

Perri parle de la voix éraillée, hystérique et moqueuse que ses compagnons connaissent si bien : c'est la voix de cet enragé de la vie condamné aux oubliettes, ce type qui peut rire de la mort, des cannibales, et s'imaginer en train de remonter à la surface par un trou de 15 centimètres de diamètre. Non, insiste-t-il, il n'y a qu'une chose à faire : attendre. Et bientôt les plus calmes, les plus solides des 33 répètent le même conseil.

— *Tranquilos, niños.*

C'est ce qu'on dit à deux copains qui veulent se battre dans un bar. *Tranquilo*. Il faut prendre notre mal en patience, nous organiser, insiste Juan Carlos Aguilar (qui tient ce discours depuis le 5 août). Il faut remercier le Seigneur des miracles qui se sont déjà produits sous nos yeux, renchérit José Henríquez. Il faut se préparer à vivre ensemble dans ce trou jusqu'en décembre, si besoin est, martèle Mario Sepúlveda.

C'est un peu après cet épisode que Luis Urzúa a sa première conversation téléphonique et sans témoins avec Iturra, le psychologue.

— Le plus dur reste à venir, le prévient ce dernier.

12

Les astronautes

Dans les jours qui suivent la reprise de contact du 23 août, l'attitude professionnelle des médecins chiliens mobilisés par les secours sauvera la vie aux 33 mineurs. Le ministre de la Santé, Jaime Mañalich, a constitué une équipe médicale qui, dès le départ, prendra une décision essentielle. Non, contrairement à ce que souhaitent les foreurs et autres officiels locaux – un désir pourtant compréhensible –, on ne « fourrera pas des kilos de nourriture » (comme le dit un des docteurs de la NASA) dans le puits 10B, même si les affamés du Refuge le réclament. Lorsque vous n'avez pas mangé depuis plus de cinq à sept jours, votre organisme manque terriblement du phosphate et du potassium qui lui sont nécessaires pour digérer les glucides. Un bon repas peut, dans ces conditions, provoquer un arrêt cardiaque. Tragique leçon apprise à la fin de la Seconde Guerre mondiale : les GI provoquèrent involontairement la mort de nombreux survivants des camps de concentration en les gavant de plats en conserve et de barres chocolatées. Les agences de santé chiliennes se sont concertées avec des spécialistes du monde entier, outre les experts de la NASA ; elles vont suivre leurs conseils. Il faut « y aller doucement ». Les premiers jours, les 33 n'ont droit qu'à 500 calories par vingt-quatre heures. Elles leur sont procurées par une boisson énergétique enrichie en potassium, en phosphates et en thiamine – une vitamine de type B que le corps épuise en période de disette. Sans thiamine, un retour à l'alimentation normale peut provoquer un syndrome de Wernicke-Korsakoff, une pathologie neurologique qui cause une perte radicale de la coordination musculaire. Les médecins chiliens ont envoyé aux mineurs des bandelettes urinaires semblables à celles qu'utilisent les astronautes de la NASA pour contrôler leur état de santé. Cet examen tout simple mesure la « densité corporelle », un marqueur de la déshydratation ; le taux de cétone, un marqueur de la dénutrition ; et la myoglobine, substance produite par la destruction de la masse musculaire. 16 des 33 mineurs en ont trop, autrement dit ils risquent l'insuffisance rénale. Ils recevront un supplément d'eau et des lits de camp. En effet, le contact continu avec le sol durant les périodes de sommeil accélère la détérioration des muscles. Pour se procurer des lits gonflables qui puissent tenir dans une *paloma*, le gouvernement chilien a publié un appel d'offres ; une entreprise de Copiapó y a répondu. Ces 16 hommes ne tardent pas à se remettre. Les médecins chiliens ont géré le traitement à distance des mineurs « de manière exemplaire », estimera ultérieurement James D. Polk, médecin à la NASA. Raison pour laquelle « il n'y a pas eu une seule complication médicale par la suite », selon lui.

Pour compléter leur aperçu de la santé des 33, les médecins leur envoient une balance. Un modèle similaire à ceux dont on se sert sur les champs de courses. Les mineurs la fixent sur un des paniers qu'ils utilisent lorsqu'ils consolident les voûtes des galeries. Ils lèvent le panier, s'installent dans le harnais ; un compagnon les pèse tandis qu'ils sont assis les pieds dans le vide, tels des ballots de chair pâle. Le petit Alex Vega constate avec horreur qu'il a perdu 16 kilos (il n'en pèse plus que 46) ; le grand Franklin Lobos est tout aussi choqué : de 86 kilos, il est passé à 68.

Y a-t-il un mineur qui sache faire des piqûres et prendre la tension ? demande l'équipe médicale à Luis Urzúa, qui en discute avec les gars. Yonni sait peut-être, se souvient l'un d'eux. Il en a parlé, un jour.

— Yonni, il faut que tu nous aides, lui annonce Urzúa.

Yonni commence par refuser.

— Il est têtu comme une mule, mais on a fini par le convaincre que c'était son boulot, commentera Urzúa après.

Yonni discute avec l'équipe médicale. Il n'a tenu une seringue qu'une seule fois dans sa vie. C'était pour faire une intraveineuse à sa mère, infirmière ; il avait 14 ans. En revanche, il sait comment prendre la tension. Sa compagne Susanna étant hypertendue, il lui a déjà fait passer cet examen. Très bien, disent les médecins. Vous serez notre infirmier souterrain. Les médias sud-américains ne tardent pas à surnommer Yonni « *El Doctor House* », en référence à la série télé, très appréciée en Amérique latine. La NASA a alerté l'équipe chilienne sur un des dangers que courent les 33 : isolés, soumis au stress, privés de la lumière du jour (prisonniers d'une mine ou enfermés dans une station spatiale), les individus peuvent souffrir d'une carence en vitamine D et d'un syndrome de « réactivation virale ». Yonni est donc chargé d'injecter à ses compagnons des vitamines, et de les vacciner contre la pneumonie, le tétanos et la diphtérie. Il s'acquitte de sa tâche avec le calme et la douceur que les femmes de sa vie ont toujours admirés.

La *paloma* qui leur apporte ces médicaments essentiels leur transmet également des lettres personnelles ; elle repart avec quelques-unes de leurs réponses. Celle de Victor Segovia trahit le désespoir. « Panchito, je ne vais pas te mentir sur ce que nous vivons ici. On va mal, très mal. Il y a de l'eau partout. La montagne ne cesse de gronder. Cet enfer me tue. J'essaie de ne pas craquer, mais, la nuit, je rêve que je suis en train de griller sur un barbecue. Quand je me réveille, je suis encore prisonnier de ces ténèbres éternelles. Chaque journée m'épuise un peu plus. » La famille de Victor décide, après avoir lu ces lignes, d'en parler à Iturra, le psychologue.

Dans son journal souterrain, Victor a cependant quelques bonnes nouvelles à annoncer. « L'un des gars a appris que Leonardo Farkas avait déposé 5 millions [de pesos] sur nos comptes en banque. » Farkas, écrit-il encore, veut collecter des fonds pour les mineurs, assez d'argent « pour qu'on n'ait plus jamais besoin de travailler ».

Deux jours après que les mineurs ont supplié le Président de les tirer de « cet enfer », les secouristes leur envoient une caméra vidéo afin qu'ils puissent le filmer, cet enfer. C'est Florencio qui fait office de réalisateur, pendant que Mario Sepúlveda, torse nu, montre les lieux, secondé par un Alex Vega à la barbe broussailleuse (lui a revêtu un vieux maillot crasseux des Dallas Cowboys). Les hommes enregistrent une demi-heure de rushes ; le soir même, les chaînes de télé en diffuseront huit minutes à une heure de grande audience, au grand émerveillement des spectateurs.

Ces huit minutes commencent avec une présentation par Mario de Luis Urzúa, installé dans son camion blanc. Le *jefe* travaille à ses plans, destinés à l'équipe de secours. Puis la caméra fait visiter le Refuge. Deux mineurs aux visages hâves, Osman Araya et Renán Avalos, sont assis sur la cantine qui contenait les provisions pillées.

— Voici deux hommes importants, qui surveillent les *palomas*, commente Mario du ton enjoué d'un présentateur télé, comme s'il cherchait à dérider ses deux compagnons.

Les *niños* se lèvent, ouvrent la cantine, laquelle contient cinq bouteilles d'eau envoyées par le puits 10B.

— D'une manière ou d'une autre, dit Mario, on essaie de s'organiser, pour que tout se passe bien.

Plan suivant, Jorge Galleguillos, que Mario réveille et qui se met debout, l'air hébété, distant. Un autre mineur continue à dormir, dos au sol, bouche ouverte ; la lumière de la caméra ne trouble pas son sommeil. Claudio Yáñez, lui, se redresse, parvient à sourire, à envoyer un *saludo* aux siens. Retour au Refuge, que Mario décrit comme « notre cafétéria ». Edison Peña fixe l'objectif et lâche :

— Faites-nous sortir d'ici le plus vite possible, s'il vous plaît.

Mario désigne une table où sont installés cinq hommes, en pleine partie de dominos.

— C'est ici que nous nous réunissons tous les jours, que nous nous organisons, raconte-t-il. C'est ici que nous prions. Que nous nous retrouvons pour prendre des décisions, tous les 33.

Mario s'approche de Victor Zamora, l'orphelin d'Arica, à la frontière du Pérou.

— Lui, on ne sait pas s'il est chilien ou péruvien, plaisante Mario.

Tout le monde rit ; Zamora se fend d'un sourire de grand enfant. C'est lui qui a pillé les réserves, juste après l'accident, mais aucun des spectateurs de la vidéo ne le saura, bien sûr. Zamora s'adresse à la caméra. Il paraît le plus calme, le plus serein de tous.

— Prenez soin de vous, lance-t-il à l'adresse de sa famille, avec un hochement de tête rassurant. On va tous s'en sortir.

Après quoi il interpelle les secours :

— On voudrait vous remercier de votre détermination à ne pas nous laisser tomber.

Zamora parle comme s'il était réconcilié avec lui-même, comme s'il avait accepté sa situation – un philosophe, un « conférencier en motivation » égaré dans la mine.

— On sait ce que vous faites pour nous, déclare-t-il aux invisibles sauveteurs. Et vous savez quoi, les *niños* ? On va les applaudir. C'est parti !

Et tous ses compagnons se mettent à frapper dans leurs mains. La vidéo montre sans transition les mineurs qui chantent *Chi-chi-chi, le-le-le*, Osman Oraya qui rend grâces à Dieu et l'hymne national entonné par les 33.

Dernière scène : Mario, planté en plein cadre, toujours torse nu, harangue les spectateurs, en guise de conclusion.

— Mes amis, cette famille de la mine, ce n'est plus celle d'il y a cent ans, cent cinquante ans. Aujourd'hui, le mineur est un homme éduqué. On peut discuter avec lui. Le mineur du XXIe siècle, il peut redresser la tête et discuter avec n'importe qui au Chili. Une grosse bise à tous les Chiliens !

La vidéo fait circuler une onde de fierté nationale dans l'ensemble du pays. Les spectateurs sont avant tout émus par la vision de Mario Sepúlveda, amaigri, couvert de suie, un Chilien ordinaire à l'éloquence frénétique, respirant le courage et l'énergie alors qu'il est prisonnier de ce qui ressemble à un trou ignoble, sombre et humide. Dans les semaines à venir, les médias du Chili et du monde le surnommeront « Super Mario ». Sa performance est diffusée bien au-delà des frontières du pays : il devient le héros improbable et optimiste d'un drame qui unit, un bref instant, l'humanité ; ce tribun à la voix rauque réaffirme les valeurs de l'esprit humain. Ceux qui croupissent à 700 mètres sous terre ne sont pas des figures mythiques : ce sont de simples, de vrais hommes, même s'il y a quelque chose d'extraordinaire dans leur épopée. On les a donnés pour morts, ils ont été ensevelis sous la roche, mais cette vidéo de huit minutes les montre bien vivants. Des êtres humains en chair et en os, crasseux, l'air perdu mais la voix assurée, piégés dans une oubliette où l'eau clapote. Ces images lancinantes sont retransmises ad libitum, traversant les faisceaux horaires, les continents, tandis que le conte des 33 est narré et répété par les Shéhérazade des médias et les adaptateurs professionnels, jusqu'à prendre les couleurs du mélodrame. Lorsque les télévisions et les ordinateurs sont éteints, l'histoire poursuit son chemin, dans les familles, sur les lieux de travail. « Tu as vu, ces types, en Amérique du Sud, ces mineurs ? Tu as regardé la vidéo ? » Aucun instrument ne mesure l'inconscient collectif, aucun sismographe psychique n'enregistre les tremblements des âmes, aucun baromètre n'évalue les flux des rêves de l'humanité. S'ils existaient, sans doute ces appareils auraient-ils enregistré, en ces derniers jours d'août, une remarquable recrudescence des cauchemars et des songes se déroulant dans des grottes, des caveaux, des tunnels et autres lieux horribles, hostiles et ténébreux.

Mais le petit film ne fait pas du tout le même effet à ceux qui connaissent les 33. Jessica Chilla qui, le matin de l'accident, avait reçu du père de sa fille, lequel est aussi son compagnon de toute une vie, une longue et tendre étreinte sombre, après avoir vu ces images, dans une inquiétude très proche du sentiment de deuil. Le Darío Segovia que lui montre l'écran n'est pas celui qu'elle connaît. Celui de la mine est à la torture, elle le constate à ses yeux las, à la manière dont il se tient le front et détourne les yeux de la caméra. La sœur de Darío, María, la Mairesse du camp de l'Espoir, se dit qu'il a plus que jamais besoin d'être embrassé, le malheureux. Et il n'est pas le seul à s'être transformé aux yeux de ceux qui l'aiment. Ainsi, Osman Araya, qui a toujours donné l'impression à son entourage d'être un homme à l'aise dans son identité de croyant, semble là effaré, blessé ; pendant sa brève homélie, il a du mal à ne pas pleurer. Pablo Rojas, dit le Chat, apparaît de profil, assis torse nu sur le sol, épuisé, émacié, comme s'il avait posé sa bonne tête carrée d'homme mûr sur un corps de gamin. Jorge Galleguillos, grand gaillard solide, têtu et orgueilleux aux yeux des siens, a du mal à articuler un mot ; sa famille peine à le reconnaître, sous la couche de suie et de pustules qui lui couvre la peau.

Les parents des 33 et la nation chilienne auraient été encore plus inquiets s'ils avaient pu voir l'ensemble des rushes, mais la censure gouvernementale est passée par là. Il sera en effet question, dans une dépêche de presse, de ce que savent les secouristes : cinq des mineurs sont si déprimés qu'ils n'ont pas voulu être filmés. Dans ces images jamais diffusées, Mario Sepúlveda patauge dans une boue liquide, montre à la caméra des toilettes en piètre état, et perd de sa superbe lorsqu'il résume l'état et l'humeur de ses compagnons.

— On va sortir, dit-il. On ne va pas rester ici. Nos familles ont besoin de nous. Nous sommes très reconnaissants, *chiquillos*… La seule chose qu'on vous demande, personnellement, c'est de ne pas montrer toute cette humidité, la manière dont on vit ici.

Il fait allusion à la mort, n'hésite pas à révéler qu'ils s'en sentent proches.

— Dans une situation pareille, on doit devenir des guerriers. S'il faut se sacrifier pour le Chili, on le fera – ici ou ailleurs… Si vous pouviez dire à nos familles qu'on les aime, on vous en serait reconnaissants. Ce sont de belles personnes, celles qui nous soutiennent.

Perri parle ensuite de sa ville natale, Parral ; du quartier qu'il habite à Santiago, du club de sport qu'il fréquente.

— Ceux qui me connaissent, ajoute-t-il, savent que j'ai un cœur gros comme ça.

De ses mains ouvertes, il forme un cercle devant sa poitrine dénudée.

— Ce petit cœur, je vais lui faire faire de grandes choses pour ceux qui sont dans le malheur. Et je me battrai jusqu'à mon dernier souffle.

Enfin, comme nombre de ses compagnons, Mario éprouve le besoin de s'adresser directement aux siens.

— Francisco…, commence-t-il, mais il a du mal à prononcer le nom de son fils sans fondre en larmes.

Après une quinte de toux, il poursuit cependant.

— Ma devise : Chien, Braveheart, *huevón*. Mel Gibson, *huevón*. *Viejo*, papa sera toujours là pour te défendre. Je te le jure, je serai toujours là.

Et sur ces mots, Super Mario, submergé par l'émotion, détourne le regard et fait signe à Florencio Avalos d'éteindre la caméra. Lorsque le ministre de l'Exploitation minière et les autres responsables des secours visionnent la vidéo, ils sont tous d'accord pour accéder aux souhaits de Sepúlveda : après avoir prélevé quelques scènes destinées au public, le gouvernement remise les rushes, avec leur lot d'images troublantes et tristes, dans ses archives.

Iturra, le psychologue, étudie la vidéo complète, la première réalisée par les 33, et y trouve quelques preuves de leur résistance. Après d'autres consultations avec des mineurs par téléphone et une relecture des communications échangées entre la mine et le monde extérieur, il délivre aux 33 une attestation de bonne santé.

— *Estan cuerdos*, affirme-t-il.

Ils sont sains d'esprit. Deux ou trois secouristes doutent de pouvoir en dire autant du psychologue – selon eux, les signes cliniques ne mentent pas.

— Ils étaient en bon état sur le plan psychologique, affirmera Iturra plus tard. Ils avaient peur, oui, effectivement. Ce qui est normal étant donné les circonstances. Mais ce n'était pas une peur irraisonnée.

Ce qui, entre autres, rassure Iturra est l'empathie des mineurs. Il s'en est rendu compte dès leur première conversation avec le ministre, au cours de laquelle ils avaient demandé des nouvelles du chauffeur, Rául Villegas. Les discours filmés de Mario Sepúlveda et de Victor Zamora en sont d'autres indications. Les 33 n'ont pas cédé à la panique, ils ont conservé un semblant d'organisation. Cette évolution surprend agréablement Iturra. Lorsque des groupes d'hommes et de femmes sont confinés dans des espaces restreints pendant de longues périodes, il s'ensuit fréquemment, d'après la littérature savante, des actes de violence – et les murs peuvent littéralement se couvrir de sang. Iturra, adepte des théories du psychologue américain Carl Rogers (pour qui le patient est un client à satisfaire), estime pouvoir traiter les 33 sans dévier de cette pratique.

— C'est un travail en commun, entre vous et moi, leur dit-il au téléphone. Et ça le restera jusqu'à votre libération. Je serai là jusqu'à votre sortie.

Ce qui s'est passé dans le groupe pendant les dix-sept jours ayant précédé le premier contact ne l'intéresse pas.

— Je ne suis pas là pour vous juger. Vous avez fait ce que vous deviez faire.

Iturra a récupéré les dossiers médico-sociaux des mineurs, compilés par les agences de santé et les services sociaux du pays. Ils décrivent des hommes aux prises avec les vicissitudes de la vie de la mine, avec les complications familiales et amoureuses si courantes chez les Chiliens des classes laborieuses. Un des mineurs a fait une tentative de suicide, deux souffrent d'épilepsie, un quatrième a été diagnostiqué bipolaire. Pour avoir observé la vie au camp de l'Espoir, Iturra sait que plusieurs mineurs ont des maîtresses dont l'existence n'a été confirmée, voire révélée, que par leur présence dans cette ville improvisée. Iturra s'est spécialisé dans le secteur minier. Ces détails ne l'impressionnent guère : il y a de l'angoisse et du chagrin dans la vie d'un mineur, mais aussi du courage, de la fraternité et de l'assurance, toutes choses dont la culture hypermasculine de la mine n'est jamais avare. Toutefois il n'y a personne au Chili, pas même Iturra, qui ait déjà traité des hommes souffrant d'une aussi longue séquestration. S'ils ne peuvent sortir avant Noël, ils seront restés sous terre deux fois plus longtemps que quiconque. Ils sont des astronautes dans une station de pierre, des naufragés sur une planète sans vie. Pour en savoir plus sur les conditions de leur survie, Iturra consulte la NASA par e-mail. L'agence américaine lui annonce qu'elle envoie Albert W. Holland, un de ses psychologues ; il devrait arriver prochainement de Houston, accompagné de trois collègues : deux médecins et un ingénieur. Holland a déjà prévenu Iturra par e-mail : il faut préparer les hommes et leurs familles à une longue attente.

— C'est de la réflexion à long terme, déclare-t-il à Iturra. On court un marathon, là.

Bientôt, la métaphore est transmise par les praticiens chiliens aux mineurs et à leurs familles. *Un maraton*.

À bord de la station spatiale internationale, les astronautes discutent par vidéoconférence avec leurs familles toutes les semaines. C'est un dispositif similaire que les sauveteurs chiliens vont mettre à la disposition des mineurs, mais pour l'heure il n'y a pas de câble vidéo entre le monde extérieur et la mine. Les secouristes demandent donc aux parents d'enregistrer de courts messages vidéo à l'attention de leurs hommes. Des pensées positives, insistent les psychologues. Ne parlez pas des problèmes familiaux. Leçon retenue par cinq membres de la famille d'Alex Vega lorsqu'ils se réunissent sous une toile de tente, dans la montagne, pour enregistrer leur vidéo.

— Salut, mon amour.

C'est Jessica, la femme d'Alex, qui parle la première. Alex ne l'a pas revue depuis qu'elle lui a refusé un baiser, le matin du 5 août, alors qu'il partait à la mine. La voix de Jessica est douce, spontanée – elle ne trahit rien de ce qu'elle a vécu ces trois dernières semaines, des premiers jours où elle a tout fait pour que les enfants gardent leur rythme scolaire et familial jusqu'aux temps récents, insupportable attente rendue plus difficile encore par le pessimisme de ceux, nombreux, qui donnaient les mineurs pour morts.

— Je suis là, mon *cariño*, je t'envoie toute ma force. Tes enfants vont bien. Ils t'envoient des baisers.

D'une voix pleine de doux sous-entendus, elle promet de « fêter dignement » son retour. Elle est assise devant un drapeau chilien orné en son centre d'un portrait d'Alex dit le Canard, rasé de près, beau comme un acteur. Puis Roberto

Ramírez, le mariachi qui a écrit une chanson pour Alex et qui est également le petit ami de sa sœur, prend la parole.

— Pato, dit-il, espèce de fou ! Tu nous as collé la frousse de notre vie, mais quand tu sortiras, on se fera un défi tequila !

— Petit frère, lance la sœur, Priscilla, d'une voix joyeuse, c'est une leçon que Dieu a voulu nous donner. J'espère que tu t'en rends compte. Elles ne sont pas insurmontables, les épreuves que Dieu nous envoie. Ça sera pareil avec celle-ci.

Elle se moque gentiment de la barbe d'Alex, qui le fait ressembler à un « homme-loup ». Le père d'Alex, José, qui est descendu dans la San José pour essayer de sauver son fils et porte un casque blanc, lui déclare ensuite :

— Fils, je voudrais te saluer, toi et tous tes compagnons, tes frères – ce ne sont plus simplement des collègues, mais bel et bien des frères dans la grande odyssée que vous êtes en train de vivre.

Il y a plus de 40 membres de la famille rassemblés au camp, ajoute José, mais on n'a pas pu les faire tenir devant la caméra. Puis il s'excuse : il n'a rien d'autre à dire.

— C'est que, nous autres, nous sommes des taiseux.

Un cousin affirme :

— Alex, tu as réunifié la famille comme personne n'avait su le faire avant toi.

Et tous hochent la tête devant la caméra : c'est vrai. Ils concluent avec la chanson qu'ils ont chantée dans la nuit, avant la découverte des mineurs ; Roberto, le mariachi, désigne tour à tour le père d'Alex, la famille et le portrait sur le drapeau pour manifester clairement ce fait : la chanson parle d'Alex et d'eux tous. Quand la chanson est finie, Priscilla lève le poing, sourire aux lèvres.

— Oui, El Pato reviendra, il reviendra ! hurlent les Vega en chœur.

Le 28 août, dans la mine, les 33 se massent autour du minuscule écran d'une caméra vidéo pour regarder ces messages, leur premier aperçu du monde extérieur en vingt-trois jours. Luis Urzúa contemple sa femme, Carmen. Elle a l'air exténué, à bout. Un peu plus tard, il lui écrira pour lui demander de retrouver le moral. Trois des hommes, malgré tout, semblent avoir été oubliés des leurs.

« Ils étaient bouleversés, écrit Victor Segovia dans son journal. Surtout José Ojeda. Le message pour lui était dans la caméra, simplement, ils ont fait une erreur de manipulation, et il était tellement mal qu'il n'a même pas voulu le regarder quand ils l'ont retrouvé. »

La vidéo de la famille Galleguillos contient une surprise de taille : Miguel Angel, 26 ans, le fils de Jorge, parle à son père.

— Avant le 5 août, j'avais un problème avec lui. Il s'était rebellé, racontera Jorge. On avait pratiquement arrêté de se voir.

La paternité n'est jamais tâche facile. Mais les choses ont changé au Chili, tant pour les pères que pour les mineurs, depuis la jeunesse de Jorge. Enfant, dans les années 1950, celui-ci a vu son propre père descendre dans un petit puits de mine. Il se souvient d'avoir, à 6 ans, joué à l'air libre pendant que son père travaillait sous ses pieds. Le père maniait la pioche tandis qu'au soleil l'enfant creusait des petits trous et les couvrait de planches, se construisant ses « mines ». À 12 ans, Jorge a touché son premier salaire en empilant dans des charrettes tirées par des bêtes de somme des sacs de 40 kilos. Plus âgé, il a, comme Darío Segovia, transporté lui-même des sacs de pierres dans des harnais en peau de loup. Ces dizaines d'années dans la mine ont endurci Jorge. Si vous lui demandez pourquoi il y est encore alors qu'il approche des 60 ans, il répondra sans doute :

— La mine, c'est pour les courageux ! *¡La mina es para los valientes!*

Il a travaillé dur pour que ses enfants ne connaissent pas les dangers et les misères de la mine ; mais, en guise de récompense, le voilà avec un fils qui ne comprend pas la colère et la brusquerie de son père. Le 4 août, la veille du jour où il est redescendu dans San José la maudite, Jorge a appelé Miguel Angel, qui fêtait la naissance récente d'un fils. Des années plus tôt, Jorge avait perdu un premier petit-fils, mort à quelques jours. Ce nouveau bébé – *guagua*, disent les Chiliens – est en bonne santé.

— J'ai demandé à Miguel Angel si le *guagua* allait bien, expliquera plus tard Jorge. Il m'a répondu : « *¿Qué te importa vos?* » (« Qu'est-ce que ça peut te faire ? »)

« Comment va ta petite fille ? », a voulu savoir ensuite Galleguillos senior. « Pourquoi ? » a répliqué le fils, mécontent, ce qui a mis fin à la conversation. Pendant dix-sept jours, Jorge s'est demandé s'il reparlerait jamais à Miguel Angel, car le souvenir douloureux de la mauvaise humeur de son fils s'ajoutait à son impression de n'avoir pas résolu nombre de ses problèmes.

Portant, la lettre qu'il a reçue des siens contenait un message de soutien de Miguel Angel. Et sur la vidéo de la famille Galleguillos, Jorge reconnaît ses frères, sa belle-sœur, sa nièce qui habite Vallenar – et ses deux fils, Jorge et Miguel Angel. De plus, ce dernier, si brusque le 4 août avec son père, lui adresse des encouragements.

— *Viejo*, prends soin de toi. Essaie d'être aussi courageux que possible.

— J'ai éprouvé une joie incroyable. Une émotion si forte ! se souviendra Jorge. Mais, peu après, je me suis senti mal. J'étais déprimé. C'est difficile à expliquer.

Que son fils lui tende la main, c'était l'un de ses souhaits les plus ardents, et il se réalise là. Et pourtant, le voici qui sombre. Il a du mal à comprendre cette réaction. Peut-être est-ce de constater qu'il lui a fallu être enterré vivant pour que son fils lui pardonne ce pour quoi il était en rage, ce fils. Ou, tout simplement, parce qu'il ne peut pas être avec ce fils qui lui reparle, qu'il ne peut pas voir son nouveau *guagua* ; ni le reste de la famille, désormais réconciliée et rassemblée là-haut, à l'air libre.

— J'avais tellement envie d'être avec eux ! conclura-t-il.

Pendant ses années à la mine, Jorge a dû faire montre de courage et de force. Le courage de descendre, à 12 ans, dans un puits ; la force de supporter, des années plus tard, ce que la mine inflige aux muscles et aux poumons d'un homme âgé. Mais jamais sa force ni son courage n'ont été autant sollicités qu'au cours de ces deux semaines à subir la faim et l'humidité, à dépendre de la bonne volonté des autres pour s'alimenter, à être l'objet de l'affection d'une famille qu'il peut constater mais à laquelle il ne peut répondre. Ce qui aurait dû lui faire plaisir le blesse donc. Quelques jours plus tôt, il avait une faim de loup ; mais ce complément alimentaire chocolaté, Ensure, qu'on leur a envoyé par la *paloma* lui tord les intestins.

— Ce machin lacté, il s'est vengé de nous tous, affirmera-t-il.

Quand José Henríquez, le Pasteur, boit sa bouteille d'Ensure, il manque perdre connaissance, tant le breuvage le rend malade. Ce que voyant, Pedro Cortez donne sa ration à un autre gars. Une bonne partie des mineurs succombent à la première vague d'une série de dysfonctionnements intestinaux et urinaires qui vont leur mener la vie rude les jours suivants. Certains veulent uriner mais n'y arrivent pas. Leurs souffrances collectives sont assez aiguës pour que Mario Sepúlveda demande à leur infirmier improvisé, Yonni Barrios, de réclamer un traitement, la prochaine fois qu'il parlera aux médecins. Jorge Galleguillos a encore moins de réserves que les autres pour faire face à ces symptômes. Il a des œdèmes plein les jambes, le moindre pas lui coûte, sa peau se couvre de champignons. Lors de la réunion quotidienne, il a du mal à se lever. Les autres l'entourent et prient pour son rétablissement.

Dans les jours qui suivent le premier contact avec l'air libre, le journal de Victor Segovia n'est pas toujours des plus joyeux. « Claudio [Yáñez] m'a gâché la journée en passant son temps à dormir ; il ne se réveille que pour critiquer… [Darío] Segovia a failli en venir aux poings avec Franklin, écrit-il le 24 août. Tout le monde est de mauvaise humeur. Avant que l'aide arrive, nous étions en paix, nous priions tous les jours… Maintenant que les secours sont là, nous ne sommes pas plus unis, non : nous passons notre temps à nous battre, à nous disputer… » Tous les deux jours, Victor note de nouveaux grondements dans la montagne, rappel de l'effondrement qui les a pris au piège. Elle est si proche, la délivrance de cette torture auditive – et pourtant si lointaine. Tout ce qu'il peut faire pour le moment, c'est attendre l'évacuation et se laisser nourrir. « Je sais maintenant ce que ressent l'animal en cage, qui dépend de l'homme pour sa subsistance. » Il ne se passe guère de journée sans qu'il rapporte une stupide querelle entre les mineurs. Le 28 août, cependant, après avoir regardé les messages des familles, il se sent plus gai. « Tout est bien organisé… Nous sommes de meilleure humeur, aujourd'hui. Nous sommes très heureux. » Ils croupissent dans leur transpiration depuis des semaines, ont presque tous tombé la chemise, mais ce jour-là arrive une cargaison de chemises en nylon. Elles sont du même rouge que le maillot de l'équipe de football du Chili. La plupart des hommes les adoptent sur-le-champ.

Le 28 au soir, ces héros du Chili au nouvel uniforme se retrouvent pour une réunion. « Nous avons discuté d'un sujet très personnel, concernant notre sortie, note Victor. Nous sommes les seuls à savoir vraiment ce que nous avons vécu. Nous le partagerons en temps utile. » Ce sujet « très personnel » est celui de l'aventure qu'ils sont en train de vivre, en effet. Hier obscurs mineurs risquant leur peau dans une mine de merde, ils ont maintenant pour interlocuteurs le chef de l'État et ses ministres – sans parler du toujours populaire Iván Zamorano, star du football, qui s'est brièvement entretenu avec Franklin Lobos (ils ont été deux ans dans la même équipe, à la fin des années 1980). La conscience de cette brusque célébrité les envahit – particulièrement Mario Sepúlveda, qui s'agite beaucoup, parle de l'argent qu'ils peuvent gagner avec leur histoire. Les *palomas* commencent à transporter des journaux, aussi les hommes ont pu lire un article qui les comparait à cette équipe de rugby uruguayenne autrefois naufragée dans les Andes, après un accident d'avion. Les Uruguayens ont négocié leurs droits, un livre est paru, un film a été réalisé. L'histoire de la mine de San José leur appartient à tous les 33, dit Juan Illanes. Il faudra la partager équitablement. Évidence incontestable, que personne ne remet en cause. Ce n'est pas tout, poursuit Illanes. Ils devraient s'en tenir au pacte de silence qu'ils ont conclu au sujet de l'accident et de ses suites. Le journal de Victor Segovia est une chronique de leur lutte ; il leur appartient également à tous. Oui, approuvent les mineurs ; Victor est leur historien officiel.

Le lendemain, Victor écrit dans un cahier neuf, avec un stylo également neuf, deux articles qu'il a demandé à sa famille de lui faire descendre. Mario Sepúlveda vient discuter avec lui. Ton journal, lui déclare-t-il, est un « texte sacré » ; et comme il contient peut-être le livre qui, un jour, racontera leur histoire, il a aussi une valeur matérielle pour les 33. Victor réfléchit un moment, puis note : « J'ai écrit ce journal pour survivre, pas pour en faire un livre… je ne savais pas qu'il avait une telle importance. » Victor, dont les études ont pris fin, lorsqu'il avait 13 ans, avec son renvoi de l'école (il s'était battu), ne s'était jamais imaginé qu'il pourrait retrouver sa fierté en noircissant des pages – il n'avait jamais pensé qu'il pourrait se considérer un jour comme un écrivain. Il n'est jamais allé au-delà des villes du désert qui entourent Copiapó, mais, à 700 mètres sous terre, il est le chroniqueur d'une épopée qui, un jour, fera le tour du monde.

À l'entrée de la San José, dans les mobil-homes et les bungalows où les secouristes ont établi leur quartier général, on s'émerveille : le monde entier veut participer au sauvetage des mineurs.

— On pouvait demander n'importe quoi à n'importe qui, tout le monde se mettait en quatre pour nous le procurer, constatera Cristián Barra.

Les experts mondiaux des forages convergent vers la San José, de Johannesburg en Afrique du Sud, de Berlin en Pennsylvanie, de Denver dans le Colorado, de Calgary dans l'Alberta, et d'une base d'opérations avancées de l'US Army en Afghanistan. Les Chiliens ont une idée en tête : rééditer l'exploit du sauvetage des mineurs de Quecreek, en Pennsylvanie. C'est une des plus belles opérations de secours de l'histoire des mines. Mais, pour y parvenir, il faut une distribution internationale.

En 2002, neuf mineurs se sont retrouvés coincés dans cette mine de charbon, après avoir provoqué une inondation accidentelle. Les secours ont creusé un puits vertical de 73 mètres qui avait 76 centimètres de diamètre, et hissé les mineurs dans une nacelle d'acier. Le puits que doivent forer les Chiliens étant huit fois plus long, ils font venir l'une des plus grandes plates-formes de forage du Chili, une foreuse de montage Australian Strata 950 que leur prête la division andine de la Codelco. La machine arrive de la cinquième région, toute proche – celle de Valparaiso. Contrairement aux petites foreuses qui ont percé la roche en diagonale pour parvenir jusqu'aux mineurs, la Strata 950, un monstre de 31 tonnes, ne peut creuser qu'à la verticale. Elle commence à faire son trou le 30 août, près de l'endroit que Terraservice a jugé trop instable lorsque l'équipe d'Eduardo Hurtado s'est mise à son premier forage, trois semaines plus tôt. C'est ce puits vertical qui atteindra le niveau des hommes à Noël seulement. Mais, avant même que la Strata 950 se mette à l'œuvre, Igor Proestakis, mécanicien dans l'une des équipes de forage, propose une alternative à ses patrons : pourquoi ne pas utiliser le troisième forage de 15 centimètres de diamètre, qui a débouché près de l'atelier, et l'élargir en se servant d'outils de forage de plus en plus volumineux ? André Sougarret donne son accord quelques jours plus tard à ce second puits d'évacuation, que l'on appellera le « plan B ». Il sera élargi en deux étapes : d'abord à 30 centimètres, puis à 73 centimètres.

Le plan B n'est pas sans obstacles : personne n'a jamais creusé de puits diagonal de 73 centimètres aussi profond. L'engin idéal pour ce faire est la Schramm T130XD ; bientôt, la voici en route, de la mine de Collahuasi à Copiapó, soit 900 kilomètres plein nord. Sougarret et ses assistants, après avoir consulté diverses compagnies minières dans le monde, décident de tester un des outils de forage à têtes multiples de la Center Rock Inc., en Pennsylvanie. Ces outils, constitués de quatre unités de forage dont chacune fait la taille d'un ballon de volley, peuvent accélérer le travail. Sougarret compte s'en servir pour la deuxième phase du plan B. La firme UPS accepte de transporter gratuitement les 11 tonnes de la machine en trois étapes : par la route depuis la Pennsylvanie à Miami, par avion de Miami à Santiago, et de nouveau par la route de Santiago à Copiapó, où elle arrivera le 11 septembre. Il y a d'excellents spécialistes du forage au Chili, bien sûr, mais la profondeur et la trajectoire de celui-ci exige un technicien qui puisse faire faire à la machine des choses pour lesquelles elle n'a pas été conçue. Les Chiliens s'adressent donc aux experts de la société Layne Christensen, domiciliée au Kansas. Quel est votre meilleur opérateur sur la Schramm T130 ? L'entreprise appelle Jeff Hart qui, pour l'heure, creuse des puits en Afghanistan afin de fournir de l'eau potable et des douches à l'armée américaine.

Les plans A et B vont donc bientôt démarrer, mais tous deux mettront les machines à rude épreuve ; le risque d'échec est élevé. Sougarret met de ce fait en branle un plan C – soit une plate-forme de forage pétrolier, dont la construction prendra un certain temps mais qui, une fois assemblée, creusera plus vite que les engins du plan A. L'entreprise canadienne Precision Drilling Corporation possède justement l'une de ces plates-formes dans le sud du Chili, et cette énorme machine est pour l'heure inactive. Il faudra 37 camions pour transporter la Plate-Forme 421 de son lieu d'implantation actuel jusqu'à Copiapó, à 1 000 kilomètres de là. La technologie requise pour la rendre opérationnelle est proposée par la société sud-africaine Murray & Roberts, qui envoie également quelques-uns de ses spécialistes.

Sougarret décrit par téléphone les trois plans, dans leurs grandes lignes, à Luis Urzúa. L'essentiel, c'est qu'un de ces forages permette l'évacuation des hommes ; peu importe lequel. Urzúa, après avoir entendu les explications de Sougarret, au cours de plusieurs conversations successives, place ses plus grands espoirs dans le plan B, à son avis le plus rapide.

Le gouvernement chilien coordonne des ressources provenant de dizaines d'opérateurs différents ; un certain nombre de hauts fonctionnaires – y compris deux membres du cabinet Piñera – se sont installés dans l'enceinte de la mine ou à proximité. L'opération a des allures de lancement de fusée spatiale, à dire vrai, raison pour laquelle il lui faut un nom. Le ministre de la Santé, Jaime Mañalich, appelle le chef de l'État pour lui suggérer de la baptiser « opération San Lorenzo » – Lorenzo étant le saint patron des mineurs.

Cela ne séduit guère le Président Piñera, d'après l'essai de Carlos Vergara Ehrenberg consacré aux coulisses du drame.

— Lorenzo, répète le Président. Lorenzo.

Non, ça ressemble un peu trop à Laurence – le prénom de Golborne, finit par dire Piñera. Les conseillers de La Moneda ont organisé toute une série de sondages sur l'opération de sauvetage, et les résultats les plus récents posent problème à Piñera : sa cote de popularité est, certes, élevée, mais celle du ministre Golborne l'est plus encore. L'obscur ministre de naguère est devenu l'incarnation de l'opération aux yeux des Chiliens ; il commence à faire de l'ombre à son patron.

— Appelons-la « opération Jonas le Prophète », propose le chef de l'État.

Mais la sauce ne prend pas. Les médias du Chili – et du monde entier – massés autour de la mine font constamment référence au nom déjà adopté, sans autre cérémonie, par les hommes et les femmes des équipes de secours. À savoir opération San Lorenzo.

Afin de remonter le moral des emmurés tout au long de la mise en œuvre de l'opération San Lorenzo, et pour leur épargner des conflits internes, Iturra, le psychologue, use d'un médicament efficace – un vrai générateur de bonheur : les voix de leurs proches, par téléphone. Le 29 août, épouses, frères, mères, sœurs, pères, fils et filles sont successivement conduits, sous protection policière et entre des barrières de sécurité, jusqu'à une cabine de tôle ondulée destinée aux télécommunications. Plantée à proximité du puits de forage 10B, elle ne fait guère plus de 2,4 mètres sur 1,8. Y sont disponibles une caméra et un micro, reliés à un équipement similaire au cœur de la mine, près des 33. Pour préparer les mineurs à cette confrontation, Iturra leur a écrit pour leur expliquer, entre autres choses, que ceux qui entretenaient deux ménages – ou qui avaient des liaisons moins visibles – devaient, au cours de ces « vidéoconférences », favoriser leurs femmes légitimes et leurs familles.

— Je leur ai tenu ce discours parce que je me rendais compte des conflits que provoquait la présence au camp des petites amies, expliquera-t-il par la suite. De plus, c'était plus simple ainsi : les amantes, les petites amies sont beaucoup plus indulgentes que les femmes.

Certaines de ces petites amies ne sont plus les bienvenues au camp de l'Espoir. Susanna Valenzuela, la maîtresse de Yonni Barrios, rapportera que, peu après l'épisode Farkas, Marta, la femme légitime de Yonni, l'a « trahie ». Les carabiniers ont expulsé Susanna du nouveau camp de l'Espoir que le gouvernement a fait construire pour les familles, à l'abri des médias. Le 28 août, un journaliste d'Associated Press photographie Susanna à la porte de ce camp. Elle tient une pancarte sur laquelle on peut lire en énormes lettres : « LE COURAGE D'ÊTRE LÀ ». Y figurent également une photo de Yonni et une phrase plus discrète : « *Pour toi, mon amour, ta Chanita* ». La légende du cliché, diffusé dans le monde entier, fait de Susanna la femme de Yonni. La vérité éclate quelques jours plus tard. Les assistantes sociales qui travaillent pour l'opération San Lorenzo se rendent compte que Yonni est marié à une autre femme, qui vit, elle, au camp de l'Espoir – mais (et c'est Yonni lui-même qui le leur apprend) qu'ils ne partagent plus vraiment le même domicile depuis des années. Marta elle aussi est prise en photo : elle tient une grande affiche couverte de portraits de son mari. Les journalistes laissent libre cours à leur imagination. Ils en déduisent – et ne manqueront pas de l'écrire – que Marta connaît l'existence de Susanna seulement depuis qu'elle l'a rencontrée au camp de l'Espoir, après l'accident, alors que les deux femmes se connaissent depuis bien des années.

Susanna est aussi astucieuse qu'opiniâtre. Pour s'introduire dans ce nouveau camp de l'Espoir qui lui est interdit, elle a recours à une ruse d'espion. Quand se présente une livraison de poisson et de légumes pour la cuisine de campagne qui prépare les repas des familles et des secouristes, elle passe à l'action.

— J'ai enfilé un tablier, saisi un poisson et un oignon, et je suis passée sous le nez des sentinelles, racontera-t-elle. Les journalistes qui m'ont vue dans le camp m'ont demandé si j'étais une parente de mineur. « Non, j'ai dit, je ne suis qu'une des cuisinières. »

C'est ainsi que Susanna parviendra à se frayer un chemin jusqu'à la cabine des télécommunications et à parler à Yonni, en dépit des recommandations du psychologue.

Cela dit, les *niños* et leurs familles ne peuvent pas se raconter grand-chose, au cours de ces premières conversations, car Iturra les limite à quinze secondes. Les deuxièmes dureront une minute. Iturra n'oublie pas ce qui attend les mineurs – un vrai marathon mental. *L'amour des familles, c'est*, pense-t-il, *comme la nourriture : il vaut mieux commencer par de petites doses.*

— Si vous avez entre quinze et trente secondes, commentera-t-il, vous ne pouvez pas faire passer de l'information. Il n'y a que la rencontre entre les personnes. Et vous êtes là. Vous dites : « Je t'aime, tu peux compter sur moi. » C'est tout. Pas le temps pour le reste : le père est triste, la grand-mère est malade, le fils sèche les cours.

Iturra suit les conseils de la NASA. Mais les 33 ne sont pas des astronautes ; ils n'ont jamais demandé à être coincés dans un trou noir pendant des mois. Après ces coups de téléphone éclairs, ils commencent à se dire qu'ils sont traités comme des enfants, ce qui n'est pas faux. *Bon Dieu, on veut parler à nos femmes, à nos gamins !* s'insurgent-ils. *Nous sommes des hommes, pas des pantins.* Une vidéo tournée à l'air libre fait ressortir le paternalisme des psychologues de l'opération San Lorenzo. Nous sommes dans la petite cabine de tôle ; une des épouses parle à son mari.

— *¡Hola!*, mon chéri, commence la jeune femme d'une voix tremblante.

Iturra est assis près d'elle. La femme paraissant au bord des larmes, tant son émotion est forte, le psychologue intervient.

— *¡Animo!* l'interpelle-t-il, pour lui donner du courage.

— Tout va bien, reprend l'épouse d'un ton plus gaillard.

Elle fait la liste de tous les parents de son mari qui le saluent. Puis :

— Tu me manques, ajoute-t-elle avec une nuance de désespoir.

— *¡Animo!* répète le psychologue, toujours aussi impérieux.

Et de nouveau la jeune femme s'efforce d'avoir la voix plus assurée. Mais le psychologue la coupe, quelques secondes plus tard :

— Bon, on va bientôt conclure.

Même après que les secouristes seront parvenus à établir une connexion par fibre optique entre la mine et le monde du dehors (avec programmes télé et téléphone illimité), le psychologue continuera à limiter les contacts entre les mineurs et leurs familles entre huit et dix minutes par semaine – le temps, à peu de choses près, que la NASA accorde à ses astronautes. Mais au bout d'un moment, Victor Zamora mènera une courte « grève » de la communication : il tournera le dos à la caméra et refusera de parler aux siens jusqu'à ce qu'Iturra consente à des appels vidéo plus longs pour tous les hommes.

Iturra justifiera son choix en déclarant que les contacts avec le monde extérieur « vous coupent de votre réalité. Ils vous transfèrent dans un environnement sur lequel vous n'avez aucun contrôle ».

Le psychologue veut éviter que les mineurs ne soient par trop conscients de leur impuissance. S'ils peuvent, de là où ils sont, prêter main-forte aux secours, ils sont dans l'incapacité de rentrer chez eux, de se conduire en bon père ou bon fils. Leurs familles ont besoin d'eux : ils sont riches, ils sont célèbres, leurs enfants doivent être nourris et protégés, mais les hommes ne peuvent pas se transporter dans cette sphère-là. Pourtant, malgré les précautions d'Iturra, ils y sont présents, puisque, en dépit des fréquents soupçons des mineurs à ce sujet, personne ne lit ni ne censure les lettres des familles. Par les courriers que livrent les *palomas*, Victor Zamora apprend ainsi que son petit garçon est harcelé par ses camarades de classe. « Ton papa, il ne sortira jamais de ce trou ! Il a été écrasé par un rocher ! » lui crie-t-on.

Autre révélation, pour Franklin Lobos : son ex-femme est au camp de l'Espoir, et ses enfants espèrent qu'ils vont se réconcilier. D'autres mineurs découvrent que leurs amies ont entendu la voix de Dieu et décidé de franchir le pas – de se marier dès que possible. Dans l'une des premières lettres qui parviennent à Edison Peña, sa petite amie, Angelica Alvarez, aborde le sujet du mariage. Ce à quoi Edison répond : « Franchement, pourquoi veux-tu m'épouser ? J'ai eu tout le temps ici de penser à ce que j'avais détruit, aux souffrances que je t'avais causées… Cela dit, je n'ai aucune envie de te voir avec quelqu'un d'autre et je veux te rendre heureuse, même si je n'y suis encore jamais arrivé. »

Par des voies mystérieuses, cette lettre finit par atterrir dans le quotidien madrilène *El Pais*, et la confession d'Edison circule bientôt dans tout le monde hispanophone. Car si les mineurs arrivent à aider un tant soit peu leurs familles, en envoyant des instructions par téléphone, en gardant un œil sur leurs affaires, ils sont livrés pieds et poings liés aux médias. Certains journalistes sont prêts à payer les familles pour jeter un coup d'œil aux lettres des mineurs, même si la plupart se contentent de la simple persuasion. Très vite, la presse chilienne fait abondamment état de cette correspondance, et les lettres, pour ainsi dire, reviennent par ce biais à leurs expéditeurs. Conformément aux instructions d'Iturra et de l'équipe de secours, en effet, les journaux ne sont pas plus censurés que les courriers.

Les quotidiens de Santiago sont roulés et insérés dans les *palomas* par les employés de l'administration régionale chargés d'envoyer de quoi lire aux mineurs. Lorsque, pour la première fois, les *niños* découvrent ces précieuses reliques du monde extérieur, ils se rendent compte de leur célébrité nouvelle à la manière dont leurs portraits s'étalent sur toutes les unes. De temps en temps, certes, un employé plus prude que les autres a découpé les photographies et autres publicités montrant à côté des femmes peu vêtues. Mais personne n'a rien trouvé à redire à *La Tercera* du 28 août, qui contient un long article sur un mineur dont la récente gloire saute forcément aux yeux. Le journaliste y cite des passages d'une lettre écrite par Mario Sepúlveda au fond de la mine – et lorsque ses 32 compagnons les lisent, ils découvrent une facette inattendue de sa personnalité.

13

Le chef suprême

En dépit de son nom, *La Tercera* est le deuxième quotidien le plus influent du Chili. Le long article sur Mario Sepúlveda publié dans son numéro du 28 août a été rédigé à partir d'éléments collectés au lendemain de son éblouissante prestation sur les écrans des télévisions chiliennes et mondiales. Un portrait de Mario, rappelle l'article, est paru à la une du *New York Times*, du *Guardian* (Londres), d'*El Pais* (Madrid). Son intervention vidéo est citée, et sa femme, Elvira, interviewée. « Elle n'est pas surprise de voir son mari se révéler un leader-né », peut-on lire dans les colonnes de *La Tercera*. Qui cite également une lettre envoyée par Mario à sa famille, décrivant l'organisation des 33. « Je suis le chef suprême, explique-t-il. Je coordonne les opérations, je donne des ordres et, comme d'habitude, je garde mon calme en toutes circonstances. Mais le plus beau là-dedans, c'est que je suis respecté de tous et que rien ne se fait sans que je sois tenu au courant. » Elvira dit qu'un travailleur social dépêché par le gouvernement lui a volé la fameuse lettre et l'a transmise au quotidien – mais la plupart des familles des mineurs en doutent. Toujours est-il que, glissée dans une *paloma* au milieu d'une liasse de journaux, *La Tercera* du 28 août parvient aux mineurs, dont elle fait rapidement le tour. Dans la lueur grise que produit l'éclairage artificiel de la mine, ils y lisent leur histoire ; et, sur la une du journal, Mario les regarde de cette même sombre caverne dans laquelle ils sont tous coincés.

Qu'ils aient ou non raison, l'article leur semble dégager un puissant parfum d'autopromotion. Mario a été l'un des premiers à remarquer qu'ils pourraient gagner des sommes rondelettes en racontant leur histoire. L'article donne à penser à certains d'entre eux que Mario cherche à concentrer l'attention des médias sur sa personne et que sa femme le prépare à devenir une star des plateaux, une fois qu'il sera libéré de la mine. Les autres trouvent ses déclarations à la fois comiques et insultantes. Au fond du trou, ils avaient le sentiment de décider des choses à 33 mais voilà qu'on incite le reste du monde à croire que Mario est leur « chef suprême ». Ils sont au fond de la San José depuis presque quatre semaines maintenant ; chacun d'entre eux lutte pour garder la tête froide (et saine), et si quelques-uns cherchent un moyen de sortir, tous se préoccupent du destin de leurs compagnons. Ah, certes, Mario s'est plus d'une fois dévoué pour accomplir un acte qui a contribué à leur survie, mais il l'a toujours fait en groupe. Lorsqu'il a escaladé la cheminée, dans les premiers jours, afin de trouver une voie de sortie, Rául Bustos l'accompagnait. Lorsque, furieux, il a mené le groupe à la prière, ce sont de fait José Henríquez et Osman Araya qui les ont dites, ces prières. Et s'il a prodigué des consolations de sa voix suppliante, il y a eu un moment où lui-même s'est effondré en larmes, vaincu par le désespoir, et ce sont les autres alors qui lui ont remonté le moral. Mais voilà que, dans ce quotidien qu'on peut trouver dans le moindre village du Chili, Mario Sepúlveda se prétend leur capitaine, leur héros !

Plusieurs des mineurs, et plus spécialement les mécaniciens, voient dans l'article et dans la lettre autant de preuves du besoin irraisonné qu'a Mario de tout ramener à sa personne ; ils ne s'en méfient que davantage. Chaque fois qu'il le peut, Rául Bustos le met impitoyablement en boîte.

— Rául Bustos m'interpellait à tout bout de champ, il se payait ma tête, se souviendra Mario. Il me disait toujours : « Tu ne seras jamais le patron de qui que ce soit. Tu te prends pour qui ? » Et Aguilar lui a emboîté le pas.

S'il a écrit cette lettre, explique Mario à ses collègues furibonds, c'est qu'il voulait remonter le moral de son fils, ce petit Francisco qu'il éprouve toujours le besoin effréné de protéger. Il s'est tressé cette couronne de lauriers pour que Francisco considère son père comme un vrai Braveheart, un Mel Gibson conduisant ses hommes à la bataille. Cette justification ne pourra cependant réparer les dégâts subis par la réputation de Mario auprès de nombreux mineurs. Si ceux du Refuge continuent à soutenir l'homme au cœur de chien, sa lettre contribue à exacerber les frictions déjà à l'œuvre dans le groupe.

— Notre chef, dans cette affaire, ça a été Mario Sepúlveda, assurera plus tard Omar Reygadas. C'est lui qui nous a permis de tenir. On ne peut pas dire le contraire : en tout cas, moi, je l'affirme – et je ne suis pas un ingrat.

Lorsque Franklin Lobos entend Bustos prendre Mario à partie, il accuse Bustos de « diviser volontairement le groupe ». Mario quant à lui pense que ses ennemis ne veulent que *mariconear* à son encontre – un verbe chilien qui signifie « conspirer contre quelqu'un » et qui vient d'un terme d'insulte employé à l'encontre des homosexuels. Mario n'étant pas homme à se laisser intimider par de semblables menées, il décide d'aller « poser les cartes sur la table » et, pour ce faire, monte au Niveau 105 défier ses contradicteurs.

— Ils étaient tous là : Luis Urzúa, Juan Illanes, Jorge Galleguillos. Je me suis avancé vers eux et je leur ai lancé : « Espèce de fils de pute[1] ! Je vais m'expliquer. Je ne suis pas le patron. Cela dit, vous m'excuserez, mais le patron,

1. L'expression espagnole employée par Mario est *concha de tu madre*, soit le « coquillage de ta mère » – dont le sens exact est plus proche de la « chatte de ta mère ». Cela dit, l'insulte est si fréquente en Amérique latine que je me suis

bande de connards, c'est quand même le crétin qui se fait du mauvais sang vingt-quatre heures sur vingt-quatre pour ses potes – par exemple pour celui qui a mal au bide et qui a besoin d'un coup de main ! Le patron, c'est le *huevón* qui nettoie tout, le pauvre type qui dit aux autres de nettoyer leur lieu de travail parce qu'ils n'y pensent pas tout seuls ! Le patron, c'est le *huevón* qui vient juste de descendre du Niveau 120, où il a dû mettre des gants et nettoyer la merde que les mecs avaient laissée dans nos chiottes, sans parler de celui qui a tartiné la porte de ses putain de crottes ! Et vous savez quel *huevón* a nettoyé ce bordel ? C'est moi, connards ! »

Peu après, Mario téléphone aux secours et torpille le psychologue, auquel il reproche (sans aucune preuve) les indiscrétions de *La Tercera*.

— Fils de pute ! commence-t-il. Et ça se prétend spécialiste, alors que vous avez fourgué ma lettre aux journaux, espèce de trou du cul !

Mais pendant que Mario essaie de limiter les dégâts qu'il a causés, d'aucuns remarquent qu'il passe beaucoup de temps au téléphone, qu'il n'est pas soumis aux mêmes limitations que les autres mineurs. Même ceux qui apprécient Mario pensent que sa célébrité soudaine lui est monté à la tête. Victor Segovia, dans son journal, décrit un Mario rageur qui fait les cent pas dans la mine ; il est connu dans le monde entier, ça oui, mais il est coincé dans un trou et ne peut tirer aucun bénéfice de cette gloire nouvelle. Parmi les mineurs qui se méfient de Mario, Rául Bustos est le plus disposé à expliquer les doutes et les craintes que lui inspirent l'homme au cœur de chien.

— Mario, déclara-t-il, n'est qu'un voyou dont les bagarres auraient pu le faire atterrir en prison.

---

contenté d'un vocable un peu moins insultant. *(N.d.A.)* Ledit vocable, *motherfucker*, est rendu en français par « fils de pute ». *(N.d.T.)*

Depuis le succès du forage 10B, Bustos a entendu Mario et Victor Zamora s'adonner à un humour d'une troublante brutalité, lorsqu'il était question des jours pas si lointains où ils crevaient de faim.

— Ils parlaient du couteau qu'ils gardaient sur eux, du fait qu'ils n'auraient pas hésité à massacrer (*faenar*) des gens avec, témoignera-t-il. Qu'ils n'auraient pas hésité non plus à manger des gens – le premier à mourir, par exemple. C'était une blague, d'après eux, mais on ne devrait pas plaisanter sur ce genre de sujet… J'ai étudié leur comportement : ces deux-là, ils ont vraiment une tendance à la cruauté.

Bustos pense, à tort ou à raison, que c'est la rigueur et l'honnêteté des mécaniciens qui ont fait obstacle à la « destitution » de Luis Urzúa, le chef d'équipe, par Mario Sepúlveda et son Clan du Refuge. Bustos s'inquiète de sa propre sécurité, depuis qu'il a défié Mario. Il l'écrit à sa femme.

— Rául ne dormait plus que d'un œil, se rappellera Carola Bustos.

Plusieurs autres mineurs se plaignent de harcèlement.

— On ne peut rien dire, explique l'un d'entre eux, au cours d'une des nombreuses conversations « en tête à tête » organisées par Iturra au téléphone. Il y a des gens qui écoutent ce qu'on dit. J'ai peur.

Conseil du psychologue :

— Rapprochez-vous de quelqu'un qui peut vous protéger.

Les joutes verbales se poursuivent néanmoins ; tous les jours, dans son journal, Victor Segovia fait état d'une nouvelle dispute. Un soir, Claudio Yáñez et Franklin Lobos – « très mélancolique » alors, écrit Victor – en viennent pratiquement aux mains. Claudio va se coucher avec un bout de tuyau, Franklin ayant menacé de le frapper. « Pendant nos vingt jours d'isolement, alors que nous mourions de faim et de désespoir, nous avons été unis, considère Segovia. Mais maintenant que nous avons à manger et que notre situation s'améliore un peu, ils sortent les griffes. C'est à qui se montrera le plus fort. »

Le groupe n'est pas uni, c'est évident, pense le psychologue. La peur qui les anime est une conséquence logique de la « crise d'autorité » dont souffrent les enfermés. Plusieurs d'entre eux lui parlent de ces conflits, mais aussi des familles, dont certaines reçoivent des lettres inquiètes de « leur » mineur. Urzúa n'exerce qu'une « autorité passive » ; faute d'une présence plus affirmée, « certains prenaient la direction des opérations et d'autres devaient leur obéir », expliquera Iturra. L'un des mineurs décrira la scène suivante, récurrente : « Si quelqu'un sortait du rang, il se faisait regarder de haut par cinq ou six d'entre nous, et nous finissions par avoir gain de cause (*haciamos fuerza*). » Quand les mineurs cherchent à s'endormir, sur les lits de camp qu'ont fournis les secours, ils sont assaillis par une peur nouvelle : leurs compagnons d'infortune ne sont pas seulement des frères, mais aussi des ennemis qui ne les respectent pas. Ils pourraient les attaquer dans leur sommeil, trahir le groupe, et s'accaparer le pactole qui les attend tous à l'air libre.

« C'est la peur qui nous fait nous chamailler en permanence », constate Victor Segovia dans son journal, le 31 août. La manne de Farkas fait perdre la tête à certains, selon le chroniqueur des 33, qui s'estime heureux que sa famille ne lui parle jamais d'argent dans ses lettres. Ce jour-là, lors de leur réunion de prière au Niveau 90, les hommes discutent de leurs querelles. « Nous avons prié pour que tous désormais gardent leur calme, que nous arrêtions de nous disputer », rapporte Victor. Quelques jours plus tard, une *paloma* livre aux mineurs 33 crucifix, qui arrivent de Rome et qui, apprennent-ils, ont été bénis par le pape Benoît XVI en personne. Victor suspend le sien au-dessus de son matelas gonflable et prie pour que la paix revienne entre ses frères.

Les 33, assurément, ne sont pas fiers des dissensions qui ne cessent d'éclater pendant leur quatrième semaine de captivité. Mais, en de telles circonstances, qui aurait pu mieux faire ? Ils sont coincés dans une grotte humide, par plus de 30 °C, ont souffert de la faim pendant trois semaines – puis il y a eu l'emballement médiatique, dont ils subissent les conséquences, prisonniers d'une montagne qui continue de gronder régulièrement, leur rappelant que l'aventure peut bien finir par un nouvel éboulement, mortel celui-ci. Et les voici riches et célèbres, comme ils ne l'ont jamais été – mais dépendant d'inconnus qui décident de l'heure et du contenu de leurs repas et de la durée des conversations avec leurs familles. Sans parler de la pression exercée par leur nouveau statut d'icônes nationales : c'est tout un pays qui les considère désormais comme le symbole du courage, de la vertu et de la résistance représenté par le travail de la mine, une des composantes essentielles de l'identité chilienne.

En lisant les journaux envoyés par les *palomas*, les mineurs se rendent bien compte de ce que leur histoire représente pour le peuple chilien. Ils sont garants de ses valeurs : la combativité, la foi, la fraternité. Raison pour laquelle la plupart d'entre eux ne renonceront pas, en dépit de leurs fréquents échanges peu aimables, à tenter d'être ceux que le monde extérieur imagine – des ouvriers chiliens fiers et solidaires. En un certain sens, ce qu'ils vivent n'est qu'une variation sur le quotidien de la mine : on est sous terre, les conditions de travail sont dangereuses, et les autres mineurs ne sont jamais avares d'insultes et de moqueries.

— À la mine, dit Iturra, quand vous vous montrez odieux avec quelqu'un et qu'il revient travailler le lendemain sans rancune à votre égard, quand vous sentez qu'il n'a pas envie de s'enfoncer dans le conflit, c'est générateur de confiance. Vous savez que ce type ne vous laissera pas tomber.

Aussi longtemps que les hommes peuvent s'occuper l'esprit, se percevoir encore comme des mineurs, ils doivent être capables de garder ne serait-ce qu'un semblant d'unité.

De fait, les hommes retrouvent un certain rythme de travail, même s'il n'a aucun rapport avec celui qu'ils connaissaient avant l'accident du 5 août. Ils déchargent les provisions, les médicaments et les objets personnels que leur envoient les secouristes, vingt-quatre heures sur vingt-quatre. Ils entretiennent les systèmes de communication avec l'air libre et s'assurent du bon fonctionnement de l'éclairage. Le contenu des *palomas* est digne d'intérêt : romans western, bibles de poche – et un baladeur MP3 pour un mineur dont les plaintes sont si lancinantes (il n'est jamais content de rien) que les autres lui en font cadeau afin qu'il leur fiche la paix. Un de ses collègues se plaignant encore du mineur au MP3, ils en obtiennent bientôt tous un. Pour des distractions plus collectives, un projecteur Samsung SP-H03 Pico – si compact qu'il tient dans la main – leur parvient rapidement. Les mineurs peuvent ainsi regarder des vidéos, des films, la télévision en direct, en se servant d'un drap blanc comme écran. Mieux encore : les *palomas* désormais apportent de la nourriture solide. Après les 500 calories quotidiennes des premiers jours, les hommes sont passés à 1 000, en attendant 1 500, ce qui ne saurait tarder. Et ce sont de vrais repas, préparés par des cuisiniers du monde extérieur : riz, boulettes de viande, pain, poulet, pâtes, pommes de terre, poires. En petites quantités, certes, mais que ces portions sont délicieuses !

Les hommes les dévorent pendant quelques jours avec plaisir et reconnaissance. Puis arrive le moment où les secours découvrent un gâteau intact dans une *paloma* qui aurait dû être vide. Un des mineurs a renvoyé son dessert. Ce truc, explique une note d'accompagnement, c'est moyen. Vous n'avez pas mieux ? Voilà qui est de très bon augure : si les hommes ne se jettent plus sur la nourriture sans discrimination, c'est qu'ils ne sont plus aussi désespérés.

Le 30 août, la veille du jour où les hommes prient au Niveau 90 pour que la paix revienne entre eux, les secours ont commencé à creuser le premier trou qui pourrait permettre de les évacuer. La Strata 950 est si massive et si complexe qu'elle ne peut être décrite que par une collection de comparaisons. Elle est grande comme une maison à deux étages, ressemble à un temple – ou à un kiosque à musique, avec ses six piliers d'acier (6 ou 7 mètres de haut) lesquels soutiennent un grand toit de métal blanc orné lui-même de quatre autres colonnes de même couleur. Cet édifice, qui repose sur un socle de béton fraîchement coulé, contient une série de vérins et de tiges dont la tâche est de creuser un puits dans la terre – un puits dans lequel un homme puisse passer. La Strata 950 commencera par un « trou pilote » de 38 centimètres ; puis un second outil de forage l'élargira à 71 centimètres, de manière à pouvoir y introduire la nacelle d'évacuation. Le premier outil de forage, plus petit, est un tricône. La cavité qu'il creuse est remplie de 35 litres d'eau à la seconde pour réduire les risques de friction. La Strata 950 gronde, clapote et progresse dans la diorite, cajolée par des techniciens en salopette jaune qui, en équipe, soulèvent de lourdes pièces d'acier, les font pivoter, les rajustent, les reposent – chacun effectuant des gestes spécifiques, comme s'il travaillait avec ses compagnons à une chaîne d'usine dont l'objectif est de briser le roc. Le vacarme de la machine est quant à lui comparable en volume et en tonalité à celui d'un avion à réaction qui se dirige vers la piste de décollage. L'outil de forage vrille à 20 tours par minute, tranquille et régulier, de jour comme de nuit ; le site de forage est alors noyé dans une lumière blanche qui fait ressembler les techniciens aux figurants d'un film de science-fiction. Les secouristes s'affairent dans une bulle de lumière, à la recherche d'un groupe de mineurs-astronautes qui, désormais rassasiés mais de plus en plus frustrés, attendent à 700 mètres le jour de leur libération.

Les ingénieurs et les médecins de la NASA arrivent à Copiapó le matin du 1er septembre ; ils ont quitté Houston deux jours plus tôt. Dans le véhicule qui les emmène à la mine de San José, le Dr J. Michael Duncan contemple le paysage aride et sans arbres, les couleurs et les textures de formations géologiques qu'on dirait transvasées de Mars à la Terre. Il se rappelle que les Chiliens sont en train de construire dans le même désert une base de recherche sur les milieux lunaires et martiens – la zone la plus aride de la planète est en effet un laboratoire rêvé pour la recherche sur les formes de vie extraterrestres. À son arrivée à la mine, l'équipe de la NASA remarque l'activité frénétique des secouristes, les cohortes d'hommes et de femmes en combinaison et casque de mineur. Au sommet de la colline, l'énorme foreuse du plan A est déjà au travail. Les Américains restent à San José quelques jours ; le 4 septembre, ils s'entretiennent avec les responsables chiliens de l'opération San Lorenzo dans un petit bureau de la compagnie lorsque des cris de joie retentissent à l'extérieur. Dehors, des camions viennent de franchir le portail, sous les applaudissements des équipes de secours. La première des deux foreuses du plan B est arrivée.

Les officiels chiliens demandent aux visiteurs de Houston de discuter avec les mineurs. Parmi les célébrités qui sont passées à San José depuis le 5 août, nombre ont été guidées vers la cabine des télécommunications, histoire de dire un mot aux 33 : d'Isabel Allende, la romancière, à quatre membres de l'équipe de rugby d'Uruguay, rescapée d'un accident d'avion dans les Andes. Un technicien chilien tend un téléphone à Albert Holland.

— *¡Hola!*, dit le visiteur, qui s'interrompt aussitôt.

C'est à peu près le seul mot d'espagnol qu'il connaît, et il ne comprend rien à la longue réponse qui lui est faite par l'un des prisonniers d'en bas.

— Répondez juste *bien*, lui conseille un des secouristes.

— *Bien*, répète Holland.

Et la conversation s'achève peu après. Les spécialistes de la NASA rencontrent également les familles, auxquelles ils sont présentés comme les membres de l'équipe spatiale américaine qui va apporter son expertise à l'opération San Lorenzo. « Les secours, dit Holland, font tout leur possible pour sortir vos hommes de là. » Une femme d'une cinquantaine d'années, râblée, la peau cuite par le soleil, s'avance. C'est, précise-t-on à Holland et à ses collègues de la NASA, la Mairesse du camp de l'Espoir, María Segovia. María a été émue par le discours de Holland. La femme d'Antofagasta qui vend des gâteaux sur la plage serre dans ses bras l'expert spatial de Houston.

— Celui-là, je l'adopte illico, déclare-t-elle.

Le soleil couché, les hommes de la NASA peuvent contempler le ciel nocturne. Les astronomes fréquentent depuis des années l'Atacama, l'endroit sur Terre où l'on se sent le plus proche de l'espace.

— La Voie lactée étendait son arc immense au-dessus des collines en ombre chinoise, derrière nous, jusqu'aux montagnes que nous avions sous les yeux, traversant toute la voûte céleste, se rappellera Holland. On se serait cru sous une coupole scintillante. Le désert, la nuit, les étoiles... Tout était silencieux... Des scintillements éternels, immobiles.

Et sous la canopée infinie du cosmos, remarquera Holland, s'offre aux regards l'« intensité fiévreuse, humaine » de la mine et des secouristes qui, par dizaines, essaient d'arracher à la montagne 33 têtes de mule.

À 700 mètres plus bas, les mineurs ne peuvent pas encore lever les yeux vers la Voie lactée, piégés qu'ils sont dans la chaude torpeur venue du centre de la Terre. Ils n'entendent pas encore le forage du plan A ; le silence autour d'eux est interrompu de temps en temps par les gémissements d'hommes qui n'ont pas encore recouvré la santé, tant du corps que de l'esprit. Certes, ils n'ont plus faim ; mais même s'ils boivent maintenant l'eau dans des bouteilles qu'on leur envoie de la surface – en grande quantité –, certains n'arrivent pas à uriner. Ils enflent et, les mains serrées sur leur vessie trop pleine, douloureuse et bloquée, ils font part de leur misère à Yonni Barrios, leur infirmier improvisé. Celui-ci appelle les secouristes. L'équipe médicale du ministère de la Santé écoute ses explications, avant de lui poser la question suivante : « Vous avez déjà inséré un cathéter ? » Le traitement le plus efficace pour la rétention d'urine, lui expliquent-ils, c'est l'insertion dans le pénis d'un patient d'un tube par lequel on peut vider sa vessie. Et d'envoyer par *paloma* un cathéter et des gants.

— Si vous dites que ça marche, je vais essayer, répond-il aux médecins.

Le 5 août, en partant travailler, Yonni Barrios n'aurait à coups sûr jamais imaginé une seconde qu'il allait se retrouver à insérer des tubes dans l'urètre de ses collègues. Mais, fort heureusement, avant qu'il ait à accomplir cet acte aussi douloureux qu'embarrassant, les médecins lui conseillent d'attendre. « On va d'abord vous envoyer des médicaments. » Dans l'intervalle, Yonni teste un remède de bonne femme : la compresse chaude. Pour ce faire, il dispose des bouteilles d'eau sur le pot d'échappement de l'un des camions et met le moteur en marche.

— C'est assez chaud pour faire monter la température de l'eau, mais pas assez pour que le plastique fonde, expliquera-t-il.

Yonni apporte les bouteilles à Victor Segovia, le mineur le plus atteint, et l'aide à les glisser entre sa combinaison et son bassin. Au bout de quelques heures de traitement, Victor parvient à produire quelques centilitres d'urine. Nouvelle que Yonni transmet aux secouristes, qui lui demandent d'envoyer un échantillon pour analyse.

Yonni doit ensuite enfiler ses gants pour soigner l'affection la plus grave et la plus endémique dont les mineurs sont frappés – les champignons, qui prolifèrent sur leur épiderme. Peu en étaient atteints avant que le contact soit rétabli avec la surface. Mais, depuis, ils ont pu faire leur toilette, et cet acte les a dépouillés de la couche de crasse et de suie qui les protégeait. Les spores leur pleuvent littéralement dessus, dans ces galeries inondées en permanence par les eaux de forage ; ajoutées à la chaleur et à l'humidité habituelle des lieux, celles-ci ont transformé la mine en usine à champignons. La boue est en voie de putréfaction ; lorsque les courants d'air traversent les galeries, Yonni sent son ignoble odeur.

— Vous savez, comme quand vous remuez la boue noire, au fond d'une rivière.

Et les champignons croissent et se multiplient sur les voûtes de la mine, y compris celle du Refuge.

— Comme de petits poils tout fins et transparents, qui tombaient du plafond, décrira-t-il.

On appelle ces filaments mycéliens des « hyphes ».

— Ça nous pleuvait littéralement dessus, en petits machins tout brillants. Quand on braquait la lampe sur eux, on les voyait luire.

Les hyphes pleuvent sur les hommes quand ceux-ci dorment, torse nu ; et, dans la journée, elles tombent sur les matelas gonflables tout neufs et s'y incrustent. Les corps des hommes se recouvrent de cercles d'un rouge ardent. Yonni, les mains gantées, examine ses collègues, suit le trajet des infestations sur les dos, les bras, les torses. Les champignons provoquent de petits boutons de quelques millimètres de diamètre, contenant du pus, et semblant s'enchâsser plus profondément dans la peau au fil du temps, en dépit des crèmes dont Yonni, patiemment, régulièrement, enduit ses camarades. L'infirmier improvisé imagine le trajet du champignon dans l'épiderme, l'infection qu'il peut propager – et contre laquelle lui, Yonni, ne pourrait pas lutter dans cette grotte puante et humide. Il s'inquiète : s'ils ne sortent pas avant Noël, les champignons pourraient bien les ronger de l'intérieur, tuer une bonne moitié d'entre eux. Ils mourraient, alors, et leurs cadavres seraient dévorés par cette chose vivante qui se repaît d'humidité, de ténèbres, et de la chair de plus en plus pâle des mineurs.

14

Les cow-boys

Pourquoi ne pas sortir maintenant ? Pourquoi attendre Noël et l'ultime étape de l'opération San Lorenzo ? En ces premiers jours de septembre, ces questions reviennent sans cesse à l'esprit des mineurs. La montagne n'a pas cessé de gémir ni de gronder, infligeant à nombre des 33 une sourde torture psychique. Le soir, en cherchant le sommeil, ils tremblent dans le noir. Ils ne sont toujours pas eux-mêmes, même s'ils ont le ventre plein. Le 5 août, la montagne leur a envoyé des explosions et des rocs, pour les tuer. À chaque tremblement souterrain, à chaque grondement, les mineurs se disent qu'elle n'a pas renoncé. Le supplice auditif et sismique incessant auquel les soumet leur geôlière de pierre sape inexorablement leur certitude de pouvoir, un jour, retrouver le bonheur et la liberté.

On peut sortir par les cheminées ou le Gouffre, estime Yonni Barrios. « Comme Yonni se prend pour un caïd (*se crede capo*), il croit pouvoir sortir par les cheminées tout en sachant très bien qu'elles sont bouchées. Et que celles qui ne le sont pas ne sont pas équipées d'échelles », écrit Victor Segovia dans son journal, à la date du 6 septembre. Yonni est si insistant qu'il finit par convaincre Mario Sepúlveda et des mineurs expérimentés – Esteban Rojas, entre autres – de la faisabilité de son plan. « Yonni a peur, il agit en désespoir de cause ; mais il implique des gens qui n'y sont pour rien, poursuit Segovia. Ceux qui le suivent courent à une mort certaine. » Les hommes discutant de cette tentative avec un luxe de détails de plus en plus grand, Luis Urzúa décide d'appeler les secouristes, pour faire intervenir au téléphone le seul homme en lequel tous les mineurs, sans exception, ont parfaitement confiance : Pablo Ramírez, le chef de l'équipe de nuit, qui, après l'effondrement de la mine, a tenté d'aller les chercher. Ramírez essaie, de la surface, de convaincre les 33 de la « totale absurdité » de leur projet. Les sorties connectées à la Rampe sont complètement obstruées, leur fait-il valoir ; pis encore, le Niveau 540 continue de s'affaisser. Les chutes de pierres peuvent encore tuer, non seulement les mineurs, mais aussi les secours qui leur seraient envoyés s'ils restaient coincés dans les cheminées. L'intervention de Ramírez met fin, provisoirement, à tous les projets d'évasion prématurée.

Au 34e jour de leur enfermement, Luis Urzúa pense qu'il a, comme trente-trois jours plus tôt, juste après l'accident, réussi à empêcher les hommes de se tuer. Son intervention ne supprime cependant pas la frustration qu'il inspire à Victor Segovia et à quelques autres. « Ici, on cuit, jour et nuit, note Victor, et on n'arrête pas de se prendre le bec. Mais quand les gens d'en haut parlent au *jefe*, il leur dit toujours que tout va bien. » Urzúa est un étranger, en un sens, un chef d'équipe qui travaille depuis quelques mois à peine la San José ; avant l'accident, il ne connaissait même pas la plupart des hommes placés sous ses ordres, rappelle Segovia. Urzúa, clairement, se range au côté des mécaniciens – d'autres étrangers, aux yeux des nordistes employés depuis des années à la San José. Quant aux mécaniciens, ils sont si excédés par les vétérans et les jeunes du Clan du Refuge qu'ils ne rechargent même plus les batteries de leurs lampes. « Si bien que nous n'avons plus de lumière », écrit Segovia.

La seule chose que peut faire Urzúa pour tempérer l'inquiétude de ses hommes est de leur répéter ce que Sougarret et ses collègues lui ont dit : l'opération progresse. Des États-Unis, d'Autriche, d'Italie et – bien sûr – des plus grandes mines du Chili affluent des équipes, des foreuses, du matériel. Le 7 septembre, Urzúa apprend que les techniciens du plan B sont au-dessous des 123 mètres visés pour la première phase de leur forage, qui en comprend deux. Après deux journées de travail, ils ont dépassé le plan A. S'ils continuent à ce rythme, il est probable que la nacelle extraira les hommes de leur enfer bien avant Noël. L'information rassérène considérablement les 33. Une autre rébellion vient d'être écrasée dans l'œuf. Mais Urzúa a bien d'autres soucis. Il passe sa vie au téléphone à discuter avec des gens qui n'ont pas grand-chose à voir avec l'opération San Lorenzo. L'ambassadeur de Palestine au Chili, par exemple. Ou celui d'Israël. Divers dignitaires de l'Église catholique, puis leurs rivaux protestants. Oui, toutes ces personnalités appellent pour exprimer leur solidarité, et renforcer les mineurs dans la certitude que le Chili et le monde sont avec eux. Urzúa est un homme généreux, plein de reconnaissance ; même s'il est traité comme une célébrité captive que ses dompteurs de l'air libre forcent à discuter avec le premier notable venu, il ne se plaint jamais, quoiqu'il en ait tout à fait le droit. Urzúa ne cherche pas davantage la controverse – avec toutes les responsabilités qui lui sont échues, ce n'est pas la peine. Il est l'ambassadeur des mineurs auprès des psychologues, des ingénieurs, des médecins et, avant tout, de Sougarret, du ministre de l'Exploitation minière et du Président lui-même. Il finit par se rendre compte qu'il va lui falloir déléguer plus qu'il ne l'a fait jusqu'ici. Il confie à Samuel Avalos, plus connu sous le nom de CD, la gestion des thermomètres et des tuyaux qui ont recommencé à alimenter le fond de la mine en air frais (lorsque le dispositif ne fonctionne pas, remarquera Avalos, et au cours de certaines phases du forage, la température monte parfois à 50 °C, avec une humidité à 95 %). Les secouristes ayant fourni aux mineurs une connexion par fibre optique, Urzúa recrute parmi les plus jeunes de ses collègues, censés mieux comprendre les nouvelles technologies, deux responsables des télécommunications, qui s'en occuperont : Ariel Ticona (le mineur dont la femme est sur le point d'accoucher), 29 ans et Pedro Cortez, 26 ans. Mais à peine désignés, les deux mineurs entrent en conflit avec Mario Sepúlveda, ce dernier s'estimant autorisé à décrocher le téléphone quand il le souhaite pour discuter avec les équipes en surface. « Perri a failli se battre avec Ariel », écrit Victor Segovia. Les deux jeunes gens renoncent aussitôt à leurs nouvelles fonctions et repartent au Refuge, où Urzúa doit venir les convaincre de reprendre leur poste – ce qu'ils finissent par faire.

La fibre optique est rapidement mise à contribution. Le 7 septembre, Cortez et Ticona la branchent au projecteur de poche. Une image apparaît sur le drap blanc : l'équipe nationale de football du Chili va affronter celle de l'Ukraine en match amical. En direct, puisque ces images sont celles de la télévision chilienne. Avant le début du match, l'équipe du Chili pose sur la pelouse. Tous portent des maillots avec l'inscription FUERZA MINEROS – « Allez, les mineurs ». Les 33, presque sans exception, s'amassent devant l'écran de fortune ; la plupart portent pour l'occasion les maillots rouges qui leur ont été expédiés par *paloma*. Ils sont filmés pendant le match ; le gouvernement chilien diffusera ultérieurement la vidéo aux médias du monde entier. Franklin Lobos, qui, dans sa jeunesse, a porté l'uniforme de la sélection chilienne, s'improvise commentateur – cela ajoute encore à la souriante étrangeté de ce qui deviendra une information « légère » dans la bouche des présentateurs de journaux, tout miel. Des gars, des mineurs coincés sous 700 mètres de granite, s'adonnant à la distraction la plus normale du monde pour un mec : regarder le foot. Les mineurs, hilares, font signe à l'objectif. Ainsi vêtus de rouge, ils ressemblent à des explorateurs en mission au centre de la Terre. Les 33 sont, sans le vouloir, devenus la matière d'un spectacle global. Ce dont ils ne se plaignent pas, même si Victor Segovia décide de ne pas regarder le match avec les autres. Il ne veut pas que les gens d'en haut se mettent à penser que tout va bien dans la grotte qui leur sert de maison quand ce n'est pas le cas. Plus tard, la rébellion gagnera d'autres mineurs. Ils ne sont pas des poissons rouges dans un bocal, non. Raison pour laquelle ils recouvriront d'un chiffon la caméra qui les filme en permanence pour envoyer aussitôt l'image à l'air libre (ladite caméra se trouve à l'endroit où parviennent les *palomas*).

À l'air libre, certaines familles résistent également à la médiatisation à outrance de la catastrophe de la San José. Les politiques, les diplomates et les philanthropes ne sont plus les seuls à faire un tour au camp de l'Espoir : affluent maintenant acteurs et musiciens, à l'instar des Los Charros de Lumaco, un groupe chilien de cumbia-ranchera portant Stetson. Les familles sont transbahutées en bus à Copiapó, pour un spectacle comique ; on organisera plus tard une distribution de lingerie pour les épouses et les petites amies. Toutes ces bonnes âmes, musiciens, comiques, acteurs, fabricants de soutiens-gorge, ne sont venus que dans le but de soutenir le moral des familles, mais Carmen Berrios, la femme de Luis Urzúa, n'en a nul besoin.

« Il y a des gens qui viennent de l'extérieur, des "artistes" disent-ils. Moi, ils ne m'intéressent pas, écrit-elle à son mari. Tu me connais, tu sais ce que je pense de ce genre de choses. » Carmen tourne le dos tant aux personnalités qu'aux journalistes, qui aimeraient bien faire d'elle une célébrité. Luis Urzúa, tout comme Mario Sepúlveda et Yonni Barrios, étant très utilisé par les journaux, radios et télés, les journalistes aimeraient que Carmen et ses deux enfants puissent le représenter hors de la mine. « On a fait une promesse, en famille : ni Noelia, ni Luis, ni moi-même ne répondrons aux questions "imbéciles" de la presse, poursuit Carmen. Quant à ta mère, à tes frères, à tes cousins, etc., ils savent très bien ce que nous pensons de tous ces médias, et il faudra bien qu'ils respectent notre décision. Je ne parlerai que lorsque les mineurs auront été tirés d'affaire. C'est pour cette raison que tu ne verras jamais rien venant de nous dans les journaux. »

À 700 mètres de la surface de la Terre, Luis dévore les lettres de sa femme. Carmen est restée elle-même, elle n'a pas changé d'un iota. Dans le monde qui l'environne, absurde, effrayant, ses lettres sont un fanal de stabilité mentale. Qu'elle écrive plus, lui demande Luis : quand il lit ses lettres, il a l'impression que les choses sont revenues à la normale – comme s'ils étaient à table et qu'il l'écoutait parler. Carmen ne peut que relever l'ironie de la remarque : « Tu m'as toujours reproché de trop parler ! » répond-elle. Mais elle lui demande aussi de se cramponner à leur foi commune (« Tu lis bien ce livre de prières que je t'ai envoyé ? ») et de se concentrer sur l'essentiel : les 32 hommes qui sont sous sa responsabilité, leur bien-être, leur sauvetage. Et non pas sur la célébrité et la richesse qui l'attendent peut-être. Elle ne mentionne pas une seule fois les millions de Farkas. Lorsqu'il finit par lui poser la question, elle lui répond ceci : « Ne t'en fais pas. Occupe-toi de vous tirer d'affaire, toi et les hommes. Parler d'argent alors que vous êtes encore en grand danger, c'est absurde. » Luis se fie à Carmen plus qu'à quiconque au monde. Elle est aussi devenue ses yeux et ses oreilles dans le monde extérieur. C'est une chose d'entendre les officiels discourir sur les efforts incessants que le gouvernement chilien accomplit pour les sauver ; c'en est une autre que de le lire sous la plume de Carmen. « Tu n'imagines pas ce déploiement de machines innombrables, d'ouvriers… les projecteurs colossaux, les containers, les engins qui creusent des routes partout dans la montagne, au sud, au nord, à l'ouest, à l'est, raconte-t-elle. Il y a des camions qui transportent constamment de la terre, et d'autres, énormes, qui apportent de l'eau à la mine, par 5 000 litres. Le bourdonnement des générateurs ne cesse pas : ils alimentent les projecteurs. Il y en a dans tous les recoins de la montagne, immenses : tu en as sans doute déjà vu de semblables à Punta del Cobre [l'une des plus grandes mines du Chili]. Mais, à San José, c'est une première. »

Cependant, Carmen écrit avant tout à Luis pour lui rappeler qu'il est aimé. Elle lui envoie un poème qu'elle vient d'écrire.

Mineur, généreux, simple, à la peine
Buvant aux entrailles blessées de la Terre
Regardant d'yeux las sans voir
Je dis mineur et je dis ton nom
Mineur de charbon, de poussière, de minéraux
Aux mains émaciées par les hivers précoces
Mains qui connaissent la pelle, la pierre qu'on creuse, [la pioche.

Parfois, les lettres de Carmen sont joyeuses, gamines, comme s'ils ne se connaissaient que depuis quelques semaines, comme s'ils n'étaient pas mariés depuis vingt ans. « Tu as pensé à moi ? Je te manque ? Tu n'as pas oublié quel parfum j'utilise ? » lui demande-t-elle un jour. (Luis n'a pas oublié : pendant quelques jours après l'effondrement, il a pu sentir ce parfum dans l'habitacle du camion où il dormait ; l'odeur s'était fixée sur ses vêtements, les avait suivis, il ne sait comment, jusque sur la banquette.) La plupart du temps, les lettres de Carmen expriment une dévotion romanesque, profonde, durable, raisonnable. « Ne m'oublie pas, recommande-t-elle. Souviens-toi des bonnes choses que je t'ai données, et des mauvaises aussi – même si elles ne sont pas nombreuses. Car nous nous reverrons, et tout recommencera, comme au premier jour. » Elle conclut cette lettre par une promesse : « Je t'attendrai toute ma vie. »

Te espero por siempre. Lorsque Luis regarde les lettres de Carmen dans la cabine de camion qui lui sert de bureau souterrain, il lui semble plus facile de croire qu'un jour, en effet, il sortira de cette montagne en miettes, sans que sa santé mentale en soit affectée, et qu'il supportera de rester enfermé avec 32 enragés jusqu'en décembre, voire janvier.

La plupart des familles savent qu'il est de leur devoir de communiquer à leurs hommes sérénité et tranquillité du foyer, en dépit du fait qu'après l'installation de la fibre optique un système de vidéoconférence a été mis à la disposition des mineurs. Cela ne suffit pas, en effet, à les rassurer.

Omar Reygadas, le conducteur de jumbo aux boucles blanches, celui qui s'est servi d'un briquet pour suivre un courant d'air jusqu'au fond de la mine, peut maintenant voir sur l'écran le beau visage de son fils, Omar junior. Ils devront l'un et l'autre faire appel à tout leur courage pour ne pas céder aux larmes, qui couleront à flots dès que leur temps de parole sera fini et que la communication sera coupée. Ce moment qu'ils vivent les déchire – de même, leur impuissance devant la montagne qui a englouti Omar, monstre curieusement plus réel et plus effroyable depuis qu'ils peuvent se voir et se parler.

— J'avais envie de pleurer, mais je ne me suis pas laissé aller…, racontera Omar senior. Plus tard, bien sûr, j'ai compris qu'eux aussi avaient les larmes aux yeux.

Ni le père ni le fils ne voulait ajouter à la peine de l'autre en montrant son chagrin.

— Nous avons toujours pensé que tu allais t'en tirer, préfère dire le fils à son père. Que Dieu allait te protéger, tant que tu serais là-dessous.

Omar demande des nouvelles de la vieille tante qui l'a élevé. Elle est diabétique, et il se fait toujours du souci pour elle. Elle va bien, le rassure son fils. Mais les factures, le loyer ? s'inquiète ensuite Omar.

— *Viejo*, ne va pas te faire du mauvais sang, hein ? Tout a été payé en temps et en heure.

Omar senior loue une partie de sa maison. Les locataires ont honoré leurs obligations, affirme Omar junior qui ajoute :

— Tout le monde fait ce qu'il faut, donne un coup de main. Tout le monde a payé. Ne te soucie que d'une chose : toi. Prends bien soin de toi.

Les autres parents d'Omar senior sont tout aussi vaillants.

— Ils me transmettaient leurs bonnes pensées, se souviendra-t-il. Leurs bonnes vibrations.

Su buena vibra. Dans les missives qu'il envoie aux siens, il plaisante, raconte qu'il veut son plat préféré, le steak à l'avocat, ce qui est une autre façon de leur dire : Je n'ai pas changé, je suis le même vieux bonhomme qu'avant le 5 août, le type qui travaille dur et qui dévore son *corazón con palta* en rentrant, le soir.

— Dans nos lettres, il n'y avait pas un désaccord, pas une dispute avec les enfants, pas une récrimination. Au contraire : on a toujours eu les conversations les plus équilibrées. Même chose avec ma femme. Elle montait à la San José poster son courrier, et redescendait travailler en ville. Et, dans ces lettres, il n'y avait que de l'amour, c'est tout.

Dans ces messages familiaux, Omar Reygadas sent frémir les rythmes de la vie normale, celle qui l'attend à son retour. Il travaille un peu dans la mine, comme les autres, et puis se repose, récupère – cela fait partie du boulot, si l'on veut – en dépit des ténèbres, des grondements de la montagne, des lamentations de ses collègues. Il passe l'essentiel de son temps, en fait, à lire couché sur son lit, à l'entrée du refuge. Un carton lui tient lieu de table de nuit. Sa famille lui a envoyé plusieurs volumes d'une série, écrite par l'espagnol Marcial Lafuente Estefania, dont les héros sont des Texas Rangers et des bandits : *El Caballero de Alabama* (*Le*

Gentleman de l'Alabama), *El Capitan « Plomo »* (*Le Capitaine « Plomb »*) et autres titres similaires. Sur la couverture, les protagonistes portent des chapeaux à fond plat et à large bord – des Gambler –, comme Clint Eastwood dans les films de Sergio Leone. Le livre que préfère Omar, cependant, c'est *L'Alchimiste*, de Paulo Coelho, un best-seller déjà lu par des millions de gens avant lui. Étendu sur son lit gonflable du Niveau 90, Omar se délecte des aventures du jeune berger qui traverse le désert, des nombreux aphorismes qui l'accompagnent, tous optimistes : « … quand tu aspires à quelque chose, l'Univers dans son entier se ligue pour que tu puisses l'obtenir. »

Et tandis qu'Omar lit, 42 hommes traversent le désert de l'Atacama, direction la mine de San José ; eux aussi uniront leurs efforts pour qu'Omar puisse être libéré de la mine. Ce ne sont pas de jeunes bergers mais des chauffeurs routiers, qui apportent un des équipements qui devraient contribuer à l'extraction des mineurs de la montagne. La plate-forme pétrolière du plan C comprend une tour de 45 mètres de haut, entièrement démontée. Alors que le soleil se lève sur le désert de l'Atacama, la colonne de camions qui la transporte n'est plus qu'à vingt-quatre heures de la mine.

Jessica Chilla, que son mari de cœur, Darío Segovia, a étreint si amoureusement le 5 août, est de celles qui évitent la presse. Elle craint en effet de ne pas pouvoir maîtriser ses émotions devant une caméra.

— Je voulais que les gens voient la Jessica prête à accueillir son mari à la sortie de la mine, expliquera-t-elle. La Jessica qui se tient droite, la femme qui a attendu son gars, qui lui donne de la force. Parce que ceux qui prétendent m'avoir entendue pleurer… eh bien, ils se trompent. Il fallait que je sois forte, que je puisse l'aider à se remettre sur pied, à son retour.

Jessica veut rassurer Darío : elle est « *super bien* ». Raison pour laquelle elle commet l'erreur de lui envoyer une photo qui la montre, souriante, en compagnie de sa sœur María et des Los Charros de Lumaco au complet.

Le cliché a été pris lors du passage du groupe au camp de l'Espoir ; il est inséré dans une lettre que Darío reçoit par *paloma*. *Qu'est-ce que c'est que cette blague ?* se demande-t-il. Sur la photo, sa femme, sous le soleil de midi, s'exhibe en compagnie de six beaux hommes rasés de près, portant Stetson et chemises noirs, brodées de fleurs blanches. Ils ont tous l'air plus jeunes et mieux nourris que lui – et deux ou trois n'ont pas hésité à prendre Jessica dans leurs bras.

Darío renvoie la photo. « Pourquoi m'as-tu envoyé ça ? écrit-il. Je n'ai aucune envie de voir ce genre de *huevones*. Et encore moins ma femme tripotée par des musiciens. »

— Il a toujours été jaloux, constatera Jessica. Coincé dans la mine, il l'était doublement.

Jessica, elle, est doublement vexée : par la colère de Darío et par son insinuation. Pendant qu'il souffre dans la mine, elle s'amuserait à l'air libre. Ah non, ce n'est pas une fête, la vie au camp de l'Espoir ! Dormir sous la tente, ça n'a rien de drôle. Il fait froid la nuit ; elle est épuisée par les efforts qu'elle fait afin de garder sa bonne humeur, pour le bien de Darío, entourée de gens qui ne se rendent pas compte qu'il est loin d'être tiré d'affaire. Personne ne peut affirmer avec certitude que Darío et ses 32 compagnons sortiront vivants de la montagne. Et pourtant, il y a dans le camp bien des gens qui considèrent ce rassemblement de plus en plus nombreux de parents, de secouristes et de journalistes comme une sorte de fête de quartier géante.

— Certaines personnes n'étaient là que pour manger gratuitement, puisqu'on avait des stocks qui nous venaient des supermarchés Jumbo. On pouvait manger ce qu'on voulait. Du chocolat, du thé… Il y avait même un petit stand devant lequel on faisait la queue pour avoir des frites, des hot dogs, des tortillas.

À Copiapó et dans les villes environnantes, la majorité de la population a mené jusqu'ici une vie austère, faite de luttes au quotidien. Et remercie son Créateur du moindre bout de pain frais, ou de la pièce de bœuf de seconde catégorie, ou du blanc de poulet de première classe qui atterrit sur sa table. Au camp, on leur offre toutes les ressources d'un *hipermercado*, du bois par stères entiers, et quelques délicieux plats locaux à base de fruits de mer. Difficile de ne pas se servir.

Il se passe quelque chose de similaire au fond de la mine. Pedro Cortez, un des jeunes mineurs, est aussi un habitué des bars. Il pense régulièrement à ce qu'il va faire de sa nouvelle fortune. Il est descendu à la San José le 5 août pour une semaine de travail, et voilà qu'il va toucher plus d'un an de salaire. Avant l'accident, il dépensait beaucoup trop dans les *chopperias*, les bars à bière du centre-ville de Copiapó. Aujourd'hui, il a assez pour offrir une maison à ses parents, et pourra payer à sa fille (dont il ne voulait pas entendre parler) une bonne école privée – c'est ce qu'il dit aux autres mineurs. Les gars de sa génération (entre autres, Jimmy Sánchez et Carlos Barrios) se font envoyer par *paloma* des magazines auto, des brochures de constructeurs, et passent des heures dans leur prison de pierre à admirer ces bolides européens sur papier glacé, ces pick-up américains dont les prix, affichés en millions de pesos, ne sont plus si intimidants. « Je vais m'acheter une Chevrolet Camaro jaune », annonce Pedro à ses compagnons, comme celle qu'il a vue dans *Transformers*. Son ami Carlos Bugueños a des ambitions plus modestes : l'auto de ses rêves, c'est la petite Peugeot 206. D'autres, plus âgés, s'offriraient volontiers de gros camions de livraison – le genre de véhicule qui peut rendre service à un créateur d'entreprise.

Ces rêves risquent cependant de se briser sur un solide écueil : la plupart des acheteurs potentiels – au premier rang desquels Pedro Cortez – n'ont pas le permis de conduire. Sésame plus difficile à obtenir au Chili que dans la plupart des autres pays d'Amérique latine, car il comprend une partie théorique, écrite, pour laquelle il est impossible de graisser quelque patte que ce soit. Aussi, parmi les 33, ils sont plusieurs à réclamer à leurs familles des manuels pour préparer le permis. Le Niveau 90 ressemble bientôt à une petite auto-école. Les *niños* étudient le code de la route chilien et les subtilités cachées des questions qu'on leur posera plus tard : « Pourquoi réduire sa vitesse en cas de brouillard ? À quelle vitesse dépasser un cavalier et sa monture ? Si l'on heurte un piéton à 65 km/h, quelles sont ses chances de survie ? »

Réviser son code alors que la montagne menace toujours de vous tuer, c'est de la folie. Ou, plus exactement, la fièvre que donne l'argent. Carlos Bugueños se rend très bien compte que lui et ses amis l'ont attrapée.

— L'argent brouillait notre vision, observera-t-il.

Les rappels de la prospérité qui les attend affluent de toutes sortes de sources. Pendant plusieurs matinées, le câble diffuse une émission en direct de quatre heures, réalisée à Santiago, « Buenos Dias a Todos ». C'est par les animateurs de ce « Bonjour à tout le monde » que les mineurs apprennent la « bonne nouvelle » : le gouvernement de la République dominicaine offre aux 33 et à leurs familles des vacances dans une station balnéaire de ce pays des Caraïbes.

— Youpi, on va à la plage ! s'exclame l'un des *niños*.

Ils n'ont pas vu la lumière du jour depuis un mois, la plupart d'entre eux n'ont pas franchi les frontières du Chili, quelques-uns n'ont même jamais dépassé les limites de l'Atacama, mais un jour, ils séjourneront tous ensemble dans ce nouvel éden de sable chaud et de flots turquoise.

— C'était surréaliste, commentera Luis Urzúa. Simplement, au bout d'un moment, ce genre de détails absurdes commence à vous sembler normal.

Les hommes, estime Urzúa, passent trop de temps devant « Buenos Dias a Todos ». Ils sont vautrés devant cette émission pendant des heures et oublient des corvées pourtant essentielles. Par exemple, maintenant que les 33 s'alimentent normalement, la merde s'accumule dans la zone des toilettes. Et il ne s'agit pas de ces petites crottes de lama qu'ils ont fabriquées pendant des semaines ; non, ce sont de gros étrons dignes d'un intestin humain – d'un intestin de mineur, qui plus est. Et ils sont fort odorants. Pour que les hommes se remettent à nettoyer leur merde, Urzúa appelle les secouristes. Peuvent-ils supprimer la télé du matin ? Privés de « Bonjour à tout le monde », les hommes se recollent à la corvée de latrines. Plus de télévision le matin – mais il y aura, l'après-midi, des matchs de football mettant aux prises les grandes équipes du Chili, la Universidad de Chile et Colo-Colo ; et des films, « pour nous calmer et nous empêcher de nous plaindre », remarquera l'un des mineurs.

Tous les prisonniers de la mine n'attendent pas aussi sereinement l'heure de leur sauvetage. En cette première semaine de septembre, Victor Segovia décrit dans son journal cette curieuse vision : Edison Peña court dans la mine. Il s'est procuré une paire de bottes qu'il a raccourcies à hauteur des chevilles, et il les enfile afin de parcourir les galeries sombres, avec pour toute compagnie le rayon de sa lampe de casque et le bruit de sa respiration dans l'air lourd. Edison passe depuis longtemps pour l'original de l'équipe A. Naguère, il marchait seul dans la mine, et chantait du Elvis au Refuge ; quand les mineurs mouraient de faim, il s'est livré à ces plaisanteries morbides avec Mario Sepúlveda. Mais courir en enfer afin de garder sa forme – non, ça, c'est vraiment du grand délire ! Pourquoi court-il, Edison ? Lorsque les mineurs ont repris contact avec la surface, il a été submergé par la joie et la reconnaissance. Il a vu une « lumière bleue » dans la mine, la lumière de la foi. Il a promis à Dieu de lui prouver sa dévotion ; et comment la lui montrer mieux qu'en gravissant au pas de course des pentes à 10 degrés dans les galeries que l'homme a creusées au sein de la Terre ? Mais ce n'est pas sa seule raison : son corps, il le sent, doit bouger pour retrouver sa forme. Lorsque Edison a recommencé à s'alimenter normalement, la constipation l'a saisi (il n'est pas le seul parmi les 33, loin de là) et c'est une nouvelle torture que d'aller à la selle.

— J'y allais, je poussais comme une bête… Des colombins tellement épais qu'ils finissaient par se coincer. Et alors là… non, non, non, non ! J'avais l'impression d'accoucher. Ça faisait un mal de chien !

Ce corps qui souffre, il faut le faire travailler. Alors, comme il n'a pas de vélo, il décide de courir. Les *niños* qui le voient faire sont hilares.

— Ils se fichaient de moi. Personne ne m'encourageait. Sauf Yonni Barrios, plus ou moins – il avait peur que je me fasse du mal.

Florencio Avalos a son idée sur la question. Edison court « pour oublier, pour s'abrutir de sommeil ». Florencio n'ignore pas le danger qu'il y a à errer seul dans une mine. À son avis, Edison est, selon la jolie expression chilienne, « un pont auquel il manque une planche » (*le falta un palo para el puente*). Edison n'en a cure : courir dans ces galeries où il peut, à tout moment, être tué par une chute de pierres est sa façon d'affirmer sa survie dans l'adversité. Il récupérera plus tard de vraies chaussures de sprinter (grâce à une marque mondialement connue) puis des chaussons en néoprène. Courir lui libère l'esprit tout en lui rappelant où il est et ce qu'il a subi.

— Je me sentais complètement isolé, avouera-t-il.

Tandis qu'Edison court, d'autres creusent. La foreuse du plan B atteint les 200 mètres le 9 septembre. La résistance de la diorite, la profondeur du forage, et l'angle et le trajet du puits de base, beaucoup plus étroit, usent les outils de forage plus que de raison. Les techniciens les changent donc toutes les douze heures, et cela ralentit la vitesse de forage, de 20 mètres à quatre toutes les soixante minutes. L'équipe aux manettes se compose principalement d'experts américains de Center Rock et de Driller Supply, ainsi que chiliens de Geotec, une entreprise locale. Tous travaillent main dans la main, sans ménager ni leurs forces ni les capacités de la foreuse. Ils sont si désireux de délivrer les survivants du fond de la mine qu'ils succombent à une obsession bien connue de leurs coordinateurs en chef, Golborne et Sougarret : comme le foreur de Terraservice qui avait continué à creuser bien au-delà des niveaux où survivaient les hommes, dans les deux premières semaines après la catastrophe, l'équipe américano-chilienne ne parvient pas à « lâcher le puits ». Ce qui les conduit à creuser alors qu'ils ne le devraient pas. Malheureusement, si les hommes peuvent encore surmonter leur fatigue et continuer à creuser, le métal dont sont faits les outils de forage obéit aux lois de la physique. Aussi éclate-t-il, incident inévitable, à 262 mètres de profondeur – ce que les techniciens en surface comprennent lorsque la pression baisse brutalement au cœur de la T130, et que les cadrans de surveillance de la rotation commencent à se conduire d'étrange manière. Les techniciens remontent le massif outil de forage à la surface et font descendre une caméra dans le puits : un fragment de la tête est resté coincé dans la paroi, ce qui interdit la poursuite des opérations.

Peu après, la foreuse du plan A connaît des problèmes hydrauliques et s'arrête également. Le vacarme rassurant du forage dans la diorite s'interrompt. Dans le silence qui s'installe, les mineurs déchantent horriblement. Ils ne se sont jamais sentis aussi seuls, aussi abandonnés, aussi désespérés depuis la reprise de contact. Ils écrivent, ils téléphonent : que se passe-t-il, là-haut ? Ils ne tardent pas à réaliser qu'ils pourraient bien être coincés sous la montagne jusqu'à Noël, finalement.

Edison Peña repart courir dans les galeries, et se laisse envahir par une solitude encore plus profonde que celle de ses collègues, écoutant le martèlement soudain plus sonore et plus clair de ses chaussures de course improvisées sur le sol de la mine, pas après pas.

Florencio Avalos, le jeune second de Luis Urzúa, en a assez, quant à lui, de ne rien faire en attendant qu'arrivent les secours. Il prend de la corde, quelques accessoires pouvant servir en cas d'escalade, et remonte, avec trois compagnons tout aussi résolus, vers le rideau de diorite grise qui les a coupés du monde.

15

Des saints, des statues et le diable

Avant sa tentative d'évasion, Florencio Avalos appelle les secours et discute avec son vieil ami, son *compadre* Pablo Ramírez. « Je vais tenter de trouver une voie par les cheminées », annonce Florencio. Ramírez essaie de le faire renoncer : en vain. Florencio part en camion avec trois compagnons – son frère Renán, Carlos Barrios et Richard Villaroel – jusqu'au Niveau 190. C'est là que débouche la cheminée la plus proche du site de l'accident. Les quatre mineurs ont prévu de refaire le chemin accompli par Mario Sepúlveda et Rául Bustos, le 6 août. La cheminée les emmènera au niveau supérieur et, qui sait ? peut-être à une autre cheminée praticable. Le jumbo démarre, sa nacelle de cueilleur de cerises avec lui, et les hommes commencent leur escalade.

Là-haut, pourtant, les secouristes n'ont pas renoncé au plan B. S'ils arrivent à dégager le morceau de tungstène, ils pourront se remettre à creuser. Un énorme aimant est descendu dans le puits ; malheureusement, il échoue à déloger le bout de métal. Le même jour, Jeff Hart, le virtuose américain du forage, arrive à la San José après un long voyage depuis l'Afghanistan pour superviser la seconde phase du plan B, une mission à présent suspendue à l'extraction de quelques kilos de ferraille – à moins que les responsables ne décident de reprendre le forage de zéro.

Dans un camp figé par le silence et l'attente, Carmen Berrios reçoit une lettre de son mari, Luiz Urzúa. Comme ils n'entendent plus les foreuses, les hommes perdent espoir, dit-il. « Les secouristes ont travaillé de toutes leurs forces pour vous, lui explique Carmen en retour, car Dieu est avec eux. Mais si vous perdez foi, vous, en bas, si vous arrêtez de prier, leurs efforts n'auront servi à rien. Tu ne crois pas ?... Écoute, si vous n'entendez pas les machines, ce n'est pas parce qu'ils vous ont abandonnés. Ayez foi, ne vous laissez pas aller au désespoir. Si je t'écris cela, c'est parce que je veux que tu le comprennes : les gens qui participent à l'opération de secours ont un but et un seul, vous sortir de là. »

Par un matin brumeux de septembre, le 10, avant 9 heures, les camions qui apportent les éléments de la foreuse du plan C atteignent la San José, après leur longue traversée de l'Atacama. Ils montent lentement la route étroite menant à la mine. Il fait froid ; les familles qui s'amassent autour du portail sont loin d'être exubérantes ; pourtant, quelques drapeaux chiliens sont brandis et des voix entonnent *Chi-chi-chi, le-le-le*. Le camion de tête se gare, son chauffeur coupe le moteur, et tandis qu'il attend près du portail, une équipe de télévision s'approche, pose quelques questions.

— Nous voilà enfin arrivés après avoir traversé le désert, au prix de maints sacrifices, déclare le chauffeur.

Visiblement, il est ému de se trouver dans l'enceinte de la mine, sur laquelle tant de ses compatriotes, tant de ses frères humains, ont concentré leurs espoirs.

— Mais nous sommes bien là, le cœur à l'écoute, comme tous les Chiliens, conclut-il.

À quelques mètres au-dessus du Niveau 190, Florencio Avalos et ses trois compagnons prennent leur courage à deux mains pour escalader la cheminée déjà explorée par

Sepúlveda et Bustos. Ils parviennent eux aussi au niveau suivant, sur la Rampe, et se dirigent vers le rideau de diorite qui bloque l'accès à l'air libre – celui-ci est encore plus haut qu'au niveau inférieur. Les quatre hommes entreprennent de déblayer les roches, posées sur une énorme dalle inclinée. Bientôt, Florencio a dégagé un passage assez large pour qu'il puisse s'y introduire, à quatre pattes.

— J'y vais, annonce-t-il.

Carlos, Renán et Richard se récrient : c'est beaucoup trop dangereux. Cela n'empêche pas Florencio de se faufiler entre les rochers. Il débouche rapidement sur un immense espace ouvert, si ténébreux qu'il avale les rayons de sa lampe. En rampant vers ce précipice, le jeune homme déloge un bout de roche, qui tombe dans l'obscurité et atterrit avec fracas une ou deux secondes plus tard. Florencio, par expérience, sait que la pierre a chuté de 30 ou 40 mètres – soit la hauteur d'un immeuble de 10 à 12 étages. Il se trouve donc, comprend-il, à proximité d'un nouveau *rajo*, un gouffre ou une grotte créé par la catastrophe. Afin de poursuivre son exploration, Florencio se noue une corde autour de la taille et en confie l'autre extrémité à ses collègues.

— Un faux mouvement, et je tombais, rappellera-t-il.

Il parvient à s'extraire de la crevasse et se redresse sur un rocher, en surplomb au-dessus du gouffre.

— J'ai rallumé ma lampe et je n'ai vu que des rochers, à perte de vue, dans cet énorme trou. Et je me suis dit : *On peut sortir par là*. Je savais que nous étions séparés de la partie intacte de la mine par une trentaine de mètres, à cet endroit. Or la voûte de cette cavité était à plus de 30 mètres, d'après ce que j'en voyais.

Florencio cependant s'est également rendu compte que l'anfractuosité par laquelle il s'est faufilé est trop étroite pour nombre de ses compagnons, sans parler des difficultés de l'escalade qui l'attend. Les plus âgés et les plus massifs ne pourront pas passer.

— Une quinzaine d'entre nous, 20 au plus, pouvaient tenter la chose. Mais pas Luis Urzúa, ni Franklin Lobos… ni José Henríquez, ni Jorge Galleguillos.

Lorsque les quatre hommes regagnent le Refuge, Florencio apprend qu'André Sougarret a cherché à le joindre. Son message est le suivant : « Ne recommencez pas. La montagne est trop instable, trop dangereuse. » Ce gouffre que Florencio a vu a été provoqué par l'effondrement du colossal bloc de diorite qui a détruit la mine le 5 août et par les explosions qui ont suivi. La montagne continue à cracher des séracs toutes les cinq ou six heures. Florencio peut s'estimer heureux d'avoir vu l'abîme et d'y être resté un instant sans avoir été atteint par un de ces projectiles.

Le 13 septembre, à 10 heures du soir, en compagnie d'ingénieurs, de mécaniciens et de foreurs déterminés à sauver le plan B, la *Vierge Marie* arrive à la mine de San José. Cette sculpture en bois, toute neuve, représente la Virgen de Carmen, la sainte patronne du Chili ; elle a, lors de la guerre de libération contre l'Espagne, guidé les indépendantistes. Le pape Benoît XVI a commandé cette œuvre à l'artiste équatorien Ricardo Villalba afin d'en faire cadeau au Chili pour son deux centième anniversaire, une fois qu'elle aura été bénie. Cette Vierge a été exhibée dans les cités minières et les villes du nord du pays ; depuis le 5 août, des milliers de croyants se sont agenouillés à ses pieds pour lui demander de sauver les 33 mineurs de la San José. Tandis que la statue est transportée dans l'enceinte de la mine, dans son écrin de verre, quelques femmes se rassemblent devant elle, tenant des bougies dont les flammes sont protégées du vent de l'Atacama par des étuis qu'elles ont fabriqués avec des bouteilles en plastique et des gobelets usagés. Une lueur brille, vacillante et jaune, sous la peau en plastique de ces modestes récipients, illuminant les visages des croyantes avec bien plus de douceur que la lumière grise et sévère abondamment produite par les grands projecteurs du camp. C'est l'évêque de Copiapó, Mgr Gaspar Quintana, qui officie : les femmes accompagnent la liturgie avec le murmure de leurs prières. Certaines, ce faisant, laissent la cire brûlante des cierges blancs leur couler sur les doigts ; bientôt, leurs mains gercées par le vent semblent pleurer des larmes de cire. Elles prient pour que la Vierge lève les obstacles qui maintiennent les mineurs dans les ténèbres, à 700 mètres sous les pieds de leurs épouses. Derrière sa vitre, la Vierge les enveloppe, ces femmes pleines de dévotion, d'un regard altier qu'accompagne le vague sourire, figé et béat, dont l'a dotée Villalba.

Les captifs de la mine ne tardent pas à apprendre la venue, là-haut, de cette *Vierge Marie*. Pour les catholiques, le pouvoir marial peut s'accomplir sur Terre. Il prend parfois la forme matérielle d'un objet créé, dit-on, par la main de Dieu. C'est le cas de la Vierge de Candelaria, apparue sous la forme d'une minuscule statue de pierre dans la région de Copiapó, au XVIIIe siècle, à un muletier qui, surpris par la tempête dans les montagnes, cherchait un abri. Si ces objets sont vénérés, c'est qu'en leur présence on se sent plus proche de Dieu. De sorte que plusieurs mineurs catholiques de la San José remercieront plus tard la Virgen del Carmen pour l'événement survenu après son passage à la mine : le forage du plan B peut reprendre. Les techniciens du site ont réussi, à l'aide d'une sorte d'araignée de métal glissée dans le puits, à récupérer le bout de foret de 12 kilos qui s'y était coincé, 262 mètres plus bas. La Vierge, apparemment, a intercédé en leur faveur. Les plus croyants des 33 lèvent vers le ciel des images de la mère de Dieu, patronne du Chili, et lui rendent grâces. Après cinq jours complets d'incertitude et de prière, ils peuvent de nouveau espérer être évacués rapidement.

Ayant entendu ses *compadres* catholiques vanter les pouvoirs de telle ou telle statue de la Vierge pendant leur réunion de prière quotidienne, José Henríquez s'autorise quelques remarques cavalières sur les dangers de l'idolâtrie. Il n'est pas bon, dit-il, de vénérer des images plutôt que Dieu Lui-même. Un des mineurs n'est-il pas allé jusqu'à danser pour la Vierge ? Le culte des statues, ajoute Henríquez, a quelque chose d'insultant, mais aussi de primitif. Du reste, n'est-il pas affirmé dans les dix commandements qu'il ne faut pas faire d'idole, d'image de ce qui est dans les cieux ? Sur le mont Sinaï, Dieu vint à Moïse et lui défendit de se prosterner devant de telles représentations. Par la suite, Henríquez finira par faire état de ses propres préceptes religieux avec une insistance que quelques-uns de ses compagnons trouveront blessante.

— Don José voulait, d'une certaine façon, nous imposer sa religion, déclarera Omar Reygadas. Il s'est mis à ne plus croire aux saints. C'est également mon cas, mais je respecte les croyances des autres. Nous n'avions pas tous la même religion ; certains même étaient athées mais voulaient quand même prier. Et nombre d'entre nous étaient très attachés à la Vierge de Candelaria, qui protège, dit-on, les mineurs. De sorte que lorsque don José a décrété qu'il ne fallait pas adorer les saints et les images, ces gars-là l'ont mal pris.

— Je n'ai rien attaqué du tout, rétorquera Henríquez. Me suis-je permis de faire des commentaires ? Oui. Car la chose est dite dans la bonne parole : n'adorez pas les images.

Victor Segovia, qui n'allait jamais à l'église avant le 5 août, apprécie énormément les séances de l'église souterraine dont Henríquez est le pasteur, mais cela ne l'empêche pas d'être choqué par le tour que prennent ces offices informels. Un jour de septembre, raconte-t-il dans son journal, il y voit Osman Araya, parfaitement remis des conséquences de la malnutrition, entrer en transe, tel un pasteur baptiste saisi par l'inspiration divine, et lever les bras, car il sent la présence du Seigneur. « Je n'ai plus autant de goût pour la prière du midi ; désormais, quand il prie, Osman hurle et pleure, comme dans ces églises où les croyants sautent dans tous les sens en poussant des cris », écrit Victor. Des démonstrations qu'il trouve étranges et théâtrales, même s'il continue à assister aux séances de prière organisées par José et Osman ; d'autres n'ont pas cette patience.

Omar Reygadas, qui, comme Victor, reste parmi les fidèles, remarque les défections.

— Franklin Lobos s'est mis à prier seul dans son coin. Quelques autres ont constitué leur propre groupe. Et certains se sont désintéressés de la question ; ils préféraient écouter de la musique.

Ces abandons sont un coup supplémentaire infligé à Mario, lui qui a, cinq semaines plus tôt, appelé ses *compadres* à ces moments de piété. Naguère, les 33 priaient ensemble ; au fil du temps, il ne restera plus que sept ou huit mineurs pour écouter la parole de Dieu en compagnie du Pasteur. La fraternité qui les soudait est en train de se désagréger, Mario le sait bien. Sa détresse est telle qu'il va lui aussi souvent à l'aventure dans les profondeurs de la mine – jusqu'au Niveau 44. C'est l'un des galeries les plus récentes de la San José – et aussi, dans une montagne instable, un lieu particulièrement périlleux. Il y fait encore plus chaud et humide qu'ailleurs, l'eau ayant formé une mare. La taille de l'excavation et la présence de cet étang souterrain donnent au Niveau 44 un parfum mystique. Mario s'est donc annexé ce recoin fétide – son « lieu sacré » (*lugar sagrado*), dira-t-il. Il y a construit un autel et une estrade de tribun avec quelques pierres. Il se rend au Niveau 44 pour lire la bible et s'exercer à prendre la parole en public. Sur la vidéo des mineurs, Mario regardait droit vers l'objectif et parlait au monde entier. Au bord de l'étang souterrain, il lit la bible et s'adresse à des foules n'existant que dans son imagination. S'il s'entraîne, c'est qu'il a l'impression croissante qu'une fois hors de la mine il deviendra orateur, parcourant le monde, lui parlant de Dieu, de la force et de la bonté de l'ouvrier chilien. Dans ses discours solitaires, il se raconte : les balades à vélo avec son fils, Francisco ; les soins qu'il prodigue à ses chevaux. Et à l'intérieur de cette salle creusée dans la pierre, le son de sa voix lui revient avec l'écho. Pourtant, le 11 septembre (son 37e jour sous terre), s'il gagne cette galerie déserte taillée dans le vif de la pierre – son auditorium intime –, ce n'est pas tant pour parler que pour prier et réfléchir. Et demander à Dieu ce qu'on peut faire pour rassembler ces hommes de plus en plus divisés, de plus en plus frustrés, enfermés au cœur de la montagne, à quelques mètres au-dessus de sa tête. C'est le 37e jour, Mario le sait parce qu'il tient le compte sur son casque, depuis le 5 août ; et c'est après avoir tracé la 22e marque qu'il a vu les hommes commencer à s'entre-déchirer.

— Je suis descendu en pleurant, se souviendra-t-il. J'ai demandé à Dieu de me donner de la force, mais aussi de faire de nous ce qu'Il voulait. Car la bête est là – le diable, il nous encercle.

Le diable est dans la mine : il s'incarne dans l'avidité, les malentendus, la jalousie, les trahisons qui divisent les 33. Le diable, pense Mario, est venu d'en haut les monter les uns contre les autres, par le biais des lettres, des offres d'argent, des promesses de célébrité.

Mario prie :

— Seigneur, protège-nous et chasse cette bête de nos esprits. Le diable a pénétré nos âmes – aucun n'est épargné. Aie pitié de nous, Seigneur, laisse-nous retrouver notre innocence d'antan. Seigneur, tu peux commencer par moi, car, à dire vrai, je crains le diable !

À peine a-t-il prononcé ces mots qu'il entend un énorme fracas. Dans cette cavité toujours instable, une dalle rocheuse s'est détachée de la paroi, à 3 ou 4 mètres de lui, aussi lourde, aussi mortelle que celle qui a mutilé Gino Cortés. Ce genre d'incident n'est pas rare dans la mine, mais que cette pierre soit tombée au moment où il parlait du diable à Dieu pétrifie Mario, submergé par l'effroi et la surprise. Au même moment, il sent quelqu'un juste derrière lui ; un souffle brûlant lui effleure la nuque.

— Qui va là ? gronde Mario.

Il fait volte-face, la lampe à bout de bras, éclaire l'étang – et y voit briller deux yeux écarquillés, au regard fou de peur. Ses propres yeux, reflétés par la surface de l'eau. Il contemple le visage de sa peur, et cela l'ébranle encore plus que tout ce qu'il a vu et vécu dans la mine au cours de ces trente-sept derniers jours.

— *¡Diablo!* hurle-t-il dans le noir.

Le diable est en train de s'emparer de lui, il le sent. Ce n'est plus une simple idée, c'est une présence qui rôde au Niveau 44, plane sur l'étang souterrain.

— Tu ne m'auras jamais ! Je ne serai jamais ton fils !

La pierre qui s'est détachée, l'image de son visage dans l'étang, le souffle brûlant sur sa nuque : tout cela plonge Mario dans une transe affolée dans laquelle il se croit vraiment aux prises avec un être démoniaque. Il se baisse, cherche des pierres dans la boue ; les jette, dans les ténèbres, à cette créature qui veut pénétrer sous sa peau.

— Je ne serai jamais ton fils ! *¡La concha de tu madre!*

Après avoir lancé les pierres, il se met à courir sans s'arrêter, sur un kilomètre, jusqu'au Niveau 90 ; jusqu'aux vivants qui y sont enfermés, attendant leur libération.

Lorsque Mario surgit parmi ses compagnons, ses vêtements et son visage sont maculés de boue, comme s'il s'était battu.

— Qu'est-ce qui t'est arrivé ? demandent les autres mineurs.

— J'ai lutté contre le diable, dit Mario.

Quelques-uns éclatent de rire. Mais pas tous : quand on travaille à la mine, on finit presque toujours par voir ou sentir le diable, présence bien vivante dans les boyaux de la montagne. Selon une légende chilienne, Satan vit dans toutes les exploitations aurifères – donc à la San José. C'est l'or qu'ils arrachaient à la pierre, dans ces excavations au fond de la montagne. Les mineurs ont extrait des tonnes de minéraux pour en tirer quelques précieux décigrammes d'or ; et, ce faisant, ils ont fragilisé la montagne, l'ont percée de cavités dont les murs peuvent exploser sans aucun signe avant-coureur. Les hommes de la San José les ont vues, ces explosions ; elles leur ont inculqué la peur de Dieu et la peur du diable. Peu après la lutte de Mario Sepúlveda avec le démon, une dalle d'une tonne se détache du plafond du « lieu sacré » où il a bâti son estrade et sa chapelle, dans un vacarme assourdissant. L'endroit est interdit d'accès.

16

La fête de l'Indépendance

Le 5 août, lorsqu'il est descendu dans la mine, Ariel Ticona savait que sa femme devait accoucher de leur troisième enfant, une fille, le 18 septembre, jour de la fête de l'Indépendance chilienne. Les dix-sept premiers jours après la catastrophe, il s'est dit et répété qu'il lui fallait rester vivant pour remonter à la surface et voir sa fille – sa femme et lui ont déjà choisi son prénom, Carolina Elizabeth. Peut-être est-ce ce désir qui l'a conduit à faire durer, en secret, les biscuits que lui avait donnés Victor Zamora après le raid sur les provisions. Quatre biscuits qu'il a mangés au cours de la première semaine, à l'insu de tous. Après que les secouristes ont pris contact avec les 33, Ariel s'est cramponné à l'idée qu'il serait libéré à temps pour pour la naissance de Carolina, et honorerait une promesse qu'il a faite à sa femme : il serait là, dans la salle d'accouchement, contrairement à ce qui s'était passé pour leurs deux premiers enfants. Ariel a 29 ans : il est, de son propre aveu, plus mûr aujourd'hui qu'il ne l'était après la naissance du premier. Quand le cercle de famille s'agrandit, le mari se rend mieux compte de la quantité de travail qu'implique la tenue d'un ménage. Lorsque sa femme est tombée enceinte pour la troisième fois, il a essayé d'en faire un peu plus à la maison. Il l'a aidée pour les lessives, par exemple. Et il espérait de tout son cœur être avec elle pendant la dernière phase de l'accouchement, lui tenir la main pour lui donner du courage.

Ariel s'est finalement résigné à manquer la naissance de sa fille – dans l'intervalle, cependant, il a eu une épiphanie. Après avoir discuté avec les siens en vidéoconférence – après avoir vu à quoi ressemble le camp où vivent les 33 familles et des centaines de secouristes, il a décidé que Carolina s'appellerait Esperanza. Le 14, la petite Espérance vient au monde dans un hôpital de Copiapó. La belle-sœur d'Ariel apporte une caméra dans la salle d'accouchement ; la chaîne de télévision Megavision montre la vidéo de la naissance, avec un accompagnement musical. Mais Ariel ne la verra pas : Esperanza est née par césarienne, et, d'après les médias, les psychologues préfèrent épargner au jeune homme, encore prisonnier de la montagne, la vision traumatisante d'une opération chirurgicale. Le film qu'Ariel finit par voir, projeté sur le drap blanc de la mine, a été soigneusement remonté. *Mieux vaut*, se disent ses compagnons, *qu'il soit seul dans ce moment intime*. Ils s'éclipsent donc, le laissant devant l'écran. Sur lequel des médecins en blouses bleues s'affairent autour de sa femme. Transition vers un des médecins tenant l'enfant dans ses bras, et Ariel découvre sa fille nouveau-née, les cheveux collés sur le crâne, les yeux fermés, près de sa femme souriante, épuisée. À l'air libre, les techniciens repassent ces deux minutes en boucle. Mais le grain de la vidéo est si épais qu'Ariel n'arrive pas à distinguer à qui ressemble le plus Esperanza : à lui, à sa mère ? C'est la première fois dans l'histoire de l'humanité qu'un père assiste à la naissance de son enfant du fond de la mine dont il est prisonnier. Lorsque je le fais remarquer à Ariel, bien plus tard, et lui demande quelles ont été ses impressions à ce moment, il hésite.

— Je ne sais pas. Étais-je heureux, ému ? Je ne sais pas.

Après avoir interviewé le frère d'Ariel, les journaux du monde entier peuvent en témoigner : le jeune père a pleuré toutes les larmes de son corps en apprenant la nouvelle. Quant à l'enfant, ajoutent-ils, elle pèse 3 050 grammes, mesure 48 centimètres et est née à 12 h 20. Des chiffres qui, dans leurs articles, côtoient les dernières statistiques des forages entrepris pour sauver les hommes. Le plan B est à 368 mètres, le plan A à 300. Le plan C ne commencera que sept jours plus tard.

Le puits qui atteindra les hommes – A, B ou C – assurera le passage de la nacelle permettant de remonter les 33 mineurs, les uns après les autres, à la surface. Coïncidence : la marine chilienne a commencé à fabriquer cette nacelle dans le chantier naval où le mécanicien Rául Bustos réparait des moteurs avant l'arrivée du raz-de-marée. Sur les chantiers de l'ASMAR, on peut se rendre en deux minutes du petit atelier où travaillait Bustos aux lignes de montage où elle sera assemblée. Dans la plupart des bâtiments des chantiers navals de Talcahuano, on voit encore les marques qu'ont laissées, à près de 2 mètres au-dessus des plinthes, les vagues qui ont déferlé six mois auparavant, lors du raz-de-marée. Une bonne partie des murs demeurent gorgés d'eau. La marine, cependant, a évacué les poissons morts, les navires échoués, et remis les chantiers en état de produire. Entre autres, et grâce à toute une équipe d'ingénieurs et de techniciens de la marine, ce vaisseau d'un type particulier que leurs collègues de la NASA ont surnommé – comme tous les Nord-Américains, ils sont férus d'acronymes – le EV, Escape Vehicle. Les Chiliens ont reçu 12 pages d'instructions des experts de Houston sur le fameux EV : « EV… doit être muni de bouteilles d'oxygène d'une capacité suffisante… pour fournir de l'oxygène de qualité médicale, à raison de six litres par minute pendant deux à quatre heures… EV doit permettre à son occupant de pouvoir porter au moins une main à son visage… » Cela dit, la conception générale est purement chilienne (les ingénieurs des chantiers navals envisagent même de déposer le brevet) ; le 12 septembre, le gouvernement en communique une description d'ensemble à la presse. Le Véhicule Évasion est une structure en plaques d'acier qui mesure extérieurement 54 centimètres de diamètre pour une hauteur ne dépassant pas les 2,5 mètres ; il pèse environ 250 kilos, à vide. Il disposera bien des réserves en oxygène conseillées par la NASA et d'un toit capable de résister à des impacts de chute. Il montera et descendra dans le puits de forage grâce à un système de roues qui épargnera à sa coquille d'acier le contact avec les parois de pierre (ces roues de caoutchouc, rétractables, seront ultérieurement fournies aux chantiers par une entreprise italienne). Si le passager venait à perdre connaissance, il serait maintenu en position debout par un harnais.

Quelques jours plus tard, les premiers schémas de la nacelle sont communiqués par le gouvernement. La coque est peinte aux couleurs du drapeau et porte le nom de la machine : *Fénix* – le phénix. Ce nom désigne également une petite constellation de l'hémisphère Sud, formant un triangle et un losange accolés – et donc la forme de l'oiseau qui, dans la mythologie grecque, renaît de ses cendres. Pour le gouvernement chilien, le message est clair : le Chili lui-même renaît de ses cendres. Avec la nacelle, les travailleurs du Chili vont, grâce à la technologie chilienne et la foi chilienne, participer à une audacieuse opération de sauvetage qui remplira leurs compatriotes d'espoir. Et cela, quelques mois seulement après les terribles catastrophes naturelles – séisme, tsunami – où tant d'innocents ont perdu la vie. Et le pays, son moral. Que le gouvernement veuille extraire des entrailles de la Terre 33 hommes dans une capsule aux couleurs du pays indique assez la manière dont il souhaite que l'opération San Lorenzo reste dans l'Histoire : un mythe héroïque contribuant à la structuration de la nation, et dans lequel de vrais travailleurs chiliens jouent les premiers rôles.

Même dans la mythologie grecque, cependant, les dieux sont imparfaits. Ils sont vaniteux, courageux, fiers, querelleurs, attachés à leurs familles : tous traits très humains que l'on retrouve chez les hommes enfermés dans la mine de San José.

La question commence à se poser quelques jours avant le 18 : comment les 33 patriotes chiliens enfermés dans la mine vont-ils pouvoir célébrer la fête de l'Indépendance ? Plusieurs responsables des opérations de secours veulent leur envoyer du vin. C'est la plus grande fête du Chili, après tout : dans chaque famille, on boit et on mange. Le pays entier se sentira mieux, quand il aura vu ces symboles vivants de la fierté nationale prendre un petit verre dans leur prison de pierre.

— Moi aussi, j'aurais bien aimé leur envoyer du vin, déclarera Iturra. Mais l'équipe médicale ne voulait rien entendre.

Quelques-uns des mineurs étaient de gros buveurs – et cela fait quarante jours qu'ils n'ont pas touché à une goutte d'alcool. Les effets de la désintoxication ne se font plus sentir : les *niños* sont désormais tous abstinents. Mais après réflexion, le psychologue se range à l'avis de ses collègues : c'est une mauvaise idée, ce vin. Un incident troublant lui a rappelé, à peu près au même moment, le combat que certains de ces hommes doivent mener contre leurs addictions.

— Une des mères est venue me voir pour me dire que son fils avait reçu de la drogue, rapporte-t-il.

Les familles peuvent désormais envoyer à leurs hommes des paquets renfermant des vêtements, des livres et autres fournitures. Quelqu'un en a profité pour glisser des substances illicites dans l'un de ces colis.

— De la marijuana ou de la cocaïne, je ne sais pas exactement. Mais peu importe : il ne fallait pas qu'un de ces hommes se retrouve dans un état d'altération mentale à 700 mètres sous terre.

Iturra change les règles de préparation et d'envoi des colis aux mineurs, et le trafic est stoppé. Quant à la fête de l'Indépendance, le psychologue explique que les galeries de la mine sont des lieux de travail dans lesquels la consommation d'alcool est interdite, tant par le règlement que par le bon sens. Conclusion à laquelle les mineurs sont d'ailleurs arrivés par eux-mêmes : « Nous n'aurons pas besoin de vin, merci bien », indiquent-ils.

Mais ils ne refuseront pas empanadas et steaks, pâle reflet des fêtes auxquelles ils auraient participé à l'air libre. Ils se préparent au 18 septembre en écrivant un poème au Président Piñera. « Mais ça aussi, ça a failli causer une bagarre, raconte Victor Segovia dans son journal, à la date du 16 septembre. Edison et Perri avaient chacun leur idée sur la question. Puis Zamora est arrivé, et le ton est encore monté d'un degré. Tout ça pour un poème sur le bicentenaire, ha ! ha ! ha ! »

L'accès de mauvaise humeur est de courte durée, toutefois, car les préparations du 18 septembre coïncident avec une excellente nouvelle : la seconde phase du plan B est presque finie. Le matin du 17 septembre, le forage débouche dans la galerie au point prévu. Les hommes sont désormais reliés à la surface par un puits de 43 centimètres de diamètre. Lorsque le second foret l'aura élargi à 71 centimètres, les hommes seront libres. « C'est arrivé très vite ; nous sommes vraiment heureux », écrit Victor Segovia. Le lendemain, jour de l'indépendance, les hommes prennent des bains, se coupent les cheveux, enfilent des vêtements propres – « comme des prisonniers le jour du parloir ».

Dans le monde extérieur, les portraits des mineurs sont exhibés dans nombre de célébrations publiques du bicentenaire. Un agrandissement géant du mot de José Ojeda : *ESTAMOS BIEN EN EL REFUGIO*, est projeté sur la façade du palais de La Moneda dans le cadre d'un son et lumière. Au fond de la San José, les hommes dégustent leurs empanadas et boivent un cola. Ils lèvent les couleurs, chantent l'hymne national, pour la énième fois, et regardent Mario Sepúlveda danser la cueca, une danse traditionnelle. Moment filmé et diffusé dans tout le Chili.

Seul Franklin Lobos ne participe pas à ces festivités. « Pour éviter la confrontation avec certains des types qu'il ne supporte pas », note Victor dans son journal. Au fond de la mine, au milieu d'hommes que leur enfermement rend de plus en plus amers, Franklin nourrit en effet en son sein un démon particulièrement furieux – une bête qui n'a pas cessé de gronder depuis le 5 août.

— J'étais perpétuellement de mauvaise humeur, même ceux qui m'aiment bien vous le diront, confiera Franklin.

Mais ce que la plupart de ses compagnons ne savent pas, c'est que, sous cette carapace de frustration, l'âme de Franklin s'adoucit, s'humanise de jour en jour. Il en est persuadé, il a, au cours de ces cinq semaines, appris à se considérer sous son vrai jour.

Avant que les 33 ne deviennent célèbres, seul l'un d'entre eux avait tâté de la gloire. C'est un destin enviable pour un jeune homme que de devenir un héros du football, même (ou surtout) dans une ville de province comme Copiapó. Héroïque, Lobos l'a été suffisamment pour avoir hérité d'un surnom. Et pas n'importe lequel ! Le sien a des connotations guerrières, voire viriles : « le Mortier magique », car Franklin Lobos tirait sur les buts ennemis de magnifiques coups francs. Au début des années 1980, il a même rejoint – pour quelques mois – l'équipe nationale, dont il a enfilé le maillot tant désiré. C'est l'époque à laquelle il s'est marié et a fondé une famille, ce qui ne l'a pas empêché de rechercher et de trouver d'autres compagnies féminines.

— *Mujeres, mujeres, mujeres*…, soupire-t-il, au souvenir de ces années.

Lorsqu'il allait dans le centre-ville, à Copiapó, boire un coup, personne ne le laissait payer. « Franklin, s'il te plaît ! C'est pour nous. Quel plaisir d'inviter *el Mortero magico* ! »

La carrière de Franklin a commencé à décliner après ses 30 ans. Il est resté professionnel jusqu'à 39 ans, pourtant, plus tard que la plupart des joueurs. Il ne voyait pas comment il pouvait pallier le vide laissé par la retraite.

— Un jour, vous avez des amis, commentera-t-il, des gens qui veulent vous offrir des tas de choses – et puis hop, fini ! Pareil pour les femmes : elles se jettent sur vous – et puis hop, fini !

Son mariage suivra la même pente. Il regrette tant de faire souffrir sa femme par son humeur infecte et ses absences à répétition qu'il finit par demander le divorce, « avec les papiers, hein, et tout ».

Le Mortier magique se reconvertit en chauffeur de taxi, en camionneur. À 52 ans, il descend dans la périlleuse mine de San José, au noir, pour payer les études universitaires de sa fille Carolina – la jeune femme dont les larmes versées à l'entrée de la mine ont fait éclater en sanglots le ministre de l'Exploitation minière, sous les objectifs des caméras. Carolina est là-haut, au camp de l'Espoir, avec sa mère, l'ex-femme de Franklin, Coralia. Malgré tout ce qu'il lui a fait, Coralia s'est installée dans ce camp battu par les vents – pour leurs enfants, certes, mais aussi pour son ex-mari. Lui écrit-elle des lettres d'amour ?

— Non, elle n'a jamais été très expansive. Elle ne voulait pas montrer ses sentiments. Elle se contentait de choses comme : « Fais attention, prends soin de toi. »

Mais sa seule présence au camp de l'Espoir, la veille quotidienne qu'elle consacre à son mari volage, désormais prisonnier de la montagne, est, à sa façon, un poème amoureux. Les neveux de Franklin ne cessent de plaider en sa faveur : « Oncle Franklin, Coralia est là tous les jours ! Elle s'en fait vraiment pour toi. » Si bien que Franklin Lobos, le Mortier magique, envisage une perspective dont il était bien loin lorsqu'il a pointé à la mine, le 5 août : il va se réinstaller avec son ex-femme. Et revenir, de ce fait, au Franklin Lobos des origines – un homme simple que la célébrité n'a pas affecté. Il sera de nouveau en couple, avec la mère de ses enfants. Tandis qu'il songe à ce que ce retour à l'humilité, cette transformation ont de positif, il voit enfler les chevilles de ses compagnons, pour ainsi dire. Ils sont importants ! La gloire les attend, une fois qu'ils auront retrouvé l'air libre ! Le jour de l'indépendance, ils n'hésitent même pas à se rassembler, vêtus d'un maillot qui ressemble vaguement à celui de la sélection nationale. Franklin les trouve un peu sots, ces hommes qui se prennent pour des héros nationaux alors que leur unique fait d'armes est d'avoir été enfermés vivants dans un endroit où seuls descendent trimer les désespérés et ceux qui ont besoin d'argent. Ah, ils sont célèbres, aujourd'hui, oui, mais cette impression de plénitude qui monte à la tête, conséquence directe de la célébrité, ce sentiment d'être au centre du monde vont se dissiper plus vite qu'ils ne l'imaginent !

Franklin a bien essayé de faire part de cette expérience à ses compagnons, mais sans grande conviction. On n'y croit que lorsqu'on l'a vécue. Il se contente donc de regarder ses frères d'infortune céder à la mesquinerie, effet d'une obsession nouvelle pour leur propre image. « Je vais m'acheter une Camaro. La télé italienne veut m'interviewer. La ville où je suis né va me décerner une médaille ! » Celui qui aiguise le plus le ressentiment de Franklin, c'est Rául Bustos, le mécanicien de Talcahuano. Bustos ne cesse de taquiner Mario, depuis la malheureuse affaire de la lettre publiée dans les journaux. Mario s'y proclamait « chef suprême ». Franklin est certain que la vanité de Rául n'est pas pour rien dans les dissensions permanentes entre les hommes du Niveau 105 et ceux du Refuge. S'il ne célèbre pas le 18 septembre avec ses compagnons, c'est surtout pour éviter Bustos – et quelques autres. Manque de chance : au camp de l'Espoir, Carolina, la fille de Franklin, s'est liée avec la femme de Rául, Carola. Elle décrit cette nouvelle amitié à son père dans une lettre. Les deux jeunes femmes se parlent tous les jours, s'encouragent l'une l'autre.

Un jour, donc, Franklin monte voir Rául au Niveau 105, lui pose un bras sur l'épaule et lui tient ce discours ironique :

— Il faut que nous soyons amis, maintenant. C'est ma fille qui le dit. Parce qu'elle a fait amie-amie avec ta femme, là-haut. Tiens, regarde, c'est ce qu'elle raconte dans sa lettre.

Et d'exhiber la missive avec un grand sourire.

— Mais tu sais quoi, Bustos ? Toi et moi, on ne sera jamais copains. Jamais. Et tu sais pourquoi ? Parce que tu as semé la zizanie dans le groupe et ça, je ne te le pardonnerai jamais.

Franklin en est conscient, il parle en vrai salaud. Mais sans regret, ni maintenant ni plus tard. Il a dit ce qu'il pensait à Bustos.

— C'est l'une des choses les plus terribles qui me soient sorties de la bouche pendant ces soixante-neuf jours. Mais je lui ai dit ça bien en face, pas dans son dos.

Celui qui s'apprête à se réconcilier avec sa femme ne pardonnera pas à Rául Bustos. Il ne se départira pas de son aversion les jours suivants, alors même que les 33 œuvrent à l'approche du jour où, si Dieu le veut, ils entreront dans une nacelle d'acier et retrouveront l'air libre et la lumière du jour.

Le 20 septembre, trois foreurs américains (Jeff Hart, Matt Staffel et Doug Reeves) ainsi que Jorge Herrera et ses collègues chiliens entament la troisième et dernière phase du plan B. Le puits de 42 centimètres de diamètre doit être élargi à 71, ce qui permettra à la capsule *Fénix* d'y circuler. Si tout va bien, la tâche sera accomplie dans le mois qui vient.

Noël ? Non, si ça devait prendre jusque-là, on changerait de métier, se disent les Américains.

Pour accélérer le processus, les secouristes décident de ne plus évacuer les détritus de forage vers l'air libre. La T130 crachera ses milliers de mètres cubes de poussière de roche dans la mine elle-même, près de l'ancien atelier des mécaniciens. C'est là que ces derniers se rassemblaient pour sentir le courant d'air venu du Gouffre. Luis Urzúa demande à Juan Carlos Aguilar de constituer une équipe pour évacuer ces débris de diorite à l'aide d'un chargeur sur pneus. Les ingénieurs ont proposé d'envoyer de l'essence par le puits de communication, pour les engins. Réponse d'Aguilar : il n'en a pas besoin. Avec ce qui reste dans les réservoirs des pick-up, du camion de Franklin, des jumbos et autres véhicules (il y en pas moins de 16 dans la mine), il a largement ce qu'il faut pour faire fonctionner le chargeur sur pneus pendant une bonne semaine.

Le gémissement enroué du moteur donne à la mine blessée à mort des allures de convalescente. C'était le travail des mineurs, lorsque la San José produisait encore du minerai chargé d'or et de cuivre. Ils soulevaient des tonnes de cailloux, les transportaient, les vidaient dans quelque trou avec ces engins qui leur semblaient prolonger leurs propres muscles. Le bruit que fait ce chargeur en ramassant les tas de pierres puis en les laissant retomber en cascade est si familier, de même que l'odeur et le goût de la pierre ! Les hommes en sont réconfortés. Pendant un bref instant, ils redeviennent vraiment des mineurs, travaillant dur dans les galeries, l'esprit plein de ce qui les attend à la fin de la journée – le retour à la maison.

Lorsque le puits du plan B sera creusé et la *Fénix* achevée, un secouriste pénétrera dans la nacelle d'acier et descendra dans la mine. Sa mission : superviser d'en bas le retour des 33 à la surface. Et remonter après eux, dernier des hommes à quitter la San José. C'est un grand honneur, et une responsabilité écrasante. L'heureux élu s'en souviendra assurément comme du couronnement de sa carrière de secouriste minier. Pour recruter l'homme dont il a besoin, le gouvernement chilien organise un concours informel semblable à celui qu'avait lancé l'armée américaine dans les années 1960 afin de sélectionner les premiers astronautes parmi ses pilotes d'élite (processus décrit par Tom Wolfe dans *L'Étoffe des héros*). Le gouvernement se retrouve bientôt avec 16 finalistes sur les bras, provenant tous d'administrations parties prenantes dans l'opération San Lorenzo : la Codelco, la compagnie nationale minière ; la marine chilienne ; et le GOPE, le groupe d'élite de la police nationale chilienne.

Manuel González se trouve parmi les 16. Il est mineur et secouriste à la mine d'El Teniente, à 75 kilomètres au sud de Santiago. C'est l'une des mines souterraines les plus grandes du monde ; de ce fait, elle dispose d'une équipe de secouristes de 62 hommes, qui fonctionne comme une brigade de pompiers volontaires. En temps normal, ces secouristes accomplissent leur travail quotidien à la mine – González pour sa part est chef d'équipe et spécialiste des explosifs ; qu'un accident survienne, et ils passent à l'action. González a dû parfois, dans le cadre de son volontariat, récupérer les cadavres de mineurs victimes d'éboulement. Dans l'équipe des secouristes d'El Teniente, il y a des mineurs plus doués que González pour l'escalade ; ils ont d'ailleurs participé à la première tentative de sauvetage par les cheminées de ventilation. Mais pour descendre dans la *Fénix*, nul besoin d'être un alpiniste chevronné. Ce qu'il faut, c'est un homme à peu près solide sur le plan physique, doté de patience et d'une forte capacité à encadrer. González est secouriste en milieu minier depuis quinze ans : son CV mentionne aussi son expérience de chef d'équipe et sa brève carrière de footballeur, ce qui en fait le candidat idéal. En 1984, membre de l'équipe des O'Higgins, il a joué un match contre Franklin

Lobos et les Cobresal, et a marqué son unique but en tant que professionnel. Mais González n'est pas le seul secouriste d'El Teniente à effectuer le voyage jusqu'à Copiapó : six ou sept de ses collègues ont également été sélectionnés.

Les 16 finalistes se rencontrent à la mine : se forme immédiatement entre eux un vif sentiment de fraternité. Ils vont s'épauler lors de la préparation, ce qui ne les empêchera pas de s'affronter pour décrocher l'enviable mission de la *Fénix*. Lorsque la nacelle arrive enfin à la San José, les candidats constatent qu'elle ressemble à ces vaisseaux spatiaux qu'on trouve dans les collections de jouets anciens. La *Fénix* est dotée de réservoirs d'oxygène, d'un harnais, de spots lumineux et d'une radio. La peau d'acier qui moule sa silhouette en forme de cigare lui donne des allures de soucoupe volante de manège. Destinée à voyager dans les profondeurs de la Terre, elle aurait pu être baptisée *Jules Verne*, si les bureaucrates chiliens avaient eu un peu d'imagination. González et ses concurrents s'entraînent dans la *Fénix*, insérée dans un tuyau de 20 mètres de long ; une grue la hisse et la laisse retomber, afin de simuler l'opération d'évacuation à venir. Les uns après les autres, les 16 candidats pénètrent dans la nacelle et jouent au Yo-Yo. Parfois, la *Fénix* s'immobilise. Il peut se passer plusieurs minutes avant qu'elle ne bouge à nouveau. Le secouriste est coincé dans sa prison d'acier, ce qui lui donne un avant-goût des tourments qui l'attendent peut-être, pour peu que la montagne se remette à gronder pendant qu'il descend vers le fond de la mine.

Lorsque les mineurs entreront dans la nacelle, ils seront hissés vers la surface et y retrouveront leurs proches, leurs familles. Mais qui accueillera Yonni Barrios, l'homme qui a deux ménages ? Son épouse, avec laquelle il entretient désormais une correspondance fiévreuse ? Ou sa petite amie, avec laquelle il passe le plus clair de son temps libre ? Dans les semaines qui ont suivi la reprise de contact, Yonni a géré sa vie privée sous la terre comme il la gère à l'air libre, dans son quartier de Juan Pablo II. En fin de semaine, il divise toujours ses huit minutes de vidéoconférence en deux : quatre minutes avec Marta, sa femme ; quatre avec Susanna, sa copine.

— Tant pis si ce n'était que quatre minutes, estimera Susanna. Une minute, ç'aurait déjà été le paradis.

Les moments où Susanna discute avec son amant par la grâce de la fibre optique revêtent une qualité magique, mystique. La première fois qu'elle revoit Yonni depuis le 5 août, il porte une blouse blanche – c'est son uniforme d'infirmier de la mine. L'étoffe blanche, les projecteurs qui l'éclairent dans ce studio souterrain donnent à Susanna le sentiment que Yonni est « au paradis » – loin, en tout cas, très loin.

— Il était assis, avec cette lueur dans les yeux. On aurait dit un Martien. Un halo autour de la tête... Et on ne voyait que ces yeux, justement. J'ai pensé un instant qu'il était mort, que la mine me jouait la comédie...

Elle fond en larmes, malgré les efforts du psychologue, qui lui demande de garder son calme. « Tu es mort ! » s'exclame-t-elle devant l'écran.

— Et je pleurais sans cesse, racontera-t-elle, et Yonni me disait : « Je suis vivant, Chana, bien vivant. Regarde-moi ! Tu vois ? Je suis vivant ! »

Après ce début chaotique, la conversation reprend un semblant de normalité. Yonni parle à Susanna de sa voix habituelle, douce, hésitante ; et ce qu'il dit paraît également normal. Il s'agit de Marta. Il aimerait mieux ne pas passer du temps avec Marta dans ces vidéoconférences, explique-t-il à Susanna, mais il ne peut pas faire autrement. Le stress de l'accident a rendu Marta malade ; elle mourra (oui, mourra, purement et simplement) si elle ne peut pas discuter avec lui. D'après Susanna, Marta manipule Yonni ; mais Susanna pardonne à ce dernier, comme toujours.

Après les vidéoconférences, quand elle rentre chez elle, dans la maison qu'elle partage avec Yonni, Susanna lit et regarde les nouvelles. Yonni et elle s'y retrouvent caricaturés en scélérats de mélodrame people ; Marta est leur victime. Un chœur mondial s'est en effet formé, composé d'inconnus qui clament leur mépris envers Susanna. Elle n'en a que faire.

— Mon bonheur était si grand que je ne les entendais pas. Yonni était vivant ; alors, toutes ces histoires, ça me faisait bien rire ! Plus on disait des choses horribles sur lui, plus il était vivant. Quand on lutte contre la mort, rien ne peut vous faire rougir. C'est un si grand combat. Les autres, qu'ils disent ce qu'ils veulent, qu'ils me regardent de haut, qu'ils m'appellent la « maîtresse ». Oui, j'étais la « maîtresse ». Et je le suis encore. « Il a combien de femmes ? – Dix, non ? Ah, il a plus de maîtresses que de paires de chaussures. »

17

Renaissance

Il y a un petit drapeau américain sur la manche de la chemise de Jeff Hart, l'un des opérateurs de la foreuse du plan B. Parfois, il porte un mouchoir sous son casque blanc de la Layne Christensen, et le mouchoir dépasse. Et il travaille pratiquement toujours le pied sur la plate-forme. Un jour, Laurence Golborne lui demande pourquoi.

— Le forage, répond Hart, c'est une question de ressenti. C'est quand vous êtes debout sur la plate-forme que vous sentez vraiment ce qui se passe.

À des centaines de mètres sous lui, le métal frotte et rogne la pierre, et cette friction est transmise par l'outil de forage et les tiges jusqu'à la plate-forme, où Hart et son pied enregistrent les nuances des vibrations, les bonnes et les mauvaises.

— C'est comme ça qu'on comprend que l'outil de forage s'est fendu, ou qu'il est émoussé, dit Hart.

Les Américains redoublent de vigilance depuis qu'ils se sont rendu compte que la pierre de la San José était plus dure que prévu. Dans cette troisième et dernière phase du forage du plan B, l'outil de forage, qui approche du but, doit être changé tous les 10 ou 20 mètres, et donc la machine est arrêtée chaque fois.

— On était sur les nerfs : ça devenait très délicat, ajoute Hart. Nous repassons dans un trou qui s'incurve. Dans notre esprit, nos tiges de forage sont au centre du puits, depuis le début des opérations. Mais ce n'est pas le cas : elles n'ont jamais cessé de racler la paroi. Du coup, on perd beaucoup de puissance de rotation à cause de ces effets de friction.

Hart et ses trois compatriotes devraient travailler deux par deux, douze heures pour chaque paire. Mais ils creusent pendant seize à dix-huit heures et vont dormir sous la tente, près des bâtiments de la compagnie minière. Creuser un puits qui conduit vers des hommes vivants, c'est bien plus fatigant que chercher une nappe phréatique ou une veine riche en minéraux. Hart veut aller vite : il lui est venu l'idée qu'un des mineurs pourrait tomber malade ; si le forage traîne encore un mois, le type mourra. Hart a des enfants, lui aussi, et parfois, quand il part en mission, il les quitte pendant des mois. *Tous ces pères au fond du trou*, pense-t-il, *doivent revoir leurs gamins.* La tension est telle que les disputes entre Américains du Nord deviennent aussi fréquentes qu'en bas, entre Chiliens.

Tandis que le T130 approche de son objectif, une nouvelle calamité s'abat sur les hommes dans leurs quartiers souterrains. Il y a eu le tonnerre incessant, la chaleur, puis l'eau, la boue, les champignons. Voici maintenant qu'un nuage de poussière et de vapeur commence à flotter, depuis les hauteurs de la mine. Pendant sept jours à compter du 27 septembre, la nuée, épaisse et brumeuse, stagne au-dessus du Niveau 105 et du Refuge. « Il est 7 h 40 ; il y a de la poussière et de l'humidité partout, écrit Victor Segovia. Comme lorsque le brouillard tombe. Tout est humide. »

Les hommes dorment et se meuvent dans ce nuage de poussière et de vapeur. Victor s'inquiète : n'est-il pas dangereux pour les poumons ? Il y a encore des séances de prière, mais rares sont les fidèles. Des drapeaux passent de main en main, des photographies qu'on a demandé aux mineurs de signer. Souvenir de ce qui est déjà une grande aventure chilienne. « Ce qui a le plus de valeur, c'est ce que nous signons tous les 33 », remarque Victor. Les hommes passent de plus en plus de temps à leurs échanges par écrit, se rendant sans doute déjà compte qu'ils vivent une histoire qui, bientôt, passera dans la mémoire collective sous cette forme. Comment s'en souviendront-ils ? Comment sera-t-elle transcrite ? Ils se rappelleront sans aucun doute les sacrifices des hommes et des femmes qui les ont secourus, mais aussi leurs propres souffrances et leur foi. Victor Zamora, le Poète, a déjà composé un poème sur ces questions, publié dans un journal du monde extérieur.

Restez courageux, pas de dispersion, camarades !
Rassemblez-vous, il nous faut prier.

¡Arriba ese animo compañeros, tenemos que organizarnos
[primero!
Juntense todos, tenemos que rezar.

C'est le début de son ode, qui décrit leur première prière commune sous terre. Il parle ensuite du regret qui lui vient à l'idée de devoir quitter les siens.

[…] La seule chose qui me vint à l'esprit
C'était : « Dites à ma femme et à mes fils mon
[chagrin. »
Ils m'attendent, impatients, à la porte.

[…] *Decirles a mi esposa e hijos que lo lament*
Ellos, con ansias, esperandome en esa puerta llegar.

Son poème finit par ces mots pleins d'espoir :

Chili, nous sommes entre tes mains.

Il y a une autre manière de raconter cette histoire. N'est-elle pas surtout faite de trahisons, de défaillances – la mine avait tué et mutilé déjà, elle était fatalement destinée à s'effondrer sur ses ouvriers, les éliminant tous ? Et cela, des hommes ne s'en sont pas rendu compte. Les propriétaires de la mine doivent être mis en cause, c'est évident ; mais, de même, leurs cadres, comme l'estime au moins l'un des 33. À l'issue d'une de leurs réunions quotidiennes, ce même mineur se retourne vers les chefs d'équipe, Luis Urzúa et Florencio Avalos. « C'est à cause de vous que nous sommes coincés ici, déclare-t-il. Si vous aviez fait fermer la mine, on n'en serait pas là. » Et de menacer : « Quand on aura retrouvé la liberté, je porterai plainte contre vous, Urzúa et Avalos, pour "tentative d'homicide". Et je parlerai aux médias, je leur dirai en quoi vous êtes coupables de ce qui s'est passé le 5 août. »

Quelle que soit la manière dont l'histoire est contée, se pose bien sûr la question du profit. « Soyons avisés, plaident certains mineurs. Ne laissons pas les autres faire leur beurre sur nos souffrances, comme c'est toujours le cas. » Au vu de la frénésie médiatique, quelques-uns pensent que les 33 devraient s'en tenir au pacte de silence suggéré par Juan Illanes. « Tout ce qui est arrivé entre le 5 et le 22 août appartient au groupe, et non à tel ou tel individu », plaide Illanes. S'ils se tiennent les coudes, ils pourront répartir à parts égales les bénéfices éventuels de leur histoire. Mais la tentation pécuniaire d'une aventure éditoriale en solitaire plane littéralement au-dessus de leurs têtes. Des offres sont faites à leurs familles, et relayées par la voie des *palomas*.

— J'ai un contrat en or, dit Edison Peña à Juan Illanes.

Edison veut savoir si ledit contrat contrevient au pacte. Une célèbre marque américaine de chaussures de sport lui a proposé, à lui l'« athlète de la mine », de le payer pour qu'il porte ses créations. Mario Sepúlveda consulte également Illanes – après tout, c'est du mécanicien que vient l'idée du pacte. Il est devenu, en conséquence, une sorte de conseiller juridique auprès de ses collègues. Sepúlveda ne mentionne rien de précis – contrat, interview, accord avec un média –, mais sa curiosité à elle seule éveille les soupçons d'Illanes.

— Écoute, *compadre*, répond Illanes. Fais vraiment attention. Parce que entre ce qui t'appartient et ce qui appartient au groupe, la frontière est mince… Si tu déconnes, je te ferai coller en prison (*Si vos la cagais, yo te meto preso*). Pour être clair : il n'y a rien ici qui soit ta seule propriété. Rien de rien ! Tu crois que si on t'avait balancé ici des semaines tout seul, vraiment tout seul, on t'aurait retrouvé comme je te vois devant moi, frais comme un gardon ? Tu t'en es sorti tout seul, c'est ça ? Eh bien non, *compadre*. Si tu as survécu, c'est que tu avais 32 hommes avec toi.

Septembre approchant de son terme, Juan Illanes, Luis Urzúa et quelques autres se demandent si l'accord oral ne devrait pas être formalisé, devenant de ce fait impossible à violer sans conséquences légales.

— Les ambitions des familles ne pouvaient que conduire les hommes à briser le pacte, remarquera Urzúa. L'ambition change les gens.

Déjà, constatent Illanes et Urzúa, certains mineurs ont cédé quelques bribes d'information sur leur enfermement, leur survie. Les hommes demandent, par lettre et par oral, à Iturra de leur envoyer un notaire qui puisse donner une forme légale à leur accord et valider les 33 signatures – et cela, avant même leur sortie de la mine.

Iturra accepte, ce qui le met en porte-à-faux avec le gouvernement Piñera.

— Ils ont même voulu me licencier ! s'exclamera-t-il.

Les mineurs n'ont pas expliqué la raison de leur demande, en partie parce qu'ils n'ont aucune envie que les médias sachent ce qu'ils trament. De sorte que le gouvernement en est réduit aux spéculations : les 33 seraient-ils donc devenus des ingrats ? Veulent-ils traîner en justice le gouvernement qui est en train d'essayer de les sauver ? Ou sont-ils en train de conclure un contrat de film ? Iturra explique aux officiels qu'il n'est pas inquiet : tant que les mineurs sont dans la mine, ils ne peuvent pas faire grand-chose.

Le notaire arrive à la San José le 2 octobre. Les hommes lui expliquent leur projet. Le notaire leur promet de consulter un avocat et de rédiger une proposition. Mais rien ne peut être légalisé officiellement tant que les hommes ne sont pas revenus à l'air libre. La présence physique du notaire est en effet requise à la signature. Il ne peut agir par vidéoconférence, à 700 mètres au-dessus d'eux.

Lorsque le notaire repart, la T310, qui vient d'atteindre 428 mètres, n'est plus qu'à 100 mètres de la galerie. À 100 mètres de la libération, une bonne fois pour toutes, des 33 hommes.

Mais avant que la nacelle *Fénix* puisse les atteindre, les mineurs vont devoir accomplir une tâche coutumière dans la mine : il faut faire exploser une cloison tout en bas du puits du plan B. Même lorsque le forage aura débouché sur la galerie, la nacelle ne pourra pas se déplacer dans ledit puits si les hommes, en bas, ne rabotent pas le mur qui jouxte l'ouverture du puits. Ce n'est pas un travail extrêmement compliqué, mais il nécessite un marteau perforateur, car il faut creuser la roche pour y insérer les charges explosives. Or, pour faire fonctionner un marteau perforateur, les mineurs ont besoin d'air comprimé. Les tuyaux qui en acheminaient ont été sectionnés lors de l'effondrement de la mine, le 5 août.

Jorge Galleguillos, remis de ses ennuis de santé, et dont le travail de mineur était justement l'entretien de l'alimentation en air comprimé, a entrepris de raccorder une série de tuyaux de 5 centimètres de diamètre que les secouristes ont procurés aux 33 pour ventiler le fond de la mine. Il remonte vers le Niveau 125, où Victor Segovia et Pablo Rojas récupéreront assez de pression pour alimenter le marteau perforateur et creuser huit trous dans la paroi rocheuse. Mais alors qu'il avance seul dans les galeries du Niveau 105, il rencontre Yonni Barrios. Ce dernier ne sait plus où donner de la tête, avec toutes les corvées médicales qui lui tombent dessus. Il a dans les bras une cargaison de médicaments expédiée par *paloma*. Pour une raison mystérieuse, lui vient à l'esprit l'idée que Jorge est juste là à se dégourdir les jambes, sans but précis.

— Hé, trouduc ! l'interpelle-t-il. T'es encore là à rien foutre, hein ? (*¡Oye, culijuntos! ¿Andais haciendo puras huevadas no mas?*)

Jorge est également à cran, si bien qu'il répond à cette interpellation en essuyant ses mains, noires de boue – il vient de passer une heure à tripoter des tuyaux –, sur la blouse blanche de Yonni.

— C'est ça, j'en branle pas une. Voilà la preuve, marmonne-t-il, avant de gifler Yonni.

Yonni laisse tomber son chargement, se remet de sa surprise, et réplique par un coup de pied dans le tibia de Jorge, qui est son aîné. S'il y a eu d'innombrables « échanges d'amabilités » entre les hommes de l'équipe A, c'est la première fois depuis le début de leur captivité, soit plus de huit semaines, que deux d'entre eux en viennent réellement aux mains. L'altercation a eu un témoin, Luis Urzúa, mais elle s'achève avant même qu'il ait pu ouvrir la bouche.

Le 9 octobre, Jeff Hart et l'équipe de la T130 ne forent plus qu'à 30 centimètres de la galerie du Niveau 135 lorsque la plate-forme émet un craquement sonore.

— On était morts de trouille, tous, dira plus tard l'Américain.

Pendant quelques secondes, les forcurs envisagent le pire : le trou est fichu, et tout le travail qui va avec. Mais le foret ne s'est pas arrêté, et les cadrans n'ont enregistré aucune baisse de pression ou de ralentissement de la rotation. L'incident restera inexpliqué.

Le ministre de l'Exploitation minière a prévenu les familles : quand le foret apparaîtra en bas, les équipes feront sonner les sirènes. À 8 h 02, un grand gémissement traverse la montagne. Le plan B est arrivé à son terme. Dans le camp de l'Espoir, les familles crient : « Aux drapeaux ! » Et de courir vers une série de drapeaux – 32 chiliens, un bolivien – plantés au bas d'un éboulis. C'est là que les familles se rassemblent parfois pour célébrer les bonnes nouvelles, ou pour faire face, ensemble, aux mauvaises.

— Notre joie sera plus grande encore lorsqu'ils seront sortis, dit María Segovia à un journaliste.

Il faudra encore deux ou trois jours pour remonter l'outil de forage, les tiges, et tester la solidité du puits. Au cours de la conférence de presse qui suit, Golborne remarque qu'il a fallu creuser pendant trente-trois jours pour sauver les 33 hommes. Le dernier mineur remontera dans la *Fénix* le 13 octobre, d'après les prévisions des secouristes. Additionnez le jour, le mois et l'année, ajoute Golborne, et vous obtiendrez également le chiffre 33.

Au Niveau 135, les hommes se rassemblent de nouveau sous un trou dans la voûte ; celui-ci va leur permettre de sortir. Ils s'embrassent les uns les autres, prennent des photos avec les appareils que leurs familles leur ont envoyés. Ils ont fait un pas de plus vers la liberté. Victor Segovia, lui, est inquiet : le puits lui paraît bien étroit. Il sent déjà dans sa chair les affres claustrophobiques de la remontée. Peu après, les mineurs insèrent des charges d'explosif au nitrate dans les trous qu'ils ont creusés dans la paroi voisine. Et déclenchent la dernière explosion de l'histoire de la San José, qui aura duré cent vingt et un ans. Une petite déflagration qui participe à leur libération.

Le lendemain matin, un tonnerre lointain transmis par la roche réveille quelques-uns des hommes. Des explosions rocheuses se font entendre, venant peut-être de la grotte entraperçue par Florencio Avalos ; peut-être sont-elles dues à une de ces tempêtes dans la montagne comme celle qui les a pris à son piège le 5 août ? Samuel Avalos, le surnommé CD, dort à poings fermés, en dépit du vacarme, jusqu'à ce que Carlos Barrios le tire du sommeil, d'un coup de pied dans le tibia.

— Eh, CD, debout, *huevón* ! La mine gronde. Mets ton casque. Qu'est-ce qu'on fait ?

Pedro Cortez, le jeune homme qui veut s'acheter une Camaro jaune, est réveillé par un des vétérans, Pablo Rojas.

— La montagne craque de partout, constate Pablo.

— Oui, j'ai entendu, marmonne Pedro.

Une salve de vigoureux coups de tonnerre, *pencazos fuertes*, a troublé son sommeil. Maintenant, le vacarme est pratiquement ininterrompu. Et cela va durer pendant quatre heures. Mais qu'y faire ? pense Pedro, et il se recouche sur son matelas gonflable, pour essayer de se rendormir. Ce qui irrite Pablo : comment peut-on rester au lit quand la mine donne tous les signes d'un nouvel effondrement ?

— C'est rigolo, dira plus tard Pedro. Dans les médias, ils parlaient souvent des vieux renards de la mine comme d'experts qui nous aidaient, nous autres les jeunots, à nous en sortir. Et voilà que ces *viejos* venaient nous trouver, morts de panique !

Bientôt, tous les mineurs qui dorment près du Refuge se lèvent et se rassemblent près du puits de communication, celui qui sert à la circulation des *palomas*. Les vieux sont blêmes ; Yonni Barrios est en larmes. Il faut prévenir Sougarret et Golborne, déclarent-ils. On ne peut pas attendre deux ou trois jours de plus. Il faut sortir immédiatement.

— On dit que le diable vit dans les mines d'or, murmure un des jeunes.

Certains croient que c'est le diable qui tonne ainsi – le diable furieux de voir partir les mineurs. C'est un dimanche, le jour réservé aux communications avec le monde extérieur. Dans l'après-midi, quelques mineurs supplient leurs familles de parler à Sougarret et au ministre. Il faut accélérer l'évacuation, pour l'amour de Dieu, parce que le diable de la montagne est déchaîné et qu'il ne veut pas lâcher ses proies ! Peine perdue, les responsables s'en tiennent au plan initial. Le dimanche et le lundi qui suit, ils poursuivent leurs tests : stabilité du puits de forage, premières manœuvres avec la nacelle *Fénix*, qu'ils font descendre dans le conduit, chargée de sacs de sable.

Les grondements de tonnerre prennent fin avec une colossale rumeur venue du fond de la mine, comme celle que pourrait produire un éboulement à grande échelle. Plus tard dans la journée, les hommes essaient de gagner le Niveau 44, mais plusieurs galeries se sont effondrées, y compris celle où Mario Sepúlveda allait prier.

Le lundi 11 octobre, les secouristes font descendre la *Fénix* jusqu'à moins 600 mètres. Les 33, eux, ont décidé de faire le ménage au Refuge, comme des voyageurs qui veulent laisser leur maison propre avant de partir. Luis Urzúa les convoque pour une dernière réunion sous terre. Il leur faut se souvenir, leur dit-il, de la manière dont ils se sont entraidés quand la montagne s'écroulait et qu'ils mouraient de faim. Des efforts communs qu'ils ont fait pour survivre pendant ces soixante-neuf jours. Des mineurs se lèvent pour remercier des frères, reconnaître des dettes. Victor Zamora exprime sa reconnaissance à Mario Sepúlveda, qui a su inspirer les mineurs du Refuge alors qu'ils étaient au désespoir. Jorge Galleguillos, le vieux mineur du Nord, qui a souffert si longtemps de ses œdèmes aux jambes, remercie Rául Bustos, le mécanicien, l'homme du Sud qui ne connaît pas grand-chose à la mine.

— Il a toujours agi en grand monsieur, c'est quelque chose que j'apprécie, affirmera-t-il. Certes, il peut être sacrément grognon, mais il m'a toujours aidé.

Lorsque Galleguillos se tait, Urzúa le regarde, puis se retourne vers Yonni Barrios.

— Il y a deux hommes près de moi qui ont passé du temps ensemble, qui se sont entraidés et qui ont toujours été bons amis, mais qui il y a peu ont échangé de mauvais coups, déclare-t-il. Je crois qu'ils devraient s'avancer, tous les deux, et se serrer la main.

Et sous le regard de leurs 31 compagnons, Galleguillos et Barrios se serrent la main puis s'embrassent.

Ensuite vient le tour de Juan Illanes.

— Comme c'est la dernière fois que nous nous assemblons ici, lance-t-il de sa voix de baryton, pleine d'assurance, je pense que nous devrions nous mettre d'accord sur une résolution qui nous servira par la suite. À partir de maintenant, une décision prise par la majorité d'entre nous devrait être respectée par l'ensemble du groupe… Nous allons rentrer chez nous, et certains vivent à des centaines de kilomètres de la mine. Nous n'aurons donc plus la possibilité de nous retrouver tous les 33. Alors, que vous le vouliez ou non, vous devriez tous vous engager à respecter les décisions du groupe.

Illanes leur rappelle le pacte : ce qu'ils ont souffert en tant que groupe, il ne faut pas que l'un d'entre eux le divulgue ; cette histoire est leur possession la plus précieuse, en tant que groupe.

— Je veux que vous prouviez, ici et maintenant, que vous allez respecter notre décision commune, une décision que nous avons prise en hommes libres. Ce n'est pas qu'une question de communauté, mais une question d'amour-propre. Si vous en avez un tant soit peut, vous défendrez les droits des autres.

La voix d'Illanes se brise sur ces derniers mots. Il a demandé aux hommes d'accorder foi à une promesse verbale, idée noble, sacrée, et cependant aussi éphémère et fragile que le souffle qui porte ces mots. Il leur a demandé de ne pas trahir des idées abstraites : honneur, solidarité. Mais les tentations qui les attendent là-haut sont, elles, bien concrètes : l'argent, la célébrité, dans le monde sauvage, effréné, du dehors.

Esteban Rojas réagit aux propos d'Illanes, car il n'a pas confiance en lui et n'est pas d'accord avec la plupart de ses idées. L'atmosphère s'alourdit. Des murmures se font entendre, qui approuvent Rojas : « On a une famille à prendre en compte. On ne dépend pas d'un groupe. Non, on ne suivra pas, on a nos raisons… »

Mais ces désaccords ne sont exprimés que par une minorité, et les 33 finissent par s'entendre sur un point : ils se répartiront à parts égales les bénéfices des œuvres – livres, films – tirées de leur histoire. Puis ils élisent Juan Illanes comme leur porte-parole officiel. Un choix que Mario Sepúlveda prend comme un coup de poignard infligé par les hommes pour lesquels il a souffert et travaillé avec tant d'acharnement.

Mario a trouvé sa nouvelle vocation dans cette aventure : il veut être la voix de la justice, de la vérité et des ouvriers. Mais il ne pourra pas être celle, officielle, du miracle de l'Atacama, une fois qu'ils seront revenus au monde.

— Ils m'ont destitué, considérera-t-il. En soixante-dix jours dans ce trou, ça a été la pire trahison.

Au cours de la captivité dans les entrailles de la San José, Mario Sepúlveda a compris la grandeur de sa vie d'ouvrier. Il lui doit quelque chose, à cette mine. L'après-midi du 12 octobre, alors qu'il ne reste plus que douze heures avant la première ascension de la *Fénix*, il veut prendre congé des grottes et des galeries de la mine. Il gagne le coin où il dormait, dans le Refuge, y érige un minuscule monument au temps qu'il y a passé. Quand le dernier homme quittera la San José, elle deviendra un lieu essentiel de l'histoire du Chili, mais son histoire à elle restera scellée, invisible, pendant des dizaines d'années, des siècles peut-être. Si bien que Mario rédige une lettre qu'il laissera sur les lieux. Puis il insère un bout de carton dans le grillage de fer qui consolide les parois, y écrit son nom complet et sa date de naissance, ainsi que les mots suivants : « Mario Sepúlveda a vécu ici du 5 août au 13 octobre. » Il ajoute quelques photos envoyées par la famille, noue autour des portraits une guirlande en plastique et tous les petits drapeaux chiliens qu'il a gardés. Ensuite, il ramasse des cailloux, qu'il gardera en souvenir du Niveau 90 – site d'innombrables péripéties, dont leur tentative de faire exploser des charges pour être entendus de ceux du monde extérieur.

— Ce niveau représentait pour moi la vie, l'espoir, le désir de vivre, dira Mario.

Il donnera les pierres à André Sougarret et à l'ingénieur René Aguilar, qui se sont tant démenés pour les libérer. Et au Président, de même.

Rául Bustos se prépare lui aussi à quitter les lieux. Comme Mario, il ramasse des cailloux, mais c'est pour les emporter dans le Gouffre et donner libre cours à sa rage en les lançant dans le vide. Tiens, prends ça, la San José ! *¡Concha de tu madre!* Avec quelques autres *niños*, Rául prend des marqueurs noirs et barbouille de graffitis vengeurs les véhicules de la Compagnie minière San Esteban. Des remerciements obscènes aux propriétaires de la mine qui incluent en général leurs génitrices. Rául salue également le lieu où il a dormi, au Niveau 105. Il a fabriqué un collage avec toutes les photocopies de portraits que sa famille lui a fait parvenir ; il prend ces photos, compagnes de ses heures solitaires, des moments où il s'est langui des siens.

— Je les ai regardées, je me suis souvenu de toutes les pensées qui m'étaient passées par l'esprit, concernant les repas que je n'avais pas pu faire, les anniversaires que j'avais ratés, déclarera-t-il.

Il se retire dans une galerie tranquille où personne ne peut le voir et met le feu aux photos.

— Je voulais les détruire, ce n'étaient que de mauvais souvenirs.

Les portraits ne sont bientôt plus que cendres voletant dans le vague courant d'air de la galerie. Avant de regagner le Niveau 105, il prend soin d'effacer toute trace de sa présence. À l'instar de Mario Sepúlveda, il imagine la mine dans un futur indistinct. Des journalistes redescendront, avec des caméras, dans ce lieu d'histoire du Chili, ces grottes où il a souffert de la solitude la plus intense qu'il ait jamais connue.

— Je ne voulais pas que qui que ce soit puisse dire par la suite : « Tiens, regarde, c'est là qu'il dormait, Rául Bustos. » C'était très intime, ajoutera-t-il, ça ne regardait que moi.

Sur le point de quitter la mine, Victor Segovia prend le temps d'écrire une dernière fois dans son journal souterrain. « Après les avoir portés deux mois et huit jours, la terre va donner naissance à ses 33 enfants. » Il s'accorde le temps de repenser aux années pendant lesquelles il a travaillé pour la Compagnie minière San Esteban et ses diverses exploitations – des souvenirs qui le mènent jusqu'en 1998 –, à tous les boulots qu'il y a exécutés, aux accidents survenus aux hommes qui œuvraient à son côté. Il a été foreur, technicien en explosifs et conducteur de jumbo. Un chauffeur est mort dans une excavation de la mine voisine, la San Antonio ; un autre ouvrier a été tué dans un accident de la route, alors qu'il venait travailler. Dans la San José elle-même, ce sont deux collègues qui sont morts. Ce n'est pas la mine en soi qui est coupable de ces disparitions, mais « ceux qui n'ont pas investi assez d'argent dans sa sécurité ». Après tant d'années à son service, Victor a le sentiment que la mine est une seconde maison. Il a une affection éternelle, inaltérable, pour son architecture improvisée, l'humidité et la grossièreté de ses murs irréguliers. Il dessine un cœur dans son journal, cœur dans lequel il écrit ces mots : « J'AIME LA SAN JOSÉ. » La mine est comme lui : pas très brillante, un peu négligée, mais digne de respect et d'amour. « La San José, écrit-il, était innocente. Les coupables, ce sont ceux qui n'ont pas su la gérer. »

Parmi les officiers et les ingénieurs, chiliens ou américains de la NASA, qui ont échangé des idées sur la conception de la *Fénix*, il y a deux marins, un Américain et un Chilien. Ils ont l'un et l'autre travaillé pendant des années dans les sous-marins, et déjà effectué des sauvetages assez similaires à celui de la San José. Ils s'accordent à penser que la remontée des mineurs doit obéir aux principes des opérations de secours en milieu sous-marin : c'est l'homme le plus fort et le plus maître de ses mouvements qui doit remonter le premier, car il sera le mieux à même de régler les éventuels problèmes de fonctionnement de la *Fénix*. Les responsables de l'opération San Lorenzo décident donc que Florencio Avalos, le contremaître de 31 ans au corps d'athlète et à la tête froide, sera le premier des 33 à revenir à l'air libre.

Mais avant que Florencio puisse remonter, un secouriste doit rejoindre les emmurés. Manuel González découvre à 10 heures du matin, le jour même du début des opérations, que sa candidature a été retenue. Après qu'il a déjeuné dans la station balnéaire de Bahia Inglesa, on le conduit jusqu'à la San José et au site du plan B dans une camionnette aux vitres teintées – ce qui le protège plus ou moins du spectacle hallucinant offert par la mine. Les collines autrefois nues sont couvertes de monde : les familles, les secouristes conscients que la fête est proche ; les journalistes et les cameramen, sur le pied de guerre, prêts à capter ladite fête pour la rediffuser dans le monde entier. Lorsque González sera descendu et que le premier mineur aura pu remonter, deux infirmiers de la marine iront rejoindre les autres mineurs. Mais, pour l'heure, c'est González qui concentre toute l'attention de la foule. À la nuit tombée, les dernières vérifications ayant été effectuées, le visage tendu de González apparaît sur l'écran géant qui a été dressé au camp de l'Espoir pour que les familles puissent suivre le déroulement de l'opération. Il lève les yeux, aperçoit la rangée compacte de journalistes au-dessus de lui, sur une arête, et les lumières des projecteurs – comme s'il pénétrait dans un amphithéâtre, héros d'un drame colossal qui va enfin commencer.

Gonzalez s'approche de la nacelle. À 23 h 08, il est sanglé dans la *Fénix*. Il porte une combinaison orange vif, un casque blanc ; son expression est celle d'un homme pas complètement défait de la peur que lui inspire l'inconnu. Le dispositif permettant de le descendre dans la mine, lui a-t-on expliqué, a fait l'objet de diverses précautions sur le plan technique : entre autres détails, la grue qui manipule la *Fénix*, un engin de fabrication autrichienne, peut supporter un poids de 54 tonnes, soit 200 fois plus que les 250 kilos de la nacelle à vide. Reste que lorsqu'il pose le pied sur le plancher d'acier de la *Fénix*, González surplombe un puits haut comme un gratte-ciel de 130 étages. La chute de la nacelle ne durerait pas plus de douze secondes et tuerait à coup sûr son occupant.

— Ne t'inquiète pas, lui dit le responsable des opérations de secours. Je te fais entièrement confiance.

Le Président et le ministre de l'Exploitation minière sont également présents.

— Bonne chance, Manolo, dit le chef de l'État, appelant González par son petit nom.

La *Fénix* entame sa descente à 23 h 17. Comme elle entre dans la montagne à un angle de 82 degrés, González ne peut voir le puits sous ses pieds. Il dispose d'une radio, mais la réception n'est possible que durant les 100 premiers mètres. En cas de problème, il peut cependant communiquer par gestes : la nacelle est équipée d'une caméra.

— Je devais vérifier le bon fonctionnement du dispositif, expliquera-t-il.

Si bien qu'il passe l'essentiel des dix-sept minutes que dure le trajet à examiner les parois. Vers 200 mètres de profondeur, il remarque une fissure dans le puits, qui laisse suinter un filet d'eau. La chaleur se fait plus sensible. À l'air libre, cette nuit est fraîche ; dans la mine, un climat tropical règne. À 150 mètres de l'arrivée, González sent comme un changement de trajectoire : le puits fait un angle et repart à la verticale. Ce qui l'inquiète le plus, c'est l'état psychologique des 33, la possibilité que l'un d'eux, pris de panique, essaie d'entrer de force dans la nacelle, avant que son tour ne vienne.

150 mètres plus bas, les *niños* ont en fait le souci inverse : l'un d'entre eux ne veut plus partir. Lors d'un premier essai de la *Fénix*, des pierres se sont détachées des parois du puits, et Victor Segovia est certain que ces cailloux vont immobiliser la nacelle, une fois qu'il y aura pris place. Pis encore, les mouvements souterrains de la montagne ont fini par fendre la paroi de la galerie dans laquelle cette nacelle achève son trajet. Alors, Victor déclare :

— Pour le moment, je suis vivant, bien au chaud. Je ne vois pas pourquoi j'irais crever dans ce trou.

— Écoute, lui répond Florencio Avalos, je suis le premier à monter. Si je reste coincé, aucun de nous ne sortira par là. D'accord ?

Ce qui a pour effet de rasséréner Victor. Et lorsque Florencio se prépare pour ce retour à la surface de la Terre, les hommes s'inclinent et murmurent une dernière prière. Soixante-neuf jours plus tôt, ils se sont agenouillés, ont demandé au Seigneur de les sauver de la mine ; aujourd'hui, ils Lui demandent de protéger Florencio tout au long de ce premier « voyage » de libération. Ultime moment d'intimité avant que ne commence le spectacle du sauvetage. Pour ajouter à sa théâtralité, un projecteur illumine la voûte d'où la nacelle doit surgir, et une caméra transmet en direct, par le câble du puits de transmission, le déroulement des opérations. Les autorités chiliennes récupèrent ces images et les transmettent aux médias regroupés à la mine, à leur armada de camions satellites. Le flux repart vers les étoiles du désert ; des centaines de millions de spectateurs se penchent sur leurs écrans petits ou grands pour scruter les entrailles de la mine à l'approche de la *Fénix*. Il est 23 h 30 à Santiago ; le soleil ne s'est pas encore levé sur Londres et sur Paris ; on déjeune à New Delhi et on dîne à Los Angeles.

La nacelle glisse enfin hors du puits et se pose sur le sol du Niveau 135. Yonni Barrios, torse nu, en short blanc, est le premier des 33 à s'en approcher pour saluer González qui s'avance dans la galerie vêtu de sa combinaison orange immaculée. Yonni, remarque le secouriste, a les larmes aux yeux. Les deux hommes s'étreignent brièvement.

— Les gars, il y a du monde qui vous attend là-haut, déclare ensuite le secouriste en se tournant vers les autres mineurs.

Et tandis que ceux-ci viennent vers lui pour lui serrer la main ou l'embrasser, il ajoute avec un rire nerveux :

— Eh, les mecs, ne me faites pas de mal ! Parce qu'il y a deux plongeurs de choc de la marine qui vont descendre à leur tour, et ils savent se défendre, eux.

L'immense González a, pour ces hommes enfermés depuis près de dix semaines, un aspect incroyablement propre et frais. Avec son sourire charmeur, ses joues de bébé et sa peau hâlée par son séjour dans l'Atacama, on dirait un visiteur venu d'un pays lointain, radieux, inaccessible.

— On avait fini par penser que les autres n'existaient plus, constatera l'un des mineurs.

À l'inverse, à ce membre de l'espèce humaine bien réel et bien vivant qui est parvenu parmi eux, les 33 hommes font l'effet d'une tribu primitive. Certains, torse nu, portent des shorts dont ils ont retroussé les jambes – on aurait dit « des couches », précisera le secouriste – et des bottes coupées aux chevilles. Ils ont « l'air d'hommes des cavernes ».

González va rester vingt-quatre heures dans la mine, et aura donc l'occasion de l'explorer rapidement. Il apercevra un autel dressé à la mémoire d'un homme tué dans un accident ; aura l'impression, au fil de ses tribulations, de remonter dans le temps, vers une époque où le travail de la mine était plus rudimentaire et plus dangereux.

— Ils n'avaient aucune protection, dira-t-il des hommes de la San José.

Pas de respirateurs autonomes, pas de lunettes de sécurité. La chaleur et l'humidité dépassent tout ce qu'il a pu connaître ailleurs. Les conditions ordinaires de travail sont là, selon ses propres termes, « inhumaines ». Une journée au fond de la San José équivaut déjà à une épreuve d'endurance. Et ces hommes y ont survécu pendant soixante-neuf jours. Comment y sont-ils parvenus, grands dieux, comment ?

Quoi qu'il en soit, il faut pour l'heure les tirer de là.

— Je m'appelle Manuel González, je suis secouriste à la mine d'El Teniente, énonce-t-il d'une voix calme et ferme ; puis il décrit aux hommes la remontée dans le puits : Les gars, vous allez sentir la nacelle se balancer un peu, mais n'ayez pas peur… Et il y aura un gros changement de pression.

Avant de faire remonter Florencio, il faut prendre son pouls et sa tension. Les chiffres sont élevés.

— Bah, ça n'est pas grave, estime González. On fait ça essentiellement pour des raisons juridiques, de toute façon.

Il consulte ses instructions, branche un moniteur sur le harnais de Florencio, un autre à son doigt. Un quart d'heure après l'arrivée de González dans la galerie du Niveau 135, Florencio Avalos est prêt à entrer dans la *Fénix*.

— On se retrouve en haut, lance-t-il aux 32 autres.

González ferme le sas. Quelques secondes plus tard, la nacelle entame sa montée, aussi tranquille, aussi régulière qu'un ascenseur. La *Fénix* disparaît dans le puits. Florencio a l'impression de pénétrer dans un immense corps de pierre.

— On est bien, là-dedans ! hurle-t-il à ses compagnons. *¡Se siente rico!* Les hommes hurlent en retour ; il entend leurs cris sous ses pieds, tandis qu'on l'extrait des galeries qui ont, pendant dix semaines, été son foyer et sa prison.

Là-haut, à l'autre bout du puits, Mónica, la femme de Florencio, et son fils attendent. Mónica qui, somnambule, arpentait dans son sommeil ces montagnes, et Byron. En contrebas, au camp de l'Espoir, María Segovia, la Mairesse, regarde les opérations de secours sur l'écran géant et songe aux hommes qui vont se faufiler dans ce couloir de pierre. *Ah*, en conclut-elle, *la mine est comme une femme qui va leur donner naissance*. C'est une analogie qu'elle ressent dans son corps, comme nombre des autres femmes qui campent sur le site.

— Quand tu es sur le point d'accoucher, tu sais que le bébé peut naître avec des complications, ou qu'il peut y rester, commentera-t-elle.

Un bébé peut s'étrangler avec le cordon ombilical, être bloqué dans le canal génital et s'asphyxier ; la nacelle qui emporte les hommes peut se détacher, s'écraser au fond de la mine ; la montagne peut se réveiller et détruire le puits, en fendre les parois, piégeant la *Fénix* et son passager. María Segovia a mis quatre enfants au monde. Et les hommes pour lesquels elle s'est battue vont passer dans un canal génital de 700 mètres de long creusé dans la mère montagne. *Si la Terre ne souhaite pas les laisser sortir, ils resteront coincés*, songe-t-elle. Mais la Terre n'en veut peut-être plus, de ces gars.

Florencio, dans la *Fénix*, attend sa naissance en fixant de ses yeux écarquillés la petite lueur qui caresse les murs de pierre au passage. Il porte le vieux casque rouge qu'il avait coiffé le 5 août en entrant dans la San José. Il est bientôt minuit ; durant ce premier lent voyage, on passe du 12 au 13 octobre. Florencio n'entend que la nacelle qui brinquebale – un bruit qui lui rappelle celui des montagnes russes d'autrefois. La *Fénix* se balance, il le sent, mais pendant ses trente minutes d'ascension, il ne perd pas son calme une seconde. Son long martyre dans la montagne touche à sa fin. Il est seul, mais à l'air libre, il est attendu par 1,2 milliard de spectateurs, guettant tous l'instant où la montagne crachera la nacelle en forme de cigare.

Florencio revoit ce qui s'est passé dans la montagne, jour après jour – et d'autres souvenirs lui reviennent de sa vie dans le monde extérieur. Le jour où il a rencontré celle qui est devenue la mère de ses enfants. La naissance des garçons. Leur premier jour d'école. *Une bonne et belle vie*, se rend-il compte. Et le voilà béni de nouveau, puisqu'il va sortir des boyaux de pierre dans cette nacelle hissée par des personnes qu'il ne voit pas. L'air est plus léger, moins riche. Ses oreilles se bouchent puis se libèrent – *pop !* Un courant d'air venu d'en haut flotte dans la nacelle, qui entre maintenant dans la dernière section du puits. Florencio est alors entouré de murs d'acier ; la nacelle ne se balance plus ; un curieux silence s'installe. Puis la radio s'anime avec un couinement ; des voix parviennent à Florencio, des hommes hurlent des indications – destinées à leurs équipiers, à lui-même –, et ces voix de l'air libre flottent au-dessus de sa tête. Des applaudissements éclatent. La *Fénix* continue de s'élever lentement. La lumière, la couleur du monde extérieur entrent maintenant à flots dans la nacelle. Florencio lève les yeux : devant lui, de l'autre côté de la porte grillagée de cette nacelle, un homme coiffé d'un casque blanc, le visage hâlé, le regarde.

TROISIÈME PARTIE

La Croix du Sud

18

Dans un pays meilleur

Au soir du 5 août, Byron Avalos l'avait crié : son père était mort. Le 13 octobre, le garçon voit Florencio ressuscité sortir de la montagne qui gronde, quelques minutes après minuit. Sous l'œil de toutes les caméras du monde, Byron fond en larmes et se met à hurler sans pouvoir s'arrêter. Mme Piñera, la femme du Président, qui attend près de lui, essaie de le consoler. Florencio Avalos quitte la *Fénix* et étreint sans dire un mot sa femme et son fils. Puis il serre des mains : celle du chef de l'État, de Laurence Golborne, des autres chefs de l'opération San Lorenzo. Pendant que des centaines de journalistes et de présentateurs commentent avec enthousiasme, d'un bout à l'autre de la planète, ce qui se déroule sous leurs yeux, le souffle court, la nacelle est comme entourée par une bulle de tranquillité et de tristesse.

Mais, une heure plus tard, lorsque Mario Sepúlveda sort de la terre, l'ambiance est bien différente, car, à une vingtaine de mètres encore de l'air libre, l'homme au cœur de chien a déjà hurlé : « *¡Vamos!* », et son cri d'homme des cavernes, désincarné, se répand autour de la nacelle dès que son extrémité pointe du puits.

— *¡Vamos!* beugle-t-il de nouveau, ce qui fait éclater de rire les secouristes et son épouse.

Lorsque la *Fénix* est enfin hissée hors du puits, il pousse un nouveau hurlement strident et animal, et les rires redoublent. La porte s'ouvre et Mario embrasse rapidement sa femme, avant de se baisser. Il a rapporté des souvenirs de la mine. Des pierres couleur d'ardoise, ramassées au Niveau 90, qu'il distribue : au ministre Golborne, aux responsables de l'opération San Lorenzo, et au Président Piñera. Puis il soulève son casque, comme un gentilhomme, ou un chevalier errant, et s'incline devant Mme Piñera. Il étreint ensuite à tour de bras un groupe de secouristes en criant : « *¡Huevón!* » ; entonne un *¡Mineros de Chile!* que tous les présents reprennent ; lève les bras, plein d'une énergie frénétique, libératrice, jusqu'à ce qu'un des secouristes mette fin à sa transe en lui demandant de bien vouloir ôter son harnais – c'est qu'il y a d'autres mineurs à faire remonter, n'est-ce pas ? Pour finir, on étend l'homme au cœur de chien sur une civière, on l'emmène dans une salle de triage d'où il sera conduit par la voie des airs, comme tous ses compagnons, dans un hôpital de Copiapó.

Après Juan Illanes, le troisième à être évacué, Carlos Mamani, est également accueilli à sa sortie du puits par le Président Piñera – mais son homologue bolivien, Evo Morales, vient aussi le voir quelques heures plus tard à l'hôpital. Suivent le tout jeune Jimmy Sánchez, attendu par son père ; Osman Araya, qui a dans la mine si souvent conduit les hommes à la prière ; et José Ojeda, l'auteur du désormais fameux « *Estamos bien en el Refugio. Los 33* ». Claudio Yáñez, aux traits enfantins et qui, après deux semaines sans manger, avait l'allure vacillante d'un poulain nouveau-né, émerge et entraîne sa compagne, la mère de ses enfants, dans une étreinte dansante. Mario Gómez, qui était retourné à la mine chercher un chargement de plus, et la prime qui allait avec, prend quant à lui quelques minutes pour s'agenouiller et prier devant la *Fénix*. Lorsque Alex Vega émerge du puits, le soleil a dissipé les nuages et les secouristes, hommes et femmes, lui lancent :

— Mets tes lunettes de soleil !

Alex s'est demandé, au début de sa captivité, si les ténèbres de la mine pouvaient lui faire perdre la vue. À présent, c'est le soleil qui pourrait lui nuire, aussi suit-il cette recommandation : quand la nacelle apparaît, il a sagement chaussé ses lunettes. Jessica, qui avait refusé de l'embrasser le 5 août, lui accorde un baiser et une étreinte d'une passion et d'une longueur très cinématographiques, lourds de tant de désir, de tant de chagrin que tous autour d'eux cessent d'applaudir. Pour entendre, dans le silence qui suit, les sanglots de Jessica.

— Ne pleure pas, dit Alex. *No lloris.* C'est fini.

Et viennent Jorge Galleguillos, puis Edison Peña qui dit à plusieurs reprises, en sortant : « Merci d'avoir continué à croire que nous étions vivants », avant de tomber dans les bras de la femme qui lui a demandé de l'épouser (ce qu'il ne fera pas). Edison recevra bientôt un message de Memphis, aux États-Unis : il est invité à Graceland.

Carlos Barrios avait plusieurs fois essayé de quitter la mine par ses propres moyens, avec quelques autres. Accueilli par son père, en sanglots, il aura juste ces mots :

— *Tranquilo, ya.*

Lorsque vient le tour de Victor Zamora, le poète, il peut constater qu'Iturra, le psychologue, a honoré sa promesse : le fils de Victor, Arturo, a été nommé « secouriste junior ». Le garçonnet porte un casque blanc orné de l'insigne des carabiniers et, contrairement aux autres enfants présents sur le site, il a non seulement le droit de s'approcher de la *Fénix* mais participe à l'ouverture de sa porte.

Victor Segovia émerge du puits juste après midi, avec son précieux journal, suivi par le camionneur Daniel Herrera, grand et taiseux, et par Omar Reygadas, qui était allé porter une flamme au fond de la mine. Les dix-huitième et dix-neuvième passagers de la nacelle sont les cousins Rojas, Esteban et Pablo – dit le Chat, qui, le 5 août, rattrapait les heures qu'il avait consacrées aux obsèques de son père.

Darío Segovia, le vingtième, sort en milieu d'après-midi. Sa sœur, María la Mairesse, n'est pas là (elle est restée au camp de l'Espoir, en contrebas). C'est Jessica Chilla, la compagne de Darío, qui l'accueille. Elle lui prend le visage à deux mains, palpe ses membres, comme une mère le ferait avec son enfant nouveau-né.

— Je voulais savoir s'il était bien entier, dira-t-elle. Je ne crois pas qu'il était conscient de ce qui se passait. Il était si nerveux !

Elle a, songe-t-elle, assisté à la mise au monde d'un homme adulte, et la magie, l'irréalité de ce sentiment donnent une tonalité singulière aux premières heures de leurs retrouvailles.

— C'était comme s'il commençait une vie qu'il n'aurait jamais imaginée.

— Le Docteur ! Le Docteur !

Tels sont les hurlements qui accueillent Yonni Barrios à sa sortie du puits. Il ne voit pas immédiatement son amie, Susanna Valenzuela, mais elle est là pourtant, au côté du ministre de l'Exploitation minière. Sa présence a occasionné plusieurs journées de tragédie familiale, dont quelques détails ont filtré dans les médias planétaires. « Ne t'inquiète pas, lui avait dit Yonni lors de leur dernière vidéoconférence. Je ferai en sorte que tu sois là pour me souhaiter la bienvenue. Je ferai comme Tarzan, le roi de la jungle, a-t-il expliqué. Je me contenterai de parler, et tous les animaux de la jungle feront ce que je leur demande. » C'est exactement ce qui s'est passé. Les secouristes ont prévenu Marta Salinas, l'épouse légale, avec laquelle il ne vit plus, du souhait de Yonni : ce sera la femme avec laquelle il partage son toit et son lit qui aura l'honneur de l'accueillir. Marta a donc dû se contenter de faire des déclarations à la presse, dans lesquelles elle déplorait son choix mais ajoutait : « Elle peut le garder… je suis contente pour lui… » Le matin du 13 octobre, après avoir terminé sa tâche de la journée pour la cuisine du camp – une friture de poissons –, Susanna a enfilé des vêtements propres et s'est fait escorter par des carabiniers jusqu'au site du plan B.

Susanna regarde Yonni émerger de la nacelle : il a maigri, ça se voit. Quand il ôte son harnais, il ne l'a toujours pas vue car il lui tourne le dos ; mais alors elle l'interpelle, à voix basse :

— Eh, Tarzan !

Samuel Avalos, ou CD, est le vingt-deuxième à apparaître. Le jeune Carlos Bugueños, le vingt-troisième. Leur succède José Henríquez, le Pasteur, qu'accueille son épouse, Blanca Hettiz Berrios – ils sont mariés depuis trente-trois ans. Le crépuscule approche, les ombres s'allongent sur le site du plan B quand le jeune frère de Florencio Avalos, Renán, émerge du trou. Ensuite, c'est Claudio Acuña qui revient au monde pour entendre les pleurs sonores de sa toute petite enfant. Et Franklin Lobos, le footballeur, qui serre dans ses bras sa fille de 25 ans, dont les larmes ont contribué à impliquer le gouvernement dans les opérations de secours. Elle remet à son père un ballon signé par tous les membres de la famille, et Franklin prend le temps de faire quelques dribbles.

La nuit tombe lorsque arrivent les derniers mineurs : Richard Villaroel, dont le fils à naître, en fin de compte, ne grandira pas orphelin, comme lui ; Juan Carlos Aguilar, le chef des mécaniciens sous-traitants ; Rául Bustos, l'homme de Talcahuano ; Pedro Cortez, qui remarque le goût de l'air – si doux, si frais. L'avant-avant-dernier passager de la *Fénix* sera Ariel Ticona, qui devra attendre encore quelques instants pour prendre dans ses bras sa fille d'à peine un mois. Luis Urzúa est le dernier membre de l'équipe A à sortir de la San José. Le 5 août, il était descendu jusqu'au fond de la mine, au Niveau 44, pour s'assurer que tous ses hommes étaient bien là ; ce soir, il accomplit le rituel quotidien des chefs d'équipe, en quittant la mine après tous ses hommes. Son retour à la surface est salué par les cornes de brume et les sirènes dont les hurlements retentissent dans la montagne. Urzúa tombe dans les bras de son fils – puis dans ceux du Président Piñera. Et c'est d'une voix épuisée, sourde, difficile à capter par les micros, qu'il s'adresse au chef de l'État.

— En tant que *jefe*, je vous confie mon équipe, lui déclare-t-il.

— Comme tout bon *jefe*, répond Piñera.

Sur cet échange s'achève le martyre public des 33 mineurs de l'équipe A dans la San José.

Lorsque la *Fénix* redescend enfin pour ramener à la surface Manuel González, le secouriste, celui-ci se tourne vers la caméra qui, de la galerie, a tout filmé pour les équipes en surface, et lui adresse une révérence. Puis il monte dans la nacelle, et le Président Piñera l'accueille lui aussi à son arrivée. Le chef de l'État participe également à la pose d'une plaque d'acier sur le puits du plan B, avant de prononcer un discours dans lequel il loue le courage et l'obstination des mineurs et de leurs sauveteurs.

— Désormais, le Chili n'est plus le même pays qu'il y a soixante-neuf jours… Les mineurs eux-mêmes ne sont plus ceux qu'ils étaient le 5 août. Ils sont remontés plus forts qu'ils ne l'étaient ; ils nous ont donné une leçon… Le Chili, aujourd'hui, est plus uni, plus fort que jamais.

Et le Président Piñera ne sera jamais plus populaire qu'en ces jours d'octobre.

Au camp de l'Espoir, les milliers de journalistes, de secouristes et de parents commencent à plier bagage. Les tentes, l'école de campagne, les cuisines, les autels, tout est démonté – même les drapeaux. La San José a déjà pris des allures de site archéologique, désertique, désolé, abandonné de tous, lorsque María la Mairesse et d'autres frères et sœurs de Darío Segovia s'assurent que tout a été nettoyé et remis en ordre.

— Nous avons été les derniers à repartir, constatera María. Tous les frères et sœurs, on a levé le camp.

L'après-midi du jour 74, à 16 heures, ne resteront plus que quelques carabiniers, chargés de surveiller les bâtiments déserts.

Darío est alors hospitalisé à Copiapó. Il lui faudra ensuite s'occuper de sa femme, de ses enfants. *Il doit remettre de l'ordre dans son existence*, se dit María ; *il a besoin de temps pour cela.* Elle reprendra l'autobus pour Antofagasta sans avoir revu le frère pour lequel elle s'est battue pendant dix semaines, sans toucher le moindre peso.

— J'étais heureuse quand nous avons quitté la San José. Nous avions gagné, nous lui avions sauvé la vie. Mais il y avait aussi de la tristesse dans mon cœur, avouera-t-elle, car je ne l'avais pas revu. Ça m'a laissé une cicatrice.

Au cours des semaines suivantes, María se remet à vendre ses gâteaux sur la plage, sous un soleil brûlant, avec son chariot. Lorsqu'elle rentre chez elle, elle regarde la télévision : Darío est devenu un « magnat » ; il fait le tour du monde, accepte des médailles. Ils se téléphonent, mais une année passera avant qu'ils se rencontrent. Un jour, néanmoins, María reçoit une lettre de son frère, qui commence par ces mots : « Je suis très fier de toi, madame la Mairesse. »

19

La tour la plus haute

Le 16 octobre, dans une salle de réunion des bureaux de l'assurance sociale à Copiapó, Juan Illanes chaperonne six de ses compagnons de la San José pour la première conférence de presse officielle des 33. Ils sont installés derrière une armée de micros, le teint encore livide après leurs dix semaines sous terre. Les 33 sont tous sortis de l'hôpital, à l'exception de Victor Zamora dont les dents sont en piètre état ; et leurs maisons sont déjà envahies par les hordes médiatiques. Mario Sepúlveda a dû être ramené chez lui en secret, une couverture sur la tête, pour éviter tous les journalistes qui voulaient lui parler. Illanes prend la parole. Il faut que la presse respecte l'intimité des mineurs, déclare-t-il.

— Laissez-nous un peu d'espace, un peu de temps, pour que nous apprenions à répondre à toutes vos demandes.

Et si la presse pouvait s'abstenir d'essayer de « détruire l'image » des mineurs, non seulement en tant que groupe mais aussi en tant qu'êtres humains, ça ne serait pas mal, ajoute-t-il. Yonni Barrios, par exemple, est devenu la cible d'articles particulièrement ironiques et mesquins (« ils n'hésitent pas à donner les petits noms des unes et des autres ») sur ses mésaventures sentimentales.

— Je vous demande de prendre en compte son état psychologique, insiste Illanes.

En Amérique latine comme ailleurs, les médias aiment à renverser les idoles qu'ils ont créées, surtout lorsque ces dernières ont décidé de ne pas se laisser emporter par la mécanique de la célébrité. Illanes sent bien qu'à tout moment la meute de reporters qui lui fait face peut se retourner contre lui. Il répond à quelques questions étonnamment soupçonneuses sur ce qui a conduit les 33 à travailler dans une mine aussi instable.

— J'avais besoin de gagner ma vie, lâche-t-il.

En revanche, il ne dira pas un mot sur la manière dont les mineurs ont survécu pendant les dix-sept jours de leur isolement. Les 33 ont conclu un pacte de silence, expliquera Illanes. Ils se partageront les droits que leur rapporteront le livre qui reste à écrire, le film qui reste à réaliser. Rien ne filtrera donc concernant ces dix-sept jours. Dans les questions des journalistes, tant à la conférence de presse qu'aux portes des maisons des mineurs, on peut lire en filigrane quelques-unes des histoires, les unes ridicules, les autres sublimes, que la presse voudrait sans doute entendre de la bouche de ces hommes si pâles. Il y a eu des bagarres ? Ça vous est arrivé de penser au sexe ? Avez-vous vu le visage de Dieu ? Vous avez envisagé de manger de la chair humaine ? Les médias chiliens insinuent déjà qu'il y a peut-être des zones d'ombre dans l'héroïque aventure des hommes de la San José. Ils n'étaient pas tous soudés, c'est certain. Des dépêches rapportent ce qu'un secouriste a entendu dire dans le groupe des mineurs, lorsque Mario les a quittés pour monter dans la *Fénix* :

— Enfin débarrassés de ce type ! Quelle chance !

Rue Chalcopyrite, dans le quartier Los Minerales, les journalistes assiègent la maison de Victor Segovia. Une fois ce cordon traversé, le mineur découvre que certains ont réussi à entrer chez lui, à force de persuasion. Notamment Santiago

Pavlovic, l'homme au bandeau sur l'œil, l'un des présentateurs télé les plus connus au Chili – il anime l'émission « Informe Especial ». Un autre journaliste discute avec la mère de Victor dans la cuisine, sous les yeux d'un envoyé spécial d'un pays d'Asie. Victor aimerait bien aller boire une bière dans le jardin, mais la place est déjà prise – par un journaliste.

— S'il te plaît, Victor, dis-leur de partir, à tous ces gens, lui demandent ses proches.

Et pendant ce temps-là, il faut réconforter le vieux M. Segovia qui, à 77 ans, malade, commence à perdre la mémoire. Lorsqu'il a posé les yeux sur son fils pour la première fois depuis dix semaines, il s'est mis à pleurer.

— C'était la première fois que je le voyais dans cet état, constatera Victor avec étonnement. Il a toujours été un dur à cuire.

Mais, plus que tout, c'est la manière dont on le traite ici, sous son propre toit, qui le déconcerte. On le regarde comme une célébrité, un homme riche, avec un mélange d'admiration, de crainte et de ressentiment. Et tout le monde s'impatiente ; on veut le voir souriant, heureux ; on aimerait savoir ce qu'il compte faire maintenant qu'il n'a plus besoin de travailler. Pas un Chilien n'ignore, en effet, que Victor et les 32 autres vont être millionnaires – parce que l'une des plus grosses fortunes du pays l'a décrété. L'ex-femme de Victor, qui a rompu avec lui il y a des années, réapparaît même ; elle aimerait se réconcilier avec lui, et lui demande pardon. C'est aussi curieux, aussi irréel que ce présentateur barbu au bandeau de pirate qui, transporté comme par magie d'un écran de télévision, s'installe dans le salon de Victor et lui lance :

— On peut se parler un moment ?

S'ils adorent les 33, les médias commencent donc aussi à leur en vouloir. Alors que ces nouveaux héros nationaux sont une collection d'individus ordinaires, des ouvriers, ni plus ni moins, ils ont l'audace de ne pas répondre aux questions pressantes des journalistes. Tout cela parce qu'ils ont l'intention de se faire un peu d'argent avec leur histoire, sans passer par la presse ni par Santiago. Ils visent directement Hollywood et New York. Certains vendent de tout petits extraits de leur aventure, pour des sommes variables (« Il nous a demandé 50 dollars, mais je crois qu'il ne nous a pas tout dit », remarque un journaliste japonais après avoir rencontré un des 33). Si les médias chiliens ne parviennent pas à en faire des héros à leur goût, ils n'hésiteront pas à massacrer les 33, à les livrer à l'opprobre populaire. Et si on parlait un peu du coût de l'opération San Lorenzo ? suggèrent assez vite quelques titres de presse – 20 millions de dollars, selon les estimations du gouvernement, y compris les billets d'avion des techniciens, les 69 000 dollars de la *Fénix* fabriquée par la marine, et le million que la compagnie pétrolière nationale a dépensé pour alimenter en carburant les foreuses et les véhicules de l'opération. Le 19 octobre, le quotidien populaire *La Segunda* publie un article récapitulant tous les cadeaux reçus par les mineurs : plus de 38 000 dollars (soit 19 millions de pesos) chacun, en « séjours, vêtements, dons divers », affirme le journal – ce qui comprend des lunettes de soleil Oakley à 400 dollars la paire, la dernière version du iPod Touch (offert par Apple), des voyages prévus en Grande-Bretagne, en Jamaïque, en République dominicaine, en Espagne, en Israël et en Grèce (toutes invitations émanant d'entreprises et d'officiels de divers ordres). En fait, ces invitations ne se concrétiseront pas toutes ; seule une poignée de mineurs en bénéficieront. Mais Luis Urzúa sent alors le vent tourner.

— Après cet article dans *La Segunda*, rancontera-t-il, les gens ont commencé à penser que nous étions devenus riches. Ils ne nous ont plus considérés de la même façon.

Quelques jours après les évaluations de *La Segunda*, l'entreprise Kawasaki Chili annonce qu'elle va offrir une moto neuve à chacun des mineurs – son « modèle le plus cher », précise le directeur général à un journaliste télé (les engins coûtent 3,9 millions de pesos pièce).

— Les mineurs le méritent, c'est ce qui compte pour nous, affirme ce grand patron, avant de faire le lien entre la marque et les 33 de la San José : Ces hommes symbolisent le travail, le sacrifice, l'opiniâtreté, la capacité à surmonter les obstacles – des qualités qui sont aussi celles de Kawasaki, l'une des plus grandes sociétés du Japon.

Franklin Lobos accepte les 33 motos au nom de ses compagnons, mais répète ces quelques phrases que les mineurs ont prononcées à maintes reprises depuis leur sortie de la mine :

— Nous ne sommes pas des héros, contrairement à ce que pensent les gens ; nous sommes seulement des victimes. Et nous sommes ni des vedettes de cinéma ni des stars d'Hollywood.

Quelques jours plus tard, Ariel Ticona se retrouve sur un plateau de télé madrilène avec sa femme et sa petite fille, Esperanza, pour répondre aux questions du présentateur de l'émission, un talk-show. « On a un petit cadeau pour vous », lui déclare d'abord ce dernier avant de faire un geste discret vers les coulisses. Une jeune femme en robe moulante en émerge, poussant un landau flambant neuf. Ariel Ticona est ensuite convié à Santiago Bernabéu, temple mondial du football et stade officiel du Real Madrid ; et, comme trois autres mineurs, il a droit à une visite VIP, avec un tour sur la pelouse elle-même – sous le regard d'une caméra.

— C'est la plus belle chose dont j'aie pu recommencer à faire l'expérience, dit Ariel en contemplant, derrière ses lunettes de soleil Oakley, les 85 000 sièges vides.

Il y a dans son sourire, dans la manière dont ses traits se détendent lorsqu'il tourne la tête pour voir le stade en entier, quelque chose de merveilleusement innocent.

Dans les premières semaines de leur retour à la lumière, les 33 rescapés se trouvent ainsi exposés à l'adoration du public ; en même temps, il leur faut vivre avec les souvenirs intimes de leurs humbles origines, et ceux qu'ont laissés les dix semaines passés dans les griffes de la montagne. Edison Peña, comme ses compagnons, absorbe tant qu'il le peut les louanges et l'attention des médias. Celui qui courait dans les entrailles de la mine et chantait « *Heartbreak Hotel* » sous terre n'est-il pas l'exemple type de la résilience de l'esprit humain, de sa capacité au bonheur ? Pourtant, Edison, après avoir survécu à la mine, s'aperçoit qu'il y a quelque chose de cruel à exister dans le monde extérieur où les autres mènent une vie « normale ». À l'inverse de son enveloppe charnelle, son esprit n'a pas encore échappé à la mine. Il est toujours sous la montagne qui a voulu l'écraser plusieurs fois, toujours prisonnier de la guillotine de pierre. Lorsqu'il parcourt le monde, ambassadeur du Chili, de la mine et de la course d'endurance, la montagne l'accompagne. De Tokyo jusqu'à Tupelo, dans le Mississippi, en passant par toutes les étapes intermédiaires. Elle est plus présente encore chez lui, à Santiago.

— Ce qui me stupéfiait, constatera Edison, c'était la tranquillité de la vie, sa futilité. J'étais choqué de voir les gens se promener, vivre normalement. Choqué, parce que j'avais envie de leur dire : « Eh, les gens, ce n'est pas du tout comme ça, l'endroit d'où je viens. Là, on s'est battus comme de beaux diables pour survivre… » Je suis revenu à la vie et ce que j'ai trouvé, c'est cette belle merde qu'on appelle la tranquillité. Ça m'a fichu en l'air. De même que bon nombre d'entre nous.

Edison courait dans la mine pour oublier l'endroit où il était. Il court à l'air libre pour la même raison. Le 24 octobre, onze jours après l'évacuation, Edison participe à un triathlon, à Santiago – en se contentant cependant d'une course de 10,5 kilomètres.

— D'après les médecins et les psychologues, je dois suivre un régime très strict, explique-t-il à un des journalistes qui suivent la compétition. J'ai l'impression de ne pas être normal.

En privé comme en public, Edison fait part de son instabilité. Ce qui ne l'empêche pas d'accepter une invitation à assister au marathon de New York. Il chante du Elvis sur le plateau de David Letterman ; répond aux journalistes avant la course, à l'occasion d'une conférence de presse. Pourquoi courait-il sous terre ? lui demande-t-on.

— C'était ma façon de dire à la mine : « Je vais plus vite que toi ; je vais me battre, inverser le destin », répond Edison.

Avant l'accident, il était plus familier du vélo que de la course à pied. Mais, une fois à New York, il décide qu'il ne se contentera pas de regarder passer les coureurs : il va participer, s'efforcer d'aller au bout de l'épreuve. Courir un marathon sans entraînement, lui disent le médecin du club d'athlétisme qui l'a invité à New York et certains de ses membres, c'est insensé. Edison s'entête. Évidemment, ses genoux l'abandonnent au bout d'une heure et quelques ; il termine en marchant les 15 derniers kilomètres du marathon. Mais il passe la ligne d'arrivée au bout de cinq heures, quarante minutes et cinquante et une secondes, grâce, entre autres, à deux membres du club qui l'ont accompagné pendant tout le trajet – deux Mexicains immigrés travaillant dans la restauration. Edison se confie à la presse après la course.

— J'ai lutté, pendant ce marathon. J'ai lutté contre moi-même, et contre ma douleur.

New York, diront plusieurs des 33, n'a pas réussi à Edison. C'est là qu'il est retombé dans l'alcoolisme.

— Si nous avions vraiment été unis, nous, les mineurs de la San José, nous nous serions occupés d'Edison. Il ne se serait pas effondré, affirmera le jeune Pedro Cortez.

C'est à New York aussi qu'Edison commence à se disputer avec son amie au sujet de ses voyages incessants. Quand on lui en propose un nouveau, comment dire non ?

— Et tu deviens une marionnette, constatera Edison. Nous sommes devenus des marionnettes. « Viens ici, va par là ; eh, par ici ; oui, comme ça, sous les projecteurs… » On voulait sortir de ce trou, manger la vie à pleines dents. C'était notre deuxième naissance et, aaahhhh… cette première année… ! Je ne sais pas trop comment l'expliquer, mais ç'a été rude. « Fais tes valises, fais la queue, fais ci, fais ça. Allez ! » Honnêtement, si je repense à tout ça, je me dis qu'on a perdu nos vies.

Lorsqu'il arrive à Memphis en janvier, afin de visiter Graceland, à temps pour célébrer le jour anniversaire d'Elvis, Edison continue de sombrer. Il chante un passage de *The Wonder of You* lors d'une autre conférence de presse à Graceland. Son accent ne passe pas inaperçu, mais sa voix de baryton donne le frisson. « Quand je me trompe sur tout / Tu me consoles, tu me rends espoir » : on sent, à cette interprétation, que cet homme-là vit dans les volutes mélancoliques de cette chanson. Et certains spectateurs, ignorant – mais comment pourraient-ils savoir ? – ce qui ronge Edison, le félicitent bruyamment avant même qu'il ait fini.

Dans les premières semaines qui suivent leur sauvetage, les mineurs consultent psychologues et thérapeutes.

— Ma petite amie dit que je me réveille en hurlant au beau milieu de la nuit, confie Carlos Bugueños à un de ces spécialistes.

Ultérieurement, il se fera prescrire des somnifères.

— C'est la nuit que reviennent les souvenirs, constate Pedro Cortez.

Dans la journée, les silences prolongés les angoissent, de même que les bruits sonores, craquements et autres. Un jour, Pedro monte dans une camionnette avec cinq autres survivants, et tous se jettent à plat ventre quand pétarade une moto. Bugueños et Cortez, comme nombre d'autres parmi les 33, participent à des thérapies de groupe organisées dans une clinique de l'assistance sociale chilienne, à Copiapó. Lorsque le psychologue ferme la porte, la première fois, pour qu'on ne les entende pas de l'extérieur, plusieurs mineurs se lèvent. Ils veulent partir.

— Vous nous avez enfermés, lance l'un d'entre eux. Il ne faut pas nous faire ce coup !

Une porte fermée, et autour d'eux les visages familiers de ceux avec lesquels ils sont restés coincés pendant des semaines : c'en est trop pour ces hommes qui revivent alors les tourments de la mine.

— Du coup, nous avons ouvert toutes les fenêtres, se rappellera Cortez. Mais ils ne pouvaient pas organiser de séances avec nous tous, la tension était trop grande.

Pour la plupart, les mineurs ne consulteront des thérapeutes en face à face que pendant quelques semaines.

Iturra, le psychologue de l'opération San Lorenzo, juge d'un œil sévère les traitements proposés aux rescapés, mais ses conseils restent pour l'essentiel lettre morte. Il recommande notamment aux mineurs de reprendre le travail (en choisissant un emploi – de surface, bien sûr – dépaysant et modérément physique), après une ou deux semaines de congés. Au lieu de quoi, les mineurs restent en général chez eux, s'attendant à recueillir les fruits de leur célébrité mondiale et se contraignant à assister à toutes les cérémonies et fêtes, officielles ou non, données en leur honneur.

— Ils sont devenus des trophées, des symboles, déplorera Iturra.

Si vous faites d'un homme ordinaire le symbole de choses qui dépasseraient le plus admirable des individus, le risque est grand que cet homme ne sache plus vraiment qui il est.

— Ce qui leur est arrivé de pire, estimera une épouse des 33, c'est qu'on les ait considérés comme des héros.

Le gouvernement qui avait tant peiné, tant donné pour réaliser la prouesse technique inédite du plan B et sauver 33 mineurs lambda aurait dû se rendre compte que le sauvetage ne se terminait pas là. Ces hommes étaient sur le point d'entreprendre un voyage psychologique lui aussi sans précédent. Mais les tourments qu'ils ont endurés à l'air libre se sont révélés, pour l'essentiel, sous leur propre toit, en privé.

Aucun officiel ne s'est dévoué pour prendre en charge leur rétablissement. Bien au contraire. Fin octobre, les 33 sont invités à La Moneda, le palais présidentiel, pour une cérémonie publique. Certains, tels Florencio Avalos, refuseront ensuite toute apparition de ce genre.

— Je suis allé à La Moneda parce que c'était la première fois de ma vie et que je voulais voir à quoi ça ressemblait, expliquera Florencio. Ensuite, je n'ai plus répondu aux invitations.

Les 33 reçoivent du Président une décoration tout juste frappée : la médaille du bicentenaire, qui récompense les actions héroïques concentrant les plus belles qualités de la République chilienne. Ils écoutent le discours de Piñera : le Président fait de leur sauvetage une métaphore de ce qu'il espère accomplir durant un mandat entamé depuis quelques mois à peine. Nous allons construire un pays sans pauvreté, affirme-t-il, une société qui traitera mieux ses travailleurs. Le puits de 700 mètres creusé par « nos ingénieurs et nos techniciens », « ce pont de vie, de confiance, d'espoir et de liberté » ne sera pas le dernier des grands projets du Chili.

Pour les 33 hommes de la San José, comme pour leurs compatriotes, l'avenir doit donc apparaître radieux. Les mineurs atteignent de nouvelles hauteurs – littéralement – lorsqu'ils se rendent à Santiago afin de faire connaissance avec leurs avocats. Après diverses recommandations, ils ont choisi le plus grand cabinet du Chili, Carey et Cie. Leur demande est simple : il s'agit de transformer leur accord oral en un document écrit qui ait force juridique. Carey et ses experts représenteront également les 33 dans leurs négociations pour les droits littéraires et cinématographiques de leur histoire ; ils contacteront des agents à New York et à Los Angeles, et négocieront avec un autre grand cabinet, Arendt Fox, à Washington. Les mineurs cependant veulent voir, avant tout accord, ce que Carey a à leur proposer. D'où leur présence en force dans les bureaux flambant neufs du cabinet, au 43e étage de ce qui est alors le plus haut gratte-ciel du Chili, la tour Titanium, achevée début 2010 dans un quartier tape-à-l'œil de Santiago surnommé Sanhattan.

Le cabinet a mobilisé 10 avocats pour rédiger les accords. Hommes et femmes polyglottes, brillants, bourrés d'ambition, ils ont étudié et déjà travaillé au Chili, en Europe, aux États-Unis. Devant les mineurs, pourtant, les voici pleins de révérence.

— Quand vous les voyez, vous êtes soudain envahi par un incroyable sentiment de patriotisme, dit l'un des avocats.

Ces 33 hommes leur font l'effet du drapeau chilien – ou des Andes ; cela dit, l'effet se dissipe assez rapidement quand les avocats entrent dans le vif du sujet. Le cabinet a préparé un contrat de 20 pages et une présentation PowerPoint ; mais l'intérêt des mineurs pour les subtilités du droit de la propriété intellectuelle au Chili et aux États-Unis est de courte durée. L'un des jeunes mineurs, remarque un avocat, joue comme un enfant sur son téléphone portable, assis au fond de la salle.

Une fois la présentation finie, les mineurs se retrouvent seuls dans une autre salle du 43e étage ; vont-ils donner leur accord ? Ladite salle est sans doute une des plus extraordinaires dans le monde des affaires chilien : elle a vue sur la cordillère des Andes, en particulier l'un de ses sommets, le mont Manquehue, dont elle porte d'ailleurs le nom. La discussion ne dure guère et reste des plus polies, même si quelques mineurs en veulent à Mario Sepúlveda d'avoir accordé une interview à un journaliste de la BBC – celui-ci est en train d'écrire un livre qui ne rapportera rien aux mineurs. Perri s'est également entretenu sans en référer au groupe avec un producteur de cinéma sud-américain désireux d'acheter les droits de leur histoire contre une somme astronomique. Le contrat qu'a rédigé le cabinet Carey a pour objet de créer une entité du nom de Propiedad Intelectual Minera, S. A. (Propriété intellectuelle du mineur, S. A.) – mais il ne peut avoir d'effet que si tous les mineurs, sans exception, y souscrivent, or Sepúlveda, l'homme au cœur de chien, jouit pour l'heure d'une incroyable popularité au Chili ; il pourrait très bien refuser le contrat de Carey et s'entendre, tout seul, avec des maisons d'édition ou des producteurs.

— Mario connaissait parfaitement l'étendue de son pouvoir, constatera un des avocats.

Perri va jusqu'à se vanter de pouvoir « aller prendre le thé avec le Président cet après-midi » – il lui suffit d'un coup de fil. Cependant, sentant ses collègues se braquer, et songeant qu'ils n'hésiteraient peut-être pas à l'accabler dans les médias s'il refusait de signer, il décide d'accepter l'accord. Propiedad Intelectual Minera est né, et ces hommes qui sont entrés le 5 août dans la San José, sans doute l'un des lieux de travail les plus dangereux du Chili, peuvent, quelques semaines plus tard, se prendre pour de grands patrons, dans la plus haute tour du Chili. Le gratte-ciel ne fait que 194 mètres de haut, trois fois moins que la profondeur de la San José ; mais la seule limite au panorama que l'on découvre de la salle Manquehue, c'est le brouillard de l'été austral à Santiago. La tour est à cet instant baignée de lumière. De leur perchoir dans le ciel, les mineurs voient la nouvelle autoroute menant au-delà du fleuve Mapocho, un grand chantier qui est aussi un symbole de l'entrée du pays dans le « premier monde ». Un nouveau Chili est en train de naître, dont l'avenir est sans limites. Ils en ont le sentiment, ces « symboles humains du courage de la nation », comme les a appelés le Président Piñera. Et le Congrès du Chili leur a donné à chacun une médaille dont le métal a été extrait des montagnes de leur pays par des hommes qui souffrent et transpirent au plus profond de la Terre.

20

Sous terre

Lors d'une visite très médiatisée à Disney World, en janvier, les hommes de la San José portent de faux casques de mineur agrémentés de grandes oreilles noires de Mickey. En février, 25 d'entre eux se rendent en Terre sainte, et le ministre israélien du Tourisme leur offre des casquettes ornées du slogan : « ISRAËL VOUS AIME ! »

Les mineurs sont reconnaissants à la compagnie Disney de leur avoir permis de se rendre en famille « Là où les rêves deviennent réalité ». Même sentiment de gratitude vis-à-vis du gouvernement israélien, grâce auquel ils entrent dans l'église du Saint-Sépulcre, admirent le Jourdain et tant d'autres lieux sacrés de la foi qui a contribué à leur survie, ce qui leur donne l'occasion d'en remercier Dieu. Mais cette reconnaissance n'est pas sans mélange : ils ne cessent de trouver singulier le traitement auquel ils sont soumis partout où ils vont, de Madrid à Jérusalem.

— Être considéré comme une rock star, c'était épuisant, observera Pedro Cortez, lequel a participé aux deux voyages. À Disney World, il y avait des gens qui voulaient nous toucher. Comme si nous étions Dieu, pratiquement !

Un des visiteurs du Royaume enchanté, apercevant dans la « Grand-rue » un homme coiffé d'un casque jaune, apprend qu'il s'agit d'« un de ces mineurs chiliens ». Ce visiteur se rappelle l'histoire de ces hommes sortis, ressuscités, de la tombe la plus profonde de l'histoire de l'humanité. Ah, c'est si rare d'être en présence d'un miraculé ! Alors le passant pointe la caméra vers le mineur casqué de jaune et l'accompagne un bon moment, juste pour le voir marcher.

— Oui, notre survie tient du miracle, poursuivra Pedro. Nous en remercions Dieu et tous ceux qui nous ont aidés. Mais on avait l'impression d'être dans un film sur la Semaine sainte, quand Jésus marche dans les rues et que tout le monde le suit.

En Terre sainte, les badauds ne se conduisent pas autrement, du reste. Aussi, en rentrant au Chili, Pedro décide qu'il est temps d'en finir avec ce rôle de héros ou de personnage de la Bible. Il va remettre de l'ordre dans son existence, se dit-il. Pour commencer, au lieu de s'offrir la Camaro jaune dont il avait rêvé dans la mine, il achète une Jeep d'occasion. Plus important encore, il s'inscrit à la fac afin de décrocher un diplôme en électronique. Petit problème : il est la seule célébrité planétaire du campus. Des journalistes l'attendent à la sortie des cours pour lui parler.

— Je voulais me détendre, mais tout se retournait contre moi, constatera-t-il.

Les journaux télévisés, les silences prolongés font remonter les souvenirs de l'enfermement. Les regards de sa petite amie et, de ses autres proches lui donnent le sentiment d'être un incapable. Un jour, Pedro quitte la salle de cours, en larmes, et rate les deux journées suivantes.

— J'avais l'impression de me noyer, expliquera-t-il.

Il déçoit son entourage, pense-t-il, et ne sera jamais à la hauteur de leurs attentes. Mais il a la plus grande peine à expliquer ses tourments au thérapeute qui est censé l'aider.

— Personne ne comprenait, pas même le psychologue.

Dans les premiers mois de sa libération, Victor Segovia ne souffre d'aucun cauchemar, d'aucun sentiment d'infériorité écrasante ; mais son portable ne cesse de sonner : les parents, les amis, tout le monde le considère comme celui qui peut résoudre les problèmes, par magie. Cependant, cette magie ne tient pas à son statut de miraculé branché directement sur le divin, mais bien plutôt à l'argent dont il dispose désormais. Tout le monde se plaint, réclame.

— Victor, je ne me sens pas bien.

— *Huevón*, j'ai un souci à la maison.

— J'ai besoin de 1 million de pesos (2 000 dollars environ).

— Ils vont saisir ma télé, mes meubles de salle à manger. Au secours !

Ses proches et ses amis, remarquera Victor, le traitent « comme une banque ».

— Des types m'appelaient pour me demander 40 ou 50 000 pesos (80 ou 100 dollars), sans même m'offrir une bière au préalable ! Ils n'avaient qu'un idée : me soutirer de l'argent.

Victor est enfermé dans plusieurs cercles concentriques du besoin : bientôt, ce sont des amis de proches, des amis d'amis, qui lui réclament une aide. Lorsque Victor cesse de se prêter au jeu, il se rend compte qu'il a distribué environ 6 millions de pesos (soit 12 000 dollars – une année de salaire), en sommes qui seront très rarement remboursées.

Je débute mes entretiens avec les mineurs à peu près au moment où ils commencent à comprendre que la manne de l'après-13 octobre ne sera pas si abondante, ni ne durera aussi longtemps que ce qu'ils espéraient. Comme Victor, ils dépensent assez rapidement le cadeau de Farkas – on ne s'offre plus autant de choses qu'autrefois avec 1 million de pesos. Et comme la plupart des Chiliens pensent que les mineurs vont tirer grand profit de leur histoire, personne ne répond à l'appel de Farkas, qui voulait récolter 1 million de dollars pour chacun des mineurs.

Richard Villaroel est le premier sur ma liste. Je le rencontre dans un restaurant désert. Nous nous attablons, et il me parle du coup qu'il a donné avec sa grosse clé sur le foret du puits 10B quand la galerie a été percée, de son enfance sans père, de la naissance récente de son premier fils. Richard détourne ensuite la conversation vers ses préoccupations du moment, son état psychologique. Comme il ne voyage plus, qu'il est rentré chez lui, le fardeau de ses épreuves lui paraît particulièrement lourd.

— Je suis dans la phase la plus pénible, à l'heure actuelle, me confie-t-il. Je n'ai plus de sentiments. Je suis plus sombre, plus dur qu'avant. Je ne pleure plus, quelle que soit la situation. Ma femme l'a remarqué, elle aussi. J'ai l'impression d'être indifférent à ce qui se passe autour de moi. J'ai dans la tête cette espèce de truc qui ne va pas. La minute d'avant, je parle avec une personne et soudain, *pouf !* je perds le fil (*se me va la onda*). Et il faut que la personne reparle de notre sujet de conversation pour que je m'en souvienne.

Je lui demande s'il a consulté un psychologue ou un psychiatre. « Oui, mais je n'y vais plus », répond Richard. Le spécialiste qu'il voyait lui a dit qu'il allait bien, qu'il pouvait arrêter les séances. Ce à quoi Richard a répliqué : « Je vais bien ? Mais je me sens différent. Vous devriez en parler avec ma femme. Elle vous expliquerait qui j'étais et qui je suis devenu. »

Et rencontrant d'autres mineurs chez eux, j'entends aussi leurs femmes, leurs compagnes, exprimer les mêmes inquiétudes : l'homme qui est sorti de la mine n'est pas celui qui y était entré le 5 août.

— L'Arturo que nous connaissions est resté dans la mine, me dit Jessica Chilla dans leur salon (lorsqu'elle parle de son compagnon Darío Segovia, elle l'appelle par son deuxième prénom, Arturo, comme tous ses proches).

Ce nouveau Darío Arturo Segovia est stoïque, impassible.

— Quand on lui tape dessus, il ne dit rien. Il ne sent rien.

Même sa fille, âgée de 6 ans à peine, s'en est rendu compte. Ce n'est plus le même Arturo.

Jessica aimerait retrouver leurs vieilles habitudes, si confortables – le plaisir tout simple d'aller chercher leur fillette à l'école chacun à leur tour, par exemple.

— On était très organisés, me précise-t-elle. Un vrai système.

— Oui, renchérit Darío, c'était très harmonieux.

— Il me faisait même des petits plats, dit Jessica.

— C'est vrai, je faisais à manger.

— C'est fini, maintenant, lâche Jessica avant d'éclater de rire.

Qu'un mineur, un homme, un vrai, comme Darío, fasse des petits plats pour sa femme, c'était vraiment particulier, bien sûr – d'autant qu'il y mettait tout son amour. Mais si Jessica rit, en dépit de la gravité de ce changement, c'est aussi parce qu'elle sent que Darío commence à se remettre.

— Il y a deux ou trois mois, c'était bien pire, affirme-t-elle.

Dans la maison qu'elle habite avec Yonni Barrios, Susanna Valenzuela a tout vu des souffrances de son Tarzan. Dès la fin du jour, il s'assombrit. Parfois, il se réveille en pleine nuit, coiffe son vieux casque et s'installe dans le salon, sa lampe de mineur allumée, comme s'il était de nouveau dans les profondeurs de la San José, à écouter le tonnerre lointain de la montagne. D'autres fois, il pousse des cris, donne des coups de poing aux coussins du canapé.

— Je ne savais pas quoi faire, avoue Susanna.

La scène se répète plusieurs fois, jusqu'à ce que Susanna allume les lumières dans le salon, enlace Yonni, l'embrasse et lui dise : « Réveille-toi, réveille-toi, *huevón*, c'est fini, tout ça. »

Ensuite, il se met à dormir : le jour, la nuit, il dort tellement – ça n'est pas normal ! Puis viennent les insomnies ; Susanna lui prépare du thé au lait, le lui apporte sur un plateau, comme si c'était son anniversaire ; et elle lui chante, comme à un petit enfant : *Estas son la mañanitas...* Elle se prête quelques jours à cette comédie, organise ces « anniversaires » de thé au lait et de chansons, et finit par le reconduire chez son psychiatre. Il retrouve un peu de calme au bout d'un moment.

C'est à cette époque-là à peu près que je leur rends visite pour la première fois. Je discute avec Yonni pendant plus de deux heures dans un salon où se trouvent plusieurs photos de Susanna et lui, dans les bras l'un de l'autre, quelques jours après le sauvetage. Yonni, maigre et pâle, semble très heureux d'être tout contre son amie. Lorsqu'il se remémore l'effondrement, les jours sans manger, il pleure sans retenue ; mais le processus est de toute évidence cathartique pour lui. Il n'est pas mécontent de partager enfin son histoire avec quelqu'un qui la transmettra au monde.

— J'ai apprécié votre visite, le fait qu'il vous parle, me déclare Susanna plus tard. J'ai eu l'impression qu'il se laissait enfin aller. Jusque-là, il voulait être fidèle à la parole donnée, il n'avait pas l'intention d'en parler à quiconque.

Ma deuxième visite a lieu des mois plus tard. Entre-temps, sa femme, Marta, a porté plainte contre lui. Je suis venu en compagnie de José Rivera, qui est scénariste, et du producteur de cinéma Edward McGurn. Lorsque nous questionnons Susanna sur la femme de son compagnon, elle nous conseille de nous adresser directement à Marta.

— Elle habite au coin de la rue, nous précise-t-elle. Yonni va vous montrer... Yonni, vas-y, ajoute-t-elle, avec une pointe d'autorité.

Yonni semble réticent.

— Eh, pas de souci, je ne vais pas te frapper, dit Susanna avec un bon rire.

En compagnie de Yonni, nous allons jusqu'au bout du pâté de maisons, traversons la rue. Celui que le monde entier connaît comme « le don Juan de la mine de San José », ainsi que l'ont baptisé les médias, nous montre une porte à quelques dizaines de mètres avec un petit sourire dont je ne sais s'il est résigné ou rusé.

Nous discutons un moment avec Marta Salinas. Elle reste debout derrière le comptoir de son épicerie de quartier, couvert de bocaux de bonbons et autres babioles. Ce magasin, Yonni a contracté un prêt pour le payer. Et Marta a vendu à un journaliste américain les lettres que Yonni lui avait envoyées de la mine, nous déclare-t-elle. À la fin de la conversation, elle me demande :

— Alors, il a reçu l'argent du film, déjà, Yonni ?

— Non, *señora*, lui réponds-je.

Peu de gens connaissent le contenu de ses discours souterrains – néanmoins, José Henríquez est surnommé partout dans le monde le Pasteur. Quelques semaines après le 13 octobre, il s'adresse à une foule de croyants enthousiastes, dans une église évangélique de Santiago grande comme une salle de concert. Quelques-uns des 33 sont présents.

— J'avais sous les yeux 32 hommes soumis devant Dieu, rappelle-t-il du podium, décrivant en quelques mots les séances de prière à la San José. Aujourd'hui, je remercie le Seigneur d'avoir eu l'occasion de témoigner de Son immense pouvoir. Ce que Dieu a fait dans la mine ne peut être nié. Que nul ne Le dépouille de cet accomplissement. C'est la raison pour laquelle nous sommes ici, poursuit-il en levant le poing, comme s'il avait remporté une victoire pour la cause qui lui est chère.

José Henríquez pourrait fort bien saisir l'occasion de monnayer sa gloire, en entreprenant une tournée de causeries payantes : l'accord signé par les 33 autorise chacun d'entre eux à donner des conférences, tant qu'il ne fournit aucun détail essentiel sur leurs dix-sept premières journées dans la mine. Mais le Pasteur préfère rester chez lui et minimiser son rôle. Lorsqu'il prend la parole, il a de plus toujours à cœur de préciser qu'il n'est pas un véritable homme d'Église.

— Je crois que ce que Dieu a vu dans la mine, que ce qui a convaincu Dieu, c'est l'humilité, déclarera-t-il dans une interview diffusée sur une radio confessionnelle.

Cette humilité exige de Henríquez qu'il ne se fasse pas passer pour pasteur. Les vrais pasteurs, selon lui, apportent la parole de Dieu aux autres, au prix de leurs souffrances – tel son grand-père qui a, pendant des années, parcouru la campagne à vélo, de temple en temple.

— Moi, je ne suis qu'un mineur parti travailler en sachant très bien ce qui pouvait lui arriver.

Florencio Avalos, le contremaître, le premier des mineurs à entrer dans la *Fénix*, décline toutes les propositions de déplacement qu'il reçoit, y compris un voyage en Grande-Bretagne où sa présence est particulièrement désirée. Au jour anniversaire de la catastrophe, une exposition sur les mineurs est inaugurée au Musée régional de l'Atacama, à Copiapó. Mais Florencio ne se déplace pas plus à cette occasion, en dépit du fait que le Président Piñera, qui prendra la parole, le lui a demandé en personne – et que le musée se trouve à dix minutes de chez lui.

— Ça ne m'intéresse pas, me dit-il.

Je lui rends visite à trois reprises. Florencio parle de son expérience avec émerveillement et gratitude. Il ne paraît pas souffrir de ses souvenirs autant que ses compagnons. Il a retrouvé une vie normale, régulière ; il travaille – en surface – pour une compagnie minière, et ses deux garçons vont à l'école.

— Si je travaille, c'est pour que mes fils fassent des études, m'explique-t-il. Si je ne travaillais pas, ce serait impossible.

Nous discutons dans le salon de sa maison à un étage, qui fait partie d'un lotissement en copropriété dans un quartier de Copiapó prisé par la classe moyenne. Florencio me propose de déjeuner en famille, à la table où sa femme avait, le 5 août, mis le couvert pour la soupe qu'elle lui avait préparée. Leur fils adolescent, César Ale, avant de partir en cours, embrasse ses deux parents. En Amérique du Nord, on n'a pas l'habitude de voir des adolescents traiter leurs parents avec autant de tendresse. Mais même si le geste est courant en Amérique latine, il y a quelque chose d'émouvant dans cet instant que l'ancien contremaître de l'équipe A partage avec son fils. Comme tous les rituels familiaux de la famille Avalos, ce salut a pris un sens plus profond et plus riche dans les mois et les années qui ont suivi la résurrection de Florencio.

Lorsqu'il a commencé à se sentir mourir de faim, Florencio a vu en imagination ses enfants grandir, devenir des hommes, mener leur vie sans un père qu'ils pourraient saluer d'un baiser. Destin tragique, accablant, qui ne s'est pas réalisé.

Lorsque s'achève mon troisième voyage au Chili, j'ai rencontré tous les mineurs sauf un. Non seulement Victor Zamora est difficile à joindre, mais de plus il réclame un bonus pour me parler, de même qu'à l'équipe de production du film. Lorsque nous finissons par arriver chez lui, à proximité de la grande route qui va à Tierra Amarilla, la première chose que nous voyons est une voiture accidentée, garée sur l'allée de gravier conduisant chez lui. Zamora ouvre la porte, vient à notre rencontre. Quel contraste entre cet individu débraillé, hagard, et le mineur plein d'assurance qui remerciait ses sauveteurs dans la première vidéo des survivants ! Il a, nous dit-il, gagé les bijoux de sa femme ; le délai de remboursement approche, et il n'a pas le 1,2 million de pesos (2 400 dollars) que lui demande le prêteur sur gages. Leopoldo Enríquez, l'un des producteurs du film, se trouve être également l'un des hommes d'affaires les plus talentueux du pays.

— C'est de l'usure ! déclare-t-il après avoir jeté un coup d'œil à la quittance.

Il promet d'aider Zamora à se tirer de ce mauvais pas ; puis nous entrons dans son salon, un capharnaüm.

La voiture accidentée, nous explique Zamora, est la sienne. Il a monté un petit commerce de fruits qu'il achète et revend (il y a un tas de fruits gâtés devant chez lui), et cela implique de longues heures de route. Il y a peu, sur l'autoroute, il a eu un passage à vide et a percuté un camion. Quand il conduit, son inconscient semble vouloir, de façon aussi évidente qu'absurde, le ramener à la mine. Victor prend sa voiture pour se diriger vers telle ou telle ville, mais sombre ensuite dans une sorte de somnolence, et lorsqu'il rouvre les yeux, il s'aperçoit qu'il est sur la route de la San José. Les souvenirs qu'il a gardés de ces semaines dans la montagne reviennent sans cesse assaillir son âme, explique-t-il.

— Ce qui m'a fait le plus souffrir, c'était… de me voir mourir, de voir mes compagnons, eux aussi, mourir à petit feu, nous dit-il.

Simultanément, dans l'espace confiné du Refuge, il a pu juger comme jamais de l'humanité, de la fragilité de ses compagnons. Ce qui rendait le spectacle de leur agonie encore plus dur, encore plus douloureux.

— On voit comment l'être humain peut être compatissant dans les moments difficiles ; comment naît une sorte d'amour, de lien (*cariño*), une fraternité à l'heure du danger.

Victor allume une cigarette qu'il fume tout en parlant ; parler et fumer semble le rasséréner suffisamment pour qu'il puisse nous exposer ce qu'il a vu et fait dans la mine, particulièrement la nuit qui a suivi la catastrophe.

Quelques mois plus tard, je suis en train d'interviewer Luis Urzúa à Copiapó quand le téléphone sonne. C'est Zamora qui l'appelle pour savoir si l'association des 33, cette structure informelle dirigée par l'ancien *jefe de turno*, peut lui prêter un peu d'argent. Ce n'est pas la première fois qu'il nous le demande, me confie Urzúa. Jeune homme, quand il était à la rue, Zamora dépendait de la générosité de son entourage. Pendant quelques mois après son sauvetage de la San José, il est retourné à cet état d'enfance, vivant de nouveau les tribulations de l'orphelin qu'il a été – sauf qu'il a une femme et deux gamins. Il a fini par quitter Terra Amarilla, est rentré avec les siens dans sa ville natale, Arica, à 1 000 kilomètres au nord, soit vingt-quatre heures de route. Il a retrouvé du travail dans cette ville où il avait vécu, enfant, de mendicité.

La distance que Zamora a installée entre Copiapó et lui l'a considérablement aidé. Lorsque nous nous reparlons, un an plus tard, ce n'est plus le même homme. Les longues promenades sur la plage, les discussions avec des proches ou des amis qui ont leur part de difficultés l'ont ramené à la réalité. L'entretien se fait par téléphone. Il s'exprime d'une voix assurée et tranquille, comme celui que j'avais vu sur la première vidéo de la mine.

— Quand quelqu'un veut me parler, me déclare-t-il, je ne dis jamais non.

Il commence à voir comment ses souvenirs de la mine, remodelés, peuvent l'aider à devenir un meilleur père, un meilleur mari.

— *Queda mucho para vivir*, me dit-il.

Il y a encore tant à vivre.

La crise qu'a traversée Victor Zamora a été grave, certes, mais pas autant que la spirale descendante de dépression et d'alcool dont est encore victime Edison Peña.

— Une de nos erreurs, ça a été de ne rien faire pour nous occuper. Ce temps libre, ça nous a tués, me dit-il, avant de me raconter l'histoire de sa traversée des enfers.

Après le 5 août, Edison a fait de longs voyages – dont un qui l'a conduit dans le sein furieux de la Terre et un autre par les rues pavées de Jérusalem. Chaque fois qu'il est rentré chez lui, il a sombré dans l'alcool.

— J'ai cru comprendre que le type qui a posé le pied sur la Lune n'avait eu qu'une envie ensuite : aller dans un bar boire un coup tout seul. C'est la pire des choses, ça, boire tout seul.

Le premier anniversaire du sauvetage approchant, l'alcoolisme d'Edison et ses envies de suicide, clairement exprimées, l'ont conduit à être interné dans une clinique de Santiago. « Pour mon bien », estime-t-il. Il n'était pas autorisé à quitter l'établissement, petit mais luxueux – de l'extérieur, on aurait dit une de ces grandes demeures que possèdent les Chiliens riches.

— Je n'y étais pas depuis une heure que j'avais déjà envie de mourir, me raconte-t-il. J'étais enfermé, je commençais à sentir toute l'horreur de la situation.

Il ne peut s'empêcher de faire le rapport entre les portes fermées de la clinique et les parois de pierre de la mine.

— Je leur ai demandé de me laisser sortir pour les vacances de septembre. Ils ont refusé, le risque était trop grand. Si bien que j'ai passé mon deuxième 18 septembre, ma deuxième fête nationale, enfermé.

Il a même dû, un temps, être confiné dans une cellule capitonnée, sanglé dans une camisole de force. Les médecins craignaient qu'il ne se fasse mal.

— Ça a duré combien de temps ? lui demandé-je.

— Je ne sais pas. Mais je ne veux pas m'en souvenir. Je déteste les aiguilles, tous ces machins.

Son effondrement mental, l'humiliant internement qui a suivi ont représenté un autre défi à surmonter, dit-il.

— Après une expérience de ce genre, je ne sais pas comment on peut vous demander d'être de bonne humeur, de montrer vos bons côtés. Seuls ceux qui ont un talent d'acteur – ce n'est pas mon cas – sont capables de faire ce genre de choses.

Malgré tout, je crois qu'Edison Peña essaie de montrer quelque chose de lui aux autres, quelque chose qui n'est pas mauvais.

— Ce qui importe vraiment, estime-t-il, c'est de pouvoir parler de ces expériences, de comprendre que c'est quelque chose qu'on a vécu. La plupart des gens qui ont vécu cela ne pourraient pas en parler. Pouvoir le faire, c'est un don. Si vous êtes capable de vous asseoir ici et d'en parler à quelqu'un qui ne vous connaît pas très bien, de parler de ce que vous avez vécu, c'est quelque chose. C'est du courage, même. Le courage de se connaître soi-même.

Edison Peña, de toute évidence, voit aussi clair en lui-même que les 32 autres gars de la San José ; pour autant, cela ne facilite pas son retour à une vie équilibrée. Quelques mois après notre discussion, il fait un coma éthylique au cours d'une journée de travail organisée par les producteurs du film, dans la station balnéaire d'Algarrobo. Le temps continue à passer. Edison revient à Copiapó pour une réunion convoquée par Luis Urzúa et les responsables de l'association des 33. L'homme qu'ils ont sous les yeux n'est plus le même.

— Il ne buvait plus, résume Urzúa.

L'homme qui a trouvé en lui la force de courir dans la mine, de finir un marathon sans s'être entraîné, de chanter Elvis dans une langue qu'il ne parle pas, doit maintenant faire le même effort pour s'arrêter de boire. Sa recherche de la sobriété est sans doute plus impressionnante, pour un observateur, que ses courses dans les galeries de la San José.

Après des mois de négociations, le gouvernement accorde une pension de retraite aux mineurs les plus âgés. Il fait de même avec les plus jeunes mais, la somme étant insuffisante pour vivre décemment, ils refusent la proposition. Parmi ces jeunes, certains décrochent des postes convoités à la Codelco, la compagnie minière nationale – des emplois non souterrains. Seul inconvénient : il faut déménager dans le sud du Chili. Ariel Ticona, dont la fille Esperanza est née pendant qu'il était 700 mètres sous terre, n'est pas prêt à quitter sa ville natale. Il reste donc à Copiapó, sans emploi. Il ne sort que rarement de chez lui.

— En même temps, je n'avais aucune envie d'y rester, dit-il. Je m'engueulais avec tout le monde.

Bientôt, celui qui, un an plus tôt, était le jeune père le plus célèbre du Chili quitte sa femme et sa petite fille.

— Nous avons été séparés trois ou quatre mois. Je n'étais pas capable de m'occuper d'elles, et cette idée ne me quittait pas. J'essayais de changer, mais ça ne marchait pas.

Seul, il réfléchit cependant.

— J'ai compris au bout d'un moment que je devais retravailler, que c'était ça, ma thérapie.

Il retrouve sa femme, sa fille. Un jour, au foot, un de ses coéquipiers – l'un des 33, Carlos Barrios – lui parle d'un poste. Un poste de conducteur d'engin (il faut soulever les nacelles à partir desquelles les mineurs perforent les parois) – dans une mine *souterraine*.

Moins de dix-huit mois après avoir été extrait de la San José, Ariel Ticona, au volant d'un camion, redescend sous terre.

— Le premier jour, je me sentais un peu bizarre, me confie-t-il. Je n'avais pas peur. Mais… je ne sais pas. Je n'avais pas envie d'être là, c'est tout.

La manière dont ses collègues le traitent (il est encore une célébrité, après tout) ajoute à l'irréalité de ce retour à la mine.

— Le deuxième jour, j'ai vraiment eu peur. J'ai entendu les foreuses, et je me suis souvenu du moment où les secouristes nous cherchaient. Mais, le troisième jour, j'ai commencé à m'y faire.

Après toutes les séances au cours desquelles Ariel a discuté avec divers thérapeutes du traumatisme de l'enterrement vivant, il a ainsi été contraint de revenir dans les ténèbres. Au cours de ce troisième jour, les dangers indiscutables du travail de mineur et la capacité d'Ariel à vaincre ses peurs (il n'est pas pris de panique, ne part pas en courant) le convainquent peu à peu qu'il est vraiment à sa place dans la mine. Détail important : cette mine est plus sûre et en meilleur état que la San José, « ni trop grande ni trop petite » – et cela y facilite évidemment son retour sous terre.

— Le quatrième jour, j'ai commencé à apprécier le travail, déclare-t-il.

Rapidement, Ariel gagne assez bien sa vie pour pouvoir acheter la maison qu'il loue ; il commence même à la rénover.

Ariel Ticona a donc bouclé la boucle : il risque de nouveau sa vie pour que sa famille puisse vivre dans l'aisance. Ce qui lui reste des soixante-neuf jours passés dans la San José est un landau dernier cri de marque espagnole, des drapeaux et autres bibelots, une médaille offerte par le Congrès du Chili, et des souvenirs uniques de voyages en Floride et en Israël, sans oublier le stade de Madrid, vaste comme une grotte.

Carlos Pinilla, qui fut directeur général de la San José, a hérité pour sa part tout autre chose de la mine : dans la région, c'est un pestiféré.

— Je ne cherche pas de travail à Copiapó, me dit-il.

C'est pourtant là qu'il habite et qu'il me reçoit. Il ne parle jamais de ce qui s'est passé le 5 août à quiconque. Mais le jour où il a appris que les hommes étaient encore vivants a été, selon ses termes, « le plus beau jour de ma vie. Plus beau que le jour de mon mariage, que celui de la naissance de mon premier enfant ». Les mineurs le tiennent pour le principal responsable de leurs souffrances, il le sait – il a lu les témoignages qu'ils ont donnés à la commission d'enquête du Congrès. Il lui est arrivé d'avoir des échanges tendus avec l'un ou l'autre des 33, rencontré à Copiapó. Pinilla me dit qu'il ne sait toujours pas pourquoi la mine s'est effondrée, qu'il n'a jamais pensé une seconde qu'elle pourrait s'affaisser en ce 5 août. Quoi qu'il en soit, lorsqu'il retrouve un emploi dans l'industrie minière, c'est un autre homme qui coiffe le casque blanc. Il a réfléchi à sa manière d'être.

— Je suis plus gentil avec les gens, m'affirme-t-il, visiblement éprouvé par notre entretien d'une heure. Je ne suis plus le patron qui hurle sans arrêt. C'est tout juste si je ne commence pas toutes mes communications aux mineurs par « S'il vous plaît ».

Dans les mois qui suivent le 13 octobre, Carlos Pinilla occupe divers postes, dont l'un le conduit dans une mine d'Ovalle, à 400 kilomètres au sud de Copiapó. Par une coïncidence malheureuse, deux anciens de l'équipe A de la San José, Claudio Acuña et José Ojeda, y travaillent également. C'est Luis Urzúa qui me l'apprend. Quelle cruelle ironie du sort ! lui dis-je. Ces hommes qui ont vu une première mine leur tomber sur la tête doivent retravailler sous terre dans une seconde mine avec, comme responsable, celui qui les a livrés à la première.

— C'est ça, la vie de mineur, commente Urzúa.

21

Sous les étoiles

Mario Sepúlveda se promène à cheval, non loin de sa maison de Santiago, lorsqu'il est convié à une réunion avec l'équipe qui va transformer en livre, puis en film, son histoire. Nous l'attendons dans la salle de conférences haut perchée d'un hôtel de la ville. Il arrive en retard, le cheveu ras – c'est sa coiffure « kiwi » –, vêtu d'un jean, d'un poncho de laine de *huazo* chilien, et de bottes crottées. Son expression concentrée et sa tenue de cavalier lui valent, à la réception, les regards intrigués du concierge et des grooms.

Depuis le sauvetage, Mario n'a pas eu le temps de s'ennuyer. En un an, les médias n'ont jamais cessé de lui faire des offres. On lui a proposé de jouer dans un reality-show, où les participants doivent passer la moitié de leur temps dans les conditions de la préhistoire et l'autre à l'époque des nouvelles technologies. Il a créé une fondation afin de construire des maisons pour ceux qui ont tout perdu dans le tremblement de terre et le tsunami de février 2010. Sa fille, Scarlette, a été prise à l'université du Nevada – laquelle a invité Mario à venir parler. Une requête parmi bien d'autres.

Lors de nos premières interviews, Mario a pleuré en me racontant comment lui et ses compagnons de la mine s'étaient serré les coudes, les dix-sept premiers jours. Mais il nous faut maintenant aborder le sujet délicat des huit semaines qui ont suivi la publication de la lettre où il se décrivait comme « chef suprême ». Et celui de l'interview donnée, après sa sortie de la mine, à un journaliste de la BBC – si « succincte » que ledit journaliste a quand même réussi à en tirer un livre ! Les autres mineurs sont nombreux à penser que Mario les a trahis ; lui, en retour, ne les supporte plus, surtout Rául Bustos.

— J'avais vraiment envie de lui faire sa fête dans la mine, à cet enfoiré, mais ils ne m'ont pas laissé faire (*Tenia ganas de sacarle la concha de su madre pero nunca me dejaro*), lance-t-il. Bah, ce n'est que partie remise. Un jour, à l'air libre... Je le jure. Je le hais, ce connard !

Mario nous régale de ces monologues sauvages qui ressemblent sans doute à ceux qu'il proférait au Refuge. Il mime les histoires qu'il nous raconte, se lève pour nous montrer la manière dont il a réagi au souffle du diable sur sa nuque, s'affale sur le sol pour reconstituer le moment où il a berné Edison Peña avec ses fausses dernières paroles. Mais c'est surtout de sa voix que Mario joue : il crie, supplie, dénonce, plaisante. Il nous fait nous tordre de rire et nous demander s'il a toute sa tête. Quand il mentionne Rául Bustos et ses autres « ennemis », il répète toujours la même expression vulgaire en rapport direct avec l'anatomie féminine, cela en dépit du fait que son épouse, son jeune fils et notre collègue femme de la production sont présents à la réunion. Nombre de compagnes s'inquiéteraient de voir leur conjoint dans un tel état de rage : Elvira cependant le considère avec une surprise mêlée de détachement, sans doute parce qu'elle le sait capable de haïr et d'aimer la même personne en l'espace d'une minute. Lorsque les mineurs se réunissent au complet, tous ses « ennemis » redeviennent ses amis. Mario peut alors rester dans la même pièce que ses frères de la San José, les serrer dans ses bras, leur raconter des histoires comme si aucun d'eux n'avait jamais eu de mauvaises paroles pour les autres. En cela, les soixante-neuf jours sous terre n'ont pas changé

Mario : ils ont simplement mis en lumière les aspects cyclothymiques de sa personnalité, désormais exposés non plus seulement à son entourage mais aussi au reste du monde. Il est allé en Californie, en Allemagne, en Hongrie, au Mexique et dans bien d'autres pays, jouer les Super Mario, et partager avec son audience sa recette toute personnelle et frénétique de l'optimisme chez un mineur, qui plus est chilien. Sous son toit sont maintenant hébergés pas moins de 18 membres de l'espèce canine (chiots et chiens errants). Il s'est acheté une nouvelle chambre froide (toujours pleine) et sa femme a donné naissance à un petit garçon plein de santé. Venu au monde à terme, il pesait déjà 3,940 kilos.

Lorsqu'un tribunal chilien a acquitté les propriétaires de la San José, Mario s'est emporté :

— J'ai envie de ramper dans un trou et de ne jamais plus en sortir, a-t-il dit à un journaliste de Copiapó.

Il réagit évidemment aussi en apprenant que dans le film auquel nous travaillons, le rôle difficile mais particulièrement riche de l'homme au cœur de chien sera joué par un acteur espagnol bien connu, fort apprécié du public féminin et non par son héros, Mel « Braveheart » Gibson.

Carlos Mamani, de retour à Copiapó, ne fraie pas avec la célébrité, lui. Il a refusé un poste de fonctionnaire dans sa Bolivie natale. Il préfère, comme des milliers d'autres immigrants, tenter sa chance au Chili, son pays d'adoption. Il a trouvé du travail dans une entreprise de BTP, où il conduit un chargeur sur pneus du même modèle et de la même marque que celui qu'il a dirigé pendant une demi-journée à la San José.

Un jour qu'il vidait une pelletée de terre dans un tamis, l'énorme nuage de poussière qui en a résulté l'a transporté immédiatement dans la mine, le 5 août.

— J'ai revécu tout l'effondrement, comme le jour de l'accident, me raconte-t-il.

Il a ouvert la portière de l'engin et hurlé de panique. Le son de sa propre voix l'a rappelé à la réalité, ramené au présent. Une année s'est écoulée depuis l'accident, et Carlos s'étonne de ces violents retours de la mémoire, qui lui font revivre la peur et la solitude de ses semaines souterraines.

— Le plus terrible, pour moi, c'était de ne connaître personne, me confie-t-il.

Aujourd'hui, tout le monde dans son entourage sait qui il est. Mais cela n'empêche pas certains de ses collègues de déplorer qu'un Bolivien à la physionomie indigène et à l'accent de l'Altiplano se soit vu proposer l'un des meilleurs postes de l'entreprise.

— T'as rien à faire ici ! lui lancent-ils. Rentre dans ton pays.

Et d'insinuer qu'il est riche, de toute façon.

— Vous vous rendez compte, un Bolivien qui a des sous ? Ils le harcèlent, lui disent qu'il devrait inviter tout le personnel chez lui, autour d'un barbecue. Ce n'est pas la première fois que Carlos est confronté au racisme. Mais, d'habitude, celui-ci n'est pas teinté d'autant de jalousie. Ces remarques le mettent en rage, néanmoins il préfère travailler, en guise de réponse. Lorsque nous nous rencontrons, son chantier du moment est une voie rapide qui doit joindre Copiapó à sa voisine immédiate du Sud, Vallenar. Carlos a le plaisir d'être payé pour le travail qu'il venait de commencer, le jour où la San José s'est effondrée. Simplement, dit-il, le chargeur sur pneus Volvo 150 est un peu plus grand et « plus prestigieux ». Quand il aura fini ce chantier, il roulera sur la route neuve et s'enorgueillira d'avoir aidé à relier deux villes du Chili, le pays où ce Bolivien est devenu un héros national et où il a décidé de s'installer et d'élever ses enfants.

Victor Segovia, tout comme Carlos Mamani, a éprouvé tardivement les effets du traumatisme psychique causé par ses soixante-neuf jours d'enfermement. C'est seulement un an après le 13 octobre de sa libération qu'il commence à se sentir seul, coupé du monde. Les nombreux prêts qu'il a consentis, jamais remboursés, lui donnent l'impression d'avoir été utilisé. Il se trouve minable, se torture parce que personne, parmi ses proches et ses amis, ne lui pose de questions sur son état mental. *Ils s'en fichent*, se dit-il. Il s'enferme chez lui, ne sort plus que rarement. Ses tourments prennent une forme symptomatique : œdèmes aux bras et aux jambes, respiration difficile. Ses médecins lui prescrivent des traitements – trop forts : il est encore plus malade. Mais, après leur ajustement, les maux de Victor s'apaisent. Il trouve de plus une nouvelle expression à sa douleur : il se remet à écrire, à tenir un journal. « Mon sauvetage », l'intitule-t-il. Il illustre lui-même son aventure, ses péripéties.

Lorsqu'il était coincé sous terre, Juan Illanes entretenait son esprit en se racontant des histoires et en s'imaginant en train de finir divers travaux domestiques. Lorsqu'il est rentré chez lui, à Chillán, il les a achevés, ces travaux, y compris la gouttière qu'il avait posée en imagination un certain nombre de fois, quand il cherchait le sommeil au Niveau 105. Il est un des premiers à être retourné travailler ; il a trouvé un poste chez Geotec, dont les techniciens ont foré le puits du plan B.

— Le travail, c'est la meilleure réponse au stress post-traumatique, affirme Juan.

D'après les experts, la gravité du stress post-traumatique est proportionnelle à la durée de l'exposition de l'individu au danger de mort. Juan se défait lentement de ces soixante-neuf journées de supplice sous la montagne grondante en allant travailler, en réparant des machines, en rentrant chez lui, en retournant travailler. Il officie désormais dans l'énorme mine à ciel ouvert de Collahuasi, près du port d'Iquique. C'est encore plus loin de Chillán que la San José : 2 000 kilomètres, pas moins, soit la distance de New York à Tulsa. Une distance incroyable qu'il franchit en avion, cela dit. Il travaille douze jours sur vingt-quatre : à chaque traversée du pays, il lui semble se débarrasser d'une nouvelle croûte de malheur.

— J'ai appris des tas de choses, j'ai mûri, considère-t-il, et ce grâce à son nouveau travail.

Les mois, les années passent, et les hommes de l'équipe A de la San José tirent de plus en plus clairement les leçons de leur épreuve. Rául Bustos se souvient à quel point sa femme et lui se tuaient au travail, pour l'argent. Il buvait du whisky et du Red Bull en pleine nuit, en attendant qu'elle rentre d'un de ses boulots à temps partiel. Puis il y a eu le tremblement de terre, le raz-de-marée. Il se rappelle le risque qu'il a pris, pour de l'argent toujours, en acceptant un emploi à la San José, quelques mois après les deux catastrophes nationales du tremblement de terre et du tsunami. Aujourd'hui, il se demande ce qu'il poursuivait, et pour quelle raison. Ses soixante-neuf jours de solitude l'ont libéré de sa frénésie. La famille, la maison, le jardin avec son pêcher – il les voit maintenant baignés d'une lumière plus vive ; le temps se meut plus lentement et lui semble plus riche.

— Nous n'avons plus ce besoin d'aller sans cesse de l'avant.

Pedro Cortez, le jeune mineur qui n'avait pas apprécié d'être traité comme une rock star après le sauvetage, se sent mieux dès que les pressions et les attentes de la célébrité se raréfient. Les rêveries et les cauchemars qui le faisaient pleurer disparaissent.

— Tu commences alors à penser à d'autres choses, dit-il.

Dans son cas, il s'agit de sa fille, ses études, les nouveaux boulots qu'ils décrochera – l'homme nouveau qu'il deviendra.

— La tragédie, on l'oublie.

Darío Segovia et sa femme Jessica ont fondé leur entreprise. Ce n'est pas ce dont Darío avait rêvé – acheter et vendre divers produits –, mais ils sont distributeurs agréés d'une marque de sodas et de jus de fruits. Darío entretient et répare les deux camions ; Jessica tient la comptabilité ; leur maison leur sert de bureau. Tous les matins, ils déjeunent avec leurs employés. Ils se couchent tard et se lèvent tôt.

— Nous, que ce film nous rapporte ou non de l'argent, nous continuerons à travailler pour notre affaire, affirme Jessica.

Elle aime assez cette idée qu'ils sont maintenant des « micro-entrepreneurs », suivant en cela l'exemple de la sœur de Darío, María.

— Franchement, rien ne vaut le plaisir de faire son propre beurre, estime celle-ci. Si vous avez dû en baver pour gagner votre argent, il n'en a que plus de valeur.

Celle qui fut la Mairesse du camp de l'Espoir continue de travailler à Antofagasta. Un jour où elle vend ses petits gâteaux dans un marché aux puces, une de ses filles, Ximena, l'appelle.

— Maman, il va de nouveau falloir tenir bon…

À 36 ans, Ximena vient d'apprendre qu'elle a une leucémie. La maladie avance à grands pas. La jeune femme est transférée dans une unité de soins intensifs, à Santiago. María Segovia a une fois encore l'impression que les forces de la nature et du destin essaient d'en finir avec ses proches. Elle reprend le bus pour le Sud. Sa fille va mourir, et, comme n'importe quelle mère avant elle, María veut tout tenter pour l'aider. Arrivée à Santiago, elle téléphone à la personne la plus haut placée qu'elle connaisse : Laurence Golborne, le ministre. Il la reçoit dans son bureau, l'appelle « mon amie », l'embrasse, l'écoute, pleure avec elle. Et, surtout, il lui promet d'appeler le ministre de la Santé, pour être certain que Ximena bénéficie des traitements les meilleurs. Non seulement il tient sa promesse, mais il rend visite à la fille de María, avec des fleurs – et le ministre de la Santé. L'état de Ximena s'améliore.

Les cyniques noteront que Laurence Golborne est alors sur le point de lancer sa campagne présidentielle et qu'il est suivi, au cours de sa visite à l'hôpital, par une cohorte de journalistes. Cette attention médiatique est un rappel du rôle que Golborne a joué dans le miracle de la San José. La compassion du ministre et son obstination tout au long des opérations de recherche et de secours ont fait de lui un des hommes politiques les plus populaires du pays. Si l'administration Piñera a déçu nombre de Chiliens, Golborne est une étoile montante, un chef du Parti conservateur qui s'est mis, chose fascinante, au service de 33 mineurs et de leurs familles. Deux ans après le drame, il semble le mieux placé pour remporter l'investiture de son parti à la présidentielle. Mais les controverses ne tardent pas à torpiller sa campagne. Notamment cette révélation qui le décrédibilise complètement en tant qu'« homme du peuple » : il a placé une partie de sa fortune sur un compte secret, aux îles Vierges.

Juan Carlos Aguilar, l'ancien responsable de l'équipe des mécaniciens, s'est toujours tenu à l'écart de ce qui peut se passer à Santiago. Il est rentré chez lui, à Los Lagos, dans l'extrême sud du Chili continental, et mène une vie tout en demi-teintes, qui s'agrémente parfois de causeries en milieu scolaire. De sa voix douce et paisible, cet homme discret explique aux enfants et aux adolescents l'importance du travail d'équipe. Il leur dit aussi que les humbles peuvent surmonter les obstacles les plus considérables, que la foi peut vous donner de la force même lorsque la mort approche. Peu de gens savent qu'il a eu un rôle essentiel au sein des 33, mais ses frères mineurs le reconnaissent tous sans exception et cela lui suffit. Deux ou trois fois par an, il remonte une bonne moitié du Chili jusqu'à Copiapó, pour les réunions de l'association dont ces mêmes 33 ont souhaité qu'il devienne l'un des trois membres du comité de direction. Ils voudraient mettre en place une fondation pour aider les mineurs pauvres.

Juan Carlos a pourtant l'impression qu'il n'en fait pas assez, lui qui a vécu ce moment si particulier, qui a failli en mourir et qui y a finalement trouvé une nouvelle vie. Il se souvient des visages des hommes sous terre, de la « guillotine » couleur ardoise qui leur bloquait le passage. Dans les lettres qu'ils ont écrites au Refuge, dans les rêves que leur donnait la faim, ils ont pris congé de leurs familles, puis c'est tout un pays qui s'est soudé pour les sortir des ténèbres. Juan Carlos s'interroge : pourquoi a-t-il, parmi des millions d'autres travailleurs, été choisi pour vivre ce drame ?

— Je me réveille tous les matins en demandant à Dieu ce que je dois faire de tout ça.

Deux ans et demi après « tout ça », Juan Carlos Aguilar rejoint Luis Urzúa à Copiapó. Ils vont donner une conférence de presse pour annoncer la création de la fondation des mineurs de la San José, les 33 d'Atacama. Cet organisme aura pour mission d'aider les pauvres de la région de Copiapó et les *perquineros*, les mineurs artisans dont la culture a marqué l'enfance et la vie familiale de plusieurs des *niños*. Peu de défections parmi les 33 : Mario Sepúlveda, Edison Peña, Rául Bustos sont même présents à l'appel – et il y a également Laurence Golborne, l'ancien ministre de l'Exploitation minière, que l'on ne peut plus soupçonner de récupération. Les retrouvailles ont lieu au Casino Hotel Antay, situé dans la rue de l'église renfermant ces reliques que les mineurs de l'Atacama révèrent plus que tout. Luis Urzúa lit un texte qu'il a préparé.

— « Pourquoi avons-nous survécu à cette tragédie ? Quelle est la mission échue à chacun de nous ?… »

Depuis le drame, Luis a pris des cours d'expression orale ; il est devenu à l'air libre ce qu'il n'était pas sous terre, le chef incontestable des 33 mineurs. Il me dit qu'il a appris à parler aux « huiles » ; il a plus d'une fois rédigé des lettres et des e-mails très acides à des producteurs de cinéma ou à des grands avocats de Santiago et de Los Angeles.

Au-delà de ses responsabilités directes envers les 33, Luis sait que la catastrophe de la mine et le déroulement de l'opération San Lorenzo le relient désormais à toutes sortes d'individus, d'un bout à l'autre du monde. Au Chili, les gens lui disent souvent qu'ils n'oublieront jamais le moment où ils ont appris que les 33 étaient vivants. Ils se rappellent toujours l'endroit où ils se trouvaient.

C'était un dimanche, jour de famille, à l'heure du déjeuner, le principal repas de la journée. « On allait se mettre à table », précisent-ils. Mais les cloches des églises ont sonné, et les gens sont sortis en courant dans les rues, se souviennent-ils. Les Chiliens qui se trouvaient à l'étranger lorsque la *Fénix*, sous les yeux de plus d'un milliard de spectateurs, a commencé à sortir les hommes de la terre, disent à Luis qu'en ces jours d'octobre il vous suffisait d'être *chilenos* pour être adopté par le monde entier. Vous êtes chilien ? Dans mes bras !

Ces inconnus ne le traitent pas en héros, pense Luis ; ils ne le considèrent avec aucune admiration ni aucune crainte particulière. Il a, au contraire, le sentiment que ces gens et lui ont vécu quelque chose ensemble. Lui était sous terre, eux dans le monde extérieur, mais l'expérience a été partagée. Ce que ces inconnus expriment, c'est la reconnaissance d'un peuple auquel on a offert une histoire vraie, un message d'espoir, une légende éternelle née à leur propre époque, de leur propre pays, humble nation au pied des Andes.

Ma première rencontre avec Alex Vega a eu lieu dans sa maison de Copiapó, onze mois après le 13 octobre. Il n'allait pas bien. Je lui avais posé des questions sur l'histoire de sa famille, sur ce qui l'avait amené à la San José. Ses mains tremblaient. Au fil de la conversation, j'ai vu cette trémulation se transmettre à l'ensemble de son corps, comme s'il avait froid en ce jour tiède et lumineux du printemps austral.

— Vous avez l'air inquiet, lui ai-je dit.

Et Alex n'a pas tardé à me parler des « cicatrices » dont il souffrait encore ; de son humeur en dents de scie ; de ses cauchemars, de moins en moins fréquents, certes, mais toujours présents. Le plus troublant, pour Alex, était le besoin de solitude qu'il avait. Sa femme, ses enfants, pensait-il, allaient mieux lorsqu'il n'était pas avec eux. Sentiment douloureux, déconcertant, pour un homme aussi attaché à sa famille que lui, surtout après ces soixante-neuf jours où il n'avait rien désiré autant que les rejoindre.

Il a fini par trouver une solution à ses tourments intimes : sa femme, à laquelle il s'est cramponné, et dont il dépend maintenant de plus en plus. Il ne peut plus partir longtemps sans elle ; et lorsqu'il assiste à des réunions à Santiago avec les hommes de la San José, ils sont toujours 34 : les mineurs et Jessica Vega. Non qu'elle se mêle de tout, mais Alex ne peut plus prendre l'avion ni passer une nuit à l'hôtel sans elle. Aucun de ses compagnons ne lui en veut ; ils savent exactement ce qu'il est en train de vivre.

À chacune de nos rencontres ultérieures – sept mois plus tard, un an plus tard –, l'état d'Alex s'améliore. Je rencontre son père, sa sœur, son frère, dans leur maison du quartier Arturo Prat ; je m'entretiens également avec Jessica. Je comprends au bout d'un moment qu'elle ne sait pas tout de ce qu'il a vécu sous terre, loin de là.

— Puis-je lui en parler ? demandé-je à Alex.

Elle le saura tôt ou tard par le livre ; n'est-il pas préférable qu'elle l'apprenne dès maintenant, de ma bouche ? Alex s'incline. Et je raconte à Jessica que, le 5 août, l'une des explosions de la mine a projeté le frêle Alex dans les airs ; je lui raconte comment, dans son désir désespéré de revenir à l'air libre, il a essayé, au péril de sa vie, de se faufiler sous la dalle qui bloquait la Rampe. Et je n'oublie pas de lui parler du seizième jour, de sa proposition de ne pas manger alors qu'au dire de ses compagnons il semblait plus maigre, plus affaibli, plus affamé encore qu'eux. Jessica comprend qu'il a vécu des mois chez eux avec ces souvenirs, et cela la fait brièvement fondre en larmes. Plus tard, sans doute, ces révélations lui permettent de mieux comprendre son mari – comme si l'intrigue et le sens du film dans lequel elle vit depuis le retour de celui-ci étaient devenus plus clairs à ses yeux.

Copiapó a été, pendant quelque temps, la ville minière la plus célèbre du monde. Depuis, la vie y a retrouvé ses rythmes quotidiens, sa routine liée à l'exploitation des sols, et les vicissitudes de la météorologie et de la géologie dont Darwin parlait déjà dans son journal. Un séisme de magnitude 8,2 fait trembler l'Atacama. Et, neuf mois après le sauvetage des hommes de la San José, des pluies torrentielles s'abattent sur la ville. Pour la première fois depuis quatorze ans, il y a de l'eau dans le lit du Copiapó. Le fleuve déborde même ; les squatteurs d'un quartier, le Tornini, doivent être évacués comme l'avaient été, enfants, María et Darío Segovia. Plus tard, ces mêmes squatteurs sont expulsés par la mairie, qui veut construire une voie d'accès au centre commercial flambant neuf des rives du Copiapó, autre symbole de la croissance exponentielle de la ville. Dans ce quartier vidé de ses habitants, les chiens errent entre des immeubles que les bulldozers n'ont pas encore abattus.

À une centaine de mètres de là, de l'autre côté du pont de l'autoroute panaméricaine, la ville a érigé le plus visible des monuments qui commémorent le sauvetage des « 33 de l'Atacama ». Cette immense femme à la peau chromée qui tient une colombe est un don du gouvernement chinois. Surplombant le Copiapó, elle accueille tous ceux qui arrivent en ville par le sud en car ou en voiture, y compris les employés des exploitations minières. Sur le site même de la San José, une croix et un monument s'élèvent sur l'emplacement du camp de l'Espoir, mais les touristes font rarement le trajet de quarante minutes qui sépare Copiapó de la mine. L'entrée de celle-ci est entièrement recouverte de grillage. Si le vigile ne vous voit pas, vous pouvez vous approcher et jeter un regard dans le tunnel obscur mènant au dédale désert de grottes affaissées qu'est devenue la mine.

Ce n'est pas pour l'interviewer que je rencontre une dernière fois Alex Vega et les siens. Invité à dîner, je me rends à pied chez eux. À la tombée du jour, j'atteins un quartier ouvrier de Copiapó, avec ses maisons qui épousent le sol bas. Il n'y a d'abord que moi dans la rue, mais surgit un groupe de jeunes gens qui se met à discuter sous la faible lueur d'un lampadaire, tout juste allumé dans les ténèbres grandissantes. Les gamins jettent des regards furtifs à l'avenue goudronnée, curieusement vide. Je les dépasse, longe des entrepôts, puis des maisons de tôle et de planches regroupées derrière de hauts murs de béton. De nouveau, me voici seul dans la rue, même si je sens que vivent, derrière ces remparts, des familles particulièrement travailleuses qui accumulent les annexes, les meubles, les équipements électroménagers, mais dont l'humilité ne les autorise à jouir de ces biens que lorsqu'elles se savent à l'abri des regards. Je me trompe de rue, tombe sur quelques gamins qui font rouler un pneu sur la chaussée en pente. Ils me remettent sur les rails.

Lorsque enfin j'arrive chez Alex, sa maison m'apparaît telle que dans mes souvenirs : inachevée. Alex n'a pas fini les travaux qu'il voulait financer avec le salaire plus substantiel de la San José. Il n'a toujours qu'une pièce ancienne, encombrée d'appareils de chauffage et meublée d'une table ; et une plus récente, avec un immense canapé et quelques fauteuils. Entre les deux, un espace vide, à ciel ouvert, attend d'être construit. Le mur auquel il travaille avec sa femme est plus haut, cependant, presque fini. Lorsque nous nous serrons la main, je remarque, pour la première fois depuis que j'ai fait sa connaissance, la poigne solide, calleuse, d'un homme qui travaille avec des outils. Après plus de deux ans de souffrances psychiques, Alex a pris quelques décisions qui le mèneront à la guérison. Il a, entre autres, retrouvé du travail, comme mécanicien auto. Il m'explique, une fois que nous sommes installés dans le salon, la manière dont il a mis fin aux cauchemars où il se voyait enterré vivant.

— Comme je n'arrivais pas à dormir, je me suis dit : « Il faut que j'affronte ma peur. Il faut que je redescende à la mine. »

Il a demandé à un de ses beaux-frères, mineur, s'il pouvait l'accompagner au travail. Pendant une semaine, Alex est entré tous les jours sous terre, à 300 mètres de profondeur. Il est allé dans les endroits les plus obscurs, a erré dans les galeries aux parois de pierre, puis est remonté, a quitté ces grottes humides pour la lumière du jour. Les cauchemars ne sont plus jamais revenus. Il ne s'est plus jamais réveillé la nuit, en larmes. Prochaine étape, me dit-il, une soirée à laquelle il invitera amis et parents pour leur parler de ce qu'il a vu, de ce à quoi il a survécu pendant soixante-neuf jours, un sujet que ses proches et lui évitent soigneusement depuis des années.

— Je veux tourner la page et laisser tout ça derrière moi.

Lorsque la sœur d'Alex, Priscilla, et son petit ami, Roberto Ramírez, le mariachi, entrent, bientôt suivis du frère d'Alex, Jonathan, l'atmosphère devient légère, les rires fusent. La présence de l'auteur qui va écrire le livre sur Alex et ses compagnons conduit Jessica, Roberto et Priscilla à se remémorer l'attente à San José, avec ses feux de camp, ses familles, ses personnalités : le clown venu divertir les gamins ; les célébrités qui se faisaient prendre en photo ; les travailleurs qui creusaient, foraient, cherchaient ; les journalistes envoyés des quatre coins de la planète. Puis, la nuit étant douce et certains convives voulant fumer, nous sortons.

Les deux enfants d'Alex et de Jessica courent l'un après l'autre, à tour de rôle dans la courette de ciment – ils jouent à chat ; Alex a le visage heureux, serein, de l'homme revenant d'un long voyage, et constatant avec bonheur qu'il est source de force et de consolation pour son entourage. Sous le ciel noir, étoilé, j'écoute les Vega raconter d'autres anecdotes sur les soixante-neuf jours à la San José. Il est toujours question à un moment de la nuit du 21 au 22 août au camp de l'Espoir. « Vous vous souvenez, demande Roberto, de la magie de cet instant ? — Non, répond Alex, moi, je ne me souviens de rien. » Tout le monde éclate de rire. « Ah, Alex, pourtant, on avait bien l'impression que tu étais là, même si tu étais encore enterré à 700 mètres sous terre. » C'était une froide nuit d'hiver austral, mais les Vega étaient pleins d'espoir : la foreuse du plan B approchait du but ; elle allait bientôt l'atteindre et retrouver Alex, ils en étaient sûrs. Et puis le désert alentour s'était couvert de fleurs après cette averse, événement si rare, qui était tombée quelques jours plus tôt. Les Vega se rappellent les chansons de cette nuit d'août, y compris celle que Roberto avait écrite sur Alex, El Pato, et son père qui, à 70 ans, était allé le chercher dans la montagne.

Cette nuit-là, entre le désert fleuri et la grotte infestée de champignons, Alex et les siens ont vécu une épopée qui appartient au monde et à l'histoire du Chili – mais qui est en même temps une légende familiale, aussi intime que la maison inachevée d'Alex et de Jessica. Pour Alex, l'odyssée se conclut avec le retour du quotidien : le matin, quand il part travailler alors que la *camanchaca* envahit le paysage ; l'après-midi, quand le brûlant soleil du désert la dissipe ; le soir, lorsqu'il fait tiède comme aujourd'hui et que la famille sort, cédant à la douceur de l'air.

Je lève les yeux sur la voûte céleste, avec ces étoiles australes que je ne connais pas : le ciel que je contemple est celui que les Vega voyaient du camp de l'Espoir : une constellation nommée Phénix et les cinq astres brillants de Crux, que l'on appelle aussi la Croix du Sud. Sous ces étoiles, avant l'aube du 22 août, les Vega savaient qu'ils allaient assister sous peu à un miracle. Ils ont chanté une chanson qui l'affirmait : Alex serait bientôt libéré de sa prison de pierre. Ce soir, ils la chantent de nouveau, pour leur visiteur d'un pays lointain et pour Alex.

Et El Pato reviendra !
Oui, il reviendra !

Lorsque les voix s'éteignent, Alex Vega regarde ceux qui l'aiment sourire, pleins du souvenir de la nuit où la chanson d'El Pato vit le jour.

— Et je suis revenu, conclut-il.

Remerciements

Cet ouvrage est, pour l'essentiel, basé sur les centaines d'heures d'entretiens menés au Chili avec les 33 survivants de la catastrophe de la San José et avec leurs familles, et sur le journal de bord tenu par Victor Segovia. La plupart de ces entretiens ont été effectués chez les mineurs, en face à face et sans témoins ; ou en compagnie de leurs femmes, leurs compagnes, leurs enfants ou d'autres membres de leurs familles. J'ai aussi effectué quelques interviews de groupe, et rencontré mes interlocuteurs dans des hôtels ou dans les locaux du cabinet Carey, à Santiago.

Lorsque plusieurs individus vivent une expérience où leur existence est menacée, leur destin changé, leur ressenti n'est jamais uniforme. Les événements sont vécus par chacun d'eux de manière différente ; tous ont leur propre perception du comportement des autres et du leur. Les 33 m'ont demandé de raconter leur histoire sans rien en cacher, de faire la distinction entre la vérité et le mythe, et j'ai essayé de répondre à leur attente, du mieux possible. Si ce texte contient des erreurs, elles ne sont imputables qu'à moi seul.

Les détails matériel relatifs aux dix-sept premiers jours vécus par les mineurs dans la mine effondrée proviennent de ces entretiens, mais également des quelques vidéos filmées par les 33 eux-mêmes. En ce fatidique 5 août, José Henríquez avait emporté son téléphone portable, au lieu de le laisser au vestiaire comme ses collègues. C'est à la caméra de cet appareil que l'on doit les seuls témoignages visuels de ces journées d'isolement complet. De surcroît, le gouvernement chilien a bien voulu me confier les rushes tournés par les mineurs eux-mêmes peu après qu'ils ont été retrouvés : ils montrent clairement la dégradation physique de ces hommes et les conditions effroyables dans lesquelles ils vivaient. J'ai eu aussi accès à d'autres photographies et vidéos personnelles, également prises par les mineurs avec du matériel livré par les *palomas*. Pour avoir une idée de ce que peuvent être l'accès à une mine souterraine et les conditions de travail qui y règnent, j'ai eu l'occasion de visiter une exploitation voisine de la San José, en compagnie de Laurence Golborne, alors qu'il était encore ministre de l'Exploitation minière. Une expérience qui m'a beaucoup appris.

Autre élément fondamental dans la rédaction de cet ouvrage, le rapport du Congrès du Chili sur l'accident et ses causes, rédigé par une commission parlementaire ad hoc. Les experts de la NASA qui ont participé à l'opération San Lorenzo ont raconté leur version des événements, dans le cadre d'un projet d'histoire orale de l'agence ; je m'en suis également inspiré dans les chapitres consacrés au sauvetage. Je me suis de plus servi des interviews de Jeff Hart, le foreur américain, à une chaîne du Colorado, ainsi que d'une conférence donnée par lui à la Colorado School of Mines. J'ai trouvé dans une étude, publiée en 1993 dans l'*International Journal of Earth Sciences* (*Geologische Rundschau*), des détails éclairants sur la géologie et la minéralisation de la zone sud de l'Atacama. Et lu, bien sûr, *Le Voyage du Beagle*, où Darwin rapporte ses souvenirs de Copiapó et de l'Atacama. Le rôle de Pedro Rivero dans la première tentative de sauvetage est décrit dans son entretien paru dans le magazine *Area minera* en novembre 2010 ; j'en ai tiré profit. L'excellent dossier publié en 2011 par *Minería chilena*, autre revue professionnelle, m'a fourni et confirmé nombre de faits importants concernant les opérations de secours. De nombreux détails rapportés dans ce livre proviennent de la couverture médiatique, intensive et quotidienne, fournie par la presse chilienne, notamment *La Tercera* et *El Mercurio* ; et aussi de l'ouvrage de Carlos Vergara Ehrenberg, *Operación San Lorenzo*. Le journaliste vétéran que je suis en profite pour saluer ici le professionnalisme des reporters et des photographes chiliens dépêchés sur les lieux. J'espère qu'ils retrouveront dans ces pages une trace de leurs efforts collectifs.

J'ai rencontré de nombreux secouristes et officiels. M'ont été particulièrement utiles les entretiens avec Laurence Golborne, Cristián Barra, Pedro Gallo, André Sougarret, les foreurs Eduardo Hurtado et Nelson Flores, le secouriste Manuel González, le chef d'équipe Pablo Ramírez, et Carlos Pinilla. Alberto Iturra, le psychologue, a bien voulu me voir parce que « [ses] clients, les mineurs » le lui demandaient. Et je suis tout particulièrement reconnaissant aux familles de Darío Segovia, de Florencio Avalos et d'Alex Vega pour les nombreuses heures passées chez eux en leur compagnie.

L'avocate María Teresa Hola a été mon guide à Copiapó dans les premiers temps de mon enquête ; elle a partagé avec moi sa connaissance de l'histoire de sa ville natale – et de même de nombreux autres habitants. Paulina Silva et Pilar Fernández, du cabinet Carey, m'ont fait part de leurs rencontres avec les 33 ; Claudia Becerra et Soledad Azérreca m'ont aidé à retrouver les mineurs et à organiser mes voyages au Chili. Les avocats Guillermo Carey, Fernando García, Remberto Valdés et Ricardo Fischer sont au nombre de ceux qui ont bien voulu me confier ce projet. Qu'ils en soient remerciés.

Edward McGurn, Patricia Riggen et le légendaire Mike Medavoy, de Phoenix Pictures, m'ont grandement encouragé après avoir lu un premier jet du manuscrit. Nuria Anson a retranscrit des centaines d'heures d'interview ; sans son énergie infatigable et sa célérité, la rédaction du livre aurait pris quelques années de plus. Jessica Boianover a, depuis Buenos Aires, effectué d'autres transcriptions, de même que Jazmin Ortega à Los Angeles ; Ricarco Luis Mosso a effectué pour moi des recherches, à Buenos Aires également. José Rivera, le scénariste du film, m'a accompagné lors de nombreuses interviews ; son point de vue sur l'histoire des mineurs m'a été d'une aide immense. Les producteurs du film, Leopoldo Enríquez et Cecilia Avalos, m'ont eux aussi aidé à réaliser pas mal d'entretiens.

Une grande partie de ce livre a été écrite alors que je travaillais au *Los Angeles Times*. Je tiens à remercier les collègues qui m'ont permis de tenir mes engagements professionnels tout en travaillant sur ce colossal projet : Nita Lelyveld, Joy Press, Carolyn Kellogg, David Ulin, en particulier. Et je dois beaucoup à Judy Baldwin et à nos conversations sur le processus créatif et l'âme humaine. Grâce à ses conseils, j'ai pu garder mon équilibre et ma concentration durant la phase de rédaction du livre.

Merci aussi à Jay Mandel, à Alicia Gordon et à Eric Rovner, de William Morris Endeavor, qui m'ont proposé puis confié ce projet. Et encore à mon vieil ami Sean McDonald, éditeur chez FSG, qui n'a pas frémi lorsque je lui ai dit que je me lançais, et qui a trouvé un toit à ce livre.

Je garde le plus important pour la fin : ma femme, Virginia Espino, a subvenu aux besoins du foyer pendant mes trois années de travail sur cet ouvrage, et pallié mes absences durant mes cinq voyages au Chili. Je n'aurais pu écrire ces pages sans son amour et son soutien. Merci, *amor de mi vida*.

Composition et mise en pages
Nord Compo à Villeneuve-d'Ascq

MIXTE
Papier issu de
sources responsables
FSC® C003309
FSC
www.fsc.org

Achevé d'imprimer en décembre 2014
par Normandie Roto impression s.a.s
61250 Lonrai (Orne)
N° d'impression : 1404952
N° Éditeur : 79089
Dépôt légal : janvier 2015

Imprimé en France